U0647326

明清时期东亚华人
通事研究

李未醉 著

人民出版社

责任编辑：韦玉莲

封面设计：徐　晖

图书在版编目（CIP）数据

明清时期东亚华人通事研究 / 李未醉 著 . — 北京：人民出版社，2021.4

ISBN 978 - 7 - 01 - 022469 - 5

I. ①明… 　 II. ①李… 　 III. ①中外关系 - 国际关系史 - 研究 - 东亚 - 明清时代

　 IV. ① D829.31

中国版本图书馆 CIP 数据核字（2020）第 169926 号

明清时期东亚华人通事研究

MINGQING SHIQI DONGYA HUAREN TONGSHI YANJIU

李未醉　著

人民出版社 出版发行

（100706　北京市东城区隆福寺街 99 号）

天津文林印务有限公司印刷　新华书店经销

2021 年 4 月第 1 版　2021 年 4 月北京第 1 次印刷

开本：710 毫米 ×1000 毫米 1/16　印张：21

字数：336 千字

ISBN 978 - 7 - 01 - 022469 - 5　定价：69.00 元

邮购地址 100706　北京市东城区隆福寺街 99 号

人民东方图书销售中心　电话（010）65250042　65289539

版权所有·侵权必究

凡购买本社图书，如有印制质量问题，我社负责调换。

服务电话：（010）65250042

目　录

绪 论

通事是中国古代对口头翻译人员的称呼，在历史上通事有各种名称，如象胥、译舌、译人等。通事制度是古代朝贡体制的产物。通事在中国封建王朝与朝贡国之间充当翻译官的角色，架起了语言交流的桥梁，使中外互通，无隔阂之患。自北魏建立直到 1840 年鸦片战争之前，在我国的对外交往中通事发挥了主力军的作用。鸦片战争后，"翻译官"开始逐渐取代"通事"，在近现代中外交往中居功甚伟。而由于与中国交往的需要，明清时期东亚各国使用了大量的华人通事。狭义的东亚是指中国、蒙古国、日本、韩国和朝鲜，而广义的东亚则包括东北亚和东南亚。本书中的"东亚"，即采用广义一说。

下面对东亚华人通事的国内研究成果进行梳理，以便为对此问题的深入探讨奠定根基。具体如下。

第一，对东亚华人通事群体或个案的研究，其主要成果是对日本唐通事的探讨。长崎唐通事，产生于日本江户时代德川幕府"锁国"的特殊背景下，承担着在日本传播中国文化和信息的历史任务，为中日经济文化交流作出了独特的贡献。我国学术界对长崎唐通事的研究相对较晚，至 20 世纪 90 年代才在若干著作的专门章节和部分论文中出现。华立的《"唐船风说书"与流传在日本的乾隆南巡史料》（1997）较早地探讨唐通事编撰的《唐船风说书》涉及中国史料的问题。王勇的论文《明代旅居日本的萧山人徐敬云及其后裔》（2004）考证并论述了旅居日本的华人徐敬云的行迹和担任长崎通事的东海德左卫门（徐敬云长子）的事迹，认为徐氏父子对日本的经济发展作出了贡献。刘小珊的论文《活跃在中日交通史上的使者——明清时代的唐通事研究》（2004）对日本江户时代的长崎唐通事群体进行了考察，认为他们主要从事对华贸易的翻译等工作，为推动中国文化的传播作出了很大的贡献。邵继勇的论文《长崎贸易中的唐通事》（2008）探讨了唐通事产生的渊源及其构成，分析了其在中日经济文化交流中的作用和地位。李斗石的论文《明清之际日本长崎福建籍唐通事家系概略》（2014）考察了闽籍唐通事家系情况，认为"唐通事出自旅居长崎的华人家族，并世代传承到幕府"。许海华的论文《旧长崎唐通事与近代日本对华交涉》（2015）认为19世纪70—80年代的长崎唐通事，作为赴华使团的翻译或驻华使领馆内的外交官、汉语教师等，以不同形式在近代日本对华交涉活动中发挥了作用。郭阳的论文《日本长崎唐通事眼中的康熙复台——以〈华夷变态〉为中心》（2013）则通过唐通事的报告，探讨华人海商对康熙复台之观察，认为唐通事的报告"多偏袒郑氏之语"，并未对风说书的真实性产生大的影响。此外，相关的研究成果有邢万里的《日本近世长崎唐通事浅析》（2015）、王来特的《长崎唐通事与德川日本的"怀柔远商"》（2016）。近年来，学术界对朝鲜、琉球华人通事也展开了研究。桂栖鹏、尚衍斌的论文《谈明初中朝交往中的两位使者——偰长寿、偰斯》（1995）较早地对偰氏家族进行了研究，陈尚胜的论文《偰长寿与高丽、朝鲜王朝的对明外交》（1999）论述了偰长寿在中朝交往中的作用，胡家其、李玉昆的《略论福建海外贸易及侨民历史》（2007）探讨了偰氏家族在中朝两国的活动情况。庄景辉的论文《明初三十六姓迁居琉球中的蔡襄后裔》（1994）是为纪念蔡襄诞辰975周年学术研讨会所撰，探讨了蔡襄后裔在中琉外交、经济往来和文化交流中的作用。陈龙贵的论文《琉球久米系家谱与中琉文化关系——以通事为中心的考察》（2001）探讨了琉球华人通事在中琉文化交流中的作用。文圆的《清代琉球勤学人与"临时通事"》（2018）认为琉球勤学人除了完成自己的学业外，还常被琉球政府任命为通事协助处理公务。勤学人不仅参与琉球使团进京朝贡任务，也在护送漂风难民归国及迎接清朝册封使臣等方面发挥了重要作用。随着华人通事研究的深入、拓展，学术界亦开始重视东南亚华人通事的探讨。李未醉的《简论明代东南亚华侨通事》（2013）是首篇全面论述明代东南亚华人通事的论文，对其来源、作用进行了系统论述。

第二，与东亚地区华人通事相关的一些研究。

一是关于使臣的研究。最早对外国华人使臣和通事进行探讨的是当代史学家陈学霖，他在1962年的《大陆杂志》第24卷第4期发表了《记明代外番入贡中国之华籍使事》。郑炳山的论文《龚廷彩对促进我国与菲律宾友好往来的贡献》（1983）探讨了龚廷彩在中菲交往中的作用。陈捷先的论文《清代琉使在华行程与活动略考》（1980）考察了清代琉球华侨在华的行程与活动情况。陈尚胜的论文《"夷官"与"逃民"：明朝对于海外国家华人使节的反应》

（2002）涉及东亚华人通事。该文在对海外国家派遣华人使节情况进行补充考察的基础上，就明朝政府对海外华人使节的反应及其政策定位问题作了初步探讨，以此分析明朝对外政策的本质倾向和海外华人使节在明代中外关系史上所发挥的作用。刘为的专著《清代中朝使者往来研究》（2002）以中朝两国的使者为视角，探讨了清代中朝两国朝贡关系的建立和发展，以及中朝两国使团的种类、任务、人员构成以及使行路线等情况。韩荣奎、韩梅的专著《18—19世纪朝鲜使臣与清朝文人的交流》（2014）论述了朝鲜使臣在中朝文化交流方面的作用。吕俊昌的论文《清代朝贡贸易中的贡使身份问题探析——以18世纪初苏禄国贡使案为例》（2015）以18世纪初苏禄国在向清朝朝贡过程中发生的"马光明案件"为例，探析贡使身份问题以及这一事件背后的社会历史机制，阐述了自己对中国东南海域的社会秩序的见解。此外，有陈学霖的专著《暹罗入明贡使"谢文彬"事件剖析》（1996）、刘晓东的专著《明代朝鲜使臣胶东纪行诗探析》（2015）、林少骏的论文《清代琉球来华留学生之研究》（2003）、高艳林的论文《明代中朝使臣往来研究》（2005）、岳阳的论文《清代朝鲜赍咨行初探》（2010）、刘喜涛的论文《封贡关系视角下明代中朝使臣往来研究》（2011）、史蓬勃的论文《清代越南使臣在华交游述论》（2014）、殷雪征的论文《明朝与朝鲜的礼仪之争》（2015）。

二是关于移民的研究。方宝川的论文《明代闽人移居琉球史实考辨》（1988）探讨了闽人移居琉球的情况。杨国桢等人的著作《明清中国沿海社会与海外移民》（1997）探讨了明清时期海外移民与中国沿海社会的互动情况，分析了移民与沿海社会的相互影响。黄滋生、何思兵的《菲律宾华侨史》（2009）是其中的一部力作，全面论述了菲律宾华侨的移民历史。向大有的《越南封建时期华侨华人研究》（2016）对越南华侨华人包括汉族与少数民族华侨华人进行了较为深入的探讨。此外，论著有庄国土、陈华岳等的《菲律宾华人通史》（2012），范宏贵的《缅甸华侨华人史》（2016），赖正维的《东海海域移民与汉文化的传播》（2016），伍茗欣的《缅甸华侨华人史话》（2018），叶曙明的《印尼华侨华人史话》（2018）；论文有刘冉冉的《明末赴朝山东移民郑先甲及其后裔研究》（2010）、陈波的《明福建遗民林上珍、何倩甫之海外播迁》（2014）、曹于恩的《略论福建海外贸易及侨民历史》（2016）等。

三是关于中外关系史的研究。中外交往是学者关注的重点。如余定邦的论文《清代中国与苏禄的交往》（1995），分析了1726年苏禄苏丹遣使来华朝贡的原因以及 1763 年以后苏禄与清朝的朝贡关系无法保持下来的原因。赖正维的著作《康熙时期的中琉关系》（2004）探讨了琉球华人在中琉关系中的作用。中外贸易是学者关注的领域。谢必震的专著《明清中琉航海贸易研究》（2004）探讨了明清时期琉球华人在中琉海上贸易方面所发挥的作用。吴伟明的论文《17 世纪的在日华人与南洋贸易》（2004）首先探讨了 17 世纪初在日华人作为商人、船员及造船技师对南洋贸易的贡献，然后着力分析唐通事与南洋贸易的关系，认为唐通事促进了南洋贸易。王振忠的论文《清代前期对江南海外贸易中海商水手的管理——以日本长崎唐通事相关文献为中心》（2013）结合中国方面的相关文献，对清代前期海商的管理问题进行了深入的分析。仲光亮的论文《日本江户幕府搜集中国情报研究》（2015）对日本从"唐船"所搜集的中国情报进行简析，认为唐通事在搜集中国情报方面作用巨大。此外，有尤淑君的《"华夷之辨"与清代朝鲜的事大政策》（2015）等。有关漂流民与海难救助的研究，主要成果有：朱海燕的《"漂流民"与德川时代日本的"世界"认知》（2012）认为，漂流民群体扩展了日本对"世界"范畴的认识，纠正了日本人原有的地理知识，摧毁了日本原有的"二元"世界观，促使日本"一元"世界观逐渐形成。此外，相关论文有岑玲的《清代档案所见之琉球漂流船的海难救助》（2011）、李善洪的《清与朝鲜间"漂民"救助问题管窥——以〈同文汇考〉中"漂民"文书为中心》（2015）、特木勒的《康熙六十一年琉球贡使海难事件重构》（2015）、尹俊的《清乾隆年间琉球船漂浙之研究》（2016）。有关宗教信仰问题的研究，主要成果有：林观潮的著作《临济宗黄檗派与日本黄檗宗》（2013），探讨了日本华人僧侣在宗教传播方面的贡献。张先清、牟军的论文《16、17 世纪的华南海商与天主教传播》（2014）认为，早期华南海商教徒在跨文化交流史上具有特殊的地位，在推动天主教入华传播方面发挥了较大的作用。此外，相关论文，有林晶等人的《文化传承的融离与回眸——以日本长崎的"妈祖信仰"为对象》（2015），陈衍德的《妈祖信仰在东亚传播的特点——以新加坡天福宫和长崎福济寺为个案的研究》（2016），李宏伟、阳阳的《妈祖信仰传入琉球研究》（2016），等等。

第三，从对外汉语教学的视角出发，关注东亚地区的通事教材。孔远志（1992）对《满剌加国语》编纂者和编纂时间进行了考证，并指出其重要的历史意义。王庆云（2003）以《老乞大》《朴通事》《白姓官话》为例，指出古代朝鲜、琉球的汉语教学和教材建设具有汉文化共同圈的共同性，又各具特色。黄明明（2004）分析了《老乞大》《朴通事》的题材内容和编写特点，探讨编写者的语言教学观念及其现实借鉴意义。特别值得一提的是金基石对汉语教材语音的研究。他于 2003 年出版的《朝鲜韵书与明清音系》，以 15—19 世纪近 500 年间的 18 部文献作为研究对象，全面地考察了朝鲜文献的谚文注音体系，并按照流变顺序制成对音字表，这是一个独创，使今人对明清音系的演变过程一目了然，具有较大的学术价值。童欢的论文《朝鲜初期汉语教材〈训世评话〉研究》（2010）介绍了《训世评话》编写的时代背景与编写特点，对原文从书面语和口语方面进行分析。王煜焜的《异域的华语传承：〈唐通事心得〉与日本的华侨社会》（2019），对长崎县立图书馆渡边文库所藏的写本《唐通事心得》进行了研究。该书成书于江户幕府后期，是后备通事的语言教材。通过对该书 8 个故事的分析，发现其中两个"心得"直接涉及语言问题，还有一个关于阶层尊严问题，间接同语言问题有关联。他认为，作为对后辈的教化课本，作为唐通事的口语读本，涉及语言的"心得"皆是希望通过阅读教本，让后辈通事明白一个职业翻译者学习语言的重要性。[①] 此外，相关成果有：鲁宝元、吴丽君的著作《日本汉语教育史研究：江户时代唐话五种》（2009）；论文有董明的《明清两代汉语在琉球的传播》（1996）与《明代朝鲜人的汉语学习》（1999）、陈辽的《〈朴通事〉：元明两代中国文化的百科全书》（2004）、陈泽平的《试论琉球官话课本的音系特点》（2004）、金基石的《韩国李朝时期的汉语教育及其特点》（2005）、林彬辉的《日本江户明治时期汉语教科书与中国古代小说关系述略》（2007）、岳辉的《朝鲜时代汉语官话教科书研究》（2008）、王琳的《琉球官话系列课本的价值、特点及其历史影响》（2014）、王振忠的《从汉语教科书看清代东亚经济与文化的交流——以朝鲜时代汉语课本所见沈阳及辽东为例》（2015）等。

　　第四，对外国文献的研究，涉及东亚华人通事。朝鲜、琉球、越南等国使臣的燕行录受到国内学界的关注。学者们对燕行汉文文献从不同的视角进行研究。陈尚胜等的著作《朝鲜王朝（1392—1910）对华观的演变：〈朝天录〉和〈燕行录〉初探》（1999）较早利用朝鲜文献来分析朝鲜对华观的演变。葛兆光的著作《想象异域——读李朝朝鲜汉文燕行文献札记》（2014）通过阅读

---

① 　参见王煜焜：《异域的华语传承：〈唐通事心得〉与日本的华侨社会》，上海大学出版社 2019 年版。

燕行文献，想象当时朝鲜使臣在异域悲情的情感驱使下使华，进而重新审视近世东亚以及中国文化史，重新思考亚洲与中国、民族与认同、族群与疆域等问题。张伯伟编写的《"燕行录"研究论集》（2016）为"燕行录"研究论文集，分为三个部分：第一部分为"总论"，从名称、文献与方法上对"燕行录"的研究提出学术上的商榷意见；第二部分为具体"燕行录"文献的考订及各类解题；第三部分为专题研究，反映了近年来国内外学术界对燕行录研究的新进展。王振忠的论文《琉球汉文燕行文献的学术价值——以晚清蔡大鼎的〈北上杂记〉为例》（2014）则探讨琉球使臣的汉文学术价值。陈益源的论文《越南汉籍文献述论》（2011）对越南汉籍文献进行分析，并对越南使臣李文馥等人进行了研究。金指南、金庆门编撰，李湛续编的《通文馆志》是记录朝鲜时代司译院规制和朝鲜与中国、日本交往历史的重要典籍，近年来受到国内学术界重视。李承姬的论文《〈通文馆志〉考述》（2010）讨论了《通文馆志》的编纂、刊行及体例、史料价值，论述了当时朝鲜译官的相关制度和作用，探讨了通事的活动及其作用。指出：在日益衰落的封建社会体制下，译官作为最先接触新兴文化思想等事物的群体，对于日后朝鲜的近代化进程产生了重大影响。宣丹丹的论文《〈通文馆志〉研究——以朝鲜与清朝朝贡关系为中心》（2012）探讨了《通文馆志》编纂的原因及其史料价值，并从使行制度入手探讨朝鲜与清朝的朝贡关系及其特点。王勇、孙文较早地对日本唐通事编撰的唐船风说书《华夷变态》进行探究，其论文《〈华夷变态〉与清代史料》（2008）认为，它作为江户时代幕府海外情报搜集制度和清日贸易的产物，其史料价值是多方面的，具有文献学价值，对中日关系史、中国沿海地域社会经济史、航海史、日本对外关系史等都是重要的史料来源。王振忠对日本和琉球的文献给予了较多的关注。他发表了数篇论文，其中《清代前期对江南海外贸易中海商水手的管理——以日本长崎唐通事相关文献为中心》（2013）探讨了对江南海外贸易中海商水手的管理。陈东辉的著作《东亚文献与语言交流丛考》（2017）对古代中外文献和语言交流进行了一些探讨。

第五，对明清时期中国通事的研究涉及东亚华人通事。林杏容的论文《明代通事研究》（2006）对明代通事的产生、发展、特点及与明代朝贡制度、对外思想和海外政策的关系等诸多方面作了比较全面的考察，涉及明朝对琉球通事的培养等问题。付国的论文《清代前中期通事研究》（2017），对清代前期、中期通事的相关制度进行了论述，并探讨其作用。

第六，一些史料汇编涉及东亚华人通事。关于明清时期东亚的史料汇编有沈云龙编的《明清史料汇编》（1973）、宋祥瑞主编的《北京大学图书馆藏善本丛书·明清史料丛编》（1993）、北京图书馆出版社影印室编的《历代边事资料辑刊》（2005）、上海书店出版社选编的《清代档案史料选编》（2010）、王彦威编的《清季外交史料》（2015）等。关于朝鲜的史料汇编有：吴晗辑的《朝鲜李朝实录中的中国史料》（1980）、云南社会科学院历史研究所摘编的《清实录中朝关系史料摘编》（1986）、王其榘编的《清实录邻国朝鲜篇资料》（1987）、王玉德等编的《明实录类纂（涉外史料卷）》（1991）、刘菁华等编的《明实录朝鲜资料辑录》（2005）、汪维辉编的《朝鲜时代汉语教科书丛刊》（2005）和《朝鲜时代汉语教科书丛刊续编》（2011）。关于琉球的史料汇编，则有中国第一历史档案馆编的《清代中琉关系档案选编》（1993），此后分别有续编（1994）、三编（1996）、四编（1998）、五编（2002）、六编（2005）、七编（2009）先后问世。徐艺圃编的《清代中琉关系档案选编》和《清代中琉关系档案续编》（1994），黄润华、薛英编的《国家图书馆藏琉球资料汇编》（2000），殷梦霞等编的《国家图书馆藏琉球资料续编》（2002），方宝川、谢必震主编的《琉球文献史料汇编》（2014），王菡选编的《国家图书馆藏琉球资料三编》（2016），等等。有关日本的史料汇编有：汪向荣、夏应元编的《中日关系史资料汇编》（1984），张美兰主编的《日本明治时期汉语教科书汇刊》（2011），李无未等的《日本汉语教科书汇刊（江户明治编）总目提要》（2015），罗晓红编的《日本长崎粤籍华侨史料选辑》（2018），等等。有关越南等东南亚国家的史料汇编有：云南省历史研究所编的《〈清实录〉越南缅甸泰国老挝史料摘抄》（1986），戴可来、杨保筠校注的《岭南摭怪等史料三种》（1991），中国第一历史档案馆编的《清代中国与东南亚各国关系档案史料汇编（菲律宾卷)》（1998），许文堂、谢奇懿编的《大南实录清越关系史料汇编》（2000），余定邦、黄重言等编著的《中国古籍中有关新加坡马来西亚资料汇编》（2002），黄重言、余定邦编的《中国古籍中有关泰国资料汇编》（2016），何新华编的《中文古籍中广东华侨史料汇编》（2016），等等。

国外学术界对华人通事的研究以日本为较早且卓有成效。17世纪初，日本长崎开始出现唐通事，他们负责管理"唐船"，奉命把中国商人提供的信息翻译成日语，制成"唐船风说书"送往江户。儒官林春斋、林信笃将历年留存自家的"风说书"按次编纂为《华夷变态》一书。此书成为研究唐通事的必读资料。森克己撰写了"日宋贸易"系列作品，其中《日宋文化交流之诸问题》（1975），论述了唐通事的作用和地位。参考《译司统谱》，结合有关长崎唐人墓地的实际勘查，宫田安整理出版了《唐通事家系论考》（1979），为研究长崎唐通事提供了基础性资料。辻善之助撰写的《增订海外交通史话》和木宫泰彦撰写的《日中文化交流史》（1980），都谈到了唐通事的作用。林陆郎的《长崎唐通事の职制役株》（1986）探讨了唐通事制度。

近年来，国外学术界主要从以下视角对东亚华人通事进行研究。一是主要从文化交流的视角来探讨华人通事的作用。日本学者李献璋撰写了《妈祖信仰研究》（1995，中文版）谈到了唐通事在日本传播妈祖信仰方面的作用。松浦章在《关于明代海外诸国通事》（2005）一文中，论述了通事在中外经济和文化交流中的作用；在《明清时代东亚海域的文化交流》（2009）第二章中，主要涉及明代的海外各国通事，认为通事在明朝与海外各国的通好关系上起了纽带作用。崎原丽霞的论文《从程顺则生平著作看儒学在琉球国的传播》（2010）探讨了程顺则在儒学传播方面的贡献。二是以经济贸易为出发点开展对海外贸易通事的研究。日本学者李献璋的著作《长崎唐人研究》（1991）对长崎华人社会进行了全面的探究。大庭脩的《长崎唐馆的建设和江户时代的日中关系》（2003）探讨了唐通事在中日经济往来中的作用。Angela Schot Tenhammer（2007）以"从事海外贸易的通事"这一特殊群体为研究对象，对通事的形成、种类、来源、职责及其演变作了初步探究，客观评价了通事在中国与东南亚政治、经济和文化交流中的作用。他认为，清代中国与东南亚的海上贸易有了长足的发展，无论是贸易的规模还是贸易的国家数量，都远远超过了前代。在如此大规模的中外交往和贸易中，通事发挥了关键作用。三是对燕行录的研究涉及华人通事。这方面的代表作有韩国崔来沃的论文《漂海录研究》（1995）、韩东洙的论文《18世纪朝鲜〈燕行录〉与北京紫禁城——以仪礼空间之分析为中心》（2010）、黄普基的论文《明清时期辽宁、冀东地区历史地理研究——以〈燕行录〉资料为中心》（2014）等。四是从汉语史和汉语学史的角度出发，对培养通事的基本教材进行研究。韩国与日本学者对《老乞大》和《朴通事》都给予了极大关注和高度重视。在韩国有《老乞大集览》《老乞大谚解》《朴通事谚解》《老乞大新释》《重刊老乞大》等许多研究和改编著作。日本对《白姓官话》和《广应官话》亦很重视，仅濑户口、律子就有多种研究成果。此外，太田辰夫撰写了《汉语史通考》（1991，中文版），六角恒广撰写了《日本中国语教育史研究》(1992，中文版)。他们认为这些明清时期的汉语教材有助于通事的培养。五是相关资料汇编。日本方面，有日本学者林燨编的《通航一览》(1991)，那霸市史编辑室编撰的《那霸市史资料篇》(1980)，松浦章编纂的《江户时代漂着唐船资料集》(2011)。韩国方面，有林基中教授编纂的《燕行录全集》(2001)。

综上所述，国内外学术界对东亚华人通事的研究取得了一些成就，关于日本唐通事的研究成果迭出，都论述了华人通事在历史上的作用，这为今后的研究奠定了基础。但是学术界对明清时期东亚各国华人通事的研究还比较薄弱。一是由于资料缺乏、角度不同，前贤对东亚地区华人通事的形成原因、类型及其在对外关系史上的作用还缺乏深度分析；二是除日本唐通事研究外，有关东亚地区其他国家华人通事的研究成果还不丰硕，还有深入研究的必要；三是对东亚华人通事群体的研究还没有把它纳入世界历史进程中去加以考察，也没有用全球眼光来审视这一群体。明前期郑和下西洋，明后期世界连成一个整体的全球化开始，这是研究明清时期东亚华人通事活动的历史大背景。在世界经济日渐全球化的今天，学术界呼吁站在全球化、国际化的基础上，以多元视角及实事求是的态度开展中外关系史研究。全面系统研究东亚华人通事群体，把它放在世界历史进程中进行考察，不仅能较好地了解华人通事在社会发展中的历史作用，而且能够拓展中外关系史和华侨史研究领域。

本书以辩证唯物主义和历史唯物主义为指导，深入探讨明清时期东亚华人通事在对外关系史上的作用。第一，对明清以前中国国内通事的产生、发展情况作历史性的回顾。第二，从世界历史发展的视角出发，分析明清时期东亚华人通事群体的形成原因、来源、类别和职能。第三，具体论述明清时期东亚华人通事群体在对外关系史上的作用。在全面考察华人通事在中外经济文化交流和外交方面的作用之后，进行个案分析。第四，对东亚不同时期、不同区域的华人通事群体进行比较，辩证看待东亚华人通事在历史上的作用。最后，在上述分析基础上得出正确的结论，阐述现实借鉴意义。

第一章
我国古代通事制度与朝贡制度

第一节　明朝之前的通事制度

"通事"一词是中国古代对翻译人员的称呼。《辞海》《汉语大词典》等工具书对"通事"一词作了比较详尽的解释。从字面意思来说，"通事"是指沟通事情，第三方在当事人双方之间沟通事情的行为。

一、"通事"词义的演变

在历史上，"通事"一词的含义，是不断发生变化的。

"通事"的词义最初是指不同国家交际往来之事。《周礼·秋官》上就有"掌邦国之通事而结其交好"的记载。东汉学者郑玄注："通事，谓朝觐聘问也。"此后，"通事"一词由指在不同国家之间传达信息、沟通交际往来之事，逐渐扩大到可指在社会上普通人群之间传达信息，指"通报传达"，如客人求见时，代为客人通报等。汉代刘向在《新序·杂事二》云："靖郭君欲城薛，而客多以谏，君告谒者：'无为客通事'。"这里的"通事"词义即是通报传达。[①]

后来"通事"词义再次发生改变，专指那些掌管呈递奏章、传达皇帝旨意的官员。《南史》卷77《恩幸传》"序"云："于时舍人之任，位居九品，江左置通事郎，管司诏诰，其后郎还为侍郎，而舍人亦称通事。"通事舍人是指古代掌诏命和呈奏章等事的官员。

[①]　参见辛全民、姚东：《中国翻译史的通事时期初探》，《青海民族大学学报（教育科学版）》2010年第3期。

再后来，"通事"词义进一步发生变化，指在不同国家不同民族之间交际往来之时沟通信息而且担任口译工作的人。宋代学者周密在《癸辛杂识》中对"通事"进行了解释，说它是"译者之称"，"今北方谓之通事"者，"皆此传语之人，以通其志"。

北方游牧民族在经济上具有单一性的特点，在经济上不能自给自足，需要与周边区域尤其是与中原地区的农耕经济进行经济往来，以解决他们自己的生产、生活用品的短缺问题。他们与中原地区发生经济联系的方式，除了在灾荒年月使用武力进行掠夺之外，主要是进行双边的榷场贸易。而跨民族的贸易往来需要排除语言障碍，这就必然需要大量的翻译人员来承担这一工作。此外，中原文化及其治国理念对他们有着极大的吸引力，亦需要通过口译途径来获得。北魏是鲜卑族拓跋部建立起来的一个封建王朝。在北魏建立之初，首领拓跋珪设立语言翻译机构"译令史"，其下辖多个分支机构，各司其职，这些机构中的通事被称为"诸局通事"。北魏太和十七年（493），北魏政府设立了"通事"一职。《魏书》卷113《官氏志》记载，代郡设置"通事"一职，为州郡的佐吏。

907年，契丹人耶律阿保机在中国北部建立契丹国，后来改称辽。契丹极少数人统治着占大多数人口的汉族和其他民族。由于契丹与汉族之间语言不同，风俗各异，民族矛盾和冲突不断。为了进行有效的统治，沟通各民族间的语言，契丹需要大量的翻译人员，所以官方设立了对外机构"四方馆"，其设有通事、译史等职。这个通事就是口译人员，主要负责对外翻译工作。

北方民族建立的另外一个王朝金朝，也逐步建立了比较完备的翻译制度。《金史》卷57《百官志三·诸京留守司》明确记载：诸京留守司设"译人，上京、北京各三人，东京、西京、南京各二人。通事二人"。《金史》卷55《百官志一·尚书省》记载："省译史十四人，左右各七人。女真译史同。通事八人，左右各四人。高丽、夏国、回纥译史四人，左右各二人。诸部通事六人。"

后来，"通事"词义再次发生变化，指其他一些与语言交流相关的人群。在宋元时代，"通事"指当时的一个特殊群体，即那些因避罪、被掳掠等原因而流寓他国的异族人，其中许多人原来的身份是"驱口"。驱口原意为"被俘获驱使之人"，即战争中那些被俘虏强迫为奴供他人驱使的人。在蒙古与南宋交战期间，南宋朝廷曾有意利用这些人组建雇佣军，以抵抗蒙古人的进犯。宋人李曾伯（1198—1268），字长孺，号可卿，历任边关，儒雅知兵，著有《可斋杂稿》。在该书卷 23 中有《诏谕北人通事榜文》，南宋朝廷号召"尔头目通事等，不拘我朝汉人、回回、纥察、河西、契丹、女真"，在看了此榜文之后，他们相为谋度，背楚归汉。

南宋人称这些人为"通事"的原因在于，这些人与南宋人的语言不同，即使是中原地区的汉人，其口音亦与南方人的口音有较大的差异。他们在进入南宋后，如果要与当地人沟通，大都需要通事来进行口译。但如果掌握了当地方言，他们自己也能够担当"通事"这一角色。由南宋政府招募组建的"通事军"，主要成分是北方逃人，多仇视蒙古人。故在南宋朝廷的政策感召之下，通事军往往能同仇敌忾，形成较强的战斗力。南宋名将刘整、姜才、张世杰等人，都是来自原金朝统治下的北方。[1] 在南宋灭亡之后，原来南宋的通事军人大都被编入镇戍军系统。

元朝政府亦采取反招降政策，下令赦免这些人，并宣布解除他们的驱口身份。通事在元代又有"回回通事""放良通事"等各种称谓。"回回通事"原来是蒙古贵族从西域各地掳来的驱口，因为他们的民族成分多为"回回"，所以被称为"回回通事"。此后，他们被蒙元政府解除驱口身份，故有"放良通事"之称。元朝颁布的官方文书中曾多次提到过"回回通事"，如元中统二年（1261），元朝颁布的《恢办课程条画》云：经过客旅买卖"回回通事"诸色人等，不得将盐司巡盐弓手骑坐马匹、贩盐车船头匹夺要走递，因而停滞客旅，亏兑盐课。如有违反之人，听于所在官司陈告，开具姓名，申省闻奏。[2]

南宋灭亡后，元朝政府在至正十五年（1355）即开始对南宋通事军人进行收编。在一份元朝官方文书中，提到吕文焕、陈岩、夏贵、范文虎等将领，这些人都是从南宋过来归附元朝的高级将领。忽必烈要求他们为元朝招收江南各地的生、熟券军以及通事军等军人。[3]

元朝平定江南后，忽必烈曾派人负责招募各地通事军人组建一支新军。刚建立起来的通事军，曾驻扎于建康（今南京市），后来整编为"通事汉军上万户府"，驻地迁往江阴、溆浦等地。

"通事"也指那些能够使用其他语言做买卖的内地商人。南宋商人与北方

---

① 刘晓：《宋元时代的通事与通事军》，《民族研究》2008 年第 3 期。
② 《元典章》卷 22《户部八·课程·恢办课程条画》。
③ 《元典章》卷 34《兵部一·军役·新附军》。

蒙古人进行贸易，会说蒙古语的内地商人组织被称为"通事行"。直到清代，在晋商中与蒙古人、俄罗斯人进行贸易的组织还取名"通事行"。在对蒙贸易的西口——杀虎口，山西的行商经常在大青山和西营一带进行贸易。这些会说蒙古语的行商被称为"通事行"，其中最大最著名的通事行就是山西人开办的"大盛魁"。在内蒙古和毗邻内蒙古的山西、河北等地，很多地方都是先有商号而后才有居民。因此，这一带的村名多用商号名称，如河北省承德市隆化县张三营镇的通事营村，村名就是源于对蒙贸易。①

二、"通事"一职的沿革

"通事"是古代翻译人员，在历史上这一职位不断发生变化，其沿革情况大致如下。

在秦朝以前，已经设置有专门的翻译职务"象胥"，亦称为"舍人""寄""象""狄鞮""译"等，在汉代设置"译官令""译官丞""九译令"。隋唐时期，被称为"使人""译使"。唐朝特设中书省和鸿胪寺来负责翻译事务。唐鸿胪寺有翻译 20 名，被称为"译语人"，在接待外使、传授唐朝礼仪、召见外使时负责口译等。在中书省内共有 10 名翻译，被称为"番书译语"，其主要职责是在朝廷宣读外国使臣呈上的国书之前将其翻译成汉语。②宋代，口译人员被称为"通事"。元代，翻译人员又被称为"译史"；至元十三年（1276），因袭唐宋四方馆而设立会同馆，该馆人员专事翻译、陪伴、迎送、点视贡物和在馆互市等事宜。③

从北魏时期起翻译工作者被正式称为"通事"。"通事"作为翻译人员的最早文字记载，《汉语大辞典》认为出自《新五代史·晋出帝纪》，（天福七年六月）"甲辰，契丹使通事来"。天福七年即 942 年。而《资治通鉴》关于辽代通事的记载是在 937 年。《后晋纪二》天福二年（937）就谈到了通事高彦英。

在辽金时期，通事、译史是契丹和女真政权中重要的翻译官员。

元代翻译人员的设置沿袭金制，分为通事和译史。元代更加重视语言和文

---

① 辛全民：《通事的词义变迁》，《淄博师专学报》2010 年第 2 期。

② 唐芳：《筚路蓝缕，以启山林——〈中国古代的译语人〉评介》，《中国翻译》2012 年第 5 期。

③ 刘红：《民族翻译沿革史略》，《人民政协报》2001 年 10 月 20 日。

字翻译工作，设立国子学招收蒙汉贵族子弟，以培养翻译人才。陈垣在《元西域人华化考》中认为，元时所谓"回回文字"，其实是波斯文字。付克认为元朝的"回回国子学"是一所教授波斯语言文字的学校。[①] 在蒙元统治者的推动下，大量的汉文典籍被翻译成少数民族语言，同时大量的北方民族典籍也被翻译成汉语，如蒙古族最早的名著《蒙古秘史》被翻译成汉语而流传至今。[②] 元朝培养通事的主要机构是国子学。元代的通事、译史与普通官吏一样，有固定的月俸和出职制度，通事、译史经过三次考核后，不同部门有不同出职等级；省通事、译史为从六品，行省、台、院为正七品，六部为从七品，廉访使为从九品。[③]

三、"通事"在历史上的作用

精通其他民族语言的通事在历史上发挥了巨大作用，促进了不同民族、不同国家之间的交流往来。语言差异是不同民族、国家之间交流的障碍。在古代，精通多种语言的翻译人才可谓凤毛麟角。在《后汉书》卷 86《南蛮传》中就有这样的记载：语言的翻译需要经过多重翻译。为了向宗主国周王进贡白雉，越裳国（今越南）的语言就经历了重译，即经历了由越南话到广东话、湖南话、湖北话再到周文王能够听懂的陕西话的一个复杂传递过程。这只白雉随后被贡于文王之庙，周公也雅兴大发，鼓《越裳操》，影响深远。

西汉时期张骞通西域是对外交往的重大事件，具有重要历史意义。张骞使团的成功，堂邑父居功甚伟。堂邑父是匈奴族人，通晓匈奴语言，机智勇敢，协助张骞从匈奴地界逃回，到长安向汉武帝报告西域情况。如果没有堂邑父，张骞就可能一去不复返，西汉王朝对西域的了解还会一无所知，更谈不上去经营了。如果汉朝对西域的经营无法实现，那么丝绸之路的开辟就会大大滞后。

唐朝是开放的东亚大国，各国家、各民族的交流十分频繁，中外文化交流呈现繁荣的局面。通事在沟通各国家、各民族之间的往来方面居功甚伟。

---

① 付克：《中国外语教育史》，上海外语教育出版社 1986 年版，第 7 页。
② 张慧聪：《中国古代北方游牧民族译事研究》，《黑龙江民族丛刊》2016 年第 1 期。
③ 许凡：《元代吏制研究》，劳动人事出版社 1987 年版，第 48 页。

随着朝贡国的增多，重译成为当时盛行的沟通媒介。如果本国无人谙晓汉语，朝贡国一般会聘请第三国人士充当翻译，如朝鲜半岛东南部的新罗曾通过西南部的百济与中国进行交流。

通事在加强民族融合方面发挥了重大作用。汉朝中央政府从稳定边疆、加强民族融合等大局出发，派遣大批官员到边境地区帮助其发展以加强民族融合。在对少数民族的宣传方面，政府需要大批精通少数民族语言的翻译人员。范晔《后汉书》记载，益州刺史朱辅致力于向外族宣扬国威，在随从兼译员田恭的协助下，最终促成了外族朝贡事宜。

古代通事对史料编纂也起着十分重要的作用。口译内容经笔译载入史册，龙惠珠认为大致有四种情况：其一是在语言翻译后由史官向译员征询口译内容；其二是在语言翻译后译员自行记录口译内容；其三是译员将口译内容用文字记录下来呈交史馆，作为今后撰史的参考；其四是在某些口译现场，史官将口译内容直接载入史册。[①]

第二节　东亚历史进程与明清时期的朝贡制度

狭义的东亚是指中国、蒙古国、日本、韩国和朝鲜，而广义的东亚则包括东北亚和东南亚。本书中的"东亚"，即采用广义一说。美国学者费正清认为，东亚有三种含义：其一，在地理上，指亚洲被高山大漠一分为二的东部地区；其二，在人种学上，指蒙古人种（爱斯基摩人和美洲印第安人除外）的两栖居区；其三，在文化上，指深受中国古代文明影响较大的地区，即日本、朝鲜和越南。[②] 他认为："东亚社会——中国、朝鲜、越南、日本及小岛王国琉球——都是由古代中国分衍出来的，并在中国文化区域内发展起来。这个地区深受中国文明的影响，例如汉语表意文字系统、儒家关于家庭和社会秩序的经典教义、科举制度，以及中国皇朝的君主制度和官僚制度，等等。中国因其地大物博，历史悠久，自然成为东亚世界的中心。"[③]

---

① 龙惠珠：《中国古代的译语人》，（阿姆斯特丹）本杰明出版公司 2011 年版。

② （美）费正清：《中国：传统与变迁》，张沛译，世界知识出版社 2002 年版，第 4 页。

③ （美）费正清编：《中国的世界秩序：传统中国的对外关系》，杜继东译，中国社会科学出版社 2010 年版，第 1 页。

目前西方学术界不仅重视从全球史的角度来考察世界体系的形成过程及其文化意义，而且进行了积极的探索。[1] 国内学术界也进行了有益的探索，如陈尚胜教授就主张从全球史的视角来考察中国历史。[2] 我们对明清时期东亚华人通事的研究，亦应从全球化的视角出发，唯有如此，才能更好地了解华人通事在世界历史进程中的作用。

一、东亚历史进程

古代东亚历史进程是组成世界历史进程的重要内容。它和世界历史一样都是由分散到整体，不断发展变化的。所谓东亚历史进程，就是由中国主导的"世界秩序"演变的历史过程。这一秩序早在明朝前期就已经确立。这种国际秩序是以"华夷关系"原则为基础，故人们称之为"华夷国际秩序"。日本著名历史学家信夫清三郎在《日本外交史》中认为，中国的"世界秩序"和"华夷秩序"是同一个概念。陈潮认为，中国大一统的礼治文化的高度发展和其宽宏包容之势，吸引了域外之邦诚心来朝。事实上，华夷观念已被近代以前绝大部分周边国家所认同接受，遣使来华学习儒家礼义，接受化育。[3] 但随着历史的不断发展，中国主导的"华夷秩序"受到挑战，在外受到西方的冲击，在内受到日本等国的抗拒。

东亚历史进程受到西方全球化的巨大影响和不断冲击。

世界历史横向发展的重大转折，是开始于 15、16 世纪之际形成的海路开通，人类历史由地域性阶段逐渐进入全球范围的普遍联系阶段。[4] 费尔南德兹·阿梅斯托指出：1492 年，哥伦布发现了前往美洲的道路。从此以后，新旧世界有了接触，借由将大西洋从屏障转成通道的过程，把过去分立的文明结合在一起，使名副其实的全球历史——真正的世界体成为可能，各地发生的事件都在一个互相联结的世界里共振共鸣，思想和贸易引发的效应越过重洋。"欧

---

[1] Luke Clossey, "Merchants, Missionaries, and Glohalization in the Early-Modern Pacific", *Journal of Global History*, 2006.

[2] 陈尚胜：《中国传统对外关系研究》，中华书局 2015 年版。

[3] 陈潮：《传统的华夷国际秩序与中韩宗藩关系》，载复旦大学韩国研究中心编：《韩国研究论丛》第 2 辑，社会科学文献出版社 2004 年版，第 213 页。

[4] 邹振环：《明末清初朝鲜的赴京使团与汉文西书的东传》，《韩国研究论丛》1998 年刊。

洲长期的帝国主义就此展开，进一步重新打造全世界；美洲加入了西方世界的版图，大幅增加了西方文明的资源，也使得在亚洲称霸已久的帝国和经济体走向衰颓"。①

西方国家在东南亚的殖民活动，客观上把东亚纳入了全球化的进程。葡萄牙是殖民大国，1497 年 7 月，达伽马奉葡萄牙国王之命率领 170 人的船队从西欧到达非洲最南端，再到达印度西海岸，两年之后满载而归，安全回到葡萄牙。1505 年，葡萄牙当局决定在东方以武力建立殖民帝国。不久，阿尔梅达被任命为葡萄牙印度总督（1505—1508）。此后，阿丰索·德·亚德奎（1453—1515）于 1508 年任驻印度总督。1510 年 11 月，葡萄牙占领印度果阿，以此作为葡萄牙东方帝国的中心和控制印度洋贸易的据点。亚德奎得陇望蜀，把下一个目标锁定为马六甲。马六甲是当时东南亚最重要的国际贸易中心，各国商人在此进行贸易。这里不仅有瓷器、丝绸和铁器（中国），黄金和胡椒（苏门答剌），大米（爪哇和勃固），樟脑（文莱），而且有棉花（印度）和毛丝品（中东各国），其中香料是这里最重要的交易商品。②1511 年 8 月，葡萄牙殖民者攻占马六甲，进行大肆屠杀和疯狂掠夺，开始其殖民统治。1513 年，葡萄牙人控制了马鲁古群岛，垄断其香料贸易。西班牙也蠢蠢欲动。1521 年，麦哲伦率领的西班牙船队经过美洲，横跨太平洋，航行到菲律宾群岛。1522年，船队回到西班牙，完成了历史上首次的环球航行。从此，西班牙和葡萄牙两国为了获取香料的控制权在东南亚展开了长期而激烈的较量。

葡萄牙人的东来在历史上第一次把东南亚与欧洲市场直接连接起来，这是东南亚被纳入世界贸易体系的开始。随着欧洲市场对东南亚香料的需求日益增大，欧洲和东南亚的联系也越来越密切。东南亚国家开始为国际市场的需要进行商品生产，近代商品经济的因素逐渐萌芽并成长。③

1520 年，西班牙侵占墨西哥，为以后建立西起中国、东达拉丁美洲的贸易航线奠定了基础。为了争夺对香料群岛的控制权，西班牙殖民者于 1525 年、1526 年、1527 年三次派遣舰队进入菲律宾群岛，并前往香料群岛，引起了葡

---

① Felipe Femandez-Amesto，*1492–The Year the World Began*，Harper Collins E–books，2009。转引自李伯重：《多种类型、多重身份：15 至 17 世纪前半期东亚世界国际贸易中的商人》，《南京大学学报（哲学·人文科学·社会科学）》2016 年第 1 期。

② 梁志明主编：《殖民主义史（东南亚卷）》，北京大学出版社 1999 年版，第 54 页。

③ 梁志明主编：《殖民主义史（东南亚卷）》，北京大学出版社 1999 年版，第 67 页。

萄牙人的反对。1529 年，西班牙和葡萄牙签订了《萨拉戈萨条约》，以马鲁古群岛以东 17 度为分界线，对两国势力范围进行明确的划分。西班牙人在东面活动，菲律宾群岛被划入葡萄牙的势力范围。1556 年，西班牙国王菲利普二世即位，致力于对菲律宾的控制。1571 年 5 月 19 日，西班牙军队占领了马尼拉，建立了西班牙在菲律宾的殖民统治中心。

由于葡萄牙人控制了经过印度洋通往欧洲的商路，垄断了香料贸易，因此西班牙人另辟蹊径，在占领菲律宾之后，便通过太平洋向美洲，并与欧洲发生间接联系，形成了一条新的贸易航线。这条航线西起中国大陆，经过菲律宾的马尼拉，东达拉丁美洲的墨西哥，史称"大帆船贸易"。从此，中国的丝绸、瓷器、棉布、茶叶，菲律宾的织绣、珍珠、木雕，日本的和服、纸灯，马鲁古的香料，辗转各地，最后一部分进入西班牙本土。马尼拉是中国和墨西哥之间的中转站。从 1565 年开始到 1815 年，西班牙国王下诏宣布中止，大帆船贸易历时 250 年之久。[①] 它不仅使西班牙殖民者获得了巨大的经济利益，而且促进了亚洲和美洲之间的经济文化联系。美洲的农作物如甘薯、玉米、烟草等经过菲律宾传入中国，菲律宾的香蕉、椰子、芒果等水果传入美洲。

由于新航路的开辟，西欧国家纷纷进行海外殖民活动。1511 年葡萄牙侵占马六甲，1553 年葡萄牙取得在澳门的居住权，1571 年西班牙占领菲律宾的马尼拉。东西方的相遇，促进了世界市场的形成。由于以澳门—果阿—欧洲、中国—马尼拉—墨西哥—欧洲航线为依托，亚洲、欧洲和美洲间的商贸联系因此大为密切。正如马克思所阐述的那样："由于开拓了世界市场，使一切国家的生产和消费都成为世界性的了。……过去那种地方的和民族的自给自足和闭关自守状态，被各民族的各方面的互相往来和各方面的互相依赖所代替了。"[②]

伴随着 16、17 世纪西欧国家频繁的海外扩张，跨洲贸易与文化活动蓬勃兴起。中国—马尼拉—墨西哥航线和澳门—马六甲—果阿—欧洲航线开辟后对东西方都产生了积极的影响，中国商品由此获得了广阔的销路，西班牙等殖民者也通过转运中国商品获利甚丰。欧洲、美洲与中国南海贸易圈贸易联系的建立，标志着世界市场初步形成。[③]

---

① 梁志明主编：《殖民主义史（东南亚卷）》，北京大学出版社 1999 年版，第 92—93 页。
② 《马克思恩格斯选集》第 1 卷，人民出版社 2012 年版，第 404 页。
③ 李曰强：《明代中菲贸易研究》，山东大学硕士学位论文，2007 年。

由于全球范围联系的建立，中国因此不断受到西方的冲击。如在文化方面，16—18 世纪西方商人、传教士不断东来，叩击着东亚诸国的大门，西方文化通过各种渠道逐渐渗透到东亚文化圈。[①] 中国主导的朝贡体系也受到西方的冲击，并开始动摇，最终在 19 世纪中期土崩瓦解。

二、明代确立的东亚朝贡体系

从公元前 3 世纪开始到 19 世纪末期，在东北亚、东南亚和中亚地区存在着一种国际关系体系即东亚朝贡体系。这一体系以古代中原王朝为主要核心，呈现等级制网状政治秩序，中原王朝以天朝自居，通过册封，层层往外拓展。外国学者认为：东亚体系以朝贡制度为基石，强调国家间正式的等级秩序，同时默许大量非正式的平等关系。日本学者西嶋定生在 1962 年发表《六—八世纪的东亚》一文，指出爵位制度不仅适用于唐代以前的中国国内，亦通行于中国王朝与日本、朝鲜诸国以及渤海之间，并将这种适用于中国王朝与外国间的爵位秩序命名为册封体制，指出册封体制即规定东亚国际关系的国际秩序。[②]

早在周穆王时期，祭公谋父就认为，先祖不窋"不敢怠业，时序其德，遵修其绪，修其训典，朝夕恪勤，守以敦笃，奉以忠信，奕世载德，不忝前人"。意思是说天子要想保世以滋大，除了拥有强大的军事力量，还必须使用修意、修言、修文、修德等德治方法，更要有天朝风范。后来通行于东亚地区的"华夷秩序"，几乎都可以从这里找到它的根源。[③]

日本学者上田信认为，朝贡体制是在册封（按照儒家的礼仪观念建立的国际关系秩序）基础上与他国之间进行的交易、转移遇难者等制度。[④]

何芳川教授把以中华帝国为核心的古代类型的国际关系体系称为"华夷秩序"。他认为，秦朝统一六国，为"华夷秩序"的建立奠定了基础，经过汉

---

① 邹振环：《明末清初朝鲜的赴京使团与汉文西书的东传》，《韩国研究论丛》1998 年刊。
② 参见（日）金子修一：《历史上的东亚国际秩序与中国》，张鸿译，载冯立君主编：《中国与域外》第 2 号，朝国学术信息出版社 2017 年版。
③ 韩东育：《东亚世界的"落差"与"权力"——从"华夷秩序"到"条约体系"》，《经济社会史评论》2016 年第 2 期。
④ （日）上田信：《海与帝国：明清时代》，高莹莹译，广西师范大学出版社 2014 年版，第492 页。

魏两晋、隋唐、宋元等朝代，"华夷秩序"得到进一步的充实，发展到明清时期，"华夷秩序终于具备了清晰的外缘和日臻完善的内涵"，"华夷秩序在体制上最根本的保证，是中华帝国与诸邦国之间，形成并建立了一套朝贡制度"。①

日本学者滨下武志认为，中国主导的"朝贡秩序"有三个特点：(1) 由宗主国中国提供国际性安全保障，"朝贡国"不保持常设性军事力量，区域内部的纠纷不诉诸武力，而是以和平手段去解决；(2) 朝贡贸易实行"无关税"特殊政策，为东亚诸国提供了巨大的商业机会；(3) 朝贡秩序奉行的理念，从中国方面来说，是皇恩浩荡，德化四海，因此包容异质的文化。②

(一) 朝贡制度的建立

明朝建立后，明太祖迅速向东亚诸国遣使"赍玺书往报即位书"。根据严从简的《殊域周咨录》记载，其遣使年月各异。明朝建立后立即遣使高丽、安南，可见明朝对朝鲜、越南的重视。明洪武元年 (1368)，明太祖遣符宝郎偰斯出使高丽，赐其国书，其中云："惟四夷未服，故遣使报王知之。"③明洪武二年 (1369) 遣使日本、三佛齐、爪哇，洪武三年 (1370) 遣使渤泥。首次遣使琉球的时间，记载的是"洪武五年" (1372)。至于其他国家，则没有明确记载年月，如暹罗、真腊，仅说明是"洪武初"，而苏门答剌，则写明是"洪武年间"。由此可以看出明朝对这些国家的态度不同。有一个国家闻风而动，这就是占城。它在洪武元年即遣使来华贺明皇即位并进贡，抢在明使到达占城之前，这使明太祖喜出望外。

明太祖反对穷兵黩武，在对外关系上采取了羁縻政策。明洪武四年 (1371) 九月，明太祖朱元璋御奉天门，再次阐述其对外政策："海外蛮夷之国，有为患于中国者，不可不讨，不为中国患者，不可辄自用兵。""朕以诸蛮夷小国，阻山越海，僻在一隅，彼不为中国患者，朕决不伐之。惟西北胡戎，世为中国患者，不可不谨备之耳。"④他与侍臣曾经谈到夷狄之祸，云："至于御

---

① 何芳川：《"华夷秩序"论》，《北京大学学报（哲学社会科学版）》1998 年第 6 期。

② （日）滨下武志：《近代中国的国际契机：朝贡贸易体系与近代亚洲经济圈》，朱荫贵、欧阳菲译，中国社会科学出版社 1999 年版。

③ [明] 严从简：《殊域周咨录》卷 1《朝鲜》，余思黎点校，中华书局 2000 年版，第 9 页。

④ [明] 余继登：《典故纪闻》卷 3，中华书局 2006 年版，第 43 页。余氏所记较为简略。

夷狄，则修武备，谨边防，来则御之，去不穷追，岂有侵暴之虞？"[1]他又因论兵政对诸将说：

> 国家用兵，犹医之用药，药以治疾，不以无疾而服药，国家未宁，用兵以勘定祸乱。及四方承平，只宜修甲兵，练士卒，使常有备。盖兵能弭乱，亦能召乱，若恃其富强，喜功生事，结怨起，适足以召乱耳。正犹医家妄以瞑眩之药，强进无病之人，纵不残体殒民，亦伤元气。故为国者，但当常讲武事，不可穷兵黩武。[2]

明洪武四年（1371），明太祖明确规定安南、占城、高丽、暹罗、琉球、日本等国为"不征之国"，同时，把周边的朝鲜、安南、占城和琉球的山川看作为中华礼治的区域，在那里立碑祭祀。《明史》云："安南、高丽皆臣服，其国内山川，宜与中国同祭。"[3]明确了中国的实际控制区域，采取"厚往薄来"的原则，最后确立了朝贡体系，成为东方通行的国际关系体制。在这个体系中，中国的中原王朝成为一元的中心，各个朝贡国承认这一中心地位。

明朝逐步建立了较为完整的朝贡礼仪制度。明朝皇帝对接受招谕并来朝贡的外国君主授以册书，赐给封号、印玺，以此承认并维护华夷之间的关系。册书和印玺，按被封者的亲疏程度，有金质或银质饰品之分，以示有等级差别。所有册文和往来文书都只用中文书写，以示中华的最高地位。接受册封的属国，应尊奉中国正朔（即年号、历法），并定期向中国进行朝贡活动，进献土特产品，表示自愿接受藩属国地位。明朝皇帝也根据朝贡国具体情况，分别赐予金银、丝绸等贵重物品，并允许在册封和朝贡期间从事贸易，以示皇恩，从而达到"羁縻"的目的。册封和朝贡活动，有一系列严格繁琐的礼仪，如迎送、宴劳、酒行、用乐、跪拜等。[4]只有同中国建立了这样的朝贡关系，才算纳入了以中华为中心的华夷国际秩序，那些受封的国家还可以得到明朝政府发给的"符信勘合"，并凭着这些勘合，同中国进行贸易活动，享受在华夷国际秩序中的各种经济特权，从而获得巨大的经济利益。

明初对外和平政策的实施，在东亚地区取得了明显的成效。黄省曾在《西

---

① 《典故纪闻》卷4，第55页。
② 《典故纪闻》卷5，第79页。
③ 《明史》卷49《礼三·岳镇海渎山川之祀》，中华书局1974年版，第1285页。
④ 陈潮：《传统的华夷国际秩序与中韩宗藩关系》，载复旦大学韩国研究中心编：《韩国研究论丛》第2辑，社会科学文献出版社1996年版，第217页。

洋朝贡典录》中云："至前元号为广拓，而占城、爪哇亦称密迩，乃坚不一屈内款，至勤兵越斗者数年，竟不得其要领，至今（指正德年间——引者注）遗笑于海上。入我圣代，联数十国，翕然而归拱，可谓盛矣。"[①]

（二）郑和下西洋是朝贡关系的拓展

明朝建立后，明太祖力图确立中国在亚洲地区的大国地位，恢复和扩大朝贡关系，于是大力发展对外关系。到洪永时期，明朝基本确定了其外交活动范围和外交方针。

明成祖登基后，重视对外关系的发展，派遣郑和七下西洋，中外交流呈现繁荣局面。郑和为什么要下西洋？笔者以为，最初的主要目的是想通过发动海外国家的"四夷来朝"，以便为明成祖树立"万国归附"和"真命天子"的形象。此外，主要是为了改善洪武以来"华夷秩序"混乱的局面，建构新的国际关系格局。为此，最主要的手段，是通过郑和下西洋，彰显明朝强大的军事实力、经济上的富强、政治上的"怀柔远人"。具体措施是，郑和在海外诸国王公中例行宣读皇帝诏书和进行丰厚的物质"赏赐"，大量购买海外诸国的香料和珍宝，以满足国内上层的消费需求。明朝遣使出洋与东亚国家进行直接贸易，充分体现朝贡贸易特征的类型。

永乐三年（1405）六月，明成祖"遣中官郑和等赍敕往谕西洋诸国，并赐诸国王金织文绮、彩绢各有差"。[②]西洋诸国纷纷遣使朝贡。丘濬称道这一盛世：

> 三代盛时，其疆域西不尽流沙，南不尽衡山，东不尽东海，北不尽恒山，地尽即止。汉始通西域，开西南夷，皆由陆以通。隋唐以来，航海之使始至，然皆自君长其国，未有受天子命者。有之，肇自今日。[③]

15世纪前期，随着郑和船队七下西洋，向明朝朝贡的国家和部族一度达到65个。按照万历《明会典》，朝贡国可以分为六类：（1）"东南夷"（上），包括朝鲜、日本、琉球、安南等18国；（2）"东南夷"（下），有苏禄、满剌加、锡兰等44国；（3）"北狄"，即鞑靼部的八个部分；（4）"东北夷"，即女真部

---

① [明] 黄省曾：《西洋朝贡典录》，谢方点校，中华书局1982年版，"自序"第1页。

② 《明太宗实录》卷43，永乐三年六月己卯。

③ [明] 陈建：《皇明通纪》卷5《戊子永乐九年》，钱茂伟点校，中华书局2008年版，第439页。

的两个部分；（5）"西戎"（上），即西域 38 国在内的 58 国；（6）"西戎"（下），即吐蕃部的 14 国。

"西洋"的概念和范围不是一成不变的。"西洋"的概念起源于宋、元时期，相应的还有"东洋"。但宋元时期没有明确这两个概念的地域范围。明朝时期的"西洋"以现今苏门答腊岛西北角为起点，向西囊括印度洋、阿拉伯海、大西洋和太平洋，最终到文莱。"东洋"包括现今的南海、东海和日本海。

明代的"南海"不等同于现在的南海。明人叶盛编撰的《水东日记》卷 17《两广地图》中谈到了南海的范围："所谓南海，则诸番岸海而为国如暹罗、爪哇、占城、满剌加、锡兰山、苏门答剌、安南等国云。"[①] 即相当于今天的东南亚地区。郑和下西洋，西洋即包括《水东日记》中所指的南海地区。

郑和使团集外交使团与贸易使团于一身。庞大的远洋船队满载着中国的绫绢、纱罗、彩帛、锦绮、瓷器等，航行于中国与西洋各国之间。每到一处，即以官方仪式在形式上或名义上确立明朝与东亚诸国的宗藩隶属关系。除了例行的赏赐以外，还用船上所载的货物和当地居民进行互市贸易。[②]

方豪先生在《中西交通史》之第十三章"郑和之下西洋"中，谈到了其他使臣，他们为中西交往的发展作出了巨大贡献。

郑和下西洋，密切了中国与海外诸国的政治经济关系，在国家社会经济方面，都显示了一些活跃的迹象。严从简曾肯定其在国家和社会经济中的作用："自永乐改元，遣使四出，招谕海番，贡献毕至，奇货重宝，前代所希，充溢库市。贫民承令博买，或多致富，而国用亦羡余矣。"[③]

郑和下西洋的壮举和明朝"厚往薄来"的政策，使得东亚诸国对明朝的"朝贡"不断升温，演变成一种贸易往来，尤其是明朝中后期实行海禁政策后，朝贡几乎成了这些国家同中国进行贸易往来的唯一手段。

万明在《明代中国国际秩序的演绎》一文中认为，蒙元帝国崩溃后，东亚国际秩序急需重建。明初以"不征"作为对外关系的基本国策，从一开始就萌生建立新的国际秩序思想。从农耕大国向海洋大国崛起的走势和郑和下印度洋形成的国际秩序，是明代中国对蒙元帝国崩溃后快速变化的印度洋世界的应

① [明] 叶盛：《水东日记》卷 17《两广地图》，魏中平校点，中华书局 1980 年版，第 172 页。
② 林翠茹：《制度与调适——郑和下西洋和朝贡体系下的东南亚华侨》，《南方文物》2005 年第 4 期。
③ 《殊域周咨录》卷 9《佛郎机》，第 320 页。

对。郑和下西洋为区域史走向全球化作出了重要铺垫。①

(三) 明朝维护朝贡制度的举措

明朝为了维护朝贡体制，采取了一些有力措施，旨在树立明朝的中心地位，维护宗藩国的利益，巩固宗藩关系。

1.提出"华夷一统"思想，制定朝贡礼仪

明太祖认为："夷狄奉中国，礼之常经；以小事大，古今一理。"②他比历史上任何君主都更加重视礼仪在对外交往中的应用，强化明朝的宗主国地位，制定出一整套缜密、繁琐的朝贡礼仪。明代所有朝贡礼仪皆制定于洪武初年。据《明会典》记载，番夷朝贡主要的礼仪包括蕃王来朝仪、蕃国遣使进表仪、蕃使朝贡仪、蕃国迎诏仪、蕃国受印物仪，此外尚有圣节、正旦、冬至等蕃国望阙庆祝仪等。③明洪武三年（1370）成书的《明集礼》将上述各种礼仪分别归入宾礼中的"蕃王朝贡""蕃使朝贡""遣使"三种礼仪，内容更加繁杂，不仅对各种礼仪加以阐释，而且对历代朝贡礼仪亦进行了追溯。据《明会要》记载：（洪武）二十六年，"定：凡四夷归化人员及朝贡使客初至，会同馆主客部官随即至彼，点视正从一切，处分安妥。仍加抚绥，使知朝廷恩泽。"④

《明太祖实录》卷232"洪武二十七年四月十一日条"记载了蕃国朝贡礼仪，云："更定蕃国朝贡仪。是时，四夷朝贡……南有……爪哇、西洋琐里、三佛齐、百花、览邦……须文达那……上以旧仪颇烦，故复命更定之。"

每当东亚诸国来朝，明朝先派遣礼部官员在会同馆接待，第二日让东亚诸国使臣各穿其国服参加朝觐。如果是曾经赐有朝服者，那么就穿朝服。在奉天殿朝见，使臣要行八拜礼。之后，即到文华殿朝拜皇太子，使臣要行四拜礼，如果拜见亲王亦是如此礼仪。亲王站立接受后，答二拜，"其从官随蕃王班后行礼"。凡是遇到宴会，蕃王在排位上，居于侯、伯之下，"其蕃国使臣及土官，朝贡皆如常仪"。

---

① 万明：《明代中国国际秩序的演绎》，《新疆师范大学学报（哲学社会科学版）》2016年第5期。

② 《明太祖实录》卷90，洪武七年六月乙未。

③ ［明］申时行等重修：《明会典》卷58《户部二十四·课程》，万有书库本。

④ ［清］龙文彬：《明会要》卷15《礼十》，中华书局1956年版，第249页。

明永乐年间制定了接待使臣的制度，这是朝贡礼仪制度的重要组成部分。《礼部志稿》卷92《朝贡备考》，云：

> 永乐十七年监察御史邓真言十事……三曰礼部职掌礼仪。凡各处朝贡使臣至京，当随即具奏，接待如仪，不使远人有觖望之心。今使臣到者，饮食供帐之具，一概委之会同馆。应赏赐者故意迟留，又有各处军民来贡者，往往不即奏达，只令于会同馆听候，或十日半月不引奏，或已进贡不即发遣，有伺候一两月或至三四月者，此礼官之弊也。上可其奏，令诸司悛改，再犯不恕。

黄枝连在学术界最早提出了古代东亚国际关系中的礼治主义、礼治体系等概念。[①] 陈康令认为：传统东亚秩序的统合性原则规范是所谓"天下礼"。通过东亚国家的推行，天下礼得以普遍实施，传统东亚秩序因此得以有序运转、平稳发展。礼治的理想状态是"礼秩"。[②]

2. 遣使祭祀、册封

"册封"一词，多见于明清时期。所谓册封，具体而言，对琉球来说就是"修外藩礼，王崩则世子嗣位，遣使请命，朝廷遣文臣二为正、副使，持节航海册为中山王"。[③]

明太祖重视使臣在外交中的作用，对使臣提出殷切要求。他曾对行人说：

> 凡为使臣，受命而出，四方之所瞻视，不可不谨。孔子曰："行己有耻，使于四方，不辱君命，可谓士矣。"尔等当服膺是言。若纵情肆欲，假使命而作威福，虐害下人，为朝廷之辱矣。自今或捧制书，或奉命出使，或催督庶务，所在官吏淑慝心，军民休戚，一一咨访，还日以闻，庶不负尔职也。[④]

明廷对奉使朝鲜和琉球等国之事十分重视，沈德符《万历野获编》卷30《册封琉球》中云："本朝入贡诸国，唯琉球、朝鲜最恭顺，朝廷礼之亦迥异他夷。朝廷以翰林及给事中往，琉球则给事中为正，行人副之。"可见明朝与朝鲜、琉球关系密切。

---

①　黄枝连：《天朝礼治体系研究》，中国人民大学出版社1992年版。

②　陈康令：《试论传统东亚秩序的礼治：一种分析框架》，《当代亚太》2015年第3期。

③　[清] 龚柴：《中国海岛考略》，载《小方壶斋舆地丛钞·第九帙》，光绪十七年上海著易堂铅印本（1891）。

④　《典故纪闻》卷4，第64页。

明洪武二年（1369），安南国王陈日煃遣使来华朝贡方物，"因请封爵"，明太祖遣翰林侍读学士张以宁往封，封日煃为安南国王，"赐以驼纽涂金银印"①。

明洪武五年（1372），明太祖遣行人杨载招谕琉球，翌年琉球三国进贡，确立了明与琉球的朝贡关系。明永乐元年（1403），琉球世子武宁遣使讣告中山王察度薨。次年，明成祖遣使赴琉球吊祭察度，"赙以布帛，逐诏武宁袭爵"。此为琉球"始受册封之大典，著为例"。此后，明清时期每位琉球"国王嗣立，皆请命册封"，而明清王朝也多应其请，派遣册封使臣前去琉球主持册封大礼，形成了两国之间数百年的朝贡和册封关系。

纵观有清一代，派往琉球的正副册封使共计8次16人中，除了张学礼为贡生出身外，其余均为进士出身。翰林院出身者共计10人，占62.5%。其中，殿试状元2名，探花1名。被选中的使臣可谓是品学兼优者。②

明代曾敕封海外一些国家，如占城、暹罗、满剌加、三佛齐、锡兰、古里等。

我国古代封建社会的统治者，每封其州内著名的高山为一州之镇，这便是"镇国之山"一事的由来。③《明太祖实录》卷48记载：洪武三年（1370）曾遣使往安南、高丽、占城等国，祭祀其国的山川，并勒石记事。"迩者占城、安南、高丽遣使奉表称臣，已封其山，则其境内山川，悉归职方。"对各个朝贡国，明王朝封其山为一国之镇，制碑文，勒石于山，末缀以诗。明朝对朝鲜、日本、安南、琉球等国均敕封镇国之山，这是明朝维护朝贡体制的重要举措。

明朝对"夷王"赐谥。明代王世贞在《弇山堂别集》卷9《夷狄赐谥》中记载：

> 夷王得谥者：日本王源道义谥恭献。高丽王王颛谥恭愍，李旦谥康献，李芳远谥恭定，李珦谥恭顺，李娈谥康靖。浡泥国王麻邪惹加那乃谥恭顺。苏禄国东王巴都葛叭答剌谥恭定。古麻剌郎国王幹剌义亦敦奔

---

① ［明］俞汝辑：《礼部志稿》卷91《朝贡备考·安南受锡受爵》，台湾商务印书馆1984年文渊阁影印本。

② 李源：《康熙年间徐葆光使琉球及其著述考》，福建师范大学硕士学位论文，2006年。

③ 郑鹤声：《十五世纪初叶中国与亚非国家间在政治经济和文化上的关系》，《山东大学学报》1957年第1期。

谥康靖。①

《夜航船》对此记载尤详。该书卷 15《外国部》"浡泥国条"云："永乐初，王率妻子来朝，卒于南京会同馆。诏谥恭顺，赐葬石子冈。命其妻子还国。"②其"苏禄国条"记载明朝赐谥之事："苏禄国，国分东西峒，凡三王：东王为尊，西峒二王次之。明永乐间，王率妻子来朝，次德州，卒。葬以王礼，谥曰恭定。遣其妃姜还国。"③

《明史》载：明永乐六年（1408），"其秋，（朝鲜国王世子李褆——引者注）遣陪臣郑擢来告其父旦之丧"，"（成祖——引者注）命官吊祭，赐谥康献"。④明永乐二十年（1422），朝鲜国王李芳远卒，"赐谥恭定"。⑤夷王封号之差别，反映了朝贡体制和儒家正统思想。

> 永乐封安南国王陈天平，降其僭王胡查曰顺化郡公。宣德敕安南黎利其衔曰权署国事。正德朝鲜王传位其弟普城君怿，敕封以国王体统行事。嘉靖安南莫登庸，命降为安南都统，从二品，银印。⑥

3. 鼓励朝贡活动，厚往薄来

明朝确定朝贡国的贡品。朝贡国根据明朝的安排进贡其土特产和别贡品。明朝皇帝确立了"厚往薄来"的朝贡原则。明成祖说："盖远人慕义而来，当加厚抚纳，庶几朝廷怀柔之意。"明宣宗亦云："厚往薄来，怀远之道"。"厚往薄来"出自《礼记·中庸》，原指周天子和诸侯之间的朝聘制度，周天子通过"贡轻赏重"的办法，使诸侯归心、臣服。后世对宗藩关系的处理，也常仿效此法，以怀柔"远人"。明朝亦采取了这一行之有效的方法。

中国封建王朝给予海外诸国贡品的代价，被称为"给赐"。中国明清时期对朝贡国的"给赐"，情形不一，或出于特恩，或由于朝贡国的乞求，或由于礼部的酌请。明洪武二十六年（1393），明朝对"给赐"作出明确规定：凡诸番四夷朝贡人员及公侯官员等，一切给赐，如往年有例者，止照其例；无例

① [明] 王世贞:《弇山堂别集》卷9《夷狄赐谥》，魏连科点校，中华书局2006年版，第173页。
② [明] 张岱:《夜航船》卷15《外国部》，李小龙整理，中华书局2012年版，第289页。
③ [明] 张岱:《夜航船》卷15《外国部》，李小龙整理，中华书局2012年版，第289页。
④ 《明史》卷320《外国列传一·朝鲜》，第8284、8285页。
⑤ 《明史》卷320《外国列传一·朝鲜》，第8286页。
⑥ [明] 王世贞:《弇山堂别集》卷15《夷王封号之异》，魏连科点校，中华书局2006年版，第273页。普城君应为晋城君。

者，斟酌高下等第，题请定夺。然后礼部官具本奏闻关领给赐。①

明太祖对朝贡国的给赐，严加限制。但到了明成祖朱棣时期，采用宽大政策，给赐较多。例如明永乐十九年（1421），礼部尚书吕震奏上"蛮夷"来朝赏例：三品四品，人钞五十锭，锦一段，纻丝三表里。五品，钞百二十锭，纻丝三表里。六品七品，钞九十锭，纻丝二表里。八品九品，钞八十锭，纻丝一表里。未入流，钞六十锭，纻丝一表里。明成祖认为"朝廷驭四夷，当怀之以恩。今后朝贡者悉依品级赐赍，虽加厚不为过也"。②

有许多因素促使明朝皇帝对外来贡使加以"厚赐"，如：皇帝即位，有招徕外夷之需要；边境冲突，有优待优抚外族、外夷之需要；皇室享乐，有追求外夷进贡生活奢侈品之需要。

对朝贡使臣优待，体现了明朝"厚往薄来"的原则。明永乐十五年（1417），苏禄国东王巴都葛叭答剌与西王麻哈剌葛吒剌麻丁、峒王叭都葛叭剌卜，各率其眷属、侍从等340多人访华，明成祖派专使到应天府龙江驿专候，并为他们接风洗尘。苏禄国"三王"到京后，明成祖在奉天殿会见他们。明成祖见东王"恭顺特达，聪明温厚"，以宾礼隆重接待。"封为国王，赐印诰、袭冠带及鞍马、仪仗器物，其从者亦赐冠带有差。""三王"辞归时，明成祖"优加赐赍，遣官护归"③此举旨在昭示明朝的富庶以及对藩属的怀柔。

正德元年（1506）十二月丁卯，明武宗谕礼部、兵部臣曰："四夷朝贡来京，凡筵宴饮食，俱宜丰洁，沿途廪饩驿传如例应付，以副朕柔远人之意。"④

4. 设立市舶司，颁发勘合，管理朝贡贸易

朝贡贸易，其主体是各国使团在华朝贡期间所进行的贸易活动。每次来华，他们除向明清王朝缴纳额定的贡物外，还携带大量货物、银两，通过合法贸易渠道销售、采购，兼有官方贸易和私人贸易性质。朝贡贸易有在京师会同馆贸易和过境口岸贸易这两种形式和渠道。⑤

明朝建立后与各国建立关系，致力于海外贸易，曾设置海上市舶司，但由

① 《明会典》卷110《礼部六十九·给赐二》。
② 《明太宗实录》卷233，永乐十九年正月丙子。
③ 《明史》卷325《外国列传六·苏禄》，第8423页。
④ 《明武宗实录》卷20，正德元年十二月丁卯。
⑤ 李云泉：《再论清代朝贡体制》，《山东师范大学学报（人文社会科学版）》2011年第5期。

于"海夷"的破坏，被迫取消。《万历野获编》卷12云：

> 太祖初定天下，于直隶太仓州黄渡镇设市舶司。有提举一人，副提举二人，其属吏目二人，驿丞一人。后以海夷狡诈无常，迫近京师，或行窥视，遂罢不设。洪武七年，又设于浙江之宁波府、广东之广州府，其体制一同太仓。其后宁波寻废，今止广州府一司存耳。①

明永乐三年（1405），明成祖在沿海设立市舶司管理东亚国家的朝贡贸易。福建之泉州曰来远，通琉球；浙江之宁波曰安远，通日本；广东之广州曰怀远，通占城、暹罗、西洋诸国。

交趾、云南市舶提举司的主要任务是接待西南诸国之朝贡者。市舶司的任务还有其他多种，其中一个重要任务就是防止国内商民与来华的海外国家朝贡使团成员的随意接触。"外夷经过处所，务要严加体察，不许官员、军民、铺店之家私与交易货物，夹带回还，及通同卫所，多索车杠人夫，违者全家发海南卫分充军。"②

因此，明朝前期的市舶司机构"所以通夷情，抑奸商，俾法禁有所施，因以消其衅隙也"。③ 明前期的市舶司机构，对外施行怀柔政策，目的是为了消除海外势力对明朝统治秩序的冲击。④

明初，海外诸国从事朝贡贸易多有奸诈之徒。于是，洪武年间，首开发勘合先例。"十六年癸亥，上以海外诸国进贡信使往来不实，乃命礼部置勘合文簿，给发诸国，俾有凭信稽考，以杜奸诈。但遇入贡，咨文俱于各经过布政司比对勘合相同，然后发遣。于是，暹罗……凡五十九国尝来朝者，皆给勘合文册"。⑤

嘉靖时期高岱所撰《鸿猷录》亦记载了明洪武十六年（1383）朝贡的宏大盛况以及相关的规章制度："暹罗、占城、安南、真腊、爪哇……凡五十九国，常来朝贡者，皆给勘合文文册……其诸国所贡方物表式、岁期、回答赏赐，并正副使廪给宴赐、礼仪、互市，各以国大小隆杀，著为定式。"⑥

---

① ［明］沈德符：《万历野获编》卷12《户部》，中华书局1959年版，第317页。
② 《典故纪闻》卷12，第225页。
③ 《明史》卷81《食货志五·马市》，第1980页。
④ 陈尚胜：《五千年中外文化交流史》第1卷，世界知识出版社2002年版，第505页。
⑤ ［明］吕维祺：《四译馆增定馆则》卷6，第73页。
⑥ ［明］高岱：《鸿猷录》卷6《四夷来王》，新兴书局1977年版，第927—928页。

据《明会典》记载，明朝对缅甸土官衙门如木邦、缅甸宣慰司，孟艮等府，给予敕符勘合，其后也给孟养等宣慰司都勘合。

生于明朝末年的屈大均，在其著作《广东新语》中对广东境内的朝贡贸易活动进行了描述和评价。在《货语》卷中他专辟"诸番贡物"一栏，对明清时期发生在广东的朝贡贸易情况及各国贡物进行了具体的描述。来粤贸易的国家有婆利、占城、真腊、爪哇、暹罗、满剌加、大泥、蒲甘、赤土等。他详细介绍了纳贡货物：安南的香料、占城的象牙、暹罗的布匹、真腊的木材、爪哇的胡椒、满剌加的珍奇动物、三佛齐的孔雀、渤泥的珍珠宝石、苏门答剌的动物等。他还介绍了纳贡规则。明朝的旧例是三艘贡舶来广东，使者捧金叶表入京朝贡。在朝贡期间，贡舶可以在广东市场上购买需要的货物回国，到第二年这三艘贡舶再回来迎接皇帝的敕封，然后再买三艘货物连同明朝赏赐物品一起运回国。一般国家是三年一贡，有些国家是五年一贡。一贡之中，他们的船舶要往来三次。①

与海外诸国进行贸易往来，有利于明代社会经济的发展。严从简云："按夷中百货，皆中国不可缺者，夷必欲售，中国必欲得之。以故祖训虽绝日本而三市舶司不废。市舶初设，在太仓黄渡，寻以近京师，改设于福建、浙江、广东。七年，罢未几，复设。盖北夷有马市，西夷有茶市，江南海夷有市舶。所以通华夷之情，迁无有之货，收征税之利，灭戍守之费。且以禁海贾抑奸商，使利权在上也。"同时，严从简又指出设立市舶司的弊端："然夷货之至，各有接引之家，先将重价者私相交易，或去一半，或去六七。而后牙人以货报官，且为之提督，如牛荣辈者复从而收腊之，则其所存以为官市者又几何哉！今提督虽革而接引积蠹莫之能去，盖多势豪为主，久握其利。海道副使或行严缉，是非蜂起，是以难刷其敝。迩年浙、福之间都御史朱纨励禁接引，以致激生倭寇。然则市舶之当开与否，岂不有明鉴哉！"②

5.调解藩属国之间的矛盾冲突

明朝以宗主国自居，积极处理藩属国之间的纠纷，多次调解各国之间的矛盾。其目的是为了从根本上维护宗主国的权威，协调藩属国之间的关系，确保朝贡体制的顺利实施。其中包括对安南与占城间、爪哇与三佛齐间国际纠纷的

---

① [清] 屈大均：《广东新语》下册，中华书局 1985 年版，第 402 页。
② 《殊域周咨录》卷 8《暹罗》，第 284—285 页。

调解，暹罗与占城、苏门答剌、满剌加之间国家纠纷的调解等。

占城与安南两国毗邻，战火不息。明洪武十三年（1380）九月，占城使臣回国，明太祖以玺书谕其国王阿答阿者，告诫占城国王要放弃战争，"保守封疆，奉天勤民"。"王能保守封疆，奉天勤民，则福禄绵长矣。如其不然，必欲驱兵连年苦战，彼此胜负，固不可知。鹬蚌相持渔人获利。……因王至意，故戒之再三，王其修仁。惟吉。"①

明太祖因占城王"万里远道"为其上寿，引经据典，语重心长地告诫占城王要放弃战争，保境安民，否则"他日悔之"。占城结局，不幸为太祖所言中，后来占城被安南所灭。

明朝初年，明王朝多次调解安南与占城的矛盾，诏谕安南停止对占城发动进攻，但安南置之不理。此后，迫于明朝的强大压力，安南表面屈服。

明永乐元年（1403）十二月辛丑，安南胡奋遣使贺明年正旦进方物且上章，俯首认罪："伏蒙敕书谕臣占城构兵事。臣罪深重荷天地大德，敕而不诛，不胜惭惧。自今以往，谨当息兵安民，以仰副圣训"。明成祖以其能改过，赐敕慰勉，之时已有诏封胡奋为安南国王。

明永乐二年（1404），明成祖遣使占城，敕谕占城国王占巴的赖：安南多次入侵占城，"朕已遣人谕之，令西兵安民，今安南王胡奋陈词服罪，不敢复肆侵。越人能改过，斯无过矣。尔矣宜务辑睦，用保下人"。②

明朝各代君主耐心细致地调解东亚各国之间的争端，化解了危机，保证了东亚的大局稳定，有助于东亚朝贡体制的实施。

6. 作为宗主国，明朝对失礼者或出师讨伐或严厉谴责

明朝与东亚诸国建立了朝贡秩序，要求各朝贡国家忠实维护朝贡体制，对那些破坏朝贡秩序的国家视为失礼者，并根据具体情况采取一些措施。

在明朝 276 年中，明朝为维系东亚传统及东亚秩序对失礼行为进行打击，发动了两次短期战争，即明永乐年间讨伐安南（1406—1407）和万历年间抗倭援朝战争（1592—1593）。

明永乐二年（1404）八月乙亥，安南陪臣裴伯耆从安南逃到广西，在明朝思明官员的帮助下，到达京城，向永乐皇帝上表，称："奸臣黎季犛父子弑主

---

① 《明太祖实录》卷 133，洪武十三年九月癸丑。
② 《明太宗实录》卷 27，永乐二年正月丁巳。

篡位，屠害忠臣"，希望明朝"兴吊伐之师，隆继绝之义"，[①] 讨伐胡季犛。"丁酉，老挝军民宣慰使刀线歹遣使护送前安南王孙陈天平来朝"。[②] 王孙陈天平控诉黎季犛"更姓名胡一元，子曰胡奎，自谓舜裔胡公满之后，遂改国号大虞，季犛僭号太上皇，子奎为大虞皇帝"，[③] 希望明朝能"伐罪吊民，兴灭继绝"。明永乐三年（1405）六月，安南胡奎遣使臣阮景真入朝上奏谢罪，自称"盖缘陈氏多难，子孙丧亡，以致于尽，臣实其甥，谬当众举，权理国事，以主其祭"，"臣请迎归天平以君事之"。[④] 胡氏父子阳奉阴违，杀陈天平与执行护送任务的明军将士。明成祖怒不可遏，认为安南严重破坏了东亚秩序，是失礼者，于是兴兵讨伐安南胡朝，擒拿胡氏父子，又根据安南耆老意愿，将安南纳入大明版图。

明朝与朝鲜王朝确立了宗藩关系。明万历二十年（1592），日本丰臣秀吉侵略朝鲜，明神宗认为日本严重破坏了东亚朝贡秩序，是失礼者，于是果断下令出兵，经过七年战争，打败日军，"再造藩邦"。

在西方殖民者佛郎机侵略满剌加时，"王苏端妈末出奔，遣使告难"。明朝站在满剌加一边，指责西方，并呼吁邻国救援：

> 时世宗嗣位，敕责佛郎机，令还其故土。谕暹罗诸国王以救灾恤邻之义，迄无应者，满剌加竟为所灭。时佛郎机亦遣使朝贡请封，抵广东，守臣以其国素不列《王会》，羁其使以闻。诏予方物之直遣归，后改名麻六甲云。[⑤]

《嘉庆重修一统志》亦记载：1511 年，葡萄牙入侵满剌加，满剌加国王遣使告难。"朝廷敕责佛郎机，令还其故土。又谕暹罗诸国王以救灾恤邻之义"。[⑥] 但是最终没有响应者，满剌加竟为所灭。

14 世纪初，在明朝的支持下，满剌加取得独立，并迅速发展成为东南亚国际贸易中心。200 年之后，东亚局势发生巨大变化。16 世纪初，由于葡萄牙

---

① 《明太宗实录》卷 33，永乐二年八月乙亥。
② 《明太宗实录》卷 33，永乐二年八月丁酉。
③ 《明太宗实录》卷 33，永乐二年八月丁酉。
④ 《明太宗实录》卷 43，永乐三年六月庚寅。
⑤ 《明史》卷 325《外国列传六·满剌加》，第 8420 页。1641 年荷兰占领马六甲，1824 年，英国人占领马六甲。
⑥ ［清］穆彰阿：《嘉庆重修一统志》卷 557《马六甲》，中华书局 1986 年版，第 1—2 页。

殖民者占领了满刺加，东南亚国际形势发生剧变，撼动了以"朝贡"制度为基础的"华夷秩序"。但当时明朝君主狂妄自大，不了解世界大势，作出不合时宜的反应与决策；加之明朝国力式微，缺乏坚强的实力作后盾，在对葡交涉中软弱无力，其结果只能是坐视满刺加的灭亡，从此我国丧失了在东南亚原有的地位，东南亚逐步沦为西方的势力范围。[①]

7. 设置宣慰使司等机构，实施羁縻政策

明代在东南亚的旧港、缅甸等地，设立宣慰使司。

明洪武十年（1377），室内佛逝王国为爪哇地区的麻许诺巴歇所灭，过去一度繁盛的贸易至此发生巨变。但是，在旧港有众多华侨，粤人陈祖义成为旧港头目。他于明永乐五年（1407）遣其子陈士良入朝进贡。这一年郑和第一次下西洋，途经此地，陈祖义阴谋劫夺财物。其部属施进卿暗中向郑和告知此情，郑和有备而来，一举擒获陈祖义。马欢在《瀛涯胜览·旧港》中云：

> 永乐五年，朝廷差太监郑和等统领西洋大宗宝船到此。有施进卿者，亦广东人也，来报陈祖义凶横等情，被太监郑和生擒陈祖义等，回朝伏诛，就赐施进卿冠带，归为旧港大头目，以王其地。本人死，位不传子，是其女施二姐为王。一切罪赏黜陟，皆从其制。

《明史》云："时进卿适遣婿丘彦诚朝贡，命设旧港宣慰司，以进卿为使，赐诰印及冠带。自是屡入贡。"[②]施进卿在爪哇国内，颇有声势，其地位仅次于梁道明。据《殊域周咨录》记载，梁道明拥有闽、粤商民数千人，朝廷遣使敕谕其回国，"道明嘱其副施进卿代领其众"。

对缅甸，明朝也采取羁縻政策，设置宣慰司。明洪武二十七年（1394），设置缅中宣慰使司，以土酋卜刺浪为宣慰使。明永乐元年（1403），设置缅甸宣慰使司，以那罗塔为宣慰使。明宣德二年（1427），明廷以莽得刺为宣慰使。

"自是来贡者只署缅甸，而甸中之称不复见。"[③]虽然明朝并没有对这些地区实行实际的统治，但是宣慰使的设置，有利于中缅边境地区的稳定，有利于中缅两国的经济联系和文化交流。方豪先生在《中西交通史》之第十二章第

---

① 廖大珂：《满刺加的陷落与中葡交涉》，《南洋问题研究》2003 年第 3 期。

② 《明史》卷 324《外国列传五·三佛齐》，第 8408 页。

③ 《明史》卷 315《云南土司列传三·缅甸二宣慰司》，第 8131 页。

四节"明初对南洋各地之政治方案"中认为:明太祖频繁遣使南洋等地,派出宣慰使,"使臣所到,收回前朝所颁印绶册诏,而赐以新朝者,并授以《大统历》,以表其奉正朔而为藩国","然明太祖所求者仅为名义上统治权之承认,而非侵略",① 确实一语中的。

8.剿除倭寇,为周边外交提供一个安定的环境

日本学者上田信认为,13 世纪末的倭寇,主要在朝鲜半岛南部零星地抢夺一小部分人的财产,还只是以日本海民为中心,尚未有组织性的活动。但元代末年,1350 年左右,开始出现有组织的大规模的掠夺,危害波及从朝鲜半岛西海岸到中国黄海沿岸一带。这一时期的倭寇被称作"前期倭寇",主力是西日本被称作恶党的武士集团。到 15 世纪,为抵抗明朝禁止私人交易的海禁政策,私人海商成为倭寇主体,主要由中国人、日本人、葡萄牙人等构成,富有多样性,对中国沿海造成巨大危害。②

在中国海防松弛之时,和平的贡使和原居间中介的华人海商,都有可能演变为朝廷所谓的"海贼"。③ 所谓"倭寇",其实亦商亦寇。"真倭不过居十分之三,中国叛逆居十分之七"。钱江认为:"这些所谓的倭寇,其实其中有许多人原本就是中国的海盗和沿海渔村的贫困渔民。"④ 嘉靖初年罢市舶司之后,日本和葡萄牙等外寇通过中国富商以牟取暴利。在海商中,王直(《明史》称为汪直)是明代中叶最大的中国海盗,亦可以说是跨国武装海商集团的首脑。

明朝建立后,即遣使交好周边国家,对倭寇问题针对不同国家采取不同的对策,在国书的措辞上有明显的不同。明朝致日本的国书措辞非常严厉,警告日本应奉表称臣,不能再放任倭寇越海犯境,否则将命舟师扬帆诸岛捕绝其徒,关系显然较为紧张。对朝鲜,则显得亲切友好。明朝在致书高丽国王时建议他们考虑倭寇的威胁,并殷切期望与之联合防倭。此外,对漂流到中国海岛的朝鲜漂流民,无论是被误为海盗还是为土人所劫,明朝都给予衣服、粮食等并送其安全归国,以示优待。而对东南亚诸国,明廷亦遣使对岛民进行招安,

① 方豪:《中西交通史》(下),上海人民出版社 2008 年版,第 422 页。
② (日)上田信:《海与帝国:明清时代》,高莹莹译,广西师范大学出版社 2016 年版,第 494 页。
③ 黄丽生:《明代中期的岛屿议题:以〈明实录〉为中心》,《南海学刊》2016 年第 1 期。
④ 钱江、亚平、路熙佳:《古代亚洲的海洋贸易与闽南商人》,《海交史研究》2011 年第 2 期。

将那些逃到海岛的中国人遣返，让他们恢复本业成为良民。①

9. 对在中外交往活动中官员违规事件进行处置

明朝从维护朝贡体制的大局出发，注重恪守对外交往的种种法规，在中外交往中违法者上至官员下至百姓都要受到严厉的处罚。

在接待使臣方面，要求官员以礼相待。明洪武九年（1376）九月，朝鲜使臣将归，例有赐赉。但是"礼部尚书赵玒不以奏"。明太祖勃然大怒："是且使朕失远人心"。于是将赵玒下狱。②

明太祖对贪污腐败深恶痛疾。明朝建立后，高调反腐，常抓不懈。明洪武十四年（1381）三月，"敕刑部：自今官吏受赂者，必求通贿之人，并罪之，迁徙其家于边。著为令"。③明成祖亦严厉惩治腐败分子，对奉使人员受贿者严惩不贷。明永乐二年（1404），鸿胪寺右少卿汪泰以罪诛。汪泰尝奉使朝鲜，受其馈赠，回国后，将受贿一事隐匿不奏。后来，鸿胪寺左少卿樊敬复奏泰私交权贵，明成祖"特命诛之"。④

10. 对违规国家"却贡"

明王朝极力维护朝贡制度和朝贡秩序，对朝贡国家中存在的各种弄虚作假行为、叛逆行为等，坚决反对，伸张正义，而对不按规矩行事的朝贡国理直气壮地加以拒绝，这就是"却贡"。洪武年间明朝曾拒绝安南入贡，理由是安南国出现叛逆行为。

明洪武五年（1372）二月，安南国王遣陪臣朝贡，礼部已受表，将入见，主事曾鲁取其副视之，说："前王乃陈日煃，今表曰叔明，必有以也。亟白尚书诘之。"⑤原来是叔明逼死日煃，惧朝廷致讨，故托贡以觇之，明太祖"遂却其贡"。⑥《礼部志稿》卷92亦有相关记载。明太祖在听取汇报后，说："岛夷何狡猾如是？"于是，"却其贡，不受"。⑦

明洪武十四年（1381）夏六月，安南陈炜派遣大中大夫罗伯长奉表贡方

①　黄丽生：《明代中期的岛屿议题：以〈明实录〉为中心》，《南海学刊》2016年第1期。

②　《明会要》卷15《礼十》，第249页。

③　《明太祖实录》卷136，洪武十四年三月癸卯。

④　《明太宗实录》卷32，永乐二年六月丁亥。

⑤　《明太祖实录》卷77，洪武五年十二月壬辰。

⑥　《典故纪闻》卷3，第44页。

⑦　《礼部志稿》卷92《朝贡备考·却安南逆臣贡》。

物。当时，广西思明府派人来报告安南派兵攻击其永平寨一事，安南方面也称思明府派兵攻击其脱峒、陆峙诸处。明太祖"以其诈命"，拒绝其纳贡，以书信诘责陈炜，说他有作奸肆侮、生隙构患、欺诳中国之罪，"复敕广西布政司，自今安南入贡，并勿纳"。①

明洪武二十七年（1394），安南遣使由广东入贡。安南国擅自改变入贡路线，"帝怒，遣官诘责，却其贡"。②

洪武年间明王朝也曾多次拒绝日本入贡。拒绝的理由之一是，日本国无表。明洪武十三年（1380）五月，"日本国王良怀遣其臣庆有僧等来贡马及硫黄、刀扇等物，无表，上以其不诚，却之"。③拒绝的理由之二是，日本言词猖獗，妄自尊大，"纵民为盗"。明洪武十四年（1381）七月，日本国良怀遣僧如瑶等贡方物及马十匹。明太祖"命却其贡，仍命礼部移书，责其国王"。④

在朝贡问题上，如果朝贡国明显违规，即使是关系尤其密切的朝鲜，明朝也同样拒绝进贡。《明太祖实录》记载：洪武三十年（1397），"辽东都指挥使司言朝鲜国遣使贡马谢恩。上以其贡非时，又所云谢恩不知何故，诏礼部使却之。"⑤

总之，朱元璋之后的明朝统治者，基本上沿袭其治国思想，切实遵循《皇明祖训》：四方诸夷皆限山隔海，僻在一隅，得其地不足以供给，得其民不足以使令。若其不自揣量，来挠我边，则彼为不祥。彼既不为中国患，而我兴兵轻伐，亦不祥也。吾恐后世子孙倚中国富强，贪一时战功，无故兴兵，杀伤人命，切记不可。但胡戎与中国边境密迩，累世战争，必选将练兵，时警备之。⑥他们忠实维护朝贡体制，为东亚的稳定殚精竭虑。

三、清代朝贡体制

到了 1644 年，清朝完全继承了"天朝上国"的大一统理念，在对外关系

---

① 《明太祖实录》卷 137，洪武十四年夏六月丙辰。

② 《明会要》卷 15《礼十》，第 249 页。

③ 《明太祖实录》卷 131，洪武十三年五月己未。

④ 《明太祖实录》卷 138，洪武十四年七月戊戌。

⑤ 《明太祖实录》卷 253，洪武三十年五月壬戌。

⑥ [明] 朱元璋：《皇明祖训》，首章。

上，清朝沿袭明朝，保留了其大部分朝贡体系，只是要求各国缴还明朝所颁发的封诰，重新领取清朝所发封诰。清朝继续采取"厚往薄来"的政策，早在顺治时期，清朝就明令地方政府优待前来朝贡的国家使臣："纳款来朝，地方官即为奏达，与朝鲜等国一体优待，用普怀柔"。在近代以前（鸦片战争前），清朝不仅在南方巩固了与安南、暹罗、缅甸等东南亚国家的传统宗藩关系，而且在西北方发展了与廓尔喀等国的朝贡关系，从而形成一个以华夷关系为特征的、规模空前的国际秩序。[①] 清朝自诩为"天朝上国""世界中心"。

东亚朝贡体系是当时世界上面积最大、人口最多和结构最稳定的区域性国际体系。美国学者曼考尔（Mark Mancall）认为清朝朝贡体系有两种类型，即"西北新月型"（The Northwestern Crescent）和"东南新月型"（The Southestern Crescent），清朝所有的对外通商与外交活动一律是在"朝贡体系"下展开的。[②]

（一）清朝维护朝贡体制的措施

1. 设立管理机构，主管朝贡事务

清朝沿袭明朝旧制，以礼部主客司、会同馆主管朝贡事务。康熙《大清会典》云："国家一统之盛超迈前古，东西朔南称藩服、奉贡者不可胜数。"[③]

2. 对朝贡事务发出敕谕

《清实录》中有关"天朝体制"敕谕，涉及周围邻国朝贡国事务者有16篇，具体国家则有安南（今越南）、朝鲜、缅甸。据统计，用到安南事务处最早且最多（12篇）。清乾隆十六年（1751），乾隆帝在处理两广总督广东巡抚苏昌等人奏折所颁的敕谕中说："应明白晓谕：以乾隆六年将莫氏后裔迁徙安插，此乃抚字小邦格外恩典。现在边圉宁谧，该国陪臣惟应安静自保，不得借莫氏遗裔为词，属向内地查访，启恃恩滋事之渐。如此则明白正大，自足折服其心。至严饬边防，不令内地匪徒偷越构衅，自是封疆大吏分内所应办，又不当因有属国文移，始行整顿也。将此晓谕令苏昌、定长知之。"[④] 莫氏指安南黎

---

① 陈潮：《传统的华夷国际秩序与中韩宗藩关系》，《韩国研究论丛》第2辑。
② 参见［美］马克·曼考尔：《清代朝贡制度》，载［美］费正清编：《中国的世界秩序：中国传统的对外关系》，美国哈佛大学出版社1968年版，第63—89页。
③ ［清］伊桑阿等：《大清会典》卷72《朝贡通例》，台北台海出版社1992年版。
④ 《清高宗实录》卷402，乾隆十六年十一月甲子。

朝统治时期，曾割据于高平一带的莫元清后人，他们被黎朝统治者所追捕，逃往中国，被安置于广西泗城府凌云县。文中的泗城"滋事"，乃指莫氏后人有人潜回安南国内以图东山再起，后被清朝地方官发现并将其余莫氏后人迁徙安徽。显然，清朝统治者不愿意支持莫氏残余势力复辟而影响清朝与安南黎朝的封贡关系大局，维护宗主国权威。[①] 清乾隆四十一年（1776）六月，礼部奏告，朝鲜使臣在锦州地方住宿银两被窃，朝鲜方面要求锦州地方官照数补偿，乾隆因此下旨："著传谕弘晌等：将驿丁潘杰并邻人等拏获严审，务将正犯究出。朝鲜乃外夷之人入我边境，弘晌等即应派委干员，沿途照料；住宿地方，亦当加意防守。弘晌等俱系专管地方之员，所司何事，岂不为朝鲜所笑？弘晌等闻报此事之后，即当一面缉捕，一面将被窃银两先行照数给发，方合天朝体制。"[②]（该敕文中的"弘晌"，时任盛京将军）清朝制度规定：如外国人在华旅行被盗，清朝有相关责任官员先行赔偿。[③]

清朝所谓的"天朝体制"，其实就是指关于宗藩关系和朝贡活动的一系列规章制度。它维护的是宗主国的利益和权威。

3. 实行"厚往薄来"的优惠政策

清代对朝贡国继续实行"厚往薄来"的优惠政策。如对待暹罗，其主要有以下政策：

其一，免税政策。在清顺治时期，规定朝贡国所带压舱货物要交税，但到乾隆时期对其所带压舱货物给予免税。清乾隆元年（1736），暹罗国王以副贡使未回国为由，遣使来广东探贡，船上带有压舱物。广东巡抚杨永斌据实向朝廷奏报："查节次探贡船来，均有补进方物，是以压舱货物免税。今并无带进方物，其杂货应否免科，及探贡船内梢目、水手应否支给口粮"。乾隆皇帝批复："该国王以贡使未回，引领待命，复令人航海远来，情属恭顺，所有货物，应停征税，梢目、水手，照例支给口粮"。[④] 清乾隆二十一年（1756），暹罗国王遣使朝贡，再次带来压舱货物。清廷批示：暹罗国王"向化输诚，遣使表进方物，查与按期进贡之例相符，应准其进贡。所带货物，在粤发卖，免其征税"。[⑤]

---

① 陈尚胜：《清实录中的天朝体制考论》，《暨南史学》2014 年刊。
② 《清高宗实录》卷 1011，乾隆四十一年六月丁卯。
③ 陈尚胜：《清实录中的天朝体制考论》，《暨南史学》2014 年刊。
④ 《清高宗实录》卷 32，乾隆元年十二月辛未。
⑤ 《清高宗实录》卷 521，乾隆二十一年九月乙未。

其二，允许其间接获得某些违禁物品。在清代，清政府对铜器制品实行严格的管制，禁止贩运内地铜斤出国。为了获得铜制品，清乾隆九年（1744），暹罗大库请求归还从前装载运进广东的（在本地采买的）红铜（这些红铜运到广东后是为了寻觅工匠制造铜器）。乾隆帝允许暹罗贡使的请求。如此，暹罗将原铜运到广东加工制成铜制品再运回暹罗国内，从而间接地获得清朝禁止输出的物品。

其三，回馈物品丰厚。清乾隆十四年（1749），暹罗国王遣使来广东探贡，乾隆帝认为其输诚入贡，诚意可嘉，"著于常赏之外，再加恩赏大锻六匹、官用缎六匹以表嘉奖"。[①]乾隆三十一年（1766），清朝给暹罗的回馈礼单甚厚，另外加赏"蟒缎、蟒襕缎、片金、闪缎各一匹……五彩寿枝蟠桃四寸碟五件、石盒砚台二方"。[②]

清嘉庆二年（1797），清帝在敕谕暹罗国王郑华时强调："国家厚往薄来，字小柔远，自有定制。"[③]清朝统治者在对待朝贡国家方面，能够设身处地考虑对方的利益，理性地看待贡品。

4.对失职官吏进行惩处

清朝严厉禁止奉使人员受贿。清康熙五十二年（1713），福建布政使向总督衙门报告琉球贡使有向布政使衙门、粮驿道衙门、海防厅衙门奉送规礼银的旧例问题，要求除此陋规，"以柔远人，以昭国体"。巡抚都察院批示："从前收受各官，本应严厉参究，姑念事在恩诏以前，宽其既往如详，永禁不得另立各色，巧为勒取，再令通事译谕来使人等，俾咸知晓，该司仍咨会琉球国可也。"[④]

清朝对外国贡使设有伴送制度。对那些伴送官未能尽到责任，贻误入京时限或沿途勒索供应事件均进行严厉处置。清道光十二年（1832），琉球国使臣抵达福建，福建巡抚魏元烺委邵武府知府刘学厚等人为伴送官，于当年十月初七日自闽赴京，于十二月二十三日到达京师，超过期限三天，礼部议定将其降一级调用，上奏之后，道光皇帝认为处罚太轻，下旨将其降二级留任。[⑤]此外，

---

① 《清高宗实录》卷345，乾隆十四年七月癸酉。
② 中国第一历史档案馆编：《乾隆朝上谕档》第3册，档案出版社1991年版，第2505号。
③ 《清仁宗实录》卷十三，嘉庆二年正月戊辰。
④ 冲绳县立图书馆史料编集室编集：《历代宝案（校订本）》第1集第17卷，冲绳县教育委员会1992年版。
⑤ 中国第一历史档案馆编：《清代中琉关系档案选编》，中华书局1993年版，第447页。

对琉球贡船在华发生海盗掠劫事件，对在援救琉球遇难船只中地方官员的失职事件，对册封琉球使团发生的勒索滋事事件，清朝都进行了处置，在对外交往中努力维护了"天朝"的形象，保证了执法的严明。[①]

5.对外国使臣进行抚恤

清朝对外国贡使来京因病去世者，均给予抚恤。

康熙初，暹罗国遣使入贡，使臣勒博瓦琋归自京师至江西南昌，病故，安葬于江西新建县宫亭湖。[②] 清康熙五十七年（1718），琉球正议大夫杨联桂朝贡行至今北京市通州区张家湾时，不幸病故，后安葬在张家湾。[③] 清朝对外国朝贡使臣给予抚恤，体现了"字小"原则。

清乾隆三十一年（1766），琉球国副使正议大夫阮大鼎病逝于山东济宁府。阮大鼎病故后，清廷给予20两棺价银，内阁撰祭文，地方官读文致祭，安葬于济宁，以供后人祭祀。[④] 清乾隆五十一年（1786）二月，琉球国副使阮廷宝在山东平原病故。阮廷宝病逝及山东的抚恤情况，在清乾隆五十三年（1788）二月二十一日，山东巡抚罗长麟的《奏琉球国副使在途病故折》中有具体说明，罗长麟提出"当即饬令该署府（指济南府——引者注）张方理妥备棺殓，沿途拨夫抬送至台庄下船，并宣播皇仁，赏给葬费银五百两"。[⑤] 最终阮廷宝安葬于福州下度。

6.遣使册封、祭祀

《大清会典》对敕封有明确规定："凡敕封国王，朝贡诸国遇有嗣位者，先遣使请命于朝廷。朝鲜、安南、琉球，钦命正副使奉敕往封；其他诸国，以敕授来使赍回，乃遣使纳贡谢恩。""凡封外国，必锡之诏敕，初内附，则锡之印，皆副以恩赉。"[⑥]

敕书是中国古代君主任官封爵和告诫臣僚的文书。清代敕书可以分为敕命和敕谕两种。光绪《大清会典》卷2注云："敕封外藩，覃恩封赠六品以下

① 赖正维：《清政府对中琉交往活动中违法事件的处置》，《福建师范大学学报（哲学社会科学版）》2002年第4期。

② 万静：《论中国古代海上丝绸之路诗歌》，《文学教育（下）》2016年第2期。

③ 周顿：《探访张家湾琉球墓》，《民主与法制时报》2014年10月20日。

④ 中国第一历史档案馆编：《清代中琉关系档案续编》，中华书局1994年版，第589页。

⑤ 中国第一历史档案馆编：《清代中琉关系档案续编》，中华书局1994年版，第210页。

⑥ 光绪《大清会典》卷39《礼部·宾礼·朝贡》。

官，曰敕命；谕告外藩，及外任官坐名敕、传敕，曰敕谕"。从现存文献来看，清朝用于册封朝贡国的只有敕谕，以此作为对册封诏书内容的强调或补充形式。[①]

明清对藩属国进行册封，藩属国向明清王朝定期朝贡，是双方外交往来的主要内容之一。这些对外交往在中国有明清时期的汉文文献记载，在朝鲜、越南等国亦有汉文文献反映。

（二）明清朝贡制度之比较

明万历十五年（1587）编纂成书的《大明会典》对朝贡情况有比较具体的记载，列举了朝鲜、琉球、安南等 123 个朝贡国的朝贡情况。清乾隆二十九年（1764），编纂成书的《大清会典》对朝贡国家情况的记载，不仅列举了朝鲜、琉球、安南等传统国家，而且把欧洲葡萄牙、荷兰、罗马教皇国也列入朝贡国之中。虽然这不符合历史事实，但它表明从明到清，与中国往来的国家日渐增多。

依据疏密程度，清代的朝贡关系可以分为三种类型：一是典型的朝贡关系。其主要表现形式是朝贡国国王向清帝称臣，奉正朔，按规定向清廷进贡。具有较强的政治色彩，是中国内部的君臣主从关系在对外关系上的延伸，是宗藩关系的具体体现。朝鲜、琉球、安南属于此类国家。二是一般性的朝贡关系。此类国家国王虽受清朝册封，但贡期比较长，与清政治关系较为松散，其经济属性更加明显。此类国家有暹罗、苏禄、缅甸等。三是名义上的朝贡关系。荷兰、西班牙、葡萄牙等西方国家为了经济利益有时亦遣使中国。为权宜之计，这些国家也必须遵守朝贡体制，履行朝贡礼仪。但清廷不对此类国家予以册封。此类国家的对华朝贡活动仅具有象征意义。[②]

明清两代朝贡制度有不同之处，其具体表现为：

1. 遣使方式不同

朝贡制度是宗藩关系的基础，是其制度化的表现，而宗藩关系可以说是朝贡关系的实质性所在。明清王朝在与周边国家建立朝贡关系的过程中，采取的

---

① 李云泉：《清代前期对藩属国的封赏与朝贡贸易》，《东方论坛（青岛大学学报）》2003 年第 6 期。

② 李云泉：《再论清代朝贡体制》，《山东师范大学学报（人文社会科学版）》2011 年第 5 期。

方式明显不同。明代前几位皇帝在即位之初，遣使海外，邀请其入贡。郑和下西洋更是主动出击，朝贡贸易空前繁荣。而清朝除了对朝鲜采取主动遣使之外，没有对其他国家采取主动遣使的方式，仅仅在顺治初对外颁布过一个欢迎东亚诸国"遣使入贡"的诏书，基本上没有其他积极的举措。与明朝积极发展对外关系相比，清朝在当时的历史条件下更加注重"安邦治国"和"开疆拓土"。

2. 对原则的遵守有所不同

明朝恪守"厚往薄来"原则，对来华朝贡国家实行优待政策。明成祖为树立"天下共主"的形象，更加重视朝贡的政治意义，突出东亚国际秩序的重要性，而忽视其经济利益。

> 永乐初，西洋诸国使臣来朝贡方物，因附载胡椒，与民互市，有司请征其税，成祖曰："商税者，国家以抑逐末之民，岂以为利？今夷人慕义远来，乃欲侵其利，所得几何？而亏辱大体万万矣。"不听。①

清代对朝鲜，一开始并没有采取"厚往薄来"的方法。清崇德二年（1637），后金使用武力迫使朝鲜臣服，规定朝鲜"四年一贡"，而岁贡数额较大。朝鲜在对华贸易中未获得巨大的经济利益，按照李云泉的说法，清朝并没有按照"厚往薄来"的原则。②越南、琉球所纳贡物和数额，也经历了一个由量多到量少的过程。在康熙时期，清朝才真正开始"厚往薄来"。此后的雍正、乾隆、嘉庆、道光诸朝皆以康熙末年之例，不定期对各朝贡国给予"加赐"，自雍正年间起又有"特赐"之名目，即清朝皇帝对朝贡国王的特殊恩典，其赏赐物品的种类和数额不如加赐。

清朝对朝贡国的赏赐并非全部是按照"厚往薄来"的原则，连清朝皇帝也意识到这一问题。清康熙二十四年（1685），"观所赐琉球等外国恩赉之物甚薄，与厚往薄来之道尚未允协"，康熙帝因此下令："著内阁会同礼部，察颁赐外国之例，酌量增益所赏仪物，确议具奏"。于是，内阁和礼部在讨论后认为："赏赉外国例，朝鲜、西洋、荷兰赐物甚厚，不必复增，及暹罗王妃赏赐，亦如常遵行。"但又主张对一些国家增加赏赐：给琉球国王增加缎三十匹，给安南国王增加缎二十匹，给暹罗国王增加缎十六匹，表里共五十匹。③

---

① 《典故纪闻》卷6，第106页。
② 李云泉：《再论清代朝贡体制》，《山东师范大学学报（人文社会科学版）》2011年第5期。
③ ［清］崐冈等修：《大清会典事例》卷123《吏部》，清光绪二十五年石印本。

3. 贸易方式不同

明代的贸易以朝贡贸易为主，而清代的朝贡贸易只是贸易的一个部分。清代不存在典型意义上的朝贡贸易，也没有对贡物给予"等价回赐"。在崇德五年（1640）到雍正六年（1728）的 88 年间，清朝鉴于朝鲜岁供过重，曾先后给予了 9 次减免，但根据全宗海的统计，即使在清朝最后一次对朝鲜贡物进行裁减之后，朝鲜岁供及其他形式的贡物仍然远远高于清朝回赐物品的价值。[①]在朝贡贸易中，朝鲜在经济上实际上并没有处于有利地位。如果加上沿途的耗费，那么朝贡对清王朝和朝贡国来说，都是一笔巨大负担。

四、东亚秩序历史进程中断之原因

明清时期东亚秩序的历史进程，从 1368 年明朝建立开始，直到 1895 年《中日马关条约》签订，朝鲜王朝脱离中国的桎梏，世界上仅存的国际宗藩关系才画上了句号。当时的朝鲜与明朝、清朝先后建立了关系最为密切、制度最为完备、时间最为长久的宗藩封贡关系，成为东亚秩序中最为稳固且最为重要的一环。[②]

（一）从历史上看，明清时期中国主导的东亚秩序有其进步意义

明清时期中国传播了中华秩序的理念，在东亚产生了巨大的影响。明代初年，中国以强大的影响力整合了整个东亚，整合的渠道就是 14 世纪后半期至 15 世纪初进行的东亚国际交往，它以外交文书为媒介。当时东亚通用语言是中文和阿拉伯文，明朝通过大量的外交文书传播了中华秩序的理念，在当时区域权力的均衡中起了规范作用。同时，明代中国传承的传统文化不是仅有儒家文化所谓的"礼治"，而且在文化政策上是多元文化兼容并蓄的态度，促成了多元文化的交融。在明朝皇帝的诏令中，最突出的理念是"以诚为本"，"厚德载物"，"礼之用，和为贵"，"协和万邦"，等等，尤其是"共享太平之福"这种国际秩序观，在当时东亚国际秩序的建构中，起到了非常

① （韩）全宗海：《中韩关系史论集》，全善姬译，中国社会科学出版社 1997 年版。

② 陈潮：《传统的华夷国际秩序与中韩宗藩关系》，载复旦大学韩国研究中心编：《韩国研究论丛》第 2 辑，社会科学文献出版社 2004 年版，第 224 页。

重要的作用。①

明清时期中国高举和平的旗帜，促进了东亚的文明互动。明朝的和平思想以"不征"为标志。15 世纪初，明朝以大规模远洋航海外交行为与东亚诸国建立了广泛的外交联系，将和平的理念付诸实践，在东亚等地区建立各国和平共处的国际秩序：政治上国家权力整体上扬，经济上资源共享互通有无，文化上国家间广泛认同交融，在当时的东亚、西亚、南亚、东非乃至欧洲等地，连成了一个文明互动的共同体。②

明清时期中国主导的东亚秩序促进了世界的全球化进程。从分散到整体的世界发展过程，即全球化的历史进程出发考察，伴随人类在海洋上的步伐加快，人们的地理知识大为丰富，人们对世界的认知也空前开阔。万明教授指出："重新审视明初拓展至印度洋的国家航海外交行为，中国人以前所未有的规模走向海洋，全面贯通了古代陆海丝绸之路，史无前例地将中华秩序的理想在印度洋付诸实践，作为平衡区域国际政治经济势力的大国角色，作为负责任的海上强国形象，维护和保证了东亚乃至印度洋区域的和平与秩序，为世界从海上连成一个整体、从区域史走向全球化作出了重要铺垫。"③

（二）清代末年中国主导的东亚秩序瓦解、东亚历史进程中断之原因

明清时期中国主导的国际秩序逐渐瓦解，东亚历史进程被迫中断，有其历史的必然性和复杂的社会原因。

1. 全球化浪潮的兴起，西方国家对东方的入侵，世界历史不断发展的必然结果

16 世纪是世界历史发展的转折点。葡萄牙、西班牙的势力进入东南亚，明王朝的影响力今非昔比。满剌加，今译为马六甲，扼守着印度洋进入太平洋的咽喉要道。15 世纪初，明成祖遣使满剌加，册封其君为满剌加国王。15 世纪末，欧洲人开始了大航海时代，西班牙、葡萄牙开始向亚洲、非洲和拉丁美洲扩张。

---

① 万明：《明代中国国际秩序的演绎》，《新疆师范大学学报（哲学社会科学版）》2016 年第 5 期。

② 万明：《明代中国国际秩序的演绎》，《新疆师范大学学报（哲学社会科学版）》2016 年第 5 期。

③ 万明：《明代中国国际秩序的演绎》，《新疆师范大学学报（哲学社会科学版）》2016 年第 5 期。

葡萄牙在非洲和印度海岸建立了一系列据点，并试图在东南亚建立自己的桥头堡。1511 年，葡萄牙驻扎在印度的总督阿方索·德·阿尔布克尔克率军攻占满剌加，满剌加王室被迫流亡海外。以此为转折点，葡萄牙开始进入东南亚，明朝的影响逐渐退去。在取得满剌加作为据点后，葡萄牙把目光投向中国。

"（满剌加——引者注）自为佛郎机所破，其风顿殊。商舶稀至，多直诣苏门答剌。然必取道其国，率被邀劫，海路几断。其自贩于中国者，则直达广东香山澳，接迹不绝云。"①1513 年、1515 年葡萄牙两次遣使中国，均未达到预期目的，无功而返。实行海禁政策的明朝不随便接待外国使团，而是依照惯例按期接待朝贡国使团，葡萄牙不在此列，因而葡萄牙始终止步于广东外海的屯门岛。为了扭转被动局面，1517 年，皮雷斯率使团再次由南洋前往中国，雇用了包括南洋华侨火者亚三在内的 5 名通事，打着满剌加王国旗号，精心筹划了一次"冒牌使团"活动。明武宗去世后，明朝断绝了与葡萄牙的通商往来。这意味着中国开始自我封闭，没有积极地融入世界发展进程中。

东亚朝贡体系的瓦解与西方殖民势力的东来有密切关系。琉球曾经是贸易中转站，在朝贡贸易上居于重要地位。1577 年，中国解除了东西洋的海禁令，同时欧洲的葡萄牙和西班牙势力纷纷进入东亚，日本商船更是越过琉球直接到东南亚进行商业贸易，曾为亚洲贸易中心的琉球风光不再，作为贸易中转站的地位荡然无存。

欧洲势力进入亚洲后，台湾地区的郑成功父子为了打破清朝的经济封锁，极力发展与日本、东南亚诸国的海上贸易，甚至和荷兰、英国也建立了经贸关系，"独有南海之利"。郑氏凭借军事力量一度称霸东亚海域。当时，"凡海舶不得郑氏令旗，不能往来"。当郑氏垄断的海上贸易时代结束后，西方殖民势力再次来到东方，他们带来了鸦片贸易和苦力贸易，古老而传统的朝贡贸易终于走到了尽头。②

2. 明清时期的朝贡体制存在不合理性，明清政府不能适应时代的发展

钱江认为："明帝国的对外关系基本上是在朝贡贸易体系的框架中来展开并操作的"。③朝廷对朝贡贸易有一整套严格的规章制度，具体规定了各国朝

---

① 《明史》卷 325《外国列传六·满剌加》，第 8419 页。

② 谢必震：《中国与琉球》，厦门大学出版社 1996 年版，第 18 页。

③ 钱江、亚平、路熙佳：《古代亚洲的海洋贸易与闽南商人》，《海交史研究》2011 年第 2 期。

贡使臣和船舶的数量。朝贡使团向明朝进贡，而明朝皇帝厚往薄来，赏赐品价值常常数倍于外国进贡的商品。许多东亚国家为了获利而纷纷前来入贡，明朝财政负担日益加重，难以维持。因此，明政府最终被迫制定出更加严厉的朝贡政策，减少外国使团的朝贡次数，如允许日本"十年一贡"。明代朝贡贸易的衰落直接导致了中国民间走私贸易的兴起和倭寇在东亚海域的猖獗活动。1522年，葡萄牙人来到闽浙沿海地区，进一步推动了海上走私贸易的发展，并在浙江宁波沿海附近的双屿岛设立国际走私中心。越来越多的福建商人、小贩、渔民和农民纷纷加入民间海外贸易活动的行列中。此后不久，由于西班牙人和荷兰人的先后东来，漳州月港和台湾地区开始崛起，成为17世纪区域性海上贸易网络中新兴的商业中心。

朝贡制度存在一些漏洞。由于没有在东亚建立一个稳固的合作联盟，各个属国之间联系松散，甚至矛盾重重，当西方国家对东亚发动进攻之时，东亚各国并未协调行动。陈尚胜认为，朝贡制度的目的是要建立"上国"与"属国"之间的主从关系，但是在事实上各个"属国"之间并没有围绕"上国"而形成稳固的合作联盟。因此，它在近代难以抗衡运用条约体系的西方列强和在东亚地区扩张的日本。[①]

3. 东亚国际秩序受到东亚一些国家冲击

明朝建立后立即向邻国高丽和安南派出外交使团。明洪武二年（1369），明朝又向日本、占城、爪哇等国派出使团，旨在宣布明朝已经代元统治中国，表达明朝要重建"华夷秩序"并与东亚国家通交之愿望。明太祖朱元璋的通交愿望，得到了东亚诸国的积极回应，但也有一些国家对此作出了不良反应。从历史上看，中国主导的"华夷秩序"受到东亚一些国家的挑战。

（1）爪哇麻诺巴歇王朝的不良反应

明洪武十年（1377），明太祖向三佛齐遣使册封新国王，并携带去新做好的银质三佛齐国王之印。明朝此举引起了爪哇麻诺巴歇王朝的不满。明朝与三佛齐国缔结宗藩关系，在麻诺巴歇王朝看来是挑战了其宗主权，于是爪哇将明朝使团成员从三佛齐诱骗到该国，并残忍地加以杀害。这一严重挑衅事件长期不为明朝所知晓。直到明洪武十三年（1380），爪哇国王遣使来华时才被明朝

---

① 陈尚胜：《朝贡制度与东亚地区传统国际秩序——以16—19世纪的明清王朝为中心》，《中国边疆史地研究》2015年第2期。

所了解。明太祖震怒，但对于爪哇使团并没有进行报复，委托这个使臣带回一封警告麻诺巴歇国王的诏书，其措辞严厉：

> 岂尔特险远，故敢肆侮如是欤？今使者来，本欲拘留，以其父母妻子之恋，夷夏则一。朕推此心，特令归国。尔二王当省己自修，端秉诚敬，毋蹈前非，干怒中国，则可以守富贵。其或不然，自致殃咎，悔将无及矣。①

麻诺巴歇王朝与明朝在对三佛齐国宗主权问题上进行的斗争，对麻诺巴歇王朝很不利，也对明朝洪武后期南海交通的发展产生了影响。②

（2）日本公开向中国主导的"华夷秩序"挑战

日本在明洪武四年（1371）遣使来华与明建交，接受了明帝的册封，也因此得到了明朝政府颁发的"符信勘合"，从此在中国进行朝贡贸易活动。但日本一直仇视明朝。日本政府不仅未向明朝称臣，还纵容倭寇骚扰中国沿海，激起明太祖极大义愤。明洪武十三年（1380）十二月，明太祖遣使诏谕日本国王，曰：

> 蠢尔东夷，君臣非道，四扰邻邦。前年浮辞生衅，今年人来匪诚，问其所以，果然欲较胜负。于戏！渺居沧溟，固知帝赐，傲慢不恭，纵民为非，将必殃乎！③

日本为了在朝贡贸易中获得巨大利益，一再增加人数、船只，并多次要求明朝政府改变贡期。明朝历代政府对日本的意图洞若观火，加以限制。"永乐初诏日本：十年一贡，人止二百，船止二艘，不得携军器，违者以寇论。乃赐以二舟，为入贡用，后悉不如制。宣德初申定要约，人毋过三百，船毋过三艘。"④

起初日本方面对于第一期勘合贸易时代以来的惯例，尚能谨慎从事，循规蹈矩，但到后来由于日本国内大内氏和细川氏的争执，日本几乎没有按照明朝规定去实行。⑤

在 14 世纪中叶和 17 世纪初两段时间内，倭寇的活动特别猖獗，与明清海禁的时间相一致。16 世纪中叶，倭寇复兴，1551—1560 年间，倭寇对中国沿

---

① 《明太祖实录》卷 134，洪武十三年十月丁丑。

② 陈尚胜：《海外穆斯林商人与明朝海外交通政策》，《文史哲》2007 年第 1 期。

③ 《明太祖实录》卷 134，洪武十三年十二月丙戌。

④ 《明史》卷 322《外国列传三·日本》，第 8347 页。

⑤ （日）木宫泰彦：《日中文化交流史》，胡锡年译，商务印书馆 1980 年版，第 552 页。

海地区的骚扰达到 467 次。[1]

在嘉靖二年（1523），日本人以朝贡为名，大肆抢劫。《皇明通纪》"成化十三年条"记载："至嘉靖二年，倭夷宗设入贡，沿余姚江纵横杀掠，抵绍兴府，逼令献贼，阃帅堕马而走匿民家，守臣弃城而纵贼焚劫，以城门之扃钥付之贼手，以日本之国号封我东库。"[2]

不过，日本在进入安土桃山时代（1573—1600）后，摆脱了中国封建王朝的朝贡体系束缚，不再向明清王朝称臣纳贡，丰臣秀吉还力图构建日本的"华夷秩序"。1588 年，丰臣秀吉发函要求琉球向日本朝贡。1591 年，他又委托商人带书到吕宋，威胁道："不移时日，可偃幡而来服。若匍匐膝行于迟延者，速可加征伐者必矣。勿悔，不宣"。[3]

日本经过万历时期侵朝战争的失败，感受到中日之间仍然存在一定的距离，因此，丰臣秀吉最后还是向明朝要求赐封国王，被迫屈服于强大的朝贡体制之下。谈迁在《枣林杂俎》中"日本关白求封"云："二月甲辰朔，壬子，诏封日本国王平秀吉"。[4]

周颂伦认为，在日本，"华夷变态"有三种形态：恪守华夷之辨，期待秩序归位；担忧入寇来袭，故搜集"华夷变态"的情报；用国体论冲击华夷秩序观，为日本型华夷秩序的成立准备思想条件。[5]

1644 年，清兵入关，明朝覆灭。中国史籍称之为"明清鼎革"。江户幕府时期，日本深受"华夷思想"影响，鄙视清朝，未与清朝建立官方关系，却在长崎、对马藩、萨摩藩三地设立了情报搜集点，经由唐船、荷兰商船、朝鲜、琉球王国四条渠道来广泛搜集清朝情报。其中，唐船渠道最为重要，其他三条渠道的情报也各具优势，对唐船情报起到了补充作用。日本江户幕府重视清朝情报的主要原因有四：一是江户视清朝为政治上的重要对手；二是把清朝作为军事上的对手；三是清朝乃日本江户时代对外贸易中最重要的伙伴；四是搜集清朝情报为日本发展经济、改革幕政提供借鉴。"较为完善的中国情报搜集网

---

[1] （美）康灿雄：《西方之前的东亚：朝贡贸易五百年》，陈昌煦译，社会科学文献出版社2016 年版，第 147 页。

[2] 《皇明通纪》卷 22《丁酉成化十三年》，第 875 页。

[3] 转引自郑樑生：《明日关系史研究》，东京雄山阁 1995 年版，第 462 页。

[4] [清] 谈迁：《枣林杂俎》，罗仲辉、胡明校点校，中华书局 2006 年版，第 53—56 页。

[5] 参见周颂伦：《华夷变态三形态》，《东北师大学报（哲学社会科学版）》2014 年第 4 期。

络，加之比较成熟的情报处理机制，成为江户幕府及时制定、调整对中政策的保障"。[1]

德川时代日本已经脱离了以中国为中心的朝贡体系，在明清鼎革之后，日本不但催生出与清朝争夺"中华"名分的意识，甚至还产生了一个与大中华抗衡的日式"华夷秩序"和"朝贡体系"。日本正德五年（1715），新井白石提出新的对外贸易条规《海舶互市新例》，主要内容是缩减当时日本唯一直接对清贸易港口长崎的贸易额度，限制贵金属的输出。其目的并不致力于日本财务的富足，而是借此强化日本"国法"之权威，企图达到把日本国威"扬于万里之外"的目的。[2]

那时，日本作为中国的近邻，始终游离于宗藩制度的边缘，及觊觎中日贸易带来的丰厚利润，又不愿意接受中国主导的东亚国际秩序。因此，当中强日衰时，日本便会卑躬屈膝，上表称臣。但是当中国国力衰退之时，日本便虎视眈眈，成为宗藩体制的潜在威胁。[3]

有学者指出，"华夷秩序"主要是由中华文明之向心力凝聚而成，而日本主导一时的东亚秩序，则主要是军事扩张的结果。[4] 这就指出了两者的区别，"华夷秩序"的核心是中华文明，而日本建立的所谓"东亚秩序"，凭借的是军事力量。一文一武，界限分明。

明清两代的后期，中国由于经济衰退很难维系"华夷秩序"，也难以支持不再优越的政治文化地位。赵毅指出："壬辰倭乱是中日'封贡关系'的终结，甲申政变表明了中朝宗藩关系的松动，中法战争和甲午战争则成为'华夷体系'整体崩溃的最后象征"。[5] 其概括是非常正确的。

综上所述，明朝建立后构建了东亚国际秩序，把东亚各国纳入朝贡体制之中。朝贡体制是政治制度和经济制度紧密结合的体制，在这个体制中，东亚各国成为政治上的盟友、经济上的伙伴。"朝贡制度"及其相关活动有其目标，

---

[1]　仲光亮：《日本江户幕府搜集中国情报研究》，山东大学博士学位论文，2015 年。

[2]　王来特：《德川幕府在信牌事件中的反应：正德新例再解读》，《历史研究》2013 年第 4 期。

[3]　连晨曦：《明清中琉宗藩关系对东亚国际秩序的影响》，《海交史研究》2016 年第 1 期。

[4]　韩东育：《东亚世界的"落差"与"权力"——从"华夷秩序"到"条约体系"》，《经济社会史评论》2016 年第 2 期。

[5]　转引自韩东育：《东亚世界的"落差"与"权力"——从"华夷秩序"到"条约体系"》，《经济社会史评论》2016 年第 2 期。

主要是在战略上维护国家安全和巩固国防。明朝因此采取了一系列措施，确保朝贡体制的实施。这一体制在历史上有其进步意义，稳定了东亚的政治秩序，加速了东亚的经济发展，推动了东亚的历史进程。

东亚"华夷秩序"建立后，朝贡制度为东亚国家所仿效。朝鲜半岛上的政权，将朝贡制度运用于周边弱小部落，用以构筑自己的周边秩序。朝鲜曾对海外的对马藩、琉球王国等政权，采用朝贡模式开展政治交往，力图构建自己在海外的藩属体系。[①] 地处东南亚的安南，在后黎朝时期自称"大越"，阮朝时期自称"南国"，把邻近的南掌、万象、真腊、寮国（今分属老挝、柬埔寨）及火舍等都看成"夷"，迫使其向自己"朝贡"，力图在中南半岛建立自己的"国际体系"。[②] 阮朝在鼎盛时期曾对外声称："缅甸附边则却之，万象有难则救之，多汉、南掌、火舍，慕爱义来臣，勉之以保境安民。至于洋外诸夷，如英吉利、富浪沙，于清、暹罗所傲视者，亦皆闻风而臣服。"[③]

明代后期，日本企图建立其主导的东亚秩序，明朝主导的东亚"华夷秩序"开始受到挑战。西方势力的东来，也对东亚国际秩序造成很大的冲击。但明清时期（鸦片战争之前）中国封建王朝以强大的力量挫败了日本等国的图谋，确保了朝贡体制的贯彻。由于闭关自守，中国没有主动适应全球化的浪潮，落后于时代，到了19世纪中期西方列强入侵时这一战略已经无法实现。中国不仅无力保护这些属国，连自身也遭受帝国主义的压迫。朝鲜、琉球、越南分别在日本和法国的外力作用下，停止对清朝的朝贡活动。鸦片战争后，中国主导的朝贡体系在西方殖民主义、帝国主义的重压下最终崩溃。

美国学者康灿雄在《西方之前的东亚：朝贡贸易五百年》一书中说："在19世纪西方列强用坚船利炮敲开东亚大门之前，朝贡体系没有受到过任何有目的、有计划的挑战。朝鲜、越南乃至日本的精英们都自发地照搬中国的制度和话语体系，与中国维护和发展友好关系，而不是去挑战它。"[④] 这一论断明

---

① 陈尚胜：《朝贡制度与东亚地区传统国际秩序——以16—19世纪的明清王朝为中心》，《中国边疆史地研究》2015年第2期。

② 孙宏年：《传承与嬗变：从黎峻使团来华看晚清的中越关系——兼议清代东亚"国际秩序"的虚实》，《中国边疆史地研究》2014年第2期。

③ （越）潘叔直辑：《国史遗编·明命政要·柔远》，香港中文大学新亚研究所1965年版，第312页。

④ （美）康灿雄：《西方之前的东亚：朝贡贸易五百年》，陈昌煦译，社会科学文献出版社2016年版，第3页。

显是错误的，违背历史事实的。日本发动对朝鲜的战争（壬辰战争，1592—1598），就是对东亚朝贡体制的挑战。日本企图与中国分庭抗礼，建立以自己为中心的朝贡体制。虽然它的企图最后失败，但是对朝贡体制产生了较大的冲击。

以历史唯物主义的观点来看，明清王朝主导的朝贡制度，是当时东亚一种最先进的政治经济制度，主导了东亚历史进程。它在 15 世纪末 16 世纪初开始受到西方的冲击，与西方主导的世界全球化浪潮有着尖锐的冲突。由于体制内外力量的冲击，尤其是西方国家的入侵，最后东亚历史进程被中断。鸦片战争后，中国逐渐沦为半殖民地半封建社会，朝贡体系瓦解，"通事"也逐渐演变为"翻译"，退出了历史舞台。

第二章

明清时期东亚华人通事形成的
原因、来源、类别与职能

第一节　东亚华人通事形成的原因

明朝构建的东亚朝贡体系，以明朝为中心，将东亚各国纳入其中，东亚各国纷纷遣使朝贡并进行贸易，明朝给予赏赐并与之开展贸易活动，这是东亚各国华人通事形成的历史背景。具体地说，东亚华人通事群体的形成有其复杂的社会历史原因。

一、政治原因

明代东亚华人通事的形成与朝贡体制有密切的关系。东亚诸国为了适应对华朝贡的需要，重用华人通事，利用华人通事中的人缘、地缘等因素，积极开展对华外交。

（一）朝鲜

中朝两国交往历史悠久。从朝鲜国名的由来，可见中国与朝鲜的密切关系。"朝鲜，箕子所封国也。汉以前曰朝鲜"。[①] 从周代起朝鲜就是周的藩属，此后虽然朝鲜国名多有变化，曰高丽、曰高句丽、曰新罗等，自五代起直至明初国名高丽，但与中国关系仍然密切。

李成桂建立朝鲜王朝后，以明朝为宗主国，将"事大"作为第一要务。他

---

① 《明史》卷 320《外国列传一·朝鲜》，第 8279 页。

们对明朝采取"事大主义"，对女真、蒙古，还有日本则采取"交邻主义"。

明朝对朝鲜王朝情有独钟，重视与朝鲜的宗藩关系。明太祖朱元璋亲自赐其国号为朝鲜。明洪武二十五年（1392）闰十二月乙酉，高丽权知国事李成桂欲更其国号，遣使来华请命。明太祖曰："东夷之号惟朝鲜之称最美，且其来远矣！宜更其国号曰朝鲜。"① "帝命仍古号曰朝鲜。"② 这表明了明太祖充分考虑到朝鲜国的历史发展，也期望未来的朝鲜王朝继续成为中国最有力的东藩。

李成桂在夺取朝鲜政权时就声称：同中国建立朝贡关系，是"以小事大，保国之道"。他即位后，立即遣使如明，要求册封，"以安一国之民"。③ 此后，朝鲜定期遣使如明，参加"贺圣节""贺正"等活动。李成桂奉明朝为宗主国的动因，主要有以下几点：一是接受明朝的册封，确立自己在朝鲜半岛的政治地位，打压其他敌对势力，巩固其统治地位；二是搞好同明朝的关系，睦邻友好，以维护国家的安全；三是依靠明朝的实力，以明朝为后盾，威慑邻国，巩固国防，并在与邻国的交往中处于有利地位。

"事大主义"的最主要体现就是派遣朝贡赴京使团。每年朝鲜王朝来华的使臣有定期派遣的使臣（冬至使、正朝使、圣节使）与临时派遣的使节（谢恩使、奏请使、进贺使、进香使）两种。根据《通文馆志》记载，明代朝鲜使团，"使、副使各一员，大通官二员，次通官二员，跟役十八员，笔贴式二员"。④

"东国年年修职贡"。《明史》云："朝鲜在明虽称属国，而无异域内。故朝贡络绎，锡赉便蕃，殆不胜书。"⑤

朝鲜王朝"事大以诚"，表现在多个方面。其一，向明王朝进贡，是最重要的表现。蒙古的鞑靼马是朝鲜王朝向明朝进献的主要方物之一。明初，火者（阉人）和贡女属于不在规定范围的别贡，后来这些成为朝鲜进献的主要贡物。其二，设立慕华馆，款待明朝使臣，也是其中一个重要表现。朝鲜国王多次到馆看望天使。如明正德三年（1508）五月壬寅，"上幸慕华馆会天使李珍，观

---

① 《明太祖实录》卷 223，洪武二十五年闰十二月乙酉。

② 《明史》卷 320《外国列传一·朝鲜》，第 8283 页。

③ 《朝鲜王朝实录》，太祖元年七月丁酉。

④ （朝）金指南、金庆门：《通文馆志》，汉城珍书刊行会 1898 年版。

⑤ 《明史》卷 320《外国列传一·朝鲜》，第 8306 页。

武才"。① 明正德十四年（1519）四月庚午，朝鲜中宗亲临慕华馆，"迎敕还宫，引见南衮、李籽、韩忠等"。②

明崇祯二年（1629），明朝改朝鲜"每岁两贡"为一贡。③ 贡期变化的主要原因在于满洲兴起，阻绝交通。

1636 年春，皇太极改国号"后金"为"清"，要朝鲜遣使进贺称臣。朝鲜廷臣洪翼汉等主张拒清，在清军兵临城下之际，朝鲜被迫臣服。朝鲜与明朝断绝关系，去明之年号，交出明廷所赐诰命印册。奉大清正朔，往来礼仪，一如明制。朝鲜以世子及另一子为质，诸大臣以子弟为质，送往沈阳。④ 清朝与朝鲜的宗藩关系在清崇德二年（1637）正月建立起来。崇德二年十一月，清朝遣使朝鲜汉城，对朝鲜国王李倧进行册封。"封尔为朝鲜国王，赏赐玉纽金印诰命，并黑狐套一领，制帽黑狐皮一张，貂皮百张，锓金雕鞍良马一匹，王其只受，以见朕优赉至意。"⑤ 册封仪式之后，中朝宗藩关系正式确立。

1644 年清军入关后，朝鲜朝贡改为"二年一次"，分定期与不定期两种。定期的节使有冬至使、岁币使、正朝使、圣节使。不定期的别使有进贺使、问安使、陈慰使、进香使、陈奏使、奏请使、贡鹰使、护行使、参核使、赍奏咨使等。⑥

朝鲜赴京使团的成员及其名额各依使行之类别而异。但大致分两等，即正官及各种仆从。正官包括使臣、译官（通事）、军官、随从、御医、日官、画员等品官 30 余人。使臣有正使、副使和书状官，号称"三使"。从清顺治二年（1645）起，朝鲜使团除告讣、问安、参核使行外，其余使团均设置副使。为了应付清帝诏赋诗，朝鲜往往以文翰之士充任使团副使。⑦

清代皇帝对朝鲜的朝贡活动感到满意。清嘉庆二十五年（1820）八月乙酉，嘉庆帝云："朝鲜国久列藩封，最为恭顺。"⑧ 道光帝在道光十年（1830）七

---

① 《朝鲜王朝实录》，中宗三年五月壬寅。

② 《朝鲜王朝实录》，中宗十四年四月庚午。

③ 《明史》卷 320《外国列传一·朝鲜》，第 8306 页。

④ 《清太宗实录》卷 33，崇德二年正月戊辰。

⑤ 《清太宗实录》卷 39，崇德二年十月庚申。

⑥ 张存武：《清韩宗藩贸易（1637—1894）》，台湾"中央研究院"近代史研究所专刊（39）1978 年版，第 16 页。

⑦ 邹振环：《明末清初朝鲜的赴京使团与汉文西书的东传》，《韩国研究论丛》1998 年刊。

⑧ 《清宣宗实录》卷 3，嘉庆二十五年八月乙酉。

月壬午亦如斯说。[①] 道光十二年（1832）闰九月壬寅，他再次称赞朝鲜："朝鲜国臣服本朝，素称恭顺"。[②]

综上所述，朝鲜华人通事的设立，是为了对华交往的政治需要。

（二）琉球

古代琉球国距中国福州径直海面 1700 里左右。琉球国名的由来，与隋朝朱宽、元世祖忽必烈、明太祖朱元璋有密切的关系。隋大业三年（607），朱宽奉命入海访求异俗，初抵达该群岛，"遥观地界于波涛间蟠旋蜿蜒，其形若虬浮水中，名曰流虬。嗣后改名流求，故唐宋之史皆曰流求"。至元世祖忽必烈，改为"瑠求"。明洪武五年，"太祖改瑠求字曰琉球"。[③] 在中琉建交前，历代中国王朝与琉球语言不通，无法进行交流。

明洪武五年（1372），明朝遣使行人杨载诏琉球，曰："朕为臣民推戴，即皇帝位，定有天下之号曰大明，建元洪武。是用遣使外夷，播告朕意，使者所至，蛮夷酋长称臣入贡。惟尔琉球，在中国东南，远据海外，未及报知。咨特遣使往谕，尔其知之。"[④]

明洪武六年（1373），中山王察度遣王弟泰期奉表进贡。同年，山北王帕尼芝和山南王承察度也遣使进贡。此后琉球不断遣使进贡。《球阳》对此高度评价："由是琉球始通中国，以开人文维新之基"。[⑤]

"三山时代"的琉球，以中山实力最为强大，中山成为整个琉球社会走向开化的龙头。自明洪武五年（1372）至明洪熙元年（1425），明朝因为琉球尚未统一，派遣的使臣还要奉诏分别册封山南王和中山王。

明洪武十六年（1383），明朝与日本已经断绝外交关系，明太祖在《谕琉球国王察度》的诏敕中云：

王居沧溟之中，崇山为国，环海为固，若事大之礼不行，亦何患哉？王能体天道，育琉球之民，尚好生之德，所以事大之礼兴。

① 《清宣宗实录》卷 171，道光十年七月壬午。
② 《清宣宗实录》卷 222，道光十二年闰九月壬寅。
③ （琉球）蔡铎、蔡温、郑秉哲：《中山世谱（校注本）》卷 1《历代总纪》，袁家冬校注，中国文史出版社 2016 年版。
④ 《殊域周咨录》卷 4《琉球》，第 126 页。
⑤ 球阳研究会编：《球阳》卷 1，东京角川书店 1982 年版，第 68 页。

自朕即位，十有六年，王岁遣人至，贡本国之土宜，朕甚嘉焉。特命尚佩监奉御路谦报王诚礼，何期王复以使来致谢。朕今更专内使监丞梁民同前奉御路谦，赍符赐王镀金银印一颗，送使者归，就于王处鬻马，不限多少，从王发遣。故兹敕谕。①

明太祖亲撰外交文书，印证了明朝对琉球的册封开始于洪武十六年，而非洪武五年或永乐初年。②但琉球史料却以为册封开始于武宁时期。

明永乐二年（1404），成祖遣行人时中赍诏至琉球国，祭祀中山王察度，并封武宁为中山王。诏书首先称赞其父亲，"故琉球国中山王察度，受命皇考太祖高皇帝，作屏东藩"。接着指出封王缘由："尔武宁乃其世子，特封尔为琉球国中山王，以承厥世"。最后对武宁殷切期望："惟俭以修身，敬以养德，忠以事上，仁以抚下；克循兹道，作镇海邦，永延世祚"。③

《中山世谱》云："察度王始通中朝。自尔而后，天使数次来临。至于武宁，始受册封之大典。著为例，以此考之，则天使馆，武宁王创建之，可知矣"。④笔者认为，首次正式册封琉球，应为武宁时期。因为这一次既有册封使臣和册封诏书，又有正规的册封仪式。

后来，琉球历代国王都接受中国封建帝王的册封，采用中国年号、正朔。明太祖重视对琉球国的扶植，是以琉球"作屏东藩"的战略考虑。明永乐二年（1404）二月，永乐帝遣行人时中出使琉球，诏琉球中山王世子武宁袭爵，赞扬中山王察度"作屏东藩，克修臣节"，⑤肯定了琉球按照明朝制定的战略，发挥了特殊作用。明宣德五年（1430），明宣宗正式赐琉球统治者"尚"姓，中山王名为尚思绍，开创了第一个尚氏王朝，也使得琉球正式成为大明帝国的藩属国。尚思绍依靠强大的明朝，在政治上迅速提高了自己的国际地位，国力增强，先后灭掉山北国和山南国，建立了统一独立的琉球王国。

琉球主动融入东亚朝贡体制，大致有三个方面的原因：（1）琉球中山王可以得到明朝的承认和支持，从而维护其在琉球群岛的统治地位；（2）在政治上提高了国际地位，在与邻国的交往中处于更加有利的地位；（3）通过朝贡贸易

---

① 《明太祖御制文集》卷8《谕琉球国王察度》，台北书局1965年版，第282—283页。

② 万明：《明代历史叙事中的中琉关系与钓鱼岛》，《历史研究》2016年第3期。

③ 《中山世谱（校注本）》卷3《武宁王》。

④ 《中山世谱（校注本）》卷3《武宁王》。

⑤ 《明太宗实录》卷28，永乐二年二月壬申。

迅速改变本国的贫穷面貌，增强国力。琉球中山王在明成化十五年（1479）秋曾谈到琉球来华朝贡的政治目的："臣伏读祖训条章，许臣国不时朝贡。故自臣祖以来，皆一年一贡。迩年，旧巡抚福建大臣，以臣国使有违法窥利者，令臣二年一贡，此诚臣之罪也。然臣祖宗所以殷勤效贡者，实欲依中华眷顾之恩，杜他国窥伺之患。乞如旧制，令臣一年一贡，以保海邦。"① 这里的"他国"乃指邻国日本。

明朝对琉球的册封和琉球对明朝的朝贡，把两国紧密地联系在一起。对明朝而言，构筑起了以明朝为中心的东亚册封朝贡体系，明朝居于东亚世界的中心；对琉球而言，琉球成功地进入东亚世界的圈子，成为明朝的宗藩国，进入了明朝支配下的东亚体系，极大地提高了其国际地位。

清朝与琉球建立朝贡关系是在清顺治十年（1653），琉球世子遣王舅马宗毅为使纳贡，表贺世祖登极。这年琉球使节送还明朝敕印，正式脱离与明朝的关系。琉球一依明例，仍奉清为正朔。顺治十年，"琉球国中山王世子尚质遣使表贡方物，兼缴故明敕印"。② 清康熙二年（1663），清朝派遣张学礼等赴琉球册封世子尚质为中山王。③ 至此，琉球正式成为清王朝的藩属，定"二年一贡"，从未间断。清顺治十一年（1654），规定："（琉球）进贡人数，不得逾一百五十名，许正副使二员，从人十五名入京，余俱留闽待命。"④

清代皇帝对琉球情有独钟，多次赐御书匾额给琉球国。康熙曾赐"中山世土"，雍正赐"辑瑞秋阳"，乾隆还先后赐给琉球三面御书匾额，分别为"永祚瀛壖""海邦济美""福"。这些吉祥语言，显示了清代帝王对琉球的褒扬。

明清时期，琉球按照"两年一贡"之例，仅次于朝鲜的"一年一贡"，在朝贡国中其地位已经超越了中国传统属国安南，得到了与朝鲜国几乎同等的待遇。

根据日本学者赤岭诚纪统计，明清时期琉球遣使中国达 884 次，其中明代537 次，清代 347 次。这是同时期任何一个与中国有朝贡关系的东亚国家所无法比拟的。⑤ 华人通事成为琉球对华外交的重要成员。

---

① 《中山世谱（校注本）》卷 6《尚真王》。

② 《清世祖实录》卷 76，顺治十年闰六月戊子。

③ 《中山世谱（校注本）》卷 8《尚质王纪》。

④ ［清］赵尔巽等：《清史稿》卷 526《属国列传一·琉球》，中华书局 1976 年版，第 14617 页。

⑤ 参见谢必震：《明清时期中国与琉球贸易之研究》，厦门大学博士学位论文，1998 年。

（三）日本

明清时期，大致相当于日本的室町时代（1338—1573）、安土桃山时代（1568—1598）、江户时代（1603—1867）。从 1332 年起，日本进入南朝与北朝对立的时代，南北朝之间的对立长达 60 年。北朝由室町幕府控制，1392 年足利义满统一了南北朝。当时，由于幕府权威的衰落，地方领主势力增强，再加上庄园制的日渐瓦解，大批破产农民、下级武士生活日渐困难，被迫沦为海盗。明朝实行海禁，中日两国的贸易受到严格限制。为了打破这种局面，在日本九州地区的领主大内氏、今川氏、宗氏、松浦氏等的支持下，商人和海盗勾结起来，组成武装贸易集团，以船队航行于中朝沿海地区，强求贸易。如果得不到允许，则烧杀抢掠，扫荡而去。其掠夺的目标主要是米谷等货物和劳动力。[①]

明洪武二年（1369）初，倭寇侵扰山东。明太祖于三月遣使日本，命杨载递送国书，国书开头写道："尔四夷君长酋帅等，遐迩未闻，故兹诏示"，"诘以入寇之故"。[②] 明洪武三年（1370）三月，又遣赵秩赴日。怀良亲王在了解明太祖的对日政策后，派僧人祖来等随明使来明朝报聘，并送还被倭寇俘虏的明州、台州居民 70 余人。

倭寇问题成为明代中日两国关系发展的障碍，中日邦交关系经历了多次曲折。在 1369 年和 1370 年明王朝先后遣使日本，主要目的是为了消除倭寇对中国的侵扰问题。1372 年，明朝派僧侣祖阐、克勤等 8 人送日使归国，受到将军足利义满的欢迎。但是倭寇活动一直没有停止，于是明太祖在 1381 年宣布断绝与日本的关系。1401 年 9 月，足利义满派遣筑紫商人肥富（为正使）、僧侣祖阿（为副使），来华修复国交。明成祖于明永乐元年（1403）遣赵居任一行作为明朝使臣前往日本，带去了准许日本与明朝进行朝贡贸易的勘合（凭证），称呼幕府将军足利义满为"日本国王源道义"，称赞他"逾越波涛，遣使来朝，归逋流人"。[③] 还向他赠送了"国王冠服"和金印。明使送来勘合及其底簿，目的是为了区分日本的贸易船和倭寇船。足利义满自称"日本国王臣源"，奉明朝正朔，中日之间建立了正式的外交关系。从此，中日两国开展朝

---

① 参见王金林：《简明日本古代史》，天津人民出版社 1984 年版，第 283 页。
② 《明史》卷 322《外国列传三·日本》，第 8342 页。
③ （日）瑞溪周凤：《善邻国宝记》，日本京都书肆出云寺松柏堂刊本，第 96—97 页。

贡贸易。李言恭等在《日本考》卷2《朝贡》云："太宗嗣登大宝，（日本）国王嗣立受册封。自是或二三年，或五六年，贡无定期，皆诏至京师，燕赏优渥，捆载而归。"[①] 但好景不长，1408年足利义满去世，其子足利义持继任为幕府将军，立即改变对明朝的通交政策，终止了与明朝的政治往来，倭寇对中国沿海的侵略活动又开始猖獗起来。1433年，幕府将军足利义教遣使访问中国，恢复了与明朝的政治关系。在1433年至1547年间，日本先后向明朝派遣了11次朝贡使团，人数远远超过明朝"人止二百、船止二艘"和宣德时期申定的"人毋过三百，船毋过三艘"的规定。日本派出的出使明朝使团规模庞大，其根本原因在于，对明朝朝贡能获取巨大的经济利益。日本足利幕府向明朝皇帝进献方物，并不满足于获得照例的颁赐物，还希望得到特赐物。[②]

丰臣秀吉崛起，先后发动两次侵略朝鲜的战争。1592年发动第一次侵朝战争，军事上不断取得胜利，朝鲜大片国土沦陷。明万历二十三年（1595）正月，日本遣使求封，不久，明朝"诏封日本国王平秀吉"。[③] 明朝企图笼络丰臣秀吉，但丰臣秀吉不为所动，竟然视朝贡体制为无物，于1597年悍然发动第二次侵朝战争，企图一举拿下北京，但是在中朝军队的联合打击下，日军接连战败。1598年，丰臣秀吉病死。由于日本挑战中国的底线，中国断绝了与日本的交往。

总之，在日本的室町时代、安土桃山时代，日本融入中国主导的朝贡体制。其一是因为其国力与明朝相去甚远，无力与明朝抗衡，其二是为了获取巨大的物质利益，有必要进行朝贡贸易。随着日本国力逐渐增强，丰臣秀吉发动侵朝战争，肆意挑战中国的底线，造成中日关系破裂。

江户时代，在明朝政府的默许下，中日双方的私人贸易相当繁盛。日本幕府通过长崎这个港口，与来日"唐船"进行贸易，充分发挥"唐通事"的作用。

1644年，清兵进入山海关，清朝定都北京并逐渐建立起对全国的统治。清朝初期期望将日本招入以清朝为中心的封贡体系中，而此时的日本已是江户幕府的天下。清顺治二年（1645），清廷将救助的日本海难船民送到朝鲜，期

---

① ［明］李言恭、郝杰：《日本考》，汪向荣、严大中校注，中华书局2000年版，第64页。
② （日）木宫泰彦：《日中文化交流史》，胡锡年译，商务印书馆1980年版，第570页。
③ ［清］谈迁：《枣林杂俎》，罗仲辉、胡明校点校，中华书局2006年版，第53—56页。

望朝鲜国王转达顺治帝敕谕的意图。清顺治四年（1647），清朝又以平定浙闽大部分地区向日本颁发诏书，期望日本"纳贡来朝"。[①] 但是日本一直桀骜不驯，对清朝的诏书不加回应，反而将清朝称为"鞑靼"，蔑视为"夷狄"，把明清鼎革看成是"华夷变态"。江户幕府出于自己的考虑，对于清朝内政及军事情报非常重视，通过来长崎贸易的唐船、与朝鲜通交的对马藩、与琉球有特殊关系的萨摩藩三个主要渠道，积极搜集中国的情报并加以具体分析，采取相应对策。[②] 此后，日本与清王朝的政治经济关系处于完全对等的地位。清朝《大清会典》对此进行了如实记载，未把日本列为清朝的朝贡国。仅有清乾隆八年（1743）成书的《大清一统志》错误地将日本列入朝贡国，一厢情愿，反映了前清上大夫的自负心理。

明代日本以朝贡名义派遣华人通事随使团如明，与中国进行交往。江户时代的日本则主要依靠长崎这个港口，充分利用唐通事，与华商展开贸易，同时也密切关注中国国内的局势和东亚的形势，以此确定其国策。

（四）越南

越南是中国的近邻，在历史上与中国关系密切。公元前 221 年，秦始皇统一中国，开始对交趾进行有效的管辖。"唐以前皆隶中国"[③]，直到北宋初年，安南仍然是中国的一部分。968 年，丁部领在安南建立大瞿越国，越南开始立国。此后，经历了丁、前黎、李、陈、胡、后黎、南北朝、西山和阮共 9 个朝代。直至 1884 年，越南被迫沦为法国的殖民地。在此期间，中越两国保持着较密切的宗藩关系。

明洪武元年（1368），安南王陈日煃"闻廖永忠定两广，将遣使纳款，以梁王在云南未果"。[④] 这表明安南陈朝有与大明通交的强烈欲望。这年十二月，明朝遣汉阳知府易济前往安南招谕，通告大明建立："朕肇业江左，扫群雄，定华夷，臣民推戴，已主中国，建国号曰大明，改元洪武。"[⑤] 明太祖期待安南

---

① 《清世祖实录》卷 21，顺治二年十一月己酉；《清世祖实录》卷 30，顺治四年二月癸未。
② 陈尚胜：《论日本江户幕府对清朝统一台湾问题的关注——以〈华夷变态〉为中心》，《福建论坛（人文社会科学版）》2014 年第 2 期。
③ 《明史》卷 321《外国列传二·安南》，第 8309 页。
④ 《明史》卷 321《外国列传二·安南》，第 8309 页。
⑤ 《殊域周咨录》卷 5《安南》，第 170 页。

遣使朝贡。

明洪武二年（1369），安南国王陈日煃遣使"奉表来朝，贡方物""贺即位，且请封爵"。六月，朝贡使团到达京师（今南京市）。明太祖十分高兴，拟封陈日煃为安南国王，"遣翰林侍读学士张以宁、典簿牛谅往封之，赐驼纽涂金银印"。[①] 从此，明与安南建立了宗藩关系。明洪武七年（1374），诏三年一贡。"定使者毋过三四人，贡物无厚"。

明建文元年（1399），陈朝权臣黎季犛杀陈日焜，立其子，又杀之，"大杀陈氏宗族而自立，更姓名为胡一元，名其子苍曰胡奆"，国号大虞，年号元圣，"寻自称太上皇，传位奆"。明永乐元年（1403），安南陈朝故陪臣裴伯耆造诣阙告难，揭露黎氏父子夺取陈朝天下，"尽灭陈族"的罪行。[②] 明永乐四年（1406），明成祖命朱能、沐成等率军南征。明永乐五年（1407）六月，诏告天下，"改安南为交趾，设三司"，直接纳入大明版图。[③]

永乐期间，明成祖大力治理交趾。"十四年，召交趾总兵官英国公张辅还京师。辅经营交趾前后凡十年"。[④] 在张辅经营的 10 年期间，安南加速中国化，中国的政治文化包括典章制度陆续传入安南。不久，安南发生黎利叛乱，宣德帝下令撤军。安南获得了独立，与明朝恢复了宗藩关系，重新成为中国的藩属国。

安南成为大明藩属，是历史上两国宗藩关系的延续，也是安南明智的抉择。只有成为大明的属国，才能维护国家的利益，保证国家的长治久安，免于战争。从与周边国家的关系来看，只有纳入大明的朝贡体制，才能在与邻国的交往中处于有利地位。15 世纪 20 年代，安南进入后黎朝，这是越南封建社会由繁荣走向衰落的时期。因中国位于越南的北方，越南将明清王朝称为"北朝"，称出使中国的使者为"北使、使华"。

据统计，有明一代，从明洪武元年（1368）至明崇祯十年（1637），安南遣使入贡达 79 次。[⑤] 使节往来频繁，关系相当密切。

明亡后，明之遗臣拥护南明王朝。明隆武二年、清顺治三年（1646），南明遣翰林潘琦前往安南册封。明永历元年、清顺治四年（1647），明帝在安南

---

① 《殊域周咨录》卷 5 《安南》，第 170 页。

② 《明史》卷 321 《外国列传二·安南》，第 8312、8313 页。

③ 《明史》卷 321 《外国列传二·安南》，第 8315—8316 页。

④ 《殊域周咨录》卷 5 《安南》，第 189 页。

⑤ 陈玉龙等：《汉文化论纲》，北京大学出版社 1993 年版，第 367 页。

行颁封礼，封黎祜为安南国王。

南明永历王朝灭亡后，安南黎朝与清朝朝贡关系日趋密切。莫朝积极寻求与清朝确立关系。《清史稿》记载："顺治初，安南都统使莫敬耀来归，未及授爵而卒，寻授其子莫元清为安南都统使"。[①]

清顺治十六年（1659）、十七年（1660），安南莫氏政权和黎朝先后与清朝建立朝贡关系，清朝试图通过这种政治关系使安南"益励忠勤，永作屏藩"。清康熙六年（1667），黎维禧夺取都统使莫元清高平地，莫元清逃奔云南，上疏陈诉，康熙帝命安置其于南宁。康熙遣使李仙根等赍敕晓谕黎维禧，将高平土地、人民尽归莫元清，命令黎、莫二氏"各守其土，尽尔藩职"。[②]这样就形成了安南后黎朝和莫朝二者一起朝贡清朝的局面。直到清康熙二十一年（1682）莫氏后继无人。

从清顺治十七年（1660）一直到乾隆五十年（1785），在大约120年时间里，清朝与越南黎朝一直保持睦邻关系。雍正初年，云南开化府与越南的一段边界起争议，但双方保持克制，并委勘定界。后黎朝后期，安南形成了军阀割据的局面，即所谓"南阮北郑"对峙局面。清乾隆五十三年（1788），阮惠率军进逼国都，黎氏遣使清朝求援。"帝以黎氏守藩奉贡百有余年，宜出师问罪，以兴灭继绝"。但以孙士毅为首的清军，深入安南，在富良江之战中遭到惨败，"士马还者不及半"。[③]阮惠建立西山阮朝（1778—1802），与清朝建立了宗藩关系。1802年阮福映在法国的支持下消灭西山阮朝，建立阮朝（1802—1949）。

清嘉庆七年（1802）十二月，阮福映遣使请封，请以"南越"二字锡封。清嘉庆八年（1803）四月庚午，嘉庆帝就安南阮朝国名一事晓谕军机大臣等说："至所请以'南越'名国之处，该国先有越裳旧地，后有安南全壤，天朝褒赐国封，着用'越南'二字。以'越'字冠于上，仍其先世疆域，以'南'字列于下，表其新锡藩封。且在百越之南，与古所称南越，不致混淆。称名既正，字义亦属吉祥，可永承天朝恩泽。现已令陪价等诣阙请封，所颁敕印，即以此二字称名。"[④]清嘉庆八年（1803）六月，"改安南国为越南国，封阮福映

---

① 《清史稿》卷527《属国传二·越南》，第14627页。
② 《清史稿》卷527《属国传二·越南》，第14628页。
③ 《清史稿》卷527《属国传二·越南》，第14635、14638页。
④ 《清仁宗实录》卷111，嘉庆八年四月庚午。

为国王"。①"越南"国名自此开始，并沿用至今。从此，阮朝与清朝建立宗藩关系，直到法国占领越南，通过《中法新约》迫使越南结束了与清朝的宗藩关系。

（五）占城

东南亚诸国的情况有别于朝鲜、日本等国。由于地理位置离中国更加遥远，和印度及其他国家的联系更为密切，暹罗、爪哇、占城和缅甸等国受印度的影响要更大些。② 他们不像日本、朝鲜、越南那样直接受到中国文化和政治的影响，但这些国家却深深地融入地区经贸往来中。

占城是东南亚的一个文明古国。它在历史上曾有不同的称呼，如林邑、占婆、环王、占城等。占城国在历史上最早称为林邑。据史书记载，林邑是在东汉末年南方各族人民起义的时候，由当地的统治阶级象林县功曹区氏在今越南中部建立的一个政权。3 世纪，具有高度文明的卡姆人在此建立了王国，这就是中国古代文献所记载的"占婆国"，首都是土伦（今越南岘港）。史载林邑"自孙权以来，不朝中国。至武帝太康中，始来朝贡"。③3 世纪末以后，国势日盛，疆域空前扩大，北起今越南义静省的横山隘，南至富庆省之大岭，东濒南海，西界老挝、柬埔寨。国都为因陀罗补罗（今越南茶荞）。在唐代名环王国。"至德后，更号环王"。④ 在宋代，名占城。宋朝与占城保持密切的关系。由于占城经常遭到安南的侵犯，多次向宋朝申诉。

据明严从简《殊域周咨录》记载，占城遣使朝贡在明洪武元年（1368）。明洪武元年，占城国主阿答阿者遣使虎都蛮来贺即位，贡虎象方物。明太祖十分高兴，赐以玺书及《大统历》，金绮等物。⑤ 而据《明实录》，洪武二年（1369）正月乙卯，明太祖遣使以即位诏谕日本、占城、爪哇、西洋诸国。⑥明洪武二年二月己巳，占城国主阿答阿者遣其臣虎都蛮贡虎象方物。⑦ 当时安

① 《清仁宗实录》卷 115，嘉庆八年六月己丑。
② （美）康灿雄：《西方之前的东亚：朝贡贸易五百年》，陈昌煦译，社会科学文献出版社 2016 年版，第 64—65 页。
③ 《晋书》卷 97《四夷传·林邑》。
④ 《新唐书》卷 222（下）《南蛮传（下）·环王》。
⑤ 《殊域周咨录》卷 7《占城》，第 247 页。
⑥ 《明太祖实录》卷 38，洪武二年正月乙卯。
⑦ 《明太祖实录》卷 39，洪武二年二月己巳。

南和占城两国交兵，占城处于劣势。笔者认为，关于占城首次遣使朝贡之年，《明实录》所载为洪武二年，当为可靠。

明洪武二年（1369）九月丙午，占城国王阿答阿者遣使蒲旦麻都等贡方物。[①] 同年十二月壬戌，明朝遣翰林院编修罗复仁等赍诏谕安南、占城国王。明太祖敕谕占城："近占城遣平章蒲旦麻都来贡，言安南以兵侵扰。朕观之，以有不安。……尔等所居之地，相去中国越山隔海，所言侵扰之事，是非一时难知"。[②] 他殷切劝导两国和解。

明洪武三年（1370），安南举兵攻入占城，占城遣使奏闻。明太祖遣翰林编修罗复仁、兵部主事张福赍诏晓谕安南和占城。"朕为天下主，治乱持危，理所当行，今遣使往观其事，谕以畏天守分之道。如果互执兵端，连年不解，荼毒生民，上帝好生，必非所悦，恐天变为上，人怨于下，其祸有不能逃者。二国之君，事宜听朕言，各遵其道，以安其分，庶几尔及子孙皆享福于永久，岂不美欤！"明太祖表面上是调解，其实庇护占城。其结果是，"诏至，两国皆听命罢兵"。为了提高占城国王在国内的地位和占城国在国际上的地位，明太祖遣使中书管勾甘桓等人赍诏印册封阿答阿者为占城国王。[③]

15世纪后，安南陈朝、黎朝大举南侵，占城领地不断缩小。1446年和1471年，安南黎朝大举侵略占城，占领其首都佛誓，屠杀居民4万多人，并吞其大部分领土。[④] 在1470年，安南军队攻入占城王都后，占城国王统治的区域大为缩小，仅保有平顺一省，"虚拥国名而已"。[⑤] 至1697年，占城被安南后黎朝阮氏政权吞并。

明朝与占城的通使往来频繁。《明实录》记载，自明洪武元年（1368）至明正德五年（1510）的140多年中，明朝先后向占城遣使达33次。在这些使团中，有身份、姓名可考的使者大约20余人。而占城向明朝派遣的使臣，自明洪武二年（1369）至明嘉靖二十二年（1543），共有91次，其中有姓名可考者90余人。[⑥]

---

① 《明太祖实录》卷45，洪武二年九月丙午。
② 《明太祖实录》卷47，洪武二年十二月壬戌。
③ 《殊域周咨录》卷7《占城》，第248页。
④ 转引自续建宜、刘亚林：《世界文明古国述略》，上海教育出版社1988年版，第37页。
⑤ （法）司马帛洛：《占婆史》，冯承钧译，中华书局1956年版，第5页。
⑥ 刘利华：《明朝与占城关系论略》，暨南大学硕士学位论文，2002年。

占城与明朝通交的动因，是为了取得中国的支持，抵抗邻国安南的进攻，并伺机开疆拓土。在建交之初，占城即达到其政治目的。明永乐四年（1406），占城王遣使臣答班瓜卜农来明朝，金叶表长一尺余，阔五寸，刻上国书，要求明朝给予兵器、乐器、乐人，"欲使安南知为声教所被，输贡之地，则不敢欺凌"。[①] 这表明了占城与明朝建交的政治目的。占城希望与明朝建立宗藩关系，以大明为靠山，抵御安南等邻国的侵犯。

占城借明成祖出兵安南之际，派遣军队收复失地。明永乐五年（1407），占城国王占巴的赖奏："臣仰荷天威，以今年五月克取安南所侵地，获得贼党胡烈、潘麻那等，专遣头目济媚等献俘阙下"，并且上表进方物谢恩。[②]

占城利用华人通事进行对华朝贡活动，在抗拒安南进犯中争取明朝对其支持，有效地延缓了其衰亡的过程。但是由于明仁宗、宣宗之后，"南海政策"不断收缩，占城在明朝对外关系的地位逐渐下降。在安南蚕食占城的过程中，明朝除了在道义上给予支持外，没有采取更为积极的措施，占城最终亡国。

（六）暹罗

暹罗与中国的交往开始于元代。元贞初年，暹罗常遣使来华入贡。"至正间暹降于罗斛，合为一国。"[③] 因此称暹罗斛国，"永乐初，其国始去斛字，止称暹罗国"。[④]

明代初年，中国称阿瑜陀耶王国为"暹罗"或"暹"，明暹两国关系密切。阿瑜陀耶王朝（1350—1767）立国417年，大致相当于我国元末、明朝、清朝前期。在清代中后期，暹罗先后建立了吞武里王朝（1767—1782）、曼谷王朝（1782年至今）。

明朝建立后，明太祖遣大理少卿关良辅前往暹罗谕即位。暹罗国王参烈昭昆牙遣使入贡，进金叶表文。明太祖赐以《大统历》。明洪武十年（1377），阿瑜陀耶王朝（又叫大城王朝）国王遣使臣朝贡，明太祖赐给阿瑜陀耶国王一枚金印，上面有"暹罗国王之印"六字。这是中国官方首次正式使用"暹罗"

---

① 《殊域周咨录》卷7《占城》，第249页。
② 《明太宗实录》卷70，永乐五年八月己亥。
③ ［明］章潢：《图书编》卷51《暹罗馆》，明万历四十一年刻本，第17页。
④ ［明］陈循等：《寰宇通志》卷111，玄览堂丛书续集本。

这一称呼。① 暹罗贡道经由广东，广州设立怀远驿，以款待暹罗等国使臣。

在明朝 276 年中，暹罗遣使访问明朝 102 次，明朝遣使访问暹罗 26 次，两国使臣互访多达 128 次。② 而据《明实录》《明史》等史料记载，在明朝存在的 276 年间，明朝使臣前往阿瑜陀耶访问共有 19 次。而阿瑜陀耶遣使访问中国则达到 110 次，平均每两年一次。③ 明暹官方关系主要依靠暹罗对明朝的朝贡和明朝遣使暹罗进行"抚谕"来维持。

暹罗阿瑜陀耶王朝与明朝建立朝贡关系，是因为其政治需要。阿瑜陀耶王朝建立初期，国家不稳定，国内面临着彭世洛等地方豪强势力的反叛和国外敌对势力可能发生的武装侵略。为了生存和发展，争取明朝的支持很有必要。故阿瑜陀耶多次遣使中国，请求明朝颁给金印和勘合底簿，以此作为朝贡关系的凭证。④

暹罗在政治上与大明保持密切关系，并支持中国的对外政策。"二十年，日本破朝鲜，暹罗请潜师直捣日本，牵其后。中枢石星议从之，两广督臣萧彦持不可，乃已。"⑤ 萧彦，"隆庆五年进士。除杭州推官。万历三年擢兵科给事中"。"寻以副都御史抚治郧阳。进兵科右侍郎，总制两广军务"。在《明史》萧彦传中进一步谈到萧彦拒绝暹罗出兵的原因："日本蹂朝鲜。会暹罗入贡，其使请勤王，尚书石星因令发兵捣日本。彦言暹罗处极西，去日本万里，安能飞越大海，请罢其议，星执不从。既而暹罗兵卒不出"。⑥

1644 年，清王朝建立后，清朝与暹罗保持密切的交往。清顺治四年（1647），清政府发布了一道诏令，招请东南亚诸国为清王朝的朝贡国。"各国有能倾心向化，称臣入贡者，朝廷一矢不加，与朝鲜一体优待，贡使往来，悉从正道直达京师，以示怀柔。"⑦ 清康熙十二年（1673）四月丁巳，清遣使封暹罗国王。中国与暹罗的友好关系一直持续到清朝中后期。

顺治初，定制，诸国朝贡，赍表及方物，限船三艘，每艘百人，贡役二十

---

① 《明太祖实录》卷 115，洪武十年九月乙酉。

② 何爱国：《明代中泰外交关系研究》，云南师范大学硕士学位论文，2002 年。

③ （泰）社赛·蓬慕汶：《朝贡时期的中泰关系》，泰瓦他那帕尼出版社 1982 年版，第 66—69 页。

④ 段立生：《泰国阿瑜陀耶时期的华人社会》，《八桂侨刊》2015 年第 2 期。

⑤ 《明史》卷 324《外国列传五·暹罗》，第 8401 页。

⑥ 《明史》卷 227《萧彦传》，第 5964 页。

⑦ 《清世祖实录》卷 33，顺治四年七月甲子。

人。"凡贡期，朝鲜岁至，琉球间岁一至，安南六岁再至，暹罗三岁，荷兰、苏禄五岁，南掌十岁，均各一至，余道远，贡无常期。凡贡物，各将其土实，非土产者勿进"。① 暹罗"三年一贡"，由此可见，暹罗与清朝的密切关系仅次于朝鲜、琉球。

乾隆时期，清与暹罗的关系更加密切。乾隆对暹罗多次赍表来贡给予赏赐。清乾隆十四年（1749），暹罗国王遣陪臣朗呵派提等入贡，清帝给予优厚赏赐，并赐御书"炎服屏藩"四字。清乾隆十八年（1753），暹罗国王遣使入贡，"特饬使臣归国晓谕国王'恪守规制，益励敬恭'"。嘉庆十五年（1810），清朝封郑佛为暹罗王，给其诰命、驼钮镀金银印。②

据泰国学者仕盛·蓬汶的研究，自 1371 年阿瑜陀耶遣使中国到 1766 年最后一次朝贡，阿瑜陀耶王朝进贡总共达到 130 次。③

1767 年，缅甸入侵暹罗，华裔郑信率军驱逐了缅甸军队，建立吞武里王朝。第二年，郑信派人与清政府联络，但由于安南河仙莫士麟的抹黑，乾隆皇帝拒绝了其请封要求。当时，清暹两国同时与缅甸处于交战状态，暹罗吞武里王朝除了在 1772 年将广东海丰县民陈俊卿等人送回原籍，把缅军俘虏的滇兵赵成章等 19 人送回中国，还于 1777 年押送缅军俘虏霭呵等人到广东。郑信的友好表现赢得了乾隆帝的好感，清王朝逐渐调整对郑信王朝的政策，清暹关系得到了改善。1777 年，乾隆帝同意与暹罗建立朝贡关系。1781 年 5 月，郑信派遣庞大使团访华，受到乾隆帝热烈欢迎。钱江考察了郑信吞武里王朝时期的中暹关系，认为：郑信坚持采取一贯的亲华政策，不仅要求在政治上得到清廷的承认，而且更主要的目的是要求清王朝取消海上贸易方面的政策限制，允许暹罗商船在广东沿海采购战略物资和建筑材料，以满足当时暹罗对缅战争和吞武里都城建设的物资需要。④

1782 年曼谷王朝建立后，与中国发展友好睦邻关系。在 1782—1853 年间，曼谷王朝先后派遣 54 个使团访华。清道光十九年（1839），清宣宗因为暹罗

---

① 《清史稿》卷 91《礼志十·山海诸国朝贡礼》，第 2678 页。
② 《清史稿》卷 528《属国传三·暹罗》，第 14693、14697 页。
③ （泰）张仲木等：《泰中研究》第 1 辑，曼谷华侨崇圣大学泰中研究中心 2003 年版，第 31 页。
④ 周雪香：《海洋社会经济与东亚文明研究的新观察——"海洋文明与战略发展"高端论坛暨"明清海洋政策与东亚社会"国际学术讨论会综述》，《中国经济史研究》2012 年第 1 期。

服事之勤,改暹罗"三年一贡"为"四年一贡"。①

鸦片战争后,中国开始逐步沦为半殖民地半封建社会,暹罗保持了名义上的独立。1852 年以后,曼谷王朝逐渐停止对清朝的朝贡活动。19 世纪 70 年代以后,暹罗没有遣使来华,清朝也没有派遣使者前往曼谷,自此以后,中暹两国关系中断。

(七) 缅甸

缅甸自汉唐以来与中国往来不断。"缅甸,古朱波地,汉谓之掸国"。汉和帝永元中,其王献新乐。缅甸国名不断变化。《万历野获编》云:"唐谓之骠国,贞元中亦来朝献。宋谓之缅国。元世祖征服之,大德中封为缅国王,其地有江头、太公、马来安、正国、蒲甘,所谓缅中五城也"。

明洪武二十七年(1394),朱元璋下令在阿瓦设置"缅中宣慰使司",命阿瓦国王明吉斯伐修寄为宣慰使。《万历野获编》云:"本朝洪武间,遣使往谕,尚称为缅国,二十九年始内附入贡"②。明永乐元年(1403),任命阿瓦国王那罗塔(明康王)为缅甸宣慰使。那罗塔遣使明朝请求赐印诰等,云:"缅人虽处遐裔,闻圣主临御,悉愿臣属,而道经木邦、孟养,多为阻遏,乞命以职,赐冠服、印章,将来凭仗天威,岁效职贡,庶免欺凌"。这表明缅甸与明朝建立朝贡关系的政治目的,即依靠强大的明朝,在与邻国交往中处于更加有利的地位。明成祖"允其所请",命兵部设立缅甸宣慰使司,以那罗塔为宣慰使,遣使赐之冠服印章。③ 从此,明朝在缅甸先后建立麓川平缅军民宣慰使司、孟养军民宣慰司、木邦军民宣慰使司、里麻长官司、孟密安抚司、缅甸军民宣慰使司,与阿瓦王朝建立了朝贡关系。1404—1405 年,明朝还先后遣使到缅甸南部的勃固王朝(古刺),与之建立宗藩关系。

随着缅甸国内外形势的变化,莽瑞体建立东吁王朝(1531—1550)。由于明朝国力衰落,而东吁王朝日渐强大起来,后来被明朝册封的缅甸土司,纷纷归附东吁王朝。

清乾隆十五年(1750),缅甸遣使朝贡,清缅朝贡关系建立。但缅甸"多

---

① 《清史稿》卷 528《属国传三·暹罗》,第 14697 页。
② 《万历野获编》补遗卷 4《缅甸盛衰始末》,第 927 页。
③ 《明太宗实录》卷 24,永乐元年十月丙辰。

次侵扰土司边界"，引起清朝的不满，清缅战争爆发。战后，缅甸迅速遣使朝贡，恢复朝贡关系。

（八）满剌加

满剌加，又译作麻六甲，今属马来西亚，是东南亚马来半岛上的国家，位于中国通往印度的海上要冲，因此，自古以来成为中国和印度交通的中继站。严从简《殊域周咨录》云："满剌加国，古哥罗富沙也，在占城极南，自爪哇旧港顺风八昼夜可至。"①《明史》亦云："满剌加，在占城南"。②

明朝与满剌加自明朝初年起建立朝贡关系，历史并不悠久，但双方关系密切。明永乐三年（1405），满剌加遣使朝贡，明永乐七年（1409），明成祖"命中官郑和等持诏封为满剌加国王，赐银印、冠带、袍服"。满剌加与中国建立朝贡关系，其政治原因在于其想依靠中国的支持，免遭暹罗的侵犯。在历史上，满剌加长期受制于暹罗。"每岁输金四十两为税，故未尝称国。"明永乐七年，满剌加使臣提出内附的要求，被明朝拒绝。③"永乐十七年（1419），王亦思答儿沙嗣，更率妻子来朝，言'为暹罗所侵，惟陛下卵翼之'。上为降诏暹罗国王，无开兵隙暹罗旋遣使来谢侵伐之罪。满剌加所得保境息肩者，皆中国赐也。"④

中国在东亚和东南亚地区是主导性的政治力量，"中国很少直接干涉东南亚事务，但它始终在幕后存在"。

满剌加遭受爪哇的压迫，北受暹罗的胁迫，因此，为了生存，被迫与东西两方邻国交好，以谋扩充自己的势力。在明永乐七年（1409）满剌加使者所谓的"愿同中国属郡，岁效职贡"，"俾暹罗不得侵扰"，揭示了满剌加国王与中国通交的真实原因。

为了表现"事大以诚"，明永乐九年（1411），满剌加嗣王拜里苏剌率领其妻子及陪臣540余人来到广州，明成祖特地"遣中官海涛、礼部郎中黄裳等往宴劳之"。使团入京后，"上御奉天门宴劳之，别宴王妃及陪臣等"，⑤而且多

---

① 《殊域周咨录》卷8《满剌加》，第286页。
② 《明史》卷325《外国列传六·满剌加》，第8416页。
③ 《殊域周咨录》卷8《满剌加》，第286—287页。
④ ［明］张燮：《东西洋考》卷4《麻六甲》，谢方点校，中华书局1981年版。
⑤ 《殊域周咨录》卷8《满剌加》，第287页。

次赐以衣物，充分体现了大国的热情好客、慷慨大方。

有了大明王朝支持的满剌加，狐假虎威，竟然"矫诏"向爪哇索取旧港。明永乐十一年（1413），满剌加国王遣人至爪哇国索旧港地，称已经得到明朝的允许。明廷知道真相后，"上诏爪哇勿听"。这说明明廷能够明辨是非，并非无原则地支持满剌加。

但明廷在满剌加遭到暹罗侵略的情况下，还是能够从朝贡体制的大局出发，晓谕暹罗，制止暹罗的侵略行径。"后暹罗国欲举兵攻之，遣使来告。上诏暹罗与平"。[①]

15世纪初，马六甲王国统一了马来半岛的南部，结束了分裂局面。16世纪，西方殖民者入侵东方，许多国家遭到侵略，满剌加不能幸免。1511年，葡萄牙殖民者占领马六甲，建立了东方第一个商站。17世纪，荷兰殖民者占领马六甲。19世纪，英国排斥了荷兰在马来半岛的殖民势力，建立海峡殖民地。

对明朝而言，与满剌加建立朝贡关系，将满剌加纳入朝贡体制，有利于明朝对外政策的推行。马六甲具有重要的战略位置，是郑和下西洋的必经之地，明朝在此设立"官厂"即物质供应和商品转运基地。郑和船队在此建立"外府"官厂，不仅具有化解暹罗和爪哇主导东南亚地区政治格局的战略意义，而且起到创建新的国际贸易航运中心的作用。[②]郑和下西洋对满剌加的直接影响在于它的国际地位的转型，即从沟通南中国海和印度洋之间的海上通道转变为东西方航海贸易新格局的中心。

（九）爪哇

爪哇是印度尼西亚最大的岛屿。在历史上，爪哇岛先后建立了一些国家。4世纪有多罗摩，我国史书称之为"耶婆提"。5世纪有阇婆，7世纪有诃陵，此后有夏连特拉王国。宋元嘉十二年（435），爪哇遣使朝贡。宋建炎三年（1129），南宋"授阇婆国主怀远军节度琳州管内观察处置等使、金紫光禄大夫、检校司空、使持节琳州诸军事、琳州刺史、兼御史大夫、上柱

---

① 《殊域周咨录》卷8《满剌加》，第288页。

② 时平：《郑和下西洋前后的满剌加社会》，载丘进等主编：《全球视野下的中外关系史》，中国华侨出版社2015年版，第205页。

国、阇婆国王"。① 宋绍兴二年（1132），南宋皇帝给阇婆国王"复加食邑实封"。元代曾兴师讨伐爪哇国，"遂获酋长以归，既服罪，寻放还，仍封为爪哇国王"。②

明洪武二年（1369），明太祖遣行人吴用、颜宗鲁至爪哇，赐其国玺书，告谕其即位。明洪武三年（1370），爪哇国主昔里八达遣使朝贡，纳前元所授宣敕二道。明太祖诏封其为国王。洪武末年，爪哇分裂，"后其国分为东西"。③爪哇国东西二王，相互攻杀，西王"遂灭东王"。西王在征伐过程中，误杀明官军170人。这是对明朝建立的朝贡体制的挑衅，严重损害了明朝的权威。明永乐五年（1407），西王遣使朝贡并谢罪。④ 这样，爪哇主动修复了与明朝的关系。明朝与爪哇往来不断，据统计，在明朝开国最初的100年间，爪哇使节访华达到20余次。⑤

爪哇主动纳入明朝主导的朝贡体制，有其政治上的考量，不仅可以避免明朝的干扰，而且可以在周边树立权威，还可以获得经济利益。正如明洪武十三年（1380），明太祖给其王诏敕所说的那样："尔邦僻居海岛，顷尝遣使中国，虽云修贡，实则慕利。"而明朝把爪哇等国纳入朝贡体制之中，则是为了主宰东亚的政治需要。明太祖认为："圣人之治天下，四海内外皆为赤子，所以广一视同仁之心。朕君主华夷，抚御之道，远迩无间。"⑥

（十）老挝

《万历野获编》云："老挝者，俗呼挝家，亦六慰之一。本古越裳氏之国，自周后不复通中华。"但到明朝初期，老挝与中国的关系开始密切起来。明永乐初年，老挝"始备方物入贡，因置老挝军民宣慰使司，其地在云南徼外，去八百媳妇尚二千余里，为六慰尽处"。明宣德十年（1435），老挝宣慰司遣使刀揽掌入贡。明景泰元年（1450），宣慰刀线歹死，其子板雅兰掌者袭职。明弘治十二年（1499），老挝土舍招揽章遣使入贡，并请金牌信符。明嘉靖九年

---

① 《宋史》卷489《外国传五·阇婆》，第14093页。
② 《殊域周咨录》卷8《爪哇》，第292页。
③ 《殊域周咨录》卷8《爪哇》，第293页。
④ 《明太宗实录》卷71，永乐五年九月癸酉。
⑤ 何芳川主编：《中外文化交流史》上卷，国际文化出版公司2008年版，第463页。
⑥ 《明太祖实录》卷134，洪武十三年十月丁丑。

（1530），老挝宣慰招揽章上疏，"言安南事状"，希望明朝出面干预安南的入侵。明嘉靖四十四年（1565），"老挝宣慰怕雅简章献驯象"。明万历二十六年（1598），老挝遣使入贡，并请明朝赐新印，"上允其奏，重铸老挝军民宣慰司印赐之"。①

明朝对老挝虽然设置军民宣慰使司，对其实施羁縻政策，但未能进行切实有效的管理。老挝主动向中国示好，多次遣使中国进行朝贡活动，目的是借助中国抵抗缅甸和安南的侵略。

（十一）苏门答剌

苏门答剌位于苏门答腊岛，"自满剌加国顺风九昼夜可至。其道亦由广东"。② 在宋时，为大食国属地，后又分部领为勿斯离、弼琶啰、勿跋等国，复并名为须文达那。与中国往来不绝。在明洪武年间，其国遣使奉金叶表，贡马及方物，改名苏门答剌。明永乐三年（1405），满剌加酋长宰奴里阿必丁随明朝使臣尹庆来华入贡。明朝封其为苏门答剌国王，给与印诰。③

苏门答剌与中国通交的主要原因，在于纳入明朝的朝贡体系，获得中国政治上的支持，从而在与周边国家的交往中处于有利的国际地位，同时亦参与地区间的贸易活动，追求经济上的利益。

综上所述，东亚各国与中国自古以来就有着密切的联系，在明朝初期，朝鲜、日本、琉球、安南等国都先后纳入了中国主导的朝贡体系。在东亚这个区域，中国是核心，也是主宰者，由此形成了"众星拱月"的现象，万国来朝。这是东亚各国华人通事群体形成的政治原因。

东南亚地处热带，水陆交错，群岛林立，自古就建立了许多国家。在14世纪末15世纪初，主要有暹罗、安南、真腊、三佛齐、爪哇、满剌加等国。这些国家山水相连而宗教信仰各异，他们在政治经济上存在不协调现象，其中以暹罗、爪哇势力为最强，经常侵略其他国家。因此，这个时期东南亚各国，一方面互相竞争，另一方面力图与中国亲善，以求得中国的保护。

---

① 《万历野获编》补遗卷4《老挝之始》，第931—932页。
② 《殊域周咨录》卷9《苏门答剌》，第311页。
③ 《殊域周咨录》卷9《苏门答剌》，第309页。

明清时期东亚诸国多欲借重中国强大的政治力量，与周边国家抗衡，因而有必要与中国保持朝贡关系。清代魏源在《圣武记》所谓的"乾隆中，暹罗一封而缅甸稽首"，就是言及中国在暹缅冲突中巨大的政治声望。在暹缅战争期间，缅甸入侵暹罗，暹罗在郑昭的领导下，击败缅军，并乘势攻入缅境。与此同时，郑昭遣使向中国求封。清乾隆五十一年（1786），清朝诏封郑华为暹罗国王，"于是缅益惧"。清乾隆五十三年（1788），缅甸遣使入贡，清廷"乃谕暹罗罢兵"。清乾隆五十五年（1790），缅甸遣使进贡，清朝封之为缅甸国王，"定十年一贡"。清嘉庆十年（1805），暹罗出师攻缅获胜，清廷"复颁敕谕解之"。由此可见，中国在东亚具有巨大的政治影响力。

二、经济原因

明清时期东亚华人通事群体的形成除了政治上的原因之外，还有经济上的原因。东亚各国纳入明朝主导的国际秩序后，纷纷遣使朝贡，积极进行朝贡活动，不仅在政治上取得了巨大的成功，而且在经济上获得了巨大的经济利益。东亚各国都充分发挥了华人的作用，积极使用华人作为朝贡使团的通事，为其经济利益服务。

明清时期，中国政府对朝贡贸易采取"厚往薄来"的原则，客观上有利于东亚各国获得巨大的经济利益。正如明太祖在明洪武十二年（1379），诏谕爪哇国王时所说的，他们"虽云修贡，实则慕利"。"慕利"是东亚各国纷至沓来的原因。

（一）朝鲜

明朝对高丽、朝鲜均采取"厚往薄来"的政策，高丽和朝鲜王朝定期向中国进贡，有时还增加贡次，是为了在对华朝贡贸易中获得巨大利益。

高丽末期发生变故，大将李成桂把持朝政。明太祖把"索其岁贡"作为惩罚高丽并试探其诚伪的手段，并不在乎其经济利益。明洪武十八年（1385）正月戊寅，明太祖谕礼部臣曰："高丽王王颛自朕即位以来，称臣入贡。朕常推诚待之，大要欲使三韩之人举得其安。岂意王颛被弑而殒，其臣欲掩己恶来请约束。朕数不允，听彼自为声教，而其请不已，是以索其岁贡。然中国岂倚此为富，不过以试其诚伪耳！今既听命，其心已见，宜再与之约，削其岁贡；令三年一朝，贡马五十匹，至二十一年正月乃贡。汝宜以此意谕之"。[①]

明洪武二十五年（1392），李成桂自立为王，朝鲜频繁地进行朝贡活动。而每次朝贡，明朝都给予丰厚的赏赐。明洪武二十六年（1393），朝鲜国王遣使送马9880匹至辽东。明太祖"命指挥王萧运纻丝绵布一万九千七百六十匹以酬之"。[②] 和明太祖相比，明成祖对朝鲜的"给赐"更为丰厚。明永乐五年（1407）十二月甲申，朝鲜国王李芳远贡马3000匹至辽东，明成祖敕保定侯孟善遣送其至北京苑马寺，"命户部运绢布一万五千匹往辽东酬之"。[③]

到清朝，清朝以武力相威胁强迫朝鲜成为大清藩属，朝鲜王朝在朝贡活动中获得了巨额赏赐。

明清时期，朝鲜使臣和通事除了从事正常的朝贡贸易外，还从事私人贸易，而且人数呈逐渐增多之势。朝鲜大臣为此忧心忡忡，提出对策。明成化元年（1465），朝鲜中枢院副使李边上书朝鲜国王，云："臣以所闻，赴明使臣往返，平安道人马受弊事略陈之。……一、在前自洪武至永乐年间，赴明使臣大小人数八九；逮洪熙、宣德年间，其数多不过十五人。今通事、押马、押物、打角皆加定讲肄汉学官等，虽职微者，各率自己奴子。且方物虽少，其押物或多至十人，其人数视古倍多。来往烦扰，请量减人数。"[④] 这表明，为了经济利益，朝鲜使臣多从事私人贸易，朝贡使团人数倍增，违法行为也增加，从而给朝鲜国内带来一些负面影响。

（二）琉球

明清时期，中琉贸易以朝贡贸易为主，琉球使团几乎每年来华贸易。明初规定，在福建省为琉球设立市舶司，管理中琉贸易。由此可见，明朝对琉球的重视。此外，与福建市舶司相应配设进贡厂（专门储存琉球的贡物）、柔远驿（清代为琉球馆）以安置琉球进贡使团人员，允许琉球人在这里从事贸易活动。琉球使团进京后，在会同馆居住并从事贸易。[⑤]

明清时期中国册封去琉球的使臣共有23次，都顺利到达琉球。每次中国

① 《明太祖实录》卷170，洪武十八年正月戊寅。
② 《明太祖实录》卷225，洪武二十六年二月癸巳。
③ 《明太宗实录》卷74，永乐五年十二月甲申。
④ 《朝鲜王朝实录》，世祖十一年八月庚寅。
⑤ 谢必震：《明清时期中国与琉球贸易之研究》，厦门大学博士学位论文，1998年。

出使琉球，都是一次大型的贸易使团活动。琉球接待中国册封使团的部门即为评价司和天使馆。天使馆是中国册封使团的居住地，也是中琉贸易场所。徐葆光云："市易之所，旧录云：向在天使馆东天妃宫前平地上。"①

在明清使臣的笔下，琉球是社会文化和生产技术都十分落后的国家。从陈侃的《使琉球录》到清乾隆年间周煌的《琉球国志略》，其笔下的琉球是贫困落后的国家。周煌认为，在海外数十个国家中，"而琉球最贫"。②到后来琉球面貌发生巨变。正是依靠明清政府的大力扶植，琉球国迅速崛起。

明初开始实行海禁，中国对外贸易几乎停滞。自从轰轰烈烈的郑和下西洋活动停止后，东亚诸国与中国的贸易往来处于停滞的状态。而琉球作为明朝的"海表恭藩"，在明朝的保护和经济援助下，充分利用"东南海上，夷以波涛难航，贡使渐稀"的局面，"以舟楫为万国津梁"，与东亚的中国、日本、朝鲜及东南亚开展转口贸易，"欲贸中国之货以专外夷之利"，③获利甚丰。在一个世纪的时间里，琉球迅速繁荣起来。④

琉球在明清政府的支持下，在朝鲜、日本以及东南亚各地的主要贸易港口都有华侨团体的存在和介入，并逐渐形成了以华侨为主导的通交贸易网。在琉球海外中转贸易中，琉球华人利用其优势发挥了巨大作用。久米村人怀机，位居王相，下令建造长虹堤将那霸港和王都首里连为一体，加强了久米村与王都的联系，并以"王相"的名义致书"旧港管事官阁下"要求进行通交贸易，为琉球国的经济发展贡献甚巨。

琉球在尚泰久王在位期间最终成为海外中转贸易站。在尚泰久王时代（1454—1460），国王令铸钟悬于首里城内，钟名"万国津梁钟"，其铭文曰："琉球国者，南海胜地也。钟三韩之秀，以大明为辅车，以日域为唇齿，在此二中间涌出之蓬莱屿也。以舟楫为万国之津梁，异产至宝充满十方刹……"⑤

明朝后期，日本控制了琉球，利用琉球对华贸易以获得巨额利益。明万历三十年（1602），日本入侵琉球，企图通过琉球在朝贡贸易中获利。由于壬辰战争后，明朝和日本关系中断，明朝和日本之间的商贸往来只能通过琉球为中

---

① 　[清]徐葆光：《中山传信录》卷6《女集》，台湾银行经济研究室编印1972年版。
② 　[清]周煌：《琉球国志略》卷10《赋役》，台北京华书局1968年版。
③ 　《明宪宗实录》卷177，成化十四年四月己酉。
④ 　周朝晖：《唐荣久米村遗事》，《书屋》2014年第11期。
⑤ 　转引自赖正维：《福州与琉球》，福建人民出版社2018年版，第311页。

介，故而琉球的战略地位更加凸显。日本认为只要控制琉球，就可以间接地实现和明朝的商贸往来。明万历三十七年（1609）四月后，日本萨摩藩军队进占琉球，琉球从此丧失国家独立权，开始向中、日两国朝贡，生存空间极为有限。随后，琉球入贡方物出现异常情况，引起明福建巡抚丁继嗣的警惕："贡之尚方有常物，何以突增日本等物于硫磺、马布之外？贡之赍进有常额，何以人伴多至百有余名？"① 明万历四十年（1612），明朝大臣叶向高在《琉球入贡揭》中云："臣闻琉球已为倭奴所并，其来贡者半系倭人，其所贡盔甲等亦系倭奴物，盖欲假此为窥伺中国之谋，心甚叵测，兹巡抚疏中言，倭将明檄琉球，挟其代请互市。"②

明万历四十三年（1615），琉球违背万历四十年规定的"十年一贡"，提前入贡。这显然有日本方面的影响。但琉球国王暗中仍然向明朝汇报日本方面的情报。

为了获得巨大利益，琉球不断要求增加朝贡人数。清康熙五年（1666），琉球提出派遣接贡船的要求被清政府许可。清康熙二十三年（1684），清政府重开"海禁"，朝贡贸易的诸多限制也在各国请求下逐渐放宽。清康熙二十八年（1689），琉球要求由原来150人的使团规模增加到200人的，得到了清政府的允许。③

据《中山世谱》记载，清光绪元年（1875），日本遣官来到琉球，提出"进贡天朝，庆贺登极请封王爵等典，概行停止，更改革政法"等要求。④ 琉球与清朝的朝贡贸易至此结束。

（三）日本

中日邦交的恢复，推动了两国贸易的发展。为了有效地防止倭寇冒充日本使臣和贸易使，保证两国正常的贸易活动顺利进行，明朝政府和日本室町幕府经过协商决定实行"勘合贸易制"。

何时开始勘合贸易，这在中日两国学术界存在争议。日本学者木宫泰彦认

---

① 《明神宗实录》卷497，万历四十年七月己亥。
② ［明］叶向高：《纶扉奏草》卷17《琉球入贡揭》，上海书局石印本1912年版。
③ 谢必震：《明清中琉航海贸易研究》，海洋出版社2004年版，第63页。
④ 《中山世谱（校注本）》附卷7《尚泰王》，第396页。

为，明建文三年（1401），明廷与日本开始了"勘合贸易"。[1]而中国学者王金林认为，勘合贸易开始于1406年。他认为勘合贸易大致可以分为两个阶段，一是从1406年到1419年（明永乐四年到明永乐十七年），二是从1432年到1547年（明宣德七年到明嘉靖二十六年），共计115年。[2]1406年中日双方订立"永乐勘合贸易协定"，规定日本"十年一贡，人止二百，船止二艘，不得携军器，违者以寇论"。明朝政府企图把中日之间的贸易纳入朝贡体制之内，力图把中日贸易控制在可操控的范围内。明朝对日本来华贸易的时间和人数作了明确规定，并对日本方面要求"不得携军器，违者以寇论"，还"赐以二舟，为入贡用"。[3]可见明朝对日本仁至义尽。该政策实施后在一定程度上缓解了倭寇对我国沿海地区的骚扰，但并没有彻底解决倭寇问题。

在明代，日本为了巨大的经济利益而积极从事对华朝贡贸易。日本方面企图增加中日贸易的数额，不论是幕府派遣的船只，还是大名、寺院派遣的船只，都搭乘了许多客商。他们直接参与这些遣明船的筹建，慷慨捐助了大量钱财。由于大量私商的搭乘，致使"贡物外，所携私物增十倍"。日本为追求其经济利益，肆意增加人数、舟数，不遵守协定，导致"后悉不如制"。《明史》云："宣德初，申定要约，人毋过三百，舟毋过三艘。而倭人贪利，贡物外所携私物增十倍，例当给值"。[4]李言恭等的《日本考》"贡船开泊"云：

> 来贡之舟，每泊台州、定海，请验勘合，令其收拾兵器贮库，移至宁波佳宾堂，给赡住候朝命。诏至，留从伴一半守船，一半入京朝见。宁波市货彼国缺者，肯重价买之，故此地若贡使至得其利。朝罢与各同返，燕赏之物与守船者均之。[5]

1551年阴历九月，大内氏在战国群雄的角逐中被杀，他所掌握的勘合符亦毁于兵火。当时，幕府已经名存实亡，无暇顾及遣使赴明索取勘合符，因此，中日之间的勘合贸易至此结束。

日本国内为了经济利益，发生了两道争贡事件，严重损害了中日关系。到明代后期，日本发动侵略朝鲜的战争，中日官方关系迅速恶化，中日官方贸易

---

[1] （日）木宫泰彦：《日中文化交流史》，胡锡年译，商务印书馆1980年版，第520页。

[2] 王金林：《简明日本古代史》，天津人民出版社1984年版，第288页。

[3] 《明史》卷322《外国列传三·日本》，第8347页。

[4] 《明史》卷322《外国列传三·日本》，第8347页。

[5] [明]李言恭、郝杰：《日本考》，汪向荣、严大中校注，中华书局2000年版，第68—69页。

中断，但两国的民间贸易继续进行，大批华商仍在明政府的默许下到日本长崎进行贸易。为了管理"唐船"贸易事务，日本幕府在长崎使用大量的唐通事，保证了中日民间贸易的顺利进行。

（四）越南

明朝对朝贡国采取"厚往薄来"的政策，对越南（安南）有巨大的吸引力。明朝明确规定安南"三年一贡"，但安南为了经济利益而以"朝贡"为名频繁遣使中国。安南频繁遣使朝贡，引起明太祖不悦。明洪武九年（1376）五月甲寅，安南国王陈煓遣其通议大夫黎亚夫等来朝贡方物。明太祖对中书省臣说：去年安南来请朝贡之期，朕已谕以古礼或三年，或世见。今年安南又遣使至，很没有意义。他指出："番夷外国当守常制，三年一贡，无更烦数来朝，使者亦惟三五人而止，奉贡之物不必过厚，存其诚敬可也。"[1]

明代，安南使行人员为了获利，多携私物，经过凭祥、龙州，"乏人转运，辄兴仇衅"。明成化年间，"会遣使贺册立皇太子，有诏禁饬之"。[2]

在清代，安南北方的郑氏政权，与清朝建立了朝贡关系，郑主先后遣使如清。清朝也重视与北方郑氏的关系，对南方阮氏则采取不承认的政策。

宗藩关系对中越民间贸易也有促进作用。中国的商船也大批进入安南，促进了安南经济的发展。《大越史记全书》记载："北来商艚凑集东南海门，以轻舸籴米民间，民利厚直。倾团交贩，所在成市。乃命官兵择地开市，秤价迁贸，开闭有节。令诸臣禁察海路，以防混杂输纳者。"[3]

清乾隆年间，中国商船纷纷前往安南购买粟米，而且有日渐增多之势。安南后黎朝大为恐慌，以为这会威胁到安南的经济安全，因此采取措施，禁止粟米输出。清乾隆三十七年（1772），安南颁布法令，"禁北人偷搬粟米"。[4]

（五）占城

占城主动纳入明朝主导的朝贡体制，除了有政治上的考量，也有经济上的考虑。明朝对藩属国朝贡活动的优惠政策，吸引了占城国。

---

① 《明太祖实录》卷106，洪武九年五月甲寅。
② 《明史》卷321《外国列传二·安南》，第8328页。
③ 《大越史记全书》续编卷4《黎皇朝纪·显宗永皇帝（上）》，第1145页。
④ 《大越史记全书》续编卷5《黎皇朝纪·显宗永皇帝（下）》，第1175页。

明洪武六年（1373）八月，占城国王阿答阿者遣使朝贡，明太祖很高兴，"命赐其王织金文绮纱罗四十匹，使者纱罗二匹、文绮四匹、衣一袭、钱一万二千，从人各赐有差"。明洪武七年（1374）三月，明太祖下旨："其所贡方物不过表诚敬而言"，"其他远国如占城、安南……等处新附国土，入贡既频，烦劳太甚，朕不欲也。令遵古典而行，不必频烦，其移文使诸国知之"。①

明洪武十六年（1383）八月乙未，明朝遣使赐占城"国王织金文绮三十二匹、瓷器一万九千事"。② 明永乐十一年（1413），占城国王遣使入贡。"先是占城定三年一贡之期，与安南国同，是岁遣行人往劳之。自后国王嗣位必请命于朝，亦遣使行礼"。③ 明永乐十六年（1418），占城国王遣使贡瑞象。

在洪永时期，占城向明朝进献的贡品主要是大象。此后，象牙、香料等也成为贡品。明洪熙元年（1425）七月，占城国王占巴的赖遣使臣逋沙怕麻叔等奉金叶表，贡金银、香、象牙、犀角等方物。④

占城在明宣德年间连年遣使来贡，明朝赏赐甚厚。明宣德元年（1426），占城朝贡，明宣宗"赐占城国王侄济布智眉等银钞、纻丝纱罗、彩绢及金织纻丝罗袭衣有差。仍命赍文锦、纻丝纱罗归赐其国王，及给钞九百四十三锭酬济布智眉等物直"。⑤ 明宣德四年（1429）七月，占城国王遣使朝贡。八月，明宣德帝"赐占城国使臣逋沙怕麻答等钞、彩币表里、金织纻丝袭衣有差，仍命赍敕并锦绣纱罗赐其王及妃"。⑥

（六）暹罗、爪哇、苏门答剌

暹罗是东南亚诸国中朝贡贸易最为频繁的国家。明暹关系建立后，暹罗遣使朝贡。明洪武二十三年（1390），暹罗贡苏木、胡椒、降香等。永乐时期，暹罗频频入贡。明廷规定暹罗"三年一贡"，明永乐二十年（1422），明朝正式下诏对"正贡"以外的"附搭货物"确定处理办法："使臣人等进到货物俱

---

① 《明太祖实录》卷84，洪武六年八月戊戌；《明太祖实录》卷88，洪武七年三月癸巳。
② 《明太祖实录》卷156，洪武十六年八月乙未。
③ 《殊域周咨录》卷7《占城》，第251页。
④ 《明宣宗实录》卷3，洪熙元年七月辛巳。
⑤ 《明宣宗实录》卷14，宣德元年己巳。
⑥ 《明宣宗实录》卷57，宣德四年壬午。

免抽分，给与价钞"；而对于暹罗其余货物"许于会同馆开市"，禁止暹罗使臣收买禁物，"其余听贸易"。但暹罗唯利是图，并未严格遵守"三年一贡"的规定。

清顺治九年（1652）十二月戊午，广东巡抚李栖凤奏："暹罗国请换给敕印、勘合，以便入贡"。① 这反映了暹罗王国要与清朝开展贸易的迫切愿望。

清朝对暹罗的朝贡有明确的章程："国初，定贡期三年一贡"，"其贡使来，有正使、二使、三使、四使，其下为从人。赴京者不过二十六人"。其贡物为驯象、备象、龙涎香、幼香、犀角、豆蔻、降香等。②

清康熙四年（1665），规定暹罗国朝贡"三年一次"，直到清道光十九年（1839）才改为暹罗国"四年遣使朝贡一次"。③ 在此期间暹罗频繁进贡，主要是为了贸易利益。清乾隆五十一年（1786），乾隆皇帝指出："暹罗国每年正副贡船到关，其随带之船至十余只之多，又有籍名探贡船只，俱属内地商船，所带货物甚多。"可见乾隆皇帝对中暹贸易情况是非常了解的。

巨大的利益同样吸引了民间商人。为了获得更多的利益，暹罗和东亚其他一些国家的商人公然冒充政府使臣前来中国进行朝贡贸易活动。虽然嘉庆时期清朝禁止华人代驾暹罗海船，但事实上在鸦片战争前由华人掌控的中暹帆船贸易仍在进行。④

爪哇为了获得巨额利益，几乎连年来贡。明洪武十年（1377），爪哇遣使八智巫沙等"贡马及白鹿、孔雀、犀角之属"。⑤ 明洪武十二年（1379），爪哇遣使八智巫沙等"奉表贡方物"。⑥ 明洪武十三年（1380），爪哇遣使阿烈彝烈"奉金叶表入贡"。⑦ 明洪武十四年（1381）冬十月，爪哇又遣使阿烈彝烈等上表，"贡方物及黑奴三百人"。明洪武十五年（1382），爪哇遣僧阿烈阿儿等奉表，"贡黑奴男女一百一人、大珠八颗、胡椒七万五千斤"。⑧

---

① 《清世祖实录》卷70，顺治九年十二月戊午。

② ［清］梁廷枏：《海国四说》，骆驿、刘骁校点，中华书局1993年版，第174—175页。

③ 《清史稿》卷528《属国传三·暹罗》，第14697页。

④ 王巨新：《清代华人移民暹罗研究》，《国家航海》2016年第2期。

⑤ 《明太祖实录》卷116，洪武十年十一月癸未。

⑥ 《明太祖实录》卷126，洪武十二年十月己卯。

⑦ 《明太祖实录》卷134，洪武十三年十月丁丑。

⑧ 《明太祖实录》卷141，洪武十五年正月乙未。

苏门答剌积极参加朝贡活动，也有经济上的原因，即通过朝贡活动获得巨大的利益。在明成化二十二年（1486），竟然出现了番人海商马力麻冒充苏门答剌使臣"私通贩易"之事。①

综上所述，明代东亚各国对华朝贡的动因，除了有政治上的需要外，还为了图谋经济上的巨大利益。为了享受明清王朝"厚往薄来"政策的优惠，获得巨大利益，不少东亚国家不惜违背明清王朝规定的贡期，频频进贡。

三、文化原因

明清时期东亚华人通事群体的形成，有其文化上的原因。东亚各国仰慕中国先进的文化和制度，并积极加以吸收。遣使朝贡是学习中国先进文化的一条有效途径。汉文化圈的形成与周边国家对中华文化的"慕化"有密切的关系。在中国周边，朝鲜、越南、日本、琉球等国积极学习中国文化。从长期历史考察来看，中外宗藩关系的建立和维持，可以说主要依靠中华文化对外国的吸引。

（一）朝鲜

历史上，朝鲜不断吸收中国先进的文化和制度。早在高丽王朝时期就有金涛等人有志于学习中国文化之事。明洪武四年（1371）三月乙酉，明朝进行科举考试，"策进士于奉天殿，登第者百二十人……高丽入试者三人，惟金涛登第，授东昌府安丘县丞，朴实、柳伯儒皆不第"。②

高丽羡慕中国的制度和文化，遣使中国要求派遣子弟入太学。明洪武五年（1372）三月，"高丽国王遣密直同知洪师范、郑梦周等奉表贺平夏贡方物，且请遣子弟入太学"，但被明太祖婉言拒绝。

朝鲜王朝建立后，在学习中国文化方面十分积极，把握一切机会向中国索取书籍、乐器等。明永乐元年（1403）六月辛未，朝鲜国王李芳远遣陪臣石磷、李原等奉表来华谢赐药，并贡马及方物，且请冕服、书籍。明成祖如其愿。"上嘉其能慕中国礼文，悉从之。命礼部具九章冕服，《五经》《四书》并

---

① 《殊域周咨录》卷9《苏门答剌》，第310页。
② 《明太祖实录》卷62，洪武四年三月乙酉。

钞及彩币表里，俟使还赐之"。①

明永乐三年（1405）六月庚午，朝鲜国王李芳远遣陪臣许应等奉表，贡方物及马，谢立世子恩。芳远复奏："洪武中蒙赐庙社乐器及陪臣祭服年久损敝，乞再颁赐。"明成祖命工部制乐器赐之，祭服令本国自制。礼部言："乐器原赐编钟、编磬各十六，琴瑟笙箫各二。今议琴瑟各倍之，庶协和音律"。得到明成祖的认可。②

朝鲜多次要求明朝"颁赐"各类著作。如，"嘉靖初，朝鲜国奏：'状元吕柟、主事马理为中国人材第一，朝廷宜从厚遇。仍乞颁赐其所为文，使本国传诵为式'"。③

明朝历代皇帝主动遣使将书籍等物送至朝鲜，或根据其要求赐给书籍。明永乐六年（1408）正月丙子，朝鲜国王世子李褆辞归。明成祖亲制诗赐之，并赐白金、锦绮、书籍、笔墨、鞍马，"遣中官黄俨送至其国，而赐国王芳远朝服、白金千两、绒锦绮罗百三十匹"。④

明宣德元年（1426）十月辛未，明朝遣使以《五经》《四书》及《性理大全》《通鉴纲目》赐朝鲜国王李裪。"上谓行在礼部尚书胡濙曰：'圣人之道与前代得失俱在此书，有天下国家者不可不读。闻李裪勤学，朕故赐之。若使小国之民得蒙其惠，亦朕心所乐也。'"⑤

明景泰五年（1454）八月辛卯，明英宗"赐朝鲜国王李弘暐《宋史》，从其请也"。⑥

明朝皇帝多次赐给朝鲜历法。下面是明正统元年（1436）至嘉靖十三年（1534）明朝赐历情况简表。仅英宗朝、宪宗朝、孝宗朝就多次赐给朝鲜《大统历》。

① 《明太宗实录》卷 21，永乐元年六月辛未。

② 《明太宗实录》卷 43，永乐三年六月庚午。

③ [明] 焦竑：《玉堂丛语》卷 7《企羡》，顾思点校，中华书局 1981 年版，第 231 页。

④ 《明太宗实录》卷 75，永乐六年正月丙子。

⑤ 《明宣宗实录》卷 22，宣德元年十月辛未。

⑥ 《明英宗实录》卷 244，景泰五年八月辛卯。

明正统元年至嘉靖十三年明朝赐历情况简表

时间	具体情况	资料来源
正统元年十一月癸卯	赐朝鲜国王李祹《大统历》，命其使臣南宫启赉回	《明英宗实录》卷25，《明实录类纂》第148页
正统八年十一月戊午	颁正统九年《大统历》一百本于朝鲜国，命来使李叔畤赉回	《明英宗实录》卷110，《明实录类纂》第160页
景泰元年十一月壬寅	赐朝鲜国景泰二年《大统历》一百本，命来使李思纯赉回	《明英宗实录》卷198，《明实录类纂》第167页
景泰四年十二月庚子	以明年《大统历》一百本赐朝鲜国王李弘暐，付陪臣金允寿赉回	《明英宗实录》卷236，《明实录类纂》第171页
天顺八年十一月壬子	赐朝鲜国成化元年《大统历》	《明宪宗实录》卷11，《明实录类纂》第183页
成化元年十一月己巳	赐朝鲜国成化二年《大统历》	《明宪宗实录》卷23，《明实录类纂》第184页
成化五年十一月丙午	赐朝鲜国成化六年《大统历》	《明宪宗实录》卷73，《明实录类纂》第190页
弘治九年十一月癸巳	赐朝鲜国弘治十年《大统历》一百本	《明孝宗实录》卷120，《明实录类纂》第217页
弘治十一年十二月丁巳	赐朝鲜国弘治十二年《大统历》一百本	《明孝宗实录》卷145，《明实录类纂》第218页
正德元年十二月己巳	赐朝鲜国正德二年《大统历》一百本	《明武宗实录》卷20，《明实录类纂》第224页
嘉靖元年春正月丁卯	赐朝鲜国《大统历》	《明世宗实录》卷10，《明实录类纂》第234页
嘉靖十三年十一月丙寅	赐朝鲜国《大统历》一百本	《明世宗实录》卷169，《明实录类纂》第240页

从以上记载我们可以看出，明朝英宗朝、宪宗朝基本上都是在农历十一月赐给朝鲜国来年的《大统历》，而孝宗朝、武宗朝多在十二月赐给朝鲜国来年的历书。只有世宗朝，赐历法与其他朝不同，或十一月，或十二月，或正月。

朝鲜人对中国有深厚的感情，视为"父母之邦"。明弘治元年（1488），朝鲜漂流民崔溥等人漂流到中国。崔溥在《漂海录》中说："今我漂海，直路散路，不可知也。幸得入白海之中，则窃疑中国之界必近矣。若得泊中国，则中国乃我父母之邦。"[1]可见，崔溥把中国看作父母之邦，对中国文化有高度的

---

① （韩）朴元熇校注：《崔溥漂海录校注》，上海书店出版社2013年版，第9页。

归依感。崔溥云:"盖我朝鲜,地虽海外,衣冠文物,悉同中国,则不可以以外国视也。今大明一统,胡越为家,则一天之下,皆吾兄弟,岂以地之远近分内外哉?"①

明清鼎革,清代明,这在朝鲜人眼里是窃取伪号,故不愿"事服胡虏",对清嗤之以鼻。朝鲜使臣在他们的《燕行录》中,对清朝极为蔑视:"饮食寝处相混,犬豕言语动作全没模样,上下无章,男女无别,穹庐本种,固宜其如此,而独怪夫中华旧民熏染臊羯,不但化其身并与其心而化焉,可胜痛恨!"②

朝鲜人对清朝的态度后来有了转变。乾隆年间,朝鲜学者朴齐家、朴趾源等人来华后,发现沿途工商发达,技术先进,中国人除了衣冠头发等已"胡化"外,其他一如明朝风习,远胜朝鲜,认为满清不是"夷",故主张学习中国。

(二)琉球

琉球仰慕中国文化。明嘉靖十三年(1534),奉命出使琉球的明朝正使陈侃说:"琉球越在海表,世奉正朔"。③琉球对汉文化的向往与迫切需求,集中表现在琉球向中国派遣了众多留学生。《玉堂丛语》记载了外国留学生虚心向学、厚礼求学的情况。"琉球诸国遣子弟来就学,人曰:'行故事尔,奚庸教?'刘公宣曰:'夷狄慕中国而来,不尽心以诲迪之,是遏抑其良心也。'外国生俱感悦,厚赍金以献者再,固却之。外国生以闻,被命宣受毋辞,宣乃受。"④

琉球对汉文化的重视还体现在其政府重用明朝文人。移居琉球的华人除了明朝皇帝赐姓的闽人三十六姓,还有内地一些人士。明人罗日褧的《咸宾录》云:"永乐中,中山王思绍遣使入贡,表言:'长史王茂,中国饶州人也,辅臣祖察度四十余年,不懈于职,今年已八十,请命还乡'。从之。"《咸宾录》还记载了琉球文职官员皆由汉人及学于国学者担任:"凡习刑法、钱谷等官,皆土人,为武职;其大夫、长史、通事官司朝贡,为文职,皆三十六姓人及学

---

① (韩)朴元熇校注:《崔溥漂海录校注》,上海书店出版社 2013 年版,第 81—82 页。

② (朝)金种正:《沈阳日记》,载(韩)林基中:《燕行录全集》卷 41,韩国东国大学校出版部 2001 年版,第 222—223 页。

③ [明]陈侃:《使琉球录(译注本)·序》,袁家冬译注,中国文史出版社 2017 年版。

④ [明]焦竑:《玉堂丛语》卷 2《政事》,顾思点校,中华书局 1981 年版,第 37 页。

于国学者为之。"由于受到中国文化的熏陶，琉球人谦恭有礼。明万历六年（1578），奉命出使琉球的明朝正使萧崇业，在《使琉球录》中高度称赞琉球："翼翼然恭而有礼，郁郁乎文而不惭！"①

清代中琉关系继续发展，琉球继续吸收汉先进文化。琉球王还以学习中国的典章制度为名寻求经济上的利益。清乾隆二十九年（1764），琉球中山王遣耳目官向廷器、正议大夫郑秉和等奉表入京贡方物。《中山世谱》记载表文之后的附言："前因圣旨，于准买丝斤。八千斤之内，无缎匹绸绢字样。王于是年，又以本国缘织纤之不工，无以成绸缎为冠裳、明品制、别尊卑等情，再恳圣恩。于准买丝斤。八千斤定数之内，许令量买缎绸等项。"②

相比较而言，在文化发展方面琉球不如朝鲜。清代嘉庆年间，出使琉球的清朝官员李鼎元，在其《使琉球记》中云："本国文籍固少，即购自中国者亦不多。故文风不及朝鲜"。③ 此论确属公允。

（三）日本

在明代，日本纳入中国主导的国际秩序，除了有政治经济方面的原因外，还有文化上的原因。日本继承历史上的遣唐使传统，派遣遣明使到中国，继续学习中国先进的制度和文化。

明太祖亦认为中国文化对日本具有极大的吸引力。《明实录》记载：洪武七年（1374）六月二十日，"日本国僧宗岳等七十一人游方至京。上谕中书省臣曰：'海外之人慕中华而来。令居天界寺，人赐布一匹为僧衣。'"

明永乐三年（1405）十一月辛丑，"日本国王源道义遣使源通贤等奉表，贡马及方物，并献所获倭寇尝为边害者"。④ 明成祖为此感到欣慰，明永乐四年（1406），"特命日本之镇号为寿安镇国之山，锡以铭诗，勒之贞石，荣示于千万世"。⑤

受到明朝鼓励的源道义又于明永乐五年（1407）五月，遣僧圭密等73人来华朝贡方物，并献所获倭寇道金等。明永乐六年（1408）五月，源道义再次

---

① ［明］萧崇业：《使琉球录》，台湾银行1970年版。
② 《中山世谱（校注本）》卷10《尚穆王》，第161页。
③ ［清］李鼎元：《使琉球记》卷4，韦建培校点，陕西师范大学出版社1992年版，第116页。
④ 《明太宗实录》卷48，永乐三年十一月辛丑。
⑤ 《明太宗实录》卷50，永乐四年正月己酉。

遣僧圭密等百余人贡方物，并献所获海寇。在僧圭密等"陛辞"时，"致其王之言，请仁孝皇后《劝善》《内训》二书"。明成祖满足了源道义的愿望，帝命礼部各以百本赐之。[①] 明嘉靖十七年（1538），日本使臣策彦周良奉命来华，称赞中国为"上国""大国"。他在诗中写道："茫茫万里发扶桑，秉志来观上国光。果是车书四海同，袈裟端染御炉香。"又在文中写道："生等传小国之命，观大国之光"。[②]

日本使臣羡慕中国的文化，把中国称为"上国"，称日本为"小国"。在策彦周良看来，日本虽是华夷秩序中一员，但"吾国高出于朝鲜琉球之上"。[③] 这反映了日本国人的心理，其自立感从隋至明逐渐增强。

（四）越南

越南陈朝（1225—1400）处于中国宋末、元、明初时期，长达170余年。在明代之前，越南长期深受中国文化的影响，越南官方文字为汉字。越南积极吸收中国的文化和政治制度。越南陈朝权臣胡季犛建立胡朝（1400—1407），不久被明军所灭。

明永乐十二年（1414），明在安南推行汉化政策。《大越史记全书》云："九月，明黄福榜示各府州县，设立文庙、社稷、风云、山川、无祀等神坛址，时行祭礼。"又云："明禁男女不许剪发，妇女穿断衣长裙，化成北俗。"[④] 安南开始属明时期。

明成祖在安南推行郡县制，设立儒学，大力推行儒化统治，长达20年之久，这有利于中国文化在越南的传播。此后，越南后黎朝崇尚和仿行中国文官制度，科举取士成为黎朝选拔人才的重要措施。汉文化修养和科举及第是黎朝选拔北使使臣的重要标准。

越南黎朝全面吸收和借鉴中国的政治、文化制度。如在朝贡礼仪、音乐文化方面，仿效中国。明正统二年（1437），"卤簿司同监兼知典乐事梁登进新

---

① 《明太宗实录》卷79，永乐六年五月乙丑。
② （日）策彦周良、牧田谛亮校注：《初渡集·再渡集》，日本京都佛教文化研究所1955年版，第70、10页。
③ （日）策彦周良、牧田谛亮校注：《初渡集·再渡集》，日本京都佛教文化研究所1955年版，第55页。
④ 《大越史记全书》本纪全书卷9《属明纪》，第509页。

乐,仿明朝制为之"。① 在儒学方面,设置五经博士。明成化三年(1467),"初置五经博士。时监生治《诗》《书经》者多,习《礼记》《周易》《春秋》者少,故置五经博士,专治一经以授诸生"。② 在科举制度方面,安南也仿效中国。明正统七年(1442),"三月,会试天下士人,赐阮直、阮如堵、梁如鹄三人进士及第,陈文徽等七人进士出身,吴士连等二十三人同进士出身,仍命制文题名登碑,进士碑记自此始"。③ 明正统十三年(1448)八月,安南"会试天下举人,取合格二十八名,及廷试,帝亲策问以礼乐刑政。赐阮尧咨状元,郑铁长榜眼,朱添成探花郎,阮茂等十二名进士,段仁公等十三名附榜"。④ 此后,黎朝历代都举行科举考试。如黎洪顺三年(1511)三月,黎朝"会试天下士人,取阮泰华等四十七名"。⑤ 黎洪顺六年(1514),"三月,会试天下士人,时应试者五千七百人"。⑥ 在莫登庸控制黎朝时期,也大兴科举考试,明嘉靖五年(1526),"夏,四月,会试天下士人,取范廷光等二十人。廷试问以圣德之理天下,赐第一甲陈必闻、阮文献、刘忠允三名进士及第,第二甲黎光贲等四名进士出身。……陈必闻,安老县月盎社人,仕莫官至尚书,韩川伯藻之父"。⑦

清代,安南注重通过朝贡活动来学习中国的典章制度。如中国的天文历法即通过安南使臣带回国内。在清代越南人虽不通汉语,但经过学习他们的汉文功底十分深厚。这与越南长期仿效中国,受到中国文化的熏陶有关。

(五)占城

占城在明代大力吸收中国先进的文化,并以此作为抗衡安南的法宝。

占城在吸收中国文化的过程中,存在一些障碍,其中语言不通、交流困难是主要问题。明洪武四年(1371),占城国王遣使朝贡,诉说安南侵扰疆域、杀掠吏民,"伏愿皇帝垂慈,赐以兵器、乐器、乐人,俾安南知我占城乃声教

---

① 《大越史记全书》本纪实录卷11《黎皇朝纪·太宗文皇帝》,第551页。
② 《大越史记全书》本纪实录卷12《黎皇朝纪·圣宗淳皇帝(上)》,第620页。
③ 《大越史记全书》本纪实录卷11《黎皇朝纪·太宗文皇帝》,第558页。
④ 《大越史记全书》本纪实录卷11《黎皇朝纪·仁宗宣皇帝》,第571页。
⑤ 《大越史记全书》本纪实录卷15《黎皇朝纪·襄翼帝》,第766页。
⑥ 《大越史记全书》本纪实录卷15《黎皇朝纪·襄翼帝》,第776页。
⑦ 《大越史记全书》本纪实录卷15《黎皇朝纪·恭皇》,第806页。

所被、输贡之地，俾安南不敢欺凌"。中书省移咨国王后，婉言拒绝了输送器械的要求，但对其所要求的乐器、乐人一事给予答复："又所请乐器、乐人，在声律虽无中外之殊，而语音则有华夷之异，难以发遣，若尔国有能习中国华言可教以音律者，选择数人赴京习之。"[①] 明永乐四年（1406），明成祖晓谕占城国王："所请乐人，在声律虽无中外之殊，而语音则有华夏之异，难以发遣"。他命中书省移咨其国王，"令其国有能习中土华言可教以音律者，选择数人至京习之"。[②] 为了帮助占城学习中国文化，明廷表示可以接受占城学生来华学习，解决两国交往中的语言障碍问题。

明占两国往来频繁，通事在明占文化交流方面发挥了巨大作用。从前的占城，"国无纸笔，以羊皮槌薄，薰黑，削细竹为笔，蘸白灰书，字若蚯蚓委曲之状。言语燕鸹，全凭通事传译"。到明代，由于受到中国文化潜移默化的影响，占城文字发生了很大的变化。严从简云："按占城既通文字，且有秀才，则纸笔乃其所有，虽言语不通于中国，而其诗文与华夏颇亦近似。若灰书之说，恐亦上世之事，而非今时之陋也"。[③]

（六）暹罗

暹罗对中国文化仰慕已久。明朝皇帝也顺应暹罗王朝的要求，将中国典籍和度量衡赐予暹罗。明永乐二年（1404），明成祖曾将《烈女传》1000 册赐予暹罗，还颁赐度量衡作为暹罗的"永式"。[④]

"四夷入贡中国，必奉表文"。[⑤] 朝贡表文，由朝贡国颁发，上面盖有政府大印，记载使者身份、贡品名、贡使人数及外交意图。勘合是由明朝政府颁发（礼部颁发），用来辨别朝贡使团政府性质的凭证。在明洪武十六年（1383），首次颁发勘合给暹罗国，此后又给 59 个国家颁发了勘合。

朝贡表文，包括金叶表文与金字表文两种。暹罗使用的是金叶表文。表文体现了中国的儒家思想和朝贡的政治经济双重意义。由于朝贡使团无表文和勘合而被明朝政府拒绝的事件屡见不鲜。明洪武七年（1374），暹罗遣使沙里拔

---

① 《明太祖实录》卷 67，洪武四年七月辛未。
② 《殊域周咨录》卷 7《占城》，第 249 页。
③ 《殊域周咨录》卷 7《占城》，第 266—267 页。
④ 《明史》卷 324《外国列传五·暹罗》，第 8398 页。
⑤ ［明］郑舜功：《日本一鉴·穷河话海》卷 7《表章》，1939 年影印本。

来贡，明太祖对其无表文感到奇怪，既然他们说舟覆，但他们进贡方物还有存者，因此怀疑其为番商，"命却之"。[①] 明人王圻在《续文献通考》中云："夫贡者，夷王之所遣，有定期，有金叶勘合表文为验。使其来也以时，其验也无伪，我国家未尝不许也。贡未尝不许，则市舶未尝不通"。[②]

朝贡表文体现了中国封建社会的等级秩序观念、华夷观念、诚信观念等，是中国文化的体现。只有深入了解中国文化，才能更好地贯彻中国的朝贡制度。

在清代，暹罗仍然仰慕中国文化，向清朝提出种种要求。清雍正七年（1729），暹罗贡使云："京师为万国所景仰，国王欲令我等观光上国，遍览名胜，回述，以广见闻。奉旨不必禁止，着贤能司官带领行走。又本国所产马匹甚小，久慕天朝所产马、驼、骡、驴之高大，请各买三四匹回国。"[③] 雍正皇帝不仅满足暹罗要求，而且慷慨大方，下令暹罗"所买价值，着内库支给"[④]。

暹罗国对中国封建王朝赐给的蟒龙服等物品格外看重，特地建立承恩亭。清乾隆元年（1736），暹罗贡使提出要求："往时钦赐蟒龙大袍，藏承恩亭上，历世久远，难保无虞，肯再邀恩赐一二袭。"清朝皇帝对暹罗"有求必应"，"特赏蟒缎四匹"。[⑤]

东亚各国对中国文化的向往和学习，表现在多方面，在馆驿的命名上也能体现出来。如接待中国使者的馆驿，朝鲜的慕华馆、琉球的天使馆，均体现了他们对中国文化的热爱，对天朝上国人士的尊崇。又如暹罗对中国赐给的冠服非常重视，特地建立文物馆藏之，命名为"承恩亭"，表达了他们对中国文化的珍惜和对天朝上国的感激之情。

综上所述，中国是历史悠久、文化灿烂的文明古国，中国的文化对东亚各国具有极大的吸引力。为了学习中国的文化，东亚各国采取多种手段，其中最重要的就是派遣朝贡使团。而东亚各国遣使朝贡，其中有一个重大的使命就是学习中国先进的典章制度和文化。于是精通中国语言的使团通事，理所当然成为中外文化交流的使者。

---

① 《明史》卷 324《外国列传五·暹罗》，第 8397 页。

② ［明］王圻：《续文献通考》卷 31《市籴考·市舶互市》，上海古籍出版社 2000 年版。

③ 《粤道贡国说》卷 2，中华文史丛书电子版。

④ 《粤道贡国说》卷 2，中华文史丛书电子版。

⑤ 《粤道贡国说》卷 2，中华文史丛书电子版。

四、社会原因

明清时期大量华人移居东亚各国，东亚华人社会得以形成。东亚各国对华人实施亲善政策，华人在当地享有较高的社会地位。这成为东亚华人通事形成的社会基础。

（一）朝鲜

朝鲜和中国自古关系密切，两国人员往来频繁。各个朝代都有华人移居朝鲜半岛。元代就有一些中国人移居朝鲜，如偰眉寿。"眉寿字天用，大元高昌人"。他曾担任检校议政府参赞。明永乐十三年（1415）三月，"谥曰恭厚"。① 元末，一些华人为躲避战乱来到朝鲜定居。唐诚，浙江明州人，元季避兵东来，历仕中外，通晓律令，遇事敢言。明永乐十一年（1413），恭安府尹致仕唐诚病故，卒年七十七。②

明朝建立后，明太祖对流寓朝鲜半岛的华人给予高度关注，多次要求朝鲜遣人送回。从朝鲜迁出的华人到辽东的最多。明洪武二十六年（1393），"朝鲜国械送逋逃军民百二十二户，三百八十八人及马牛百余至辽东"。③ 明永乐二年（1404）六月甲申，朝鲜国王遣陪臣等来华朝贡。兵部向明成祖奏告："辽东人多亡居朝鲜者，近招复万七百余人，未复者尚多"。明成祖命礼部谕称，"俾归言于王遣还"。④

对被掳往朝鲜之华人，明朝皇帝多次要求朝鲜全部遣回。明景泰三年（1452）六月，朝鲜国王遣陪臣李蓄等来朝，贡海青。明帝敕之曰："得奏，先有被掳逃在王国人口，已行陆续解送辽东，此具见王忠敬朝廷之意。王自今尤当严戒守边头目，但系野人女直先通北虏犯边，后带所抢人口逃在王国后门斡木河一带地方藏躲者，务须尽数搜寻，或设法驱逐，或连被抢中国人口送赴辽东总兵官处交收。勿令因循潜往，浸为彼此边患"。⑤

因华人经商而流寓朝鲜者，亦在遣回中国之列。明嘉靖二十三年（1544）

---

① 《朝鲜王朝实录》，太宗十五年三月壬寅。
② 《朝鲜王朝实录》，太宗十三年十一月己卯。
③ 《明太祖实录》卷230，洪武二十六年十一月丙辰。
④ 《明太祖实录》卷32，永乐二年六月甲申。
⑤ 《明英宗实录》卷217，景泰三年六月甲申。

十二月，"漳州民李王乞等载货通番，值飓风漂至朝鲜，朝鲜国王李怿捕获三十九人，械送辽东都司"，[①] 受到明世宗的奖赏。明嘉靖二十五年（1546）二月，朝鲜国署国事李峘遣使臣南洗健、朴菁等，解送下海通番人犯颜容等613人至辽东。明世宗盛赞朝鲜国王的忠顺，"赐白金五十两，文绮四袭；洗健、朴菁并赍以银币"。[②]

由于战争和政治等原因，流寓朝鲜的华人不断增加。明万历年间，明军为了抗击倭寇而入朝作战，战后有不少明军将士流寓朝鲜。明末清初，一些义不事清的人士也先后流亡朝鲜。郑先甲，字始仁，又字三新，生于明万历四十五年（1617），崇祯年间进士。崇祯末年，清军紧逼北京，1644年，他被清军俘虏，被执送北京，关入监狱。在清顺治二年（1645），朝鲜质子被释放回国，郑先甲随之来到朝鲜。朝鲜肃宗三年（1677）三月，"以文可尚、郑善甲等善华语，付军职，购屋以处之，训诲译官，贵其为皇朝人也"。[③] 这里提到的郑善甲其实就是郑先甲。文可尚，庐陵（今江西省吉安市）人，为文天祥之后裔，明清鼎革时移居朝鲜。曾编撰《华语》一书，进献朝鲜正宗，受到朝鲜王朝重视，特拜三品阶。[④]

这些流寓朝鲜半岛的华人，以及从前居住在朝鲜的华人后裔，为朝鲜王朝所青睐。有不少华人成为朝鲜政府官员，其中一些华人担任朝鲜朝贡使团的成员，或充任通事。

（二）琉球

琉球偏僻，远居海岛，与中国交往不便。明洪武十五年（1382），琉球国中山王察度遣其弟泰期及其臣亚兰匏等奉表进贡，明太祖考虑到琉球僻处大海，路途险远，"遣上珮监奉御路谦送其使者归国"。[⑤]

为了便于琉球朝贡，明洪武二十五年（1392），明太祖赐"闽人三十六姓"与琉球。陈侃《使琉球录》记载了此事，云："我太祖之有天下也，不加

---

① 《明世宗实录》卷293，嘉靖二十三年十二月乙酉。
② 《明世宗实录》卷308，嘉靖二十五年二月壬寅。
③ （朝）吴庆元：《小华外史》卷2，白岳山房文库，崇祯纪元后五戊辰刊。
④ （日）末松保和编：《李朝正宗实录》卷54，东京学习院东洋文化研究所影印本1952—1966年版。
⑤ 《明太祖实录》卷142，洪武十五年二月乙丑。

兵，不遣使，首效归附。其忠顺之心，无以异于越裳氏矣。故特赐以闽人之善操舟者三十有六姓焉，使之便往来、时朝贡，亦作指南车之意焉耳"。① 万历年间编纂的《明会典》亦云："二十五年，中山王遣子侄入国学。以其国往来朝贡，赐闽人三十六姓善操舟者"。

谢必震曾专门考证，指出闽人三十六姓是由明廷赐予，赐姓琉球的原因有四：一是为中琉贸易的利益所驱使，以利于朝贡；二是变民用为官用，将私人海外贸易合法化；三是受中国传统的"用夏变夷"观的影响；四是为了保护弱小邻国。② 方宝川则认为："闽人三十六姓"并非福建来的三十六个姓氏，三十六是泛指，由于当时渡来琉球的闽人最多，所以统称为闽人三十六姓。③

由于三十六姓是由明朝皇帝赐姓的，他们奉命抵达琉球，受到琉球王室的高度重视，在琉球享有崇高的社会地位，在政府机构和教育机构中担当重要的角色。由琉球那霸市史编集室所编撰的《久米村系家谱》中，记载了三十六姓在琉球的情况。

明代茅瑞征在《皇明象胥录》里谈到了琉球国对闽人的重视："洪、永所赐三十六姓，多闽之河口人，子孙秀者，读书南雍，归即为通事，累升长使、大夫。"为了鼓励琉球华人从事朝贡贸易，明代，琉球国多次为三十六姓后裔乞求职务，对华人通事格外眷顾。

洪武二十五年（1392），中山王及其世子遣使进贡，上疏要求明朝赐给通事职位、冠带。称赞通事程复、叶希尹二人"以寨官兼通事，往来进贡，服劳居多"，并指出明朝赐给琉球通事之职位和冠带之举影响深远："使本国臣民，有所仰止，以变番俗。"明洪武二十七年（1394），中山王察度遣使亚兰匏上表，乞求王位冠带，具疏言称："亚兰匏掌国重事，乞陛授品秩，给赐冠带。又乞以通事叶希尹等二人充千户。"④

清康熙年间，琉球国紫金大夫蔡文溥自豪地说："余蔡氏乃闽泉郡人。……大鼎甲端明殿学士襄公六世孙讳崇字升亭者，于大明洪武年间以三十六姓之一奉敕来铎中山……迄今三百余年，历十有二代。其间或为都通事，或任长史，

---

① ［明］陈侃：《使琉球录（译注本）》，袁家冬译注，中国文史出版社 2017 年版，第 52 页。

② 谢必震：《明赐琉球闽人三十六姓考述》，《华侨华人历史研究》1991 年第 1 期。

③ 方宝川：《明代闽人移居琉球史实考辨》，《福建师范大学学报（哲学社会科学版）》1988年第 3 期。

④ （日）伊波普猷等编：《琉球史料丛书》第 4，岩波书店 1986 年版，第 43 页。

或升正议，或拜紫金，功奏于国，世禄其家，子孙显宦不绝"。①

久米村又名唐营，是琉球华人的聚居地。清乾隆年间，久米村人、三十六姓蔡氏后裔蔡世昌，曾在中国留学，归国后写有《久米村记》一文，记载了久米村村名的由来及其意义："久米村，一名唐荣，即古之普门地也。明太祖赐唐人三十六姓，聚族于此，故曰'唐营'；又以显荣者多，故改曰'唐荣'。国王厚其裔，世其糈，故取世禄之义曰'久米'。"②

到了清嘉庆年间，琉球三十六姓后裔仍居住在久米村。李鼎元《使琉球记》云：琉球国久米村中只有梁、蔡、郑、毛、曾、陈、阮、金等姓，都是闽人后裔。③嘉庆四年（1799），清朝选定赵文楷为正使、李鼎元为副使出使琉球。清嘉庆五年（1800）二月，赵文楷等起行出使琉球，敕封琉球国王颁给诏书一道、敕谕一道。琉球备有"天使馆"，款待来自清朝的使臣。在接待使臣的琉球人中，以通事为主，"寒温仰于通事，茶罢辞去"。李鼎元曾谈到了精通汉语的郑得功："十五日（丙申），晴，早起，于文庙、天后宫行香。世孙遣法司等官来馈食；有紫金大夫郑得功能汉语，通事无能及者。"④文中的郑得功应为闽人三十六姓后裔，由于其在朝贡方面的突出贡献，被琉球国王任命为紫金大夫。

除了首里七大姓，久米村人在琉球社会地位很高，得到王室的重视。琉球学者杨文凤告诉李鼎元：

> 久米人，官始于通事，止于紫金大夫，从未有至法司者。惟蔡温学优功著，王特用为法司；子尚翁主，亦即移居首里，与七姓同贵。温之前有郑迥，积功至法司；后为日本所执，不屈死。久米官之子弟，能言，教以汉语；能书，教以汉文。十岁，称"若秀才"，王给米一石。十五，薙发，先谒孔圣，次谒国王；王籍其名，谓之"秀才"，给米三石。长则选为通事，积功至都通事、通议大夫、中议大夫而至紫金大夫，为国中文物声名最——即明三十六姓后裔也。⑤

久米村的行政和管理组织中，以久米村总役（总理唐营司）为最高，其次

---

① （琉球）蔡文溥：《示同宗子弟》，载《四本堂诗文集》，清乾隆年间刻本。

② ［清］潘相辑：《琉球入学见闻录》，载黄润华、薛英编：《国家图书馆藏琉球资料汇编》下册，北京图书出版社 2000 年版，第 736 页。

③ 《使琉球记》卷 4，第 116 页。

④ 《使琉球记》卷 3，第 72、76 页。

⑤ 《使琉球记》卷 6，第 101 页。

有长史、久米村笔者（属官大笔贴）、汉字方（汉字笔者、书表笔贴式）、汉文方（汉文组立役）、通书方（通书役、司宪书官）、明伦堂（讲解师、训诂师）、久米村总横目、总与头、系正、渡唐旅役、地扶持及其他职位。久米村士族的最大职责是作为进贡、接贡时正议大夫的副使，以都通事、在船都通事、存留通事、总官等名义来到中国。① 他们为琉球国王所重用，拥有很高的社会地位。

（三）日本

日本华侨社会开始于 1571 年的长崎开港。1607 年，长崎有华商近 20 人。当时到长崎的中国人，大多数是从事中日贸易的商人。明末有很多中国东南沿海商船开往长崎，17 世纪 20 年代，长崎有华商两三千人，将日本诸岛华人全部计算起来，大约有两三万人。②1625 年，闽巡抚南居益似乎较早谈到"唐船"。他说，中国民间商人前往日本者众多，"闻闽越三吴之人，住于倭岛者，不知几千百家，与倭婚媾，长子孙，名曰唐市。此数千百家之宗族姻识，潜与之通者，踪踪姓名，实繁有徒，不可按核。其往来之船，名曰唐船，大都载汉物以市于倭，而连结崔苻，出没泽中，一官兵不得过而问焉"。③

长崎处于日本九州西北部，海岸线蜿蜒曲折，良港众多，自古与我国交往频繁。据日本学者统计，江户时代前半期，来日的有福州、泉州、厦门、漳州、台湾等地的商船。④明末清初，赴日的中国船来自 6 个地方，即南京、宁波、福州、厦门、安海、广东，其中福建占一半。⑤明末福建海商迅速增多，形成了出洋经商的高潮。按照日本市场的需求，福建各地大力发展棉麻、丝织、蓝靛、蔗糖、冶铁、陶瓷等产业，产品向长崎出口。⑥

17—18 世纪，日本华侨不断增加，主要原因有：首先，明朝政府接受了右金都御史涂泽民"议开禁例"的建议，部分取消了海禁，准许私人出海贸易，

---

① 转引自曹晗露：《琉球王国时期久米村的变迁》，福建师范大学硕士学位论文，2012 年。
② ［明］朱国祯：《涌幢小品》（下）卷 30《倭官倭岛》，王根林校点，上海古籍出版社 2012 年版，第 716 页。
③ ［明］沈德符、张燮：《明季荷兰入侵据澎湖残档》，载《台湾文献丛刊》第 154 种，第 20 页。
④ （日）大庭脩：《江户时代の日中秘话》，日本东方书店 1980 年版。
⑤ （日）岩生成一：《近世日中贸易数量的考察》，（日本）《史学杂志》第 62 卷第 11 号。
⑥ 陈绍龙：《明清时期福建与日本长崎的经济文化交流》，《福建文博》2012 年第 3 期。

但是有严格的限制。其次，明末清初，中国出现了政治大变动和社会大动荡，东南沿海不少人出海大逃亡，加以此时南洋海路不靖，常有受到东来的西方殖民者劫掠之虞，因此人们大多随商船东渡日本。正如《长崎县志》所云："中土兵乱大作，人民遇于因厄，多携仆从数辈。前来长崎，以避危难，此种人民，与一般商人迥不相侔。"[1] 再次，日本颁布禁教令，严厉取缔天主教。为表明信仰，华人先后建立了四大唐寺。这些唐寺从一开始就是由中国僧侣和施主进行筹建，并且在一个相当长的时期从国内聘请高僧前来主持管理。因此，在明末清初近一个世纪，东渡日本的僧侣很多，如隐元隆琦于1654年率20余僧侣来到长崎，其时在日本各地有名的且见之于史册的高僧也有近百人。[2] 最后，日本重视儒学，吸引了一批中国文人赴日。有一些明朝遗民和志节之士，如朱舜水、苏州教授陆仁等，也不满清朝的统治而东渡日本，他们既有反清复明之志，又有强烈的民族观念。来到长崎的一批儒士、医生、画家，大都是一些专家名人。如，仅在亨保期间（1716—1735）的10多年中，朱来章、朱子章、朱佩章三兄弟，是福建汀州名医；吴载南、陈振先、周岐来、赵淞阳是苏州名医；刘经光是苏州马医；沈燮庵是杭州名儒；伊孚九、沈南萍是杭州著名画家。

明清时期的长崎，活跃在中日文化交流和贸易往来中的是一群被称为"唐通事"的中国人。唐通事产生于1631年，正值中日贸易的高峰时期，他们的祖先大都是远赴日本的中国人。唐通事的任命资格非常严格，当时作为一种官职地位较高，在日本社会享有很高的声望。在日本长崎居住的这些华商成为唐通事的来源。

对于这些当地华商，《华夷变态》中也多次提及，如自述"侨居东京有年，每年赴长崎贸易"的著名华商林于腾、侨居广南的华商陈添官、罗三官、杨联官、陈谐官、陈鸿官等人，并记载了他们往返长崎贸易的具体情况。林于腾侨居安南东京多年，在1682—1708年间，多次往来于东京与长崎之间，是当时东京最有实力和影响力的华商。[3]

华人在海外善于构建关系网，如福建人在日本构建的关系网络。在九州岛，李旦、欧阳华宇等人和当地领主、长崎奉行等权势者结成了特殊的私人关

---

[1]　（日）内田直作：《日本华侨社会研究》，东京高文堂出版社1949年版，第51页。

[2]　罗晃潮：《日本华侨史》，广东高等教育出版社1994年版，第104—106页。

[3]　（日）林信笃、林春胜：《华夷变态》卷9，东京东洋文库昭和三十三年版。

系网。这极有利于他们商业的发展。

(四) 越南

古代中国人口大量移居越南，在元代有相当多的人是被掠夺到那里的。据《安南志略》记载，"大元延祐七年，海南贫穷民掠百姓女子入安南，鬻为婢，国主闻之，遣人擒获，追其元鬻人口，遣使送还海北海南元帅府"。① 到明成祖时期，在安南设立郡县，中国内地人士大批进入安南。安南恢复独立后，安南人鼓励华人入其地。《明实录》记载：明宣德三年（1428）四月庚申，"广东按察使喻良奏：比者，钦州如昔都尚寇黄禄，受诱引交贼劫虏民人一十余家，掠去男妇八十余口。"② 明正统五年（1440 年）十月，"广州钦州民黄宽等，自宣德初诱胁居民二万九十余户并田土，投献安南"。虽然明朝"敕其国王，还所侵地"，③ 但仍有为数不少的华人定居在彼。

16 世纪后期后，移居东南亚各商埠的华商逐渐增多，越南沿海各商埠社区也随之壮大，庸宪、会安、顺化等地均形成了颇具规模的唐人街。关于越南的华商，《增补华夷通商考》有相关记载。在东京（今越南河内），"当地流寓之唐人数量众多"，广南"自古以来钦慕唐土，海陆之往来不绝……其地亦有许多唐人侨寓"。这些华商不仅充当中国帆船对越南贸易的代理商以及当地市场的中介商，而且有不少经济实力雄厚的华商前往中国、日本或东南亚其他地区进行贸易，有些居留在广南的"唐人承国主之命舣船赴日贸易"。④ 在安南，福建商人为了商业的发展，曾与当地女性通婚。他们一般有两个家庭。在家乡组建一个家庭，妻子生活在福建家乡，赡养老人，抚育子女。在海外与当地土著女子结婚，这有助于闽商进入本土经济圈，获取更多的本地商机。清康熙三十四年、越南正和十六年（1695），大汕和尚应旅居安南的闽商吴资官、陈添官的邀请，到安南会安主持一场佛教仪式。在会安大汕和尚注意到沿河的小镇上有条"唐人街"，"沿海直街，长三四里，名大唐街，夹道行肆栉比而居，

---

① （越）黎崱、[清] 大汕：《安南志略·海外纪事》，武尚清、余思黎点校，中华书局 2000 年版，第 382 页。

② 《明宣宗实录》卷 41，宣德三年四月庚申。

③ 《明英宗实录》卷 72，正统五年十月甲申。

④ （日）西川求林斋：《增补华夷通商考》，载泷本诚一编：《日本经济大典》卷 4，株式会社明治文献 1966 年版，第 328 页。

悉闽人。仍先朝服饰，饬妇人贸易"。闽商为了开拓生意，"凡客此者，必娶一妇，以便交易"。①

广西与越南毗邻，广西有一些百姓因为经济原因或者逃避惩罚而进入越南。清雍正九年（1731）七月，雍正皇帝在给内阁的上谕中谈道："广西道通交趾，闻该地方有无知愚民，抛弃家业，潜往交趾地方开矿；更有奸匪之徒，潜逃异域，以致追缉无踪者。"② 这表明，广西不少农民以开矿为业在越南谋生。

（五）苏禄、吕宋

中菲交往历史悠久。早在唐代华人就到达菲律宾经商。在菲律宾中部礼智省马亚辛（Maasin），有立于唐高宗龙朔辛年（661）福建南安人郑国希的墓碑。在菲律宾国家博物馆里陈列着一些在菲律宾出土的唐代瓷器。③ 宋朝初年，华人已经大批前往东南亚地区。宋代谢履《泉南歌》云："泉州人稠山谷瘠，虽欲就耕无处辟。州南有海浩无穷，每岁造舟通异域。"这里的"异域"是指泉州以南的菲律宾群岛。

苏禄国和明朝关系密切。在苏禄民间，民众对华人十分信任，愿意与华人进行经济贸易，甚至为了留住华商还采取过激手段，强留华人为人质，希望华人到此经商。在苏禄进行贸易活动，可以获得巨大利润。《明史》卷325《外国列传六·苏禄》云："土人以珠与华人交易，大者利数十倍。商船将返，辄留数人为质，冀其再来。"

吕宋亦有众多的华人聚居。明万历四年（1576）三月癸丑，督抚两广侍郎凌云翼以林凤弃众投番，抚散余党二千。④ 明万历四年（1576）九月，吕宋夷兵打败林凤，"焚舟斩级，凤溃围遁，复斩多级"，⑤ 进献明朝。但是在吕宋等地，仍然活跃着众多的华商。明万历四十年（1612）八月丁卯，明朝兵部在谈到通番情形时指出："尤莫甚于闽，不惟通倭，兼通吕宋诸国，独吕宋人狡不

---

① （越）黎崱、[清] 大汕：《安南志略·海外纪事》，武尚清、余思黎点校，中华书局 2000年版，第 80 页。

② 《清世宗实录》卷 108，雍正九年七月戊子。

③ 周子伦、欧裕美：《明清时期苏禄国朝贡史话》，《江苏技术师范学院学报》2013 年第 1 期。

④ 《明神宗实录》卷 48，万历四年三月癸丑。

⑤ 《明神宗实录》卷 54，万历四年九月丙申。

如倭，故犹无大患耳。"①

华人在吕宋居住者众多。明天启五年（1625）四月，福建巡抚南居易上书朝廷，根据谍报，红夷（指荷兰人）"尚泊数船于东番，将有事于吕宋"，认为："夫吕宋我之属国，今商民乘春水赴之者甚众，遭于洋必无幸矣。"② 真乃一语中的，后来果然发生了殖民者屠杀华人的惨案。1603 年，在马尼拉大屠杀事件中，有 2.4 万华人惨遭毒手。1639 年，马尼拉再次发生大屠杀事件，华人被杀者达到 2.3 万人。③

在日本长崎形成了以闽南人为主的华商教徒群体。1624 年，幕府严厉禁止天主教传播，不少长崎华商教徒被迫离开，有的返回华南，有的移居菲律宾群岛。④ 西班牙殖民者镇压了 1639 年的华侨反抗斗争之后，一方面加紧对华侨进行迫害，另一方面又鼓励华侨前来贸易。17 世纪四五十年代，菲律宾华侨人口又逐渐增加，在八连有 1.5 万华人，全菲律宾华侨人数当在 2 万—3 万人之间。⑤

明清时期，华商由于经商的需要，往往在侨居国娶妻生子。在吕宋的华商亦是如此。待国内子女稍大时带往吕宋。其子仿效父亲，亦拥有两个妻子。这样的华商在清代史料中不乏记载。如清乾隆十三年（1748），闽浙总督喀尔吉善、福建巡抚潘思榘在上乾隆帝的奏折上，谈到了"黄占等抢取苏禄贡使货物案"，指出：吕宋番目黄占，"系已故黄紫继妻郑氏内地所生之子，与黄令、黄罕同胞兄弟，康熙五十八年黄紫带往吕宋，雍正四年由广东回家娶妻王氏，次年复往吕宋，至今二十余年未回内地"。⑥

（六）爪哇

历史上中国人不断移民到印度尼西亚的爪哇。元军征伐爪哇，在该国留下了一些士兵。麻叶瓮是印尼的一个地区，有华人后裔在此居住。《明史》云：

---

① 《明神宗实录》卷 498，万历四十年八月丁卯。

② 《明熹宗实录》卷 58，天启五年四月戊寅。

③ 黄滋生、何思兵：《菲律宾华侨史》，广东高等教育出版社 2009 年版，第 149—150 页。

④ E.H.Blair，J.A.Robertson，eds.，"The Philippine Isalands，1493–1803"，*Cleveland，Ohio：A.H.Clark Co.1903–1909*，Vol.20，p.64.

⑤ 黄滋生、何思兵：《菲律宾华侨史》，广东高等教育出版社 2009 年版，第 154、158 页。

⑥ 上海书店出版社编：《清代档案史料选编》第 2 册，上海书店出版社 2010 年版，第 575—579 页。

"交栏山（元史称为"勾栏山"——引者注）甚高广，饶竹木。元史弼、高兴
伐爪哇，遭风至此山下，舟多坏，乃登山，伐木重造，遂破爪哇；其病卒百
余，留养不归，后益蕃衍，故其地多华人。"①

明代郑和下西洋时，闽粤人已经在爪哇聚居。《西洋番国志》云："爪哇国
古名阇婆国也。其国有四处，一曰杜板，一曰新村，一曰苏鲁马益，一曰满者
伯夷"，而杜板是华人聚居之地。"杜板，番名赌班。此地大约千余家，中国
广东及漳州人多逃居于此，以二头目为主"。"杜板向东行半日许至新村，番
名革尔昔。此地原为枯滩，因中国人逃来，遂名新村，至今村主广东人也。约
千余家"。这里有各地番船在此买卖，主要销售黄金、宝石及番货。这里居民
殷富。新村向南行一天左右到苏鲁马益港口，再坐小船行二十余里到苏鲁马
益，番名苏尔巴牙。这里亦有千余家，有中国人在此居住。②

《西洋番国志》还谈及爪哇"其国人有三等"，西番"回回"人、唐人和土
人在此生活。"一等唐人，皆中国广东及福建漳泉州下海者，逃居于此，日用
食物亦洁净，皆投礼回回教门。"③这表明华人在此地地位较高，高于当地"土
人"，为了更好地适应当地的风俗习惯而纷纷改信伊斯兰教。

明初，梁道明在爪哇成为华商首领，领导着一支规模很大的商团。"初南
海梁道明贸易于爪哇国，久而情熟，携家住居，积有年岁。闽广军民弃乡里为
商从之者至数千人，推道明为长。"明朝派遣行人司行人谭胜等前往爪哇招抚，
"道明属其副施进卿代领其众，自随胜偕郑伯可寄来朝贡方物。"④

华人在旧港也有一股强大的力量。"旧港国即三佛齐国也。番名佛林邦，受
爪哇节制。"广东人陈祖义成为华商首领，"往往劫夺客船财物"，对明朝使团
和对华朝贡使团构成威胁。明永乐五年（1407），郑和下西洋经过旧港，陈祖
义副手"施进卿来执擒祖义等送京斩之。朝廷命进卿为大头目，以主其地"。⑤
《明史》云：明朝设立"旧港宣慰司，以进卿为使，锡诰印及冠带"。"自是，屡
入贡"。"然进卿虽受朝命，犹服属爪哇，其地狭小，非故时三佛齐比也。"⑥

---

① 《明史》卷 323《外国列传四·麻叶甕》，第 8379 页。

② ［明］巩珍：《西洋番国志》，向达校注，中华书局 1982 年版，第 4—7 页。

③ 《西洋番国志》，第 8 页。

④ 《殊域周咨录》卷 8《爪哇》，第 293 页。

⑤ 《西洋番国志》，第 11—12 页。

⑥ 《明史》卷 324《外国列传五·三佛齐》，第 8409 页。

荷兰人占领了雅加达以后，于1619年改此名为巴达维亚，千方百计招徕华人来此地开发。据荷兰殖民当局统计，1619年，巴达维亚的华侨有300多人，到1739年已经增加到15411人。他们主要从事农业生产和手工业生产。

寓居海外的华人除了加强内部团结建立关系网外，他们还与地方当局和土著贵族之间建立起很好的人际关系网。这不仅让他们避免当局的排挤和迫害，而且能够最大限度地获得商业利益。闽商在这方面表现突出。闽商林六哥在万丹担任当地土王的首席顾问，享有一些商业特权。苏鸣岗、杨官和林六哥等人在巴达维亚受到殖民当局青睐，荷兰东印度公司总督 Jan Pieterson Coen 时常前往苏鸣岗家里拜访。

（七）暹罗

在明清时期有众多的华人居住在暹罗。张燮《东西洋考》云："（永乐——引者注）七年，（暹罗——引者注）使凡两至，首春以祭仁孝皇后；秋九月，更修职贡，厚报之。时南海判民何八观等屯聚岛外，窜入暹罗，至是使归，兼谕国王毋为逋逃主。八年，贡使附送八观等还，降敕嘉美。"[1]明成化七年（1471），福建龙溪人丘弘敏等人违禁到满剌加国贸易，后到暹罗冒充使臣，接受珍宝等物。[2]在永乐初年、弘治初年和嘉靖初年，有莆田林氏、安海颜氏、石狮许氏三姓人到暹罗经商，后来定居于彼。[3]这些资料说明，15世纪到16世纪初，闽粤两地有不少人移居暹罗。

16世纪中叶，明朝在东南沿海清扫倭寇和海盗，许多私商和海盗纷纷逃到海外，林道乾即是著名人物。《明史》云："嘉靖末，倭寇扰闽，大将戚继光败之，倭遁居于此，其党林道乾从之。已，道乾惧为倭所并，又惧官军追击，扬帆直抵浡泥，攘其边地以居，号道乾港。"[4]浡泥即大泥，今名北大年，属于暹罗国地。林道乾等人到达浡泥后，披荆斩棘，把这里变成出海港。由此可见，林道乾声势浩大。在该地的华人也逐渐增多。张燮在《东西洋考》卷3《大泥》中说：其港吉兰丹，在嘉靖末年海寇余众遁于此地，逐渐发展到2000余人，在海中抢劫过往船只，商舶叫苦连天。嘉靖年间，在北大年的华人，除

---

① 《东西洋考》卷2《暹罗》。
② 《明宪宗实录》卷97，成化七年十月乙酉。
③ 吴凤斌：《暹罗华侨的暹化》，《南洋问题研究》1991年第2期。
④ 《明史》卷323《外国列传四·鸡笼》，第8377页。

林道乾外，还有许一松、许二楠、许三栋、许四梓，以及何亚八、郑宗兴等人。《东西洋考》称："华人流寓甚多，趾相踵也。"①《四夷广记》亦云："奶街，华人流寓者之居。"又云："国无姓氏，华人流寓者，始从本姓，一再传则亡矣。"②本姓消亡的原因源于华人遵循当地风俗习惯，为适应当地社会而取外国姓名。

清代中国人移居暹罗出现了三次高潮。第一次移民高潮，从清初到阿瑜陀耶王朝灭亡（1644—1767），以福建人和广东人为主，分布在大城等地。1767年至1855年为华人第二次移民高潮。1855年以后为第三次移民浪潮。③

清军入关后，许多华人逃往暹罗。到17世纪80年代，暹罗阿瑜陀耶形成多处华人居住地。美国学者威廉·斯金纳在其著作《泰国的华人社会》中预计，17世纪，暹罗京城有4000华人，全暹罗有10000华人。

18世纪后期，达信（即郑昭）建立了吞武里王朝（1769—1782），鼓励华人特别是潮州人移居暹罗。斯金纳统计，19世纪20年代中国人移居暹罗从每年2000人左右不断增加，到1870年时达到两倍，稍后有所下降，1882年再次激增。④在郑信统治时期，最先访问暹罗的欧洲人克老弗德（John Craw Furd）认为：在暹罗，华人人口在此迅速扩张，是王朝数百年来的巨大变化。⑤

暹罗人热爱中国文字，听说客人能作诗文，国王遣人请来，提供饮食。暹罗人特别尊重华人。"暹罗人游惰度日，不尚技艺，尤藐视外国人。有商舶至其地，辄待同蛮夷一似无能为役者，惟尊中国，而不知有他国也。"⑥成书于1751年的《澳门纪略》云："今其国中多闽人，计赀授官，尤多仕者，往往充使来贡云。"⑦在暹罗民间，暹罗人也以结交华人为荣。"妻与中国人交，夫以

---

① 《东西洋考》卷 3《大泥》。

② ［明］慎懋赏：《四夷广记》，载郑振铎：《玄览堂丛书续集》第 101 册，（南京）"中央"图书馆影印本 1947 年版，第 840、845 页。

③ 王巨新：《清代华人移民暹罗研究》，《国家航海》2016 年第 2 期。

④ ［美］G.W.斯金纳：《泰国华侨社会：史的分析》，魏嵩寿、林俊绵译，《南洋问题资料译丛》1964 年第 1 期。

⑤ John Craw Furd, *Joumal of an Embassy to the Courts of Siam an Coch in China*, London, 1967, p.103.

⑥ ［清］魏源：《海国图志》卷 7，古征堂本，第 1—2 页。

⑦ ［清］印光任、张汝霖：《澳门记略》，赵春晨点校，广东高等教育出版社 1988 年版，第 47 页。

为荣，愈多愈喜。"[1]

暹罗国王室充分发挥华人的理财能力，大城王朝曾任命一名华侨为王库昭披耶，负责暹罗外贸。[2] 暹罗国王郑昭之父郑镛，曾任大城筹饷官一职。[3]1750 年，到暹罗谋生的海澄人吴让（阳）曾因为其杰出的理财能力被任命为暹罗燕窝税务官，后被封为宋卡太守。宋卡太守一职由吴氏世袭，历 8 代，凡 150 年。[4]

清代暹罗华人不仅参加朝贡活动，而且参与暹罗朝贡事务，驾驶船只，管理贸易，充任通事、书记、跟役等。华人成为在暹罗"惟一能在公平基础上进行贸易的外国人"。[5] 清康熙六十一年（1722），暹罗朝贡船内有郭奕逮等 156人，祖籍均为广东福建人。清雍正二年（1724），暹罗来华朝贡船梢目有徐宽等 96 人，这些华人在暹罗"历经数代，各有亲属"。暹罗还多次要求清朝加赏通事顶戴。如《清宣宗实录》记载，清道光三年（1823）七月，两广总督阮元等奏："遵讯暹罗国通事翁日升系内地民人，虽无违禁出洋及营求捏饰情弊，惟请赏顶带之处，殊属违例，应毋庸议，并即饬县递籍管束"。该建议被皇帝采纳。[6]

暹罗不排斥华人，这有利于华人融入其社会。相似的文化和宗教信仰是中泰关系密切的重要原因。佛教成为泰国人生活的重心，塑造了泰国人温和、仁慈、热情、好客的民族性格，这种性格有助于社会和谐。[7]

（八）缅甸

缅甸与云南毗邻，中缅两国人员流通频繁。在元代，有不少中国人流寓缅甸，其情况大致有两种：一是因为履行行政任务而留驻缅甸。根据史料记载，元朝在缅甸境内设立了缅中行省，云远路、蒙光路军民总管府等机构，这些机

① ［清］陆次云：《八纮译史》卷 3，清乾隆年间四库本，第 10 页。

② 中山大学东南亚历史研究所：《泰国史》，广东人民出版社 1987 年版，第 92 页。

③ 祝秀侠：《华侨名人传》，台北中华文化出版事业委员会 1955 年版，第 11—23 页。

④ 吴翊麟：《宋卡志》，台湾商务印书馆 1968 年版，第 72—74 页。

⑤ John Craw Furd, *Joumal of an Embassy to the Courts of Siam an Coch in China*, London, 1967, p.175.

⑥ 《清宣宗实录》卷 54，道光三年七月戊寅。

⑦ 庄国土：《文化相似性和中泰关系：历史的视角》，《华侨大学学报（哲学社会科学版）》2013 年第 2 期。

构的运行需要元朝派遣官员到此进行管理。二是战争结束后在缅甸驻军。元初在缅甸设立缅中行省后，戍军在缅驻扎长达 20 余年。战争结束后，元军"皆错居民间"。①

由于地缘关系，云南人移居缅甸者众多，尤以云南腾冲人最多。腾冲处于川滇缅印商道的重要位置上，是滇缅古道上的重镇，滇西门户，亦是云南乃至全国著名的侨乡，其中以和顺最为著名。和顺乡以军屯兴家，而靠"走夷方"发家。②在云南腾冲，和顺人"走夷方"成为一种历史现象。为了谋生，一些贫苦百姓到东南亚缅甸等国家从事小工商业，或者成为矿工。也有一些人是因军事原因而到达缅甸。如《南夷书》云："总旗刘安西奴请往"。③刘安西即刘继宗。他因出征缅甸时被选充总旗，前往安西。安西在今缅甸孟琪境内，当时各民族杂聚，习俗都有在名字后面加"奴"的习惯。明成化十年（1474），明朝置太监于云南，以采办缅甸宝物。凡采办先输官府，然后与商人进行贸易。④当时内地商人纷纷前往滇缅边境或开矿或贸易，中缅间的宝石贸易十分兴盛。在江头城（今缅甸八莫）商业繁荣，江头城外建有大明街，"闽、广、江、蜀居货游艺数万，而三宣、六慰被携者亦数万"。⑤

据《明实录》记载，孟养头目思陆曾掠夺"夷民"至缅甸。明弘治十二年（1499）八月，巡按云南监察御史谢朝宣的奏章云："孟养夷酋思陆，本麓川叛贼遗孽，窜居迤西金沙江外，成化中尝据缅甸之听盏。弘治七年（1694），征调其兵渡江，遂复据腾冲之蛮莫。又率木邦起兵攻烧孟密安抚司，杀掠夷民二千余人，劫象、马、金宝，有并吞孟密，觊觎故土之志。"内地人士多投奔思陆。"迤西人恭们，腾冲人段和亡命为之谋主，屡抚不听。""又有江西、云南大理逋逃之民多赴之，盖镇夷关巡检司职微势轻，不能禁治故也"。⑥

史料记载，江西、广西、云南等地人士也多进入缅甸。明隆庆六年（1572）

---

① [元] 姚燧：《千户所厅壁记》，载《四部丛刊初编》第 1428 册，上海商务印书馆 1922 年版，第 28 页。

② 董平：《和顺风雨六百年》，云南人民出版社 2010 年版，第 38 页。

③ [明] 张洪：《南夷书》，载方国瑜主编：《云南史料丛刊》第 4 卷，云南大学出版社 1998 年版，第 573 页。

④ [清] 屠述濂修：《云南腾越州志点校》，文明元、马勇点校，云南美术出版社 2006 年版，第 58 页。

⑤ [明] 朱孟震：《西南夷风土记》，上海商务印书馆 1936 年版。

⑥ 《明孝宗实录》卷 153，弘治十二年八月辛亥。

十二月庚辰，陇川宣抚司目把岳凤弑其主多士宁，走缅甸。岳凤是江西人，明万历十年（1582）到陇川，"冒为宣抚多氏土目，后遂自立"。[①]范守己《曲洧新闻》记载：广西人陈安，起初担任郡吏，后逃入缅甸，应履（即莽应里）信任他，让他担任丞相一职，"教以侵掠疆土之计"。[②]陈安为莽应里出谋划策，成为其得力亲信。

明万历时期（1573—1620），中缅边境局势动荡。明缅战争后，腾越边境得以逐渐安定下来，许多人从事商务活动。据史料记载，因战时羁留在缅甸国都阿瓦的华人就有 2500 名之多。中缅贸易不断发展，缅甸的棉花、玉石、象牙等，云南等内地的盐、茶、丝绸、铜铁器、陶瓷等，成为两国贸易的主要商品。

1644 年，清军入关，明朝灭亡，两年后，瞿式耜等人在广东肇庆拥护桂王朱由榔称帝，年号永历，史称永历帝。1656 年，农民军将领李定国、白文选领导的大西军拥永历帝从贵州进入云南昆明。1659 年，永历帝逃亡滇西腾越，不少腾越人随之进入缅甸，其中就有永历帝的通事序班尹襄。自非逸史《也是录》记载："自永昌一路入缅文武官四百余员，随从兵役三千余人……随行之众，于腾越起行尚不下四千。"[③]后来，永历帝被吴三桂所获，押送至云南昆明处死，但是跟随永历帝入缅的随从人员，从此流落于滇缅边境一带，或垦殖开荒，或开矿冶铸。他们为缅甸的经济发展作出了贡献。滇缅边境地区有云南石屏人吴尚贤创办的茂隆银厂（现缅甸的包得温矿）和宫里雁管理的波隆银厂，茂隆银厂矿丁有 2 万—3 万人，而波隆银厂矿工亦不下数万。这两个银厂向清政府缴纳的课银，大为可观。仅 1746 年茂隆银矿向清政府就缴纳了白银一万两以上的税收。波隆银矿"商贾云集，比屋列肆，俨一大镇"。[④]

从 1766 年 2 月开始到 1769 年 11 月止，清缅之间进行了长达 4 年之久的战争。据 G.E.哈威《缅甸史》记载，清朝战俘有 2500 余人羁留缅京，这些人

---

① [明] 谈迁：《国榷》卷 71，张宗祥校，中华书局 1958 年版，第 4215 页。
② [明] 范守己：《曲洧新闻》，载王菘编纂：《云南备征志》卷 7，李春龙点校，云南人民出版社 2010 年版。
③ [明] 自非逸史编：《也是录》，《明季稗史汇编》卷 18，第 1 页。
④ 贺圣达：《元明清时期中缅关系与中国西南开放的历史经验与教训》，《云南师范大学学报（哲学社会科学版）》2016 年第 1 期。

成为旅缅华侨。[1] 到 18 世纪末，在缅甸华侨已不下 6 万人。[2]1886 年，缅甸沦为英国的殖民地，为了大肆掠夺矿产资源，英国殖民者从云南各地招募大量劳工，其中腾越人占多数。

(九) 真腊

真腊对中国充满好感，国人礼遇在那里生活的华人。按照真腊的法律，华人享有特殊的权益。《明史》云："番人杀唐人，罪死；唐人杀番人，则罚金，无金则鬻身赎罪。唐人者，诸番呼华人之称也，凡海外诸国尽然。"[3]

17 世纪中叶，清康熙年间初期，郑成功的部将莫玖率兵 400 人至柬埔寨，在"蛮食"（暹罗湾附近）登陆，并在柬埔寨唝呠和河仙一带披荆斩棘开垦荒地，此后两广、海南、福建遭受政治迫害和生活贫困者纷纷到这里居住。柬埔寨国王匿翁依对莫玖十分信任，委以官职，由他全权负责治理这一地区。在莫氏父子的治理下，河仙一带日新月异，欣欣向荣。华裔在这里生活，并和高棉族通婚，子孙相传。[4]

(十) 满剌加

明代有不少华人在满剌加经商。柔佛国人对中国友好，欢迎中国商人到该国经商。《明史》卷 325《外国列传六·柔佛》云："郑和遍历西洋，无柔佛名。……华人贩他国者，多就之贸易，时或邀至其国。"

15—16 世纪，有华人定居在马六甲。1511 年，葡萄牙人达阿尔布尔克在其著作《纪事》中，讲述了马六甲国王沙肯达尔萨与华人通婚，娶当地"中国船长大王"女儿的故事。

在邦项（彭亨）和麻姑（彭亨州），闽粤籍华人较多。《海录》云："中国至此者岁数百，闽人多居埠头，粤人多居山顶，山顶则淘取金砂，埠头则贩卖货物，及种植胡椒。"也就是说，在这里的广东人经营采矿业和农业，而福建人多从事海外贸易。商船中人员有明确的分工："船主是洋船出资本置买货物

---

[1]　转引自何芳川主编：《中外文化交流史》上卷，国际文化出版公司 2008 年版，第 412 页。

[2]　王洪波、何真：《百年绝唱——和顺〈阳温暾小引〉一部早年云南山里人的"出国必读"》，云南大学出版社 2005 年版，第 75 页。

[3]　《明史》卷 324《外国列传五·真腊》，第 8395 页。

[4]　郭振铎：《文明古国柬埔寨》，《开封师院学报（社会科学版）》1979 年第 1 期。

者，凡洋船造船出赁者谓之板主，看罗盘指示方向者谓之伙长，看舵者谓之太工，管理银钱出入者谓之财库，舱口登记收发货物者谓之清丁，而出资赁船置货贸易则为船主，船中水手悉听指麾，故有事亦唯船主是问。"[1]

综上所述，东亚各国对华人礼遇，为华人通事的成长提供了肥沃的土壤。明清时期，在东亚各国，华人数量日渐增多，华人享有较高的社会地位。琉球华人受到国王的礼遇，朝鲜华人及其后裔也得到国王的重视。长崎华商被日本长崎当局任命为唐通事，而且形成了世袭制度。淳泥、婆罗国人对中国近乎崇拜，对华人充满好感。如渤泥（北加里曼丹）人对华人特别敬重，"醉也则扶之归歇处"。[2] 在暹罗境内的六坤，国人加倍礼待华人，华人由衷地赞叹："真慕义之国也"。[3]

除了少数国家采取了不义之举甚至屠杀华人外，如印度尼西亚曾发生荷兰殖民者制造的红溪惨案，一般来说，东南亚各国都实施了善待华人的政策。其原因在于，华人移民能给当地带来利益，中国政府与当地政府有着长期友好的关系，以及华人具有勤奋、和平的本性，等等。[4]

第二节　东亚华人通事的来源

东亚各国由于对华朝贡活动和经贸往来的需要，使用了大量华人通事。由于各国侨情不同，各国政府对华人通事的使用情况有明显的差异。总的来说，明清时期的东亚华人通事来源主要有以下几种。

一、流寓当地者

无论在东北亚还是在东南亚，都有华人流寓当地。其中一些华人被任命为通事，在对华朝贡活动和经贸往来上发挥了显著作用。在东亚地区，华人流寓

---

① ［清］谢清高口述，杨炳南笔受：《海录注》，冯承钧注释，中华书局 1955 年版，第 8—12 页。
② ［元］汪大渊：《岛夷志略校释·渤泥》，苏继顾校释，中华书局 1981 年版，第 148 页。
③ 《东西洋考》卷 2《暹罗》。
④ 庄国土：《东南亚各土著政权对华人的政策和态度》，《海交史研究》1998 年第 2 期。

于此而被任命为通事者，主要有以下几类。

（一）海外贸易商人

海外华商成为东亚各国通事，以日本、暹罗、菲律宾、爪哇等国为多。

日本华商领袖往往成为负责华人事务的唐通事。福建长乐人马荣宇，文人，到长崎后，于 1627 年被委任为唐通事。① 此后，更多的是华侨巨商，被任命为唐年行司。唐年行司是通事中的低级职位。据安田宫先生考证，唐年行司的职能是掌管长崎华商互市贸易及纷争的调解等。欧阳云台，福建漳州籍，贸易商，与福建泉州府的江七官，在 1635 年被委任为唐年行司。1636 年，福建福清县的林时亮，也被委任为唐年行司，连任达 48 年之久，直到 1683 年病逝为止。1678 年，贸易商王心渠（王引）亦被委任为唐年行司，其后代世袭唐年行司一职。

在明朝海禁十分严厉之时，不少华商偷渡去东南亚进行贸易，长期旅居国外，后来参加外国朝贡使团而充任通事。

（二）漂流民

中国人由于海难事故而漂流海外，后来成为外国通事，这种情况以东南亚国家居多。如爪哇国的良殷、南文旦等，暹罗国的秦罗。

明正统三年（1438）闰六月壬辰，爪哇国王遣使来华朝贡，在此使团中有使臣亚烈马用良，通事良殷、南文旦等人，他们自称："臣等本皆福建漳州府龙溪县人"。② 他们因为海难漂流到爪哇国，后来得到爪哇国王的信任被任命为使臣或通事。

明弘治十年（1497）九月，暹罗国王遣使朝贡，在该使团中就有通事秦罗。他自陈为福建清流县人，"因渡海飘风，流寓暹罗"。③《万历野获编》亦记有暹罗国通事来华朝贡一事，将其写成"奈罗"。④

---

① （日）木宫泰彦：《日中文化交流史》，胡锡年译，商务印书馆 1980 年版，第 698 页。
② 《明英宗实录》卷 149，正统三年闰六月壬辰。
③ 《明孝宗实录》卷 129，弘治十年九月辛丑。
④ 《万历野获编》补遗卷 4《华人夷官》，第 934 页。

(三) 被贼所掠者

在东亚各国，都有一些华人被"倭贼"所掠而来，尔后"有幸"成为通事。

在日本国通事中，不乏被贼所掠夺之华人。曲祥为永平人，14 岁时随父亲来到金山百户所，后来被倭寇所掳，到日本后被出卖为奴。由于其精通汉语，被幕府将军足利义满招去担任通事，更名元贵。1432 年，他以通事身份随日本使团来华，曾回金山探母。① 林从杰亦被倭寇所掳。《明史》云：成化四年（1468）夏，（日本）"乃遣使贡马谢恩，礼之如制。其通事三人，自言本宁波村民，幼为贼掠，市与日本，今请便道省祭，许之。戒其勿同使臣至家，引中国人下海。"② 《明宪宗实录》对明成化四年发生的这件事记载尤为详细：日本通事林从杰三奏，"原系浙江宁波等府卫人，幼被倭贼掠卖与日本，为通事。今随本国使臣入贡将还，乞容便道省察。从之。仍禁其勿同使臣至家，及私引中国人下番，如违，听有司治罪。"③ 林从杰等人是浙江宁波府人，被贩卖到日本后，有幸成为通事，作为使团随行人员来到祖国，竟然有回乡的机会。又如王天佑，福建莆田人，在年幼时被倭寇掳往日本，后来成为通事。

被倭寇掳去东南亚者亦大有人在。如明正统元年（1436）六月戊午，爪哇国遣使入贡，在使团中有一人名叫财富八致满荣，自陈："初姓洪名茂仔，福建龙溪县民，取鱼为业，被番倭掳去，脱走于爪哇，改今名"。④

在朝鲜，亦有被掳之华人充当通事的。如李相，本是辽东铁岭卫军人，于明正统二年（1637）九月，"被脱轮卫野人房掠，辗转卖讫为奴"，到达朝鲜边境，被朝鲜人捉住，送到朝鲜都城。⑤ 后李相受到朝鲜国王赏识而成为通事官。

(四) 亡命罪犯

明清时期有些华人在国内犯罪后被迫逃亡到东南亚，之后担任住在国的通事甚至使臣。如满剌加的亚刘。明正德三年（1508），满剌加国王遣使来华朝

---

① 《苍霞草》卷 112《曲祥传》。

② 《明史》卷 322《外国列传三·日本》，第 8347 页。

③ 《明宪宗实录》卷 55，成化四年六月戊戌。

④ 《明英宗实录》卷 18，正统元年六月戊午。

⑤ 《朝鲜王朝实录》，世宗二十三年十月乙酉。

贡，在该使团中有通事亚刘，"本江西万安人萧明举，负罪逃入其国"。① 他到满剌加后为掩人耳目改名换姓，取外国名"亚刘"，后因在朝贡途中劫杀使臣端亚智，被处以"凌迟"。

18 世纪初，制造"清代苏禄朝贡使团案"的马光明，也是负案在逃的人。事发后，厦门海防同知与同安知县展开调查，揭露了马光明的真面目：

> 马光明本名马灿，原挑卖小鱼营生，后充船稍，在吕宋逋欠番商之债，又充洋船大缭往来苏禄，苏禄番人皆称为"马大缭"。又负欠厦门行账千余金，控审有案，马光明负欠无偿，遂在苏禄夤充贡使，来至内地不特可以避债兼得择殷索诈。②

从中可以看出，马光明就是一个无赖，到处诈骗，公然凭借贡使身份到福建进行诈骗活动，最终受到应有的惩罚。

（五）其他原因

在东亚地区，有一些华人因为其他原因而居住在彼，如担任过日本国使团通事的宋素卿是被其叔叔抵债而送给日本人的。《明史》记载：宋素卿，浙江鄞县朱氏之子，名朱缟，幼年学习歌唱。日本使臣来到中国，见到他，对他很满意，而朱缟叔父朱澄欠日本使臣的债款，因此就把朱缟给他，以此抵偿其债务。③

从明代永乐年间开始，腾冲和顺乡就有不少人作为通事在明廷和缅甸历代皇宫任职。究其原因，在于和顺乡邻近缅甸，和顺人在缅甸人脉较广，对其风土人情和语言文字了如指掌。④

二、移民后裔

在东亚，华人通事中有不少是移民后裔。在日本和琉球，都存在华人家族世代担任通事的情况。日本的"唐通事"，往往形成通事家族，世代任职。日

---

① 《明史》卷 325《外国列传六·满剌加》，第 8418 页。
② 中国第一历史档案馆编：《清代中国与东南亚各国关系档案史料汇编》第 2 册（菲律宾卷），国际文化出版公司 2004 年版，第 141 页。
③ 《明史》卷 322《外国列传三·日本》，第 8348 页。
④ 朱玉兵：《和顺"走夷方"研究》，《云南社会主义学院学报》2015 年第 4 期。

本庆长九年（1604），唐人冯六被长崎奉行任命为"唐通事"，此后华人担任唐通事者越来越多，而且具有家族化、世袭化的倾向。当时以平野家、颍川家、彭城家、林家、柳屋家等为代表的唐通事家族影响较大。他们的子孙继承了祖先的翻译职业，以"唐通事"的身份活跃在长崎港。如唐通事林道荣，其父亲林公琰就是祖籍福建的中国人，移民到日本后，又移居长崎，曾担任"长年行司"一职，负责监管停留在长崎的华人，并专门从事贸易事务。林道荣因家族职业原因于1663年成为"小通事"，到1674年成为"大通事"。

魏九官，即魏之琰（1617—1689），福建福清人，与其兄魏六官（魏毓祯）一起移居安南的东京（今越南河内）经商。和其他华商一样，为了商业的发展，他与安南东京王族武氏之女结婚，在安南从事对日贸易逐渐致富，声势显赫。魏六官在安南从事与日本的双边贸易，亦取得成功。1654年魏六官在安南去世。明亡后魏九官曾帮助朱舜水向安南借兵。当反清复明成为泡影后，他于1672年毅然移居日本长崎，成为"住宅唐人"。魏九官不久成为长崎唐人社区的领袖，慷慨建造了崇福寺（福州寺）的妈祖堂，广行善事。1689年，魏九官去世，魏氏兄弟合葬在日本长崎，今在长崎市西山町二丁目三六番地的钜鹿家墓地，仍保存有魏毓祯、魏之琰兄弟的墓碑。魏氏在17世纪末已经从商人世家转变为通事世家。关于唐通事，童华在《长崎纪闻》云："译司者，通事也，凡九姓，大都皆商种也，司贸易之事。商人无照者，船不得收口，货不得入市。"这里所说的"商种"，是指唐通事大多是早年赴日的中国商人后裔。① 魏九官长子魏高、次子魏贵（后改姓巨鹿），加入日本籍，都担任过长崎的东京（安南）通事。②

在琉球，"闽人三十六姓"子孙亦多成为通事。明成化五年（1469），琉球中山王尚德派遣长史蔡璟出使明朝。蔡璟声称：祖父本福建南安人，为琉球通事，"传至璟，擢长史"。③ 明人黄泽在《送通事梁应奉使还琉球序》中也谈到梁应的祖先来自福建长乐，云："梁本长乐之著姓，应字克诚，自幼好学，涉猎群书，其上世有讳某者居海滨，善测候而兼利涉之术"。梁某到琉球后，"某为航海通道以入贡，朝廷嘉之，锡以王爵，而望祭祀其山川，故某以功录

---

① 王振忠：《长崎唐馆图》，《读书》2014年第4期。
② 童家洲：《明末清初日本长崎福建籍华侨述略》，《福建师范大学学报（哲学社会科学版）》1990年第4期。
③ 《明史》卷323《外国列传四·琉球》，第8365页。

为其国之通事，往来给驿，例以为常"。后梁某年老，"后以寿终"，梁应继任琉球通事，"成化乙酉春，圣皇即位，应奉王命，率其元僚上表称贺"。[①]

此后，由于闽人三十六姓青黄不接，在琉球王国已经无法再从中国移民中选补"三十六姓"的情况下，做了变通。琉球政府从一些深受中国文化影响的琉球人当中，通过"赐姓"的方式而让他们入居唐荣。如明万历三年（1575），琉球人林世荣入居唐荣；崇祯年间，岛袋定亲云上长男岛袋通事亲云上入居唐荣，赐姓周氏；清顺治二年（1645），棚胡筑登之亲云上屋比久亲云上入居唐荣，赐姓孙氏；清顺治十三年（1656），虞氏京阿波根实基之曾孙新垣亲云上入居唐荣，赐姓曾氏；虞氏京阿波根亲云上实基后裔泰祚入居唐荣，赐姓程氏，承继程氏香火；清康熙八年（1669），首里应氏大岭亲云上之曾孙士哲入居唐荣，赐姓魏氏；清康熙九年（1670），茂丰入居唐荣，赐姓林氏。据清乾隆五十一年（1786）纂修的《林氏家谱》，其一世是林胤芾。[②]

第三节　东亚华人通事的类别与职能

通事通晓双方语言，在对外交往中不可或缺，在朝贡体制下作用不可小觑。没有通事，中国与东亚诸国的交往就很难进行。明清时期东亚各国由于国情不同，各国设置的华人通事类别及职责也有明显的不同。下面分别从东北亚和东南亚两地进行探讨。

一、东北亚华人通事

（一）朝鲜

明朝建立后，明太祖多次派遣使团出使朝鲜。到建文帝时期，明朝正式册封朝鲜国王，为以后朝贡关系的发展奠定了基础。朝鲜王朝对中朝关系非常重

---

① 方宝川、谢必震主编：《琉球文献史料汇编》，海洋出版社 2014 年版，第 47—49 页。
② ［日］那霸市史编辑室：《那霸市史·资料篇》第 1 集《久米村系家谱》，那霸市史编辑室 1977 年版。

视，设置司译院，管理对外交涉事宜，以"事大"为己任。朝鲜赴明使团，通常由正使、副使、书状官、通官（通事）及随从人员（军官、伴当、兼从）组成。使团人员多寡，由使臣赴明承担的任务而定。朝鲜为了显示对明朝"事大以诚"，所遣使臣基本上都是堂上官或由堂上官兼职。朝鲜在太祖至睿宗期间派出出使明朝的使臣品级较高，一般都是堂上官。如果他不是堂上官，在出使前就会通过借衔来提高其品级，但此种身份的使臣并不多见。[1] 选拔朝鲜使臣的标准是：学识渊博，谙晓汉语，官品堂上。使臣主要由国王直接任命，代表国王赴明呈交表文、笺文。

译官，在朝鲜又称为通事、从使官、通使，是使团构成的一个重要组成部分，负责整个使行的具体工作。

据俞彦镐《燕行录》"行中人共数"篇目对使团人员进行了统计，"正使一员，副使一员，书状官一员，军官八员，译官二十二员"。而在李在学的《燕行记事》中也有"译官二十二员"的记载。由此可见，至康乾时期，朝鲜来华朝贡使团译官的配置逐渐固定下来，形成了一种制度。[2]

通事种类繁多，下面我们根据朝鲜通事的具体情况进行分类。

1.按照级别，通事可以分为堂上译官、上通事、次上通事、小通事等

朝鲜朝贡使团一般会设置多名通事，而且他们有等级上的区别。

堂上译官主要负责安排使团各项事务，此外要把使行报告呈送朝鲜国王。堂上译官与书状官共同监察使行，回国后他们递交的使行报告，被称为"译官手本"。[3] 堂上译官由司译院的堂上官担任，开始于明万历三十年（1602）。《通文馆志》卷3记载："国初，院官之堂上以上，无随使赴京之规。……中间员数寝多，而始自万历壬寅，为重使事传命周旋之地，权设传递儿，随事赴京，而不限其职品。"

上通事，职位次于堂上译官，辅助堂上译官，负责使团人员的货物、礼单及尚衣院的采购工作。

次上通事，职位次于上通事，与使团中的医员（医生，来自两医司，即惠

---

① 刘喜涛：《封贡关系视角下明代中朝使臣往来研究》，东北师范大学博士学位论文，2011年。

② 汪银峰：《域外视角下朝鲜燕行使对清代汉语的认知与观感》，《湖北社会科学》2015年第7期。

③ 张存武：《清韩宗藩贸易（1637—1894）》，台湾"中央研究院"近代史研究所专刊（39）1978年版，第20页。

民署和活人署）一起负责药材贸易。①

小通事，职位次于上通事，是上通事的助手。如义州的小通事。朝鲜景宗朝义州小通事河明渚于清康熙五十九年（1720）因为偷窃敕行银，被处死。

2.按照职能，通事可以分为押物通事、厨官、掌务官、打角等

押物通事、押币通事和押米通事，主要承担方物、岁币和岁米的运输及管理之责。押马通事有护马之责，失职者会受到惩处。《梅窗先生朝天录》云："夜四更贡马一匹逃逸于圈，落于庭中之井而毙，惊骇可喻。挐押马官杨弘信及理马李景忠等数以不谨看护之罪而杖之云。余以病在房，不得同参监杖。"②

厨官从译官中选取三人来担任，负责三使的钱粮事务。

掌务官，由一名译官担任，管理使行中的行政文书。

打角，又称为打角夫、打角通事，是朝鲜通事中等级最低的译语人员。打角夫具体负责使行所用器物的管理。许筬在其《朝天记》中谈到使团回国时云："打角通事卢舜元以老病落后。"③

3.按照语种，通事可以分为蒙通事、野人（女真）通事、倭客通事、汉通事

在清代，则有蒙学通事、清学通事、倭学通事、汉学通事等之分。朝鲜司译院是培养翻译人员的译学机构，设置四学，分别为汉学（明洪武二十六年、朝鲜太祖二年，1393年）、蒙学（明洪武二十七年、朝鲜太祖三年，1394年）、倭学（明永乐十二年、朝鲜太宗十四年，1414年）、女真学（明洪熙元年、朝鲜世宗七年，1425年）。生徒通过"译科""取才"考试，成为通事，在朝鲜与明朝、北元、女真和日本的外交事务中担任翻译。

司译院四学有赴京递儿之职，被称为"等第"。《通文馆志》记载：

> 堂上元递儿无定员；堂站别递儿十七员；汉学，上通事二十员、教诲二十三员、年少聪敏十员、次上通事二十员、押物通事五十员、偶语别递儿十员；倭学，教诲十员、年少聪敏十五员；清学，上通事十员、被选别递儿各十员、新递儿十员；四学偶语厅一百员，汉学五十员、蒙学十员、倭学二十员、清学二十员。④

---

① 《通文馆志》卷3《事大》。

② （朝）郑士信：《梅窗先生朝天录》，载《燕行录全集》卷9，第332页。

③ （朝）许筬：《朝天记》，载《燕行录全集》卷6，第132页。

④ 《通文馆志》卷1《沿革》。

由此可以看出，汉学在四学中处于绝对优势地位，是四学中的重点。

明代，朝鲜设立女真学通事，或称为野人通事，到清代，由于清朝势力的强大，朝鲜与之交往增多，故设立清学通事。

4.按照工作场所，通事可以分为御前通事、侍讲院通事和通词等

在朝鲜京城的通事有御前通事、侍讲院通事之分，他们分别为国王和侍讲院担任翻译工作。而通词职位低于通事，有上房、副房冠带小通词、茶房小通词、厨房小通词、四通官房小通词等，分别为各房承担翻译任务。

朝鲜通事主要有以下职责：

（1）充当语言翻译。这是通事最基本的职责。如郭海隆于明洪武二十五年（1392）、二十八年（1395）先后作为朝鲜使团通事，沟通中朝两国语言。华人通事闵光美在明永乐十年（1412）作为谢恩使团通事，从事语言翻译工作。明正德二年（1507），华人通事田命淳随辞位使赴明，巧妙回应明朝官员所提问题。

（2）充任使臣。朝鲜使臣一般由堂上官担任，但在特殊情况下，通事亦可充任使臣。这在兼行中可以见到。兼行也被称为复合使行，即同一使行兼具不同的使行任务，可以集两种、三种乃至多种使行任务于一身，这种"兼行"在朝鲜使团中占有很大比例。如陈慰使充当正使、进香使担任副使，这基本上成为朝鲜王朝派遣使臣的一种定例。

在所有兼行中，谢恩使常常和其他使行兼行，如奏闻谢恩使、进贺谢恩使等，但贺圣节使一般不与谢恩使兼行，圣节使不兼行奏闻使。朝鲜世宗二十八年（1446），世宗对领议政黄喜等说：圣节使兼行奏请，有可能引起明廷之议，想另派奏闻使，如何？[1] 黄喜也认为圣节使兼行奏请不行。于是世宗派通事金何作为奏闻使。

（3）管押被掳唐人和漂风唐人到中国。朝鲜华人通事多次奉命管押唐人回国。以明代为例，华人通事史周卿在明永乐十七年（1419）押送汉人到辽东。[2] 华人通事偰振在明宣德二年（1427）管送被掳唐人金安等人到辽东。[3] 华人通事辛伯温在明宣德九年（1434）管送被掳唐人李整等11人至辽东。[4]

---

① 《朝鲜王朝实录》，世宗二十八年八月庚戌。

② 《朝鲜王朝实录》，世宗元年六月乙亥。

③ 《朝鲜王朝实录》，世宗九年十月壬午。

④ 《朝鲜王朝实录》，世宗十六年十月戊午。

（4）充当谍报人员搜集各种情报。朝鲜通事负有搜集情报的使命。例如，华人通事任种义在明永乐二十年（1422）奉命从辽东搜集"达达侵略辽东等处"情报。① 明正统十四年（1449），华人通事康文宝等人奉命到辽东"侦查事变"。②

（5）购买中国书籍、药物等。朝鲜通事有购买中国商品的职责。例如，进献使通事偰振等在明宣德十年（1435）从京师返回，"贸得胡三省《资治通鉴》"。③ 对私人贸易，朝鲜曾规定使行人员私赍货物数额，用于购买中国药材。《朝鲜王朝实录》记载：宣德十年（1435）正月丁亥，朝鲜世宗传旨礼曹："今后赴京通事及从事官内司译院出身者，依已定数私赍布货茶参，以贸药材。虽差从人，若是司译院出身者，依打角夫例。"④

（6）在使行过程中，执行使臣的命令。在使行过程中通事还要根据使臣的意见承担许多具体工作。如对明清王朝给予的赏赐物进行分配。清康熙二年（1663）七月初五日，朝鲜陈慰兼进香使李俣率使团人员参加朝觐康熙皇帝仪式，后"出午门领赏，还到玉河馆"，"赏赐之物，使上通事，计数分给一行"。⑤

在朝鲜朝贡使团的通事中有相当一批华人通事。根据《朝鲜族谱》记载，朝鲜许多姓氏来源于中国，这其中就有丁氏、弓氏、千氏、车氏、柳氏、王氏、方氏、公氏、毛氏、孔氏、都氏、梁氏、殷氏、夏氏、桂氏、秦氏、董氏、洪氏、秋氏、表氏、邵氏、吴氏、卞氏、大氏、太氏、卢氏、白氏、玉氏、左氏、边氏、田氏、史氏、片氏、丘氏、刘氏、牟氏、奇氏、陈氏、孟氏、杨氏、肖氏、闵氏、芮氏、宋氏、杜氏、成氏、吉氏、池氏、安氏、朱氏、任氏、印氏、吕氏、严氏、宣氏、咸氏、南氏、禹氏、罗氏、延氏、陆氏、周氏、明氏、康氏、偰氏、琴氏、鲁氏、廉氏、蒋氏、蔡氏、慎氏、潘氏、魏氏、东方氏、司空氏、皇甫氏、独孤氏、诸葛氏、鲜于氏、梅氏、唐氏、辛氏、郭氏等。

---

① 《朝鲜王朝实录》，世宗四年闰十二月丁丑。

② 《朝鲜王朝实录》，世宗三十一年八月己未。

③ 《朝鲜世宗实录》，世宗十七年七月庚午。

④ 《朝鲜王朝实录》，世宗十七年正月丁亥。

⑤ （朝）李俣：《朗善君癸卯燕京录》，载《燕行录全集》卷24，第23—24页。

郭海龙①是朝鲜著名的华人通事，多次与明朝交往。他曾以"通事、判军器监事"的身份于明永乐五年（1407）九月随贺正使团赴京。②又据朝鲜史料记载，通事"郭海隆"于明洪武二十九年（1396）押送文人至京。③笔者怀疑郭海龙和郭海隆是同一人，估计是史家笔误所致。而有一些姓氏如赵氏、张氏、徐氏等大都源于中国。赵氏为朝鲜通事者，有明弘治元年（1488）管押被掳、逃来唐人赴辽东的通事赵崇孙。④张氏，本贯在文献记载中有40余个。学术界认为，除德水张氏和浙江张氏之外，几乎所有张氏都是始祖张贞弼之后裔。据《德水张氏族谱》和《高丽史》记载，元朝时期张卿之子张舜龙随齐国公主来到高丽，被封为德城府院君，受到德水县为食邑的赏赐，延续了其世系。张氏后人亦有人担任通事。如张有信，通事，于明永乐二年（1404）押送洪武二十八年还乡"火者"崔臣桂等，"随帖木儿如京师"。⑤此外，有明景泰二年（1451）八月管押被掳唐人张小将赴辽东的通事张自学，⑥明景泰五年（1454）八月管押被掳唐人赴辽东的张俊。⑦张有诚亦为朝鲜通事，明天顺六年（1462）以通事行副司正的身份管押被掳唐人赴辽东。⑧徐氏为通事者，有明成化十六年（1480）十二月管押被掳唐人金贵的通事徐钧。⑨这些人当为华人后裔，对此前人已经作了考证。

经过考证，源于朝鲜半岛的姓氏主要有：金氏、朴氏、李氏、崔氏、郑氏、俞氏、高氏、曹氏、申氏、文氏、尹氏、奉氏、承氏、夫氏、马氏、石氏、昔氏、河氏、龙氏、玄氏、权氏、沈氏、卓氏、许氏、孙氏、全氏、苏氏、鱼氏、韩氏、智氏、温氏、睦氏、裴氏、薛氏、鞠氏、南宫氏等。这些姓氏的朝鲜通事，并非华人通事。

---

① 据记载，朝鲜郭氏本贯有玄风、清州、善山、海美、风山、余美等6个。但是除了清州以外，都是从玄风分籍出来的。清州郭氏的始祖是郭祥，在新罗宪康王时任侍中。郭海龙的本贯是清州（廉浩等主编：《朝鲜姓氏族谱全书》，中国文联出版社1999年版，第317页）。

② 《朝鲜王朝实录》，太宗七年九月乙亥。

③ 《朝鲜王朝实录》，太祖五年二月癸卯。

④ 《朝鲜王朝实录》，成宗十九年正月丙辰。

⑤ 《朝鲜王朝实录》，太宗七年十月丁亥。

⑥ 《朝鲜王朝实录》，文宗元年八月戊辰。

⑦ 《朝鲜王朝实录》，端宗二年八月乙巳。

⑧ 《朝鲜王朝实录》，世祖八年四月丙戌。

⑨ 《朝鲜王朝实录》，成宗十一年十二月癸酉。

金氏是朝鲜第一大姓，有据可考的本贯就有 100 余支。主要有以古驾洛国首露王为始祖的金海金氏，还有以金阏智为始祖的庆州金氏，以金兴光为始祖的光山金氏，以金时兴为始祖的金宁金氏，以金叔承为始祖的安东金氏，等等。① 金氏为王族，世居高位。

在明清时期，担任通事的金氏有很多，如明永乐十二年（1414）闰九月，"赍方葛剌国献麟奏本，传写一通以进"；② 通事金时遇在明永乐十五年（1417）"以使臣迎接往于义州"；③ 明永乐十八年（1418）奉使中国的通事金仲储；明永乐二十二年（1424）出使中国的通事金祉；明景泰三年（1452）任讣告使通事的金自安。在金氏通事中最为有名的是通事官金庆门，曾经对台湾问题有比较深入的研究。清康熙六十二年（1723），朝鲜使臣李正臣向金庆门咨询台湾有关情况，其事见朝鲜李正臣之《燕行录（栎翁遗稿）》。

朴氏是王族，亦有人充任通事。如明景泰六年（1455）五月，管押唐人至辽东的通事朴枝。李氏担任通事者较多，有明建文元年（1399）奉使的通事李玄、明永乐三年（1405 年）八月奉使回国的通事李子英。明洪熙元年（1425）七月，义州通事李成富赍大行皇帝遗诏回自辽东。清乾隆四十一年（1776）六月，朝鲜国大通事官李詹等向清礼部呈诉，要求归还在锦州被窃银子一千两。④

崔氏通事也不少。如明景泰二年（1451）五月，管押被掳唐人赴辽东的通事护军崔伦；明天顺八年（1464）十月，管押汉人赴辽东的通事崔有江。崔有江活动频繁，朝鲜实录多有记载，如明成化十七年（1481），"正朝使通事崔有江赍誊写敕书及闻见事件先来"。⑤ 此外，崔氏通事中有成化十八年（1482）十一月管押唐人康富时等赴辽东的崔发。⑥

---

① 参见李永勋编著：《朝鲜族姓氏漫谈》，辽宁民族出版社 1998 年版，第 10—19 页。

② 《朝鲜王朝实录》，太宗十四年闰九月辛酉。

③ 《朝鲜王朝实录》，太宗十七年十二月戊戌。

④ 《清高宗实录》卷 1011，乾隆四十一年六月丁卯。

⑤ 《朝鲜王朝实录》，成宗十二年二月己巳。

⑥ 《朝鲜王朝实录》，成宗十三年十一月甲辰。

《朝鲜王朝实录》中所载明代朝鲜若干华人通事情况

姓名	基本情况	职务	资料来源
郭海龙	洪武二十五年，随使团到中国，"请更国号，乞圣裁"。次年，赍礼部咨文副本回国	通事	太祖实录，太祖二年二月戊寅
梅原渚	建文三年，押运马五百匹至辽东	通事	太宗实录，太宗元年二月乙未
林密	永乐十一年三月，回自京师	贺正使通事	世宗实录，太宗十三年三月己亥
史周卿	永乐十六年六月，押送汉人至辽东	通事	世宗实录，世宗元年六月乙亥
闵光美	永乐十七年，朝鲜谢恩使团赴京	通事	世宗实录，世宗元年十一月丁卯
任种义	永乐二十年闰十二月，还自辽东，"言达达侵略辽东等处"	通事	世宗实录，世宗四年闰十二月丁丑
史周京	永乐二十二年九月，传写明代皇帝北征诏书以还	钦问起居使通事	世宗实录，世宗六年九月乙未
傻振	宣德二年十月，管送被掳汉人金安等至辽东	通事副司直	世宗实录，世宗九年十月壬午
吴贞贵	宣德二年十一月，"回至京师"	进鹰使通事	世宗实录，世宗九年十一月壬辰
康智恂	宣德三年十一月，回自辽东，"传写皇帝亲率骑兵平胡诏书以来"	平壤通事	世宗实录，世宗十年十一月壬子
宋成立	宣德七年三月壬戌，"赍誊写皇帝处罪太监袁琦敕谕来"	正朝使通事	世宗实录，世宗十四年三月壬戌
宋成立	宣德八年五月，管押被掳唐人二十二人至辽东	通事护军	世宗实录，世宗十五年五月乙丑
辛劝敦	宣德八年十一月，管押被掳逃来庐来守至辽东	通事	世宗实录，世宗十五年十一月乙丑
辛伯温	宣德九年十月，管押被掳唐人李整等十一人至辽东	通事	世宗实录，世宗十六年十月戊午
傻振	宣德十年，从京师返回，"贸得胡三省《资治通鉴》"	进献使通事	世宗实录，世宗十七年七月庚午
康文宝	正统十四年八月，与通事金自安于辽东，"侦查事变"	通事	世宗实录，世宗三十一年八月己酉
任效运	景泰二年三月，管押被掳唐人至辽东	司译院直长	文宗实录，文宗元年三月丁未

姓名	基本情况	职务	资料来源
安至善	景泰四年二月，管押被掳唐人路琳等七名至辽东	通事	端宗实录，景泰四年二月壬子
洪绥	景泰六年八月，管押被掳唐人至辽东	通事	世祖实录，世祖元年八月乙卯
洪贵	景泰七年七月，管押被掳逃来唐人六名至辽东	通事	世祖实录，世祖二年七月庚午
陈钦	天顺元年，随正朝使赴华后二月返回，汇报英宗复位消息	通事	世祖实录，世祖三年二月壬寅
洪效孙	天顺二年十一月，管押被掳逃来唐人赴辽东	通事行副司正	世祖实录，世祖四年十二月丁卯
池自佃	天顺三年四月，管押被掳辽东人至辽东	通事行副司直	世祖实录，世祖五年四月庚辰
唐梦璋	天顺三年十月，管押被掳唐人至辽东	通事知司译院事	世祖实录，世祖五年十月己巳
任孝连	天顺四年，随正朝使赴华，二月返回国内	通事	世祖实录，世祖六年二月辛亥
咸仲良	天顺五年十月，管押被掳汉人至辽东	通事知司译院事	世祖实录，世祖七年十月丙子
闵尚德	到建州了解情况，于天顺八年（1464）正月回国	通事	世祖实录，世祖十年正月乙卯
咸仲良	成化元年三月，管押被掳逃来汉人至辽东	通事	世祖实录，十一年三月癸酉
闵樯	成化二年四月，管押被掳逃来唐人杨吉至辽东	通事司译院注簿	世祖实录，世祖十二年四月甲辰
咸仲良	成化四年四月，管押被掳唐人赴辽东	通事行司译副正	世祖实录，世祖十四年四月乙卯
安仁义	成化五年正月，随正朝使赴华，二月返回	通事	睿宗实录，睿宗元年二月己亥
廉承源	成化五年九月，朝鲜德宗崩，十一月成宗即位。随承请袭使权瑊赴明，成化六年三月回国	通事	成宗实录，成宗元年三月庚辰
咸仲良	成化九年十月辛酉，管押被野人所掳唐人孙奴才等五人赴辽东	通事司译院正	成宗实录，成宗四年十月辛酉
安仁义	成化十二年正月甲子，管押唐人金锁主等赴辽东	通事	成宗实录，七年正月甲子
芮亨昌	成化十二年八月庚寅，管押辽东人金三波等赴辽东	通事	成宗实录，成宗七年八月庚寅

姓名	基本情况	职务	资料来源
咸尚正	成化十二年十二月丙申，押解唐人雷旺等赴辽东	通事	成宗实录，成宗七年十二月丙申
闵墙	成化十三年十二月丁巳，押解唐人李火剥花等赴辽东	通事	成宗实录，成宗九年十二月丙申
安处仍	成化十七年五月己亥，押送被掳唐人边官宝等人赴辽东	通事	成宗实录，成宗十二年五月己亥
康继祖	成化十九年七月戊戌，管押被掳逃来唐人赴辽东	通事	成宗实录，成宗十四年七月戊戌
吴尹孙	成化二十一年六月丙午，管送被掳唐人赴辽东	通事	成宗实录，成宗十七年六月丙午
芮亨昌	成化二十二年正月辛亥，管送被建州野人所掳唐人赴辽东	通事	成宗实录，成宗十八年正月辛亥
安仁义	成化二十二年八月乙酉，管送被掳逃来唐人赴辽东	通事	成宗实录，成宗十八年八月乙酉
文效安	成化二十二年十月乙酉，管送被掳逃来唐人赴辽东	通事	成宗实录，成宗十八年十月乙酉
安处仁	弘治元年十月己酉，管押被掳唐人赴辽东	通事	成宗实录，成宗二十年十月己酉
池自澄	弘治六年十月癸酉，管押唐人赴辽东	通事	成宗实录，成宗二十五年十月癸酉
田命淳	废国王为燕山君，立晋城君李怿为国王，是为中宗。明正德二年（1507）二月，遣辞位使金应箕赴明，通事田命淳随行，巧妙回应明朝官员所提问题	通事	中宗实录，中宗二年二月己丑
安训	正德十六年（1521）七月"戊辰，两使闻中朝山东御史纠驳，副使令通事安训传语于在座我国宰相，自辩其无罪"	通事	中宗实录，中宗十六年七月戊辰

以上所列举的朝鲜通事，根据《朝鲜族谱》记载，确为华人血统。至于金、李、朴、崔等姓氏通事，比较多，但其是否是华人后裔，有待考证，故不列入。

（二）琉球

明清时期，琉球充分利用"闽人三十六姓"担任各类通事，为朝贡服务。琉球国通事大致可以分为以下几类。

1.从级别来看，琉球通事由高到低可以分为都通事、加遏理衔副通事、通事

都通事是总通译官。在明代，琉球首任都通事是明成化五年（1469）的华人蔡齐，最后一位是南明隆武二年（1646）的王明佐，共有101人次充任都通事。清代琉球首位都通事为清顺治五年（1648）的金正华，最后一位是清同治十三年（1874）的孙得才，共有107人次充任琉球都通事。

都通事可以分为朝京都通事和在船都通事。朝京都通事一职专指到北京入贡时处理使团在京一切事宜之通事，清顺治五年（1648），为琉球使团增设。久米村人梁应材为首位朝京都通事。清光绪二年（1876），朝京都通事为金重威。琉球华人共有38人次担任朝京都通事。[①] 在船都通事，是指在朝贡期间留在福州处理一切事宜之通事。

加遏理衔副通事，地位次于都通事，协助都通事工作。

通事，地位次于加遏理衔副通事，承担某些具体工作。

琉球最重要的汉诗人程顺则，曾先后担任各种通事职务。清康熙二十二年（1683），他任谢封使船通事入京；清康熙二十八年（1689），任接贡存留通事；清康熙三十五年（1696），任进贡北京大通事。他历任通事、都通事、中议大夫、正议大夫、紫金大夫、隆勋紫金大夫等职。

2.从具体工作来看，通事可以分为押运通事、看针通事、留边通事（存留通事）、陈情通事、司历通事、接贡通事等

押运通事，或称为押物通事，是琉球通事中的一职。在朝贡贸易过程中，琉球通事要承担押运货物、马等具体工作。明正统四年（1439）四月初九日，琉球国中山王尚巴志给明礼部咨文，谈及押运通事的具体工作：

> 琉球国中山王尚巴志为庆贺等事，今将合行事理开坐，移咨请施行，须至咨者。计贰件。一件庆贺事，今遣长史梁求保，同使者杨布勃也，赍捧表文一通，及坐驾使者明泰勇字等号海船肆只，通共装载马伍拾匹，硫磺柒万斤，赴京庆贺正统五年正旦令节，咨请进收施行。一件番货事：所有各船附搭苏木，烦为具奏，乞照便利事例给价，庶无亏损，舵海之劳，下怜远人之便，咨请施行。

---

① 转引自赖正维：《东海海域移民与汉文化的传播：以琉球闽人三十六姓为中心》，社会科学文献出版社2016年版，第74页。

右　　咨

礼　　部

此一起四只船，共装马伍拾匹，琉球柒万斤。

勇字号船：马拾匹，琉球贰万斤　　大，通事蔡让。

义字号船：马拾匹，琉球贰万斤　　大，马通事。

永字号船：马拾匹，琉球贰万斤　　大，范通事。

地字号船：马贰拾匹，琉球壹万斤　　大，李通事。

正统肆年肆月初玖日　咨①

看针通事，即负责驾驶船舶的通事。严从简指出："看针者，舶中司指南针者也"。② 根据陈侃《使事记略》记载，为了迎接册封使臣陈侃等人，琉球遣长史来迎接，"道世子遣问外，又道世子亦虑闽人不善操舟，遣看针通事一员率夷梢善驾舟者三十人代为之役"。琉球曾遣使到福州造船，船造成后，遣长史蔡廷美到福州，蔡廷美说："世子虑闽人不善操舟，特遣看针通事一人率夷水手至，代充其役。"③

留边通事，是琉球为了朝贡贸易而在中国设立的专门负责朝贡事务的职位，又称为存留通事。自明天顺七年（1463）起，琉球国王增设存留通事，常驻福州琉球馆办理外交及贸易的代表，即留在福州的通译官，任期一届三年，首位存留通事为梁应，最后一位是明万历四十七年（1619）的王克善，在整个明代共 8 人次。清代首位存留通事是清康熙九年（1670）的郑弘良，最后一位是清同治十三年（1874）的陈天福，在整个清代共有 124 人次。他们都是久米村人。④

陈情通事，亦称为陈情使，代表琉球国向中国政府汇报情况并陈述其要求的通事。林世功就是琉球著名的陈情通事。1879 年 4 月，日本强行吞并琉球。琉球陈情通事林世功奉命到北京求援，以绝食方式请求清廷同日本交涉，但清政府同日本的谈判毫无进展。1880 年 11 月 20 日，林世功以死抗议日本吞并

① 《历代宝案（校订本）》第 1 集第 17 卷。

② 《殊域周咨录》卷 4《琉球国》，第 140 页。

③ ［明］陈侃：《使琉球录（译注本）》，袁家冬译注，中国文史出版社 2017 年版，第 18 页。

④ 赖正维：《东海海域移民与汉文化的传播：以琉球闽人三十六姓为中心》，社会科学文献出版社 2016 年版，第 73 页。

琉球，挥剑自刎。①

司历通事，是琉球使团中主要负责历法推算的通事。在明代之前，琉球尚无历法。史料记载，其国"无文字，不知节朔；视月盈亏以知时，视草荣枯以计岁"。②琉球奉中国正朔，通事官根据万年历负责推算应用。周煌《琉球国志略》云："（琉球——引者注）历世凛奉正朔，贡使至京，必候赐时宪书赍回，而国中特设通事官，豫依万年历推算应用。"

接贡通事是琉球承担接贡任务的通事。琉球来中国以接贡为目的的接贡船在明后期就开始出现了。明嘉靖二十七年（1548），以马普渡为使者、陈继成为通事的琉球接贡船首次出现在福州港。此后，琉球接贡船多次到达福州，每次都有通事参加。接贡有两方面的意义：一是更大范围地扩大明琉之间的贸易；二是加强海上的防范力量，减少对华贸易损失。③到了清朝，琉球接贡船逐渐多了起来，形成接贡制度。清康熙六年（1667），琉球王尚质派遣蔡纯为使者、蔡彬为通事，率领接贡船来华执行接贡任务。清康熙八年（1669），由于海禁，清朝禁止琉球接贡船进入境内。清康熙二十五年（1686），琉球王尚贞向中国提出了建立琉球对华的接贡制度。④清康熙二十八年（1689），康熙皇帝同意琉球国可派遣接贡船一艘，人员由150人增加至200人。清嘉庆十九年（1814），琉球遣使向斌、郑嘉训进贡。清嘉庆二十年（1815），琉球遣都通事郑克新等乘海船一艘，前至福建，"恭迎皇上敕书、钦赏币帛，并接京回使臣向斌、郑嘉训、郑文洙与在闽存留通事梁文翼等还国"。⑤

3. 从奉命上京朝贡的任务来看，通事可以分为进贡通事、庆贺通事、谢恩通事

进贡通事，即在琉球进贡使团中担任通事一职，负责口译工作。在明清时期明琉、清琉政治交往中，琉球华人通事多次奉命上京朝贡。如明正统二年（1437）三月二十三日，蔡璟奉使为进贡通事随长史梁求保赴闽；明正德三年（1508）九月十八日，蔡齐奉使为进贡都通事赴闽上京。进贡通事中有存留在船通事。如明成化二十一年（1485）八月二十日，蔡璇奉使为进贡存留在船通

---

① 周頔：《探访张家湾琉球墓》，《民主与法制时报》2014 年 10 月 20 日。

② ［明］夏子阳：《使琉球录》卷下，台湾银行 1970 年版。

③ 谢必震：《明清时期中国与琉球贸易之研究》，厦门大学博士学位论文，1998 年。

④ 《历代宝案（校订本）》第 1 集第 15 卷。

⑤ 《历代宝案（校订本）》第 2 集第 118 卷。

事随正议大夫程鹏赴闽。有时候，一人充当进贡与庆贺存留在船通事。如明弘治六年（1493）八月二十日，蔡璇奉使为进贡与庆贺存留在船通事随正议大夫梁德赴闽。①

庆贺通事，是遇到明清皇室喜庆琉球派出庆贺使团之通事，通事随使团上京从事口译工作。如明弘治六年（1493）八月二十日，蔡实奉使为庆贺都通事赴闽上京；明天顺八年（1464）八月初九日，蔡曦奉使为庆贺通事随琉球王弟尚武赴闽上京。有时候，庆贺通事与进贡通事一身二任，如明弘治六年八月二十日，蔡宾奉使为庆贺进贡都通事随正议大夫梁德赴闽上京。

谢恩通事，是琉球派出的谢恩使团之通事。如明成化八年（1472），蔡齐奉使为谢恩都通事随琉球王舅武实、长史李荣赴闽上京。有时候，一人集进贡通事与谢恩通事于一身。如明正德十一年（1516），蔡进奉使为进贡、谢恩通事随正议大夫陈仪赴闽。②

4. 根据精通的语言不同，通事可分为土通事和夷通事

土通事即闽之河口人，这些人精通夷语（琉球语），故被委任通事。

夷通事是指明初所赐"闽人三十六姓"，以及在明末清初所存的七姓华人及其后裔，其中毛、阮两姓是万历年间再赐者。这些华人后裔没有融入琉球社会，以华人身份生活在琉球，精通华语，担任通事。谢杰《琉球录撮要补遗》（琐言附）之《原委》云：

> 洪、永二次各遣十八姓为其纪纲之役，多闽之河口人；合之凡三十六姓，并居彼国之营中。……今所存者仅七姓，缘所居地狭，族类不能蕃故也。每科、司出使，必以河口土著人充通事，谓之"土通事"；七姓充者，谓之"夷通事"。土通事能夷语，夷通事能华语。七姓言语、衣服与夷无别，仅以椎髻别之；髻居中者七姓，居偏者夷种也。

5. 根据其出身不同，琉球通事分为首里通事和久米村通事

首里通事，是指首里出身的官生在华学习回国后担任通事，负责琉球外交事务的人。1609 年，萨摩藩出兵琉球，俘虏了国王尚宁，此后通过"十五条制裁令"控制了琉球首里政府。日本开始介入琉球对华朝贡事务，获得了巨大的利益。郑迥被日本人处死后，久米村地位更加衰落。萨摩入侵琉球后，默许

---

① 《那霸市史·资料篇》第 1 集《久米村系家谱》。
② 《那霸市史·资料篇》第 1 集《久米村系家谱》。

琉球继续向中国纳贡。由于形势的变化，琉球同时向中国和日本进贡，成为中国和日本的属国，处于两属的困境。琉球为了依靠本地人在内政和外交上有所作为，自 1802 年起，改革官生派遣制度，久米村和首里人平分赴华留学的名额，起初各出四人，后来确定为"各出二人"。

久米村通事，是指久米村出身者。这些人都是华人，来自闽人三十六姓及其后裔，世居唐荣（久米村）。

（三）日本

日本早在室町时代，就已经使用"通事"一词来指称专门的翻译人员，丰臣秀吉时期曾任用在日华人为通事。到了江户时代，"唐通事"的活动更加活跃。江户幕府时期（1603—1867），相当于中国的明末和清代前期、中期。需要指出的是，日本"唐通事"的形成与朝贡体制关系甚微，但与中日经济关系比较密切。日本实行锁国政策，构筑了大君外交体制，以朝鲜和琉球为"通信之国"、中国和荷兰为"通商之国"，独立于中国朝贡体制之外。贯穿整个江户时代，日本没有与中国建立官方关系。但日本江户幕府始终未曾停止对中国的关注。[①] 在关注中国情报方面，长崎唐通事提交的"风说书"就成为当时幕府政要的一个极其重要的海外知识来源。这一切，使得"通事"一职进一步制度化，形成了明确的分工和严格的等级。日本通事的分类和职能如下。

1.从日本全国来说，根据语言的不同，通事分为虾夷通词、阿兰陀通词、唐通事

江户时代，日本称翻译人员为"通词"或"通事"，常见的有"虾夷通词"活跃在北海道，负责虾夷人事务。"阿兰陀通词"在平户负责荷兰人事务，"唐通事"在长崎负责中国商船事务。

关于"通词"与"通事"二词使用的区别，江户时代的文献《崎阳随笔》云："于红毛则称通词，于唐则称通事。盖因遇红毛人而不通其语言文字，故用通词一语。遇唐人则虽言语不通，可笔谈通辩，故用通事一词。"[②] 红毛指荷兰，唐指中国。但从日本江户时代的文献中我们可以看出，"通事""通词"在实际使用过程中是颇为混乱的。

---

① 仲光亮：《日本江户幕府搜集中国情报研究》，山东大学博士学位论文，2015 年。
② （日）林煒编：《通航一览》（4），凤文书馆 1991 年版，第 167 页。

2. 根据对外交往的区域、使用的语言的不同，长崎通事可以分为唐通事、南洋通事

"唐通事"是日本江户时代汉语口语翻译的专门人员，在 17 世纪前后于长崎发展起来，此后相继出现在京都、关东地区。在长崎，狭义的唐通事是指称为首席通事的大通事和被称为次席通事的小通事，有时也包含实习通事在内。广义的唐通事则包括熟悉各种杂务的内通事、唐船请人和管理长崎唐人的唐年行司。① 他们负责中国约 15 种方言的翻译。

南洋通事，常设的有暹罗通事、东京（安南）通事，而非常设的有吕宋通事。南洋通事的成分主要有三种，即日本华侨、日本人和南洋土著。他们的工作较唐通事轻松。华商魏九官之子魏高、魏贵，都担任过东京（安南）通事。

3. 根据职位编制的不同，唐通事可以分为本通事和内通事两种

本通事包括大通事以上官职、大通事、小通事、稽古通事。

大通事以上官职有：唐通事头取、唐通事诸立合、御用通事、风说定役、值组定立合通事、唐通事目付。唐通事头取：是唐通事中的最高职位，于日本天明二年（1782）设立。唐通事诸立合：其职位仅次于唐通事头取，统率唐通事，于日本元文元年（1736）设立。御用通事：供幕府将军驱使，负责置办幕府将军订购的各种货物。日本享保十年（1725）创设，该职多由大通事兼任。风说定役：主要负责记录来日华商提供的信息并编制成"风说书"，上交长崎奉行，再呈交江户幕府。日本元禄十二年（1699）创设，定员 1 人，多由大通事或唐通事目付充当。值组定立合通事：在唐船入长崎港后，负责与中国商人协商定价。日本享保十二年（1727）创设，开始由唐通事目付充任，日本享保十九年（1734）增加大通事 1 名兼任，由此定员变为 2 人。② 唐通事目付：主要任务是监督唐通事的工作，权限在大、小通事之上。日本元禄八年（1695）创设，定员 2 人，初由退休的大通事担任，后从大、小通事群体中选任。

大通事包括大通事、大通事过人、大通事助。大通事：日本宽永十七年（1640）创设，在唐通事中，专业水平和职位最高。大通事过人：是编制之外

---

① 王煜焜：《万历援朝与十六世纪末的东亚世界》，上海大学出版社 2019 年版，第 237 页。
② （日）林陆郎：《长崎唐通事の职制役株》，载《近世国家の支配构造》(2)，东京雄山阁 1986 年版，第 3—43 页。

的大通事。大通事助：大通事的助手，协助大通事工作。

小通事包括小通事、小通事过人、小通事助、小通事并、小通事未席。小通事：日本宽永十七年（1640）创设，是大通事的副职。

稽古通事包括稽古通事、稽古通事见习。亦称为"学通事"。日本承应二年（1653）设立，人数不限，是为培养大小通事后备人员而成立的组织。稽古通事除了承担实习和辅助性的工作之外，有时亦会授予和大小通事同等的职务。[1]

内通事群体开始从事的是非官方的翻译工作。根据中日贸易的需要，日本宽文六年（1666），有数十名内通事得到官方认可，纳入正式编制。同时，内通事中的 7 人（南京内通事 2 人，福州内通事 2 人，泉州内通事 3 人）被任命为"内通事组头"，其余者被称为"平内通事"。组头负责领导"平内通事"开展各项工作。到日本元禄六年（1693），内通事组头增加至 10 人。

1689 年，"唐人屋敷"建成后，为加强对华人的管理，长崎奉行规定：每艘来日唐船由 3 名内通事负责管理；内通事组头 1 名带领平内通事 5 人昼夜驻守唐人屋敷。驻守在唐人屋敷的内通事被称为"诘番内通事"，共 30 人，轮流值班。

内通事是本通事的下级组织，但内通事组头有机会成为稽古通事，甚至晋升为小通事或更高级别。[2]

据内田直作的考究，在长崎唐通事的职能是：在华商贸易中，充当翻译、联络及价格管理；充当华侨日常事务及宗教事务的管理；充当商客与地方当局之间的中介斡旋、纠纷的调解等。[3]

笔者以为，唐通事的主要职责有：一是对来日本唐船的管理，对唐船进行问询、笔录。如告诫华人"入国知禁"，宣传日本政策措施。[4]二是有关买卖的账簿和报告的制作，如唐船"风说书"的制作与提交。三是对外交易决策权的行使。四是对唐人、唐馆秩序的维护，处理唐人纠纷。五是进行口头和笔头翻译，负责草拟、翻译各类与"唐船"相关的交涉文书。

---

① （日）菅俊仍：《和汉寄文》，载大庭脩：《享保时代日中关系资料——近世日中交涉史料集》（二），大阪关西大学出版部 1986 年版，第 114 页。

② 王来特：《长崎唐通事与德川日本的"怀柔远商"》，《国际问题研究》2016 年第 1 期。

③ （日）内田直作：《日本华侨社会研究》，东京高文堂出版社 1949 年版，第 98 页。

④ 王振忠：《清代前期对江南海外贸易中海商水手的管理——以日本长崎唐通事相关文献为中心》，《海洋史研究》2013 年刊。

唐通事类别与职能表一（本通事）

官职		年代	备注
大通事 以上官职	唐通事头取	天明二年设置， 安政五年废除	唐通事中的最高职位
	唐通事诸 立合	元文元年设置	统率唐通事
	御用通事	享保十年设置， 宝历元年废除	负责购买将军所需商品
	风说定役	元禄十二年设置， 宽延二年废除	负责唐船"风说书"的制作 与提交
	值组定立合 通事	享保十二年设置	负责唐船货物的定价
	唐通事目付	元禄八年设置	监督其他唐通事
大通事	大通事	宽永十七年设置	1604 年设置唐通事，1640 年 改名大通事，定制 4 人
	大通事过人	文政二年设置	编制之外的大通事
	大通事助	宝历元年设置	大通事的助手
小通事	小通事	宽永十七年设置	1658 年定制，凡 5 人
	小通事过人	文政十二年设置	编制之外的小通事
	小通事助	宝历元年设置	小通事的助手
	小通事并	元文四年设置	—
	小通事末席	享保三年设置	最初定员 2 人，后增至 8 人 左右
稽古通事	稽古通事	承应二年设置	1684 年定制，人数不定
	稽古通事 见习	元禄十二年设置	大小通事的助手，辅助其 工作

唐通事类别与职能表二（内通事）

官职	年代	备注
内通事小头	宽文六年设置	本通事的下级领导，有望晋升为稽古通事
内通事小头 见习	宝永五年设置	内通事的预备人选
唐年行司	宽永十二年设置	负责长崎唐人的管理
唐年行司 见习	延宝二年设置	唐年行司的预备人选
唐船请人	宽永十二年设置	为禁止天主教而设立，负责管理唐船人员

注：以上两表参见邢万里：《日本近世长崎唐通事浅析》，东北师范大学硕士学位论文，2015 年。

4.根据服役地点的不同，在日华人通事可以分为唐通事和倭营通事

唐通事主要负责唐船贸易。具体情况详见上述。

倭营通事是指在日本军队中服役的华人通事。倭营通事的职能主要是进行口译，负责与明军交涉中的有关翻译事务。在明万历朝鲜之役前后，有为数众多的华人生活在日本，有的华人还被编入军队，开往朝鲜战场。根据明万历十九年（1591）福建海商陈申提供的情报，当时参加日军的明人多达2000人之多。[①] 首位进入明军视线的是日军通事张大膳。张大膳是明朝人。明万历二十一年（1593）正月初四日，日军的讲和队伍遭到明军的突然袭击，"倭营通事"张大膳被扣留。此后，他的身份因此发生了戏剧性的变化，成为明朝的"抚用倭巢通事"。他不仅为明军提供日本方面的情报，而且代表明军与日军交涉，被明朝有意培养为间谍。[②]

在《朝鲜王朝实录》中有关侵朝日军中华人的记载，亦以倭营通事为多。

林通事：为日军小西行长营中通事。原籍浙江温州，13岁时被倭寇掳至日本，后在日本成家，有了妻儿。洪通事：日军小西行长帐下通事。原籍浙江，于明万历三年（1575）被倭寇掳至日本。此外，日本军营中另有浙江人5名，皆系日军小西行长营中通事。康宗麟：明朝人，原籍不详，明万历二十三年（1595）在日军加藤清正营中担任唐通事。

长崎部分唐通事情况

时期	姓名	基本情况
庆长年间（1596—1614）	冯　六	庆长九年任唐通事，林长右卫门的祖先，长崎第一个唐通事
宽永年间（1624—1643）	马荣宇	宽永四年任唐通事，中山太郎兵卫的祖先
	陈九官	宽永七年任唐通事，颖川官兵卫的祖先
	欧阳云台	又名六官，宽永十二年任唐年行司，唐小通事阳物右门的祖先
	何海淹	宽永十二年任唐年行司，何吉郎右卫门的祖先

① 侯继高：《全浙兵制》，台南庄严文化事业1997年版，第174页。

② 《经略御倭奏议》，载《御倭史料汇编》，全国图书馆文献缩微复制中心2000年版，第122、141、132页。

时期	姓名	基本情况
宽永年间 （1624—1643）	江七官	宽永十二年任唐年行司，江甚兵卫的祖先
	张三峰	宽永十二年任唐年行司，清川荣左卫门的祖先
	陈奕山	宽永十二年任唐年行司，矢岛专助的祖先
	陈冲一	宽永十七年任唐通事，颍川藤右卫门的祖先
	林楚玉	宽永十七年任唐通事，林仁兵卫的祖先
万治年间 （1658—1660）	刘一水	万治元年任小通事，彭城左卫门的祖先
宽文年间 （1661—1672）	林公琰	林一官，1661年任唐年行司，林道荣的祖先
	陆一官	宽文年间任唐年行司，陆市藏的祖先
	薛性田	薛六官，宽文年间任唐年行司，薛市左卫门的祖先
	吴宗园	吴一官，宽文年间任唐年行司，吴平左卫门的祖先

二、东南亚华人通事

根据现有资料，东南亚的华人通事情况不甚明了。总的来说，东南亚的通事制度没有东北亚日本、朝鲜、琉球等国的完备。

（一）越南

越南（安南）根据对外交往的需要，使用华人，华人通事分为华语通事和番语通事两种。

越南对华交往的通事称为华语通事，负责对华交往。而对老挝、占城等国对华交往的通事称为番语通事。华语通事均由华人担任，其地位高于其他语言的通事。这在《大越史记全书》中有明确的记载。根据谈迁的《枣林杂俎》记载，明朝天启年间，安南入贡，派遣华人通事阮曰仁、阮程随陪臣来华。[①] 番语通事亦多聘请华人。如1807年，越南招募华人为番语通译。

在对华交往的华人通事中，按职位高低分为都通事、通事官。都通事亦称为大通事，地位高于通事官（通事）。

越南华人通事的职能主要是在朝贡使团或其他涉外机构中承担汉语口译工作，有时也负责采购中国的商品，从事贸易活动，还经常承担刺探中方情报的

---

① ［清］谈迁：《枣林杂俎》，罗仲辉、胡明校点校，中华书局2006年版，第70—71页。

工作。

（二）占城

根据现有资料记载，占城华人通事没有大通事、小通事的设置。

华人通事在占城外交上居于重要地位。华人通事的主要职能是在对华朝贡使团中负责口译工作。明正统八年（1443）四月乙丑，占城国王摩诃贲该遣华人通事罗荣同王侄且杨乐催等赍捧金叶表文谢恩，贡黑象等方物。① 明成化二十年（1484）八月乙未，占城国提婆苔所遣孙巴罗质、副使蛮底代、华人通事梅者亮等来华朝贡。②

占城华人通事有时被委以重任，率领朝贡使团来华。如明弘治元年（1488）四月丁未，占城国遣华人通事梅晏化等如明朝贡。③

（三）缅甸

从目前已有的资料来看，缅甸华人通事没有大小、正副之别。缅甸华人通事的职能，主要有：

其一，缅甸华人通事负责口译，在外交上成为沟通中缅的中介。在明永乐年间，缅甸宣慰使频繁遣使朝贡，缅甸朝贡使团多由头目、通事等构成。据清光绪二十九年（1903）和顺乡《两朝科甲题名碑》记载，腾冲人寸玉担任过缅甸向中国进贡的随行通事。④ 缅甸华人通事有时也担任朝贡使团的使臣。如明宣德二年（1427）八月，缅甸遣华人通事丘景等来朝贡。⑤

其二，缅甸华人通事承担外交谈判、护送人员进京等任务。明代，缅甸华人不断有人担任缅甸朝华贡使成员并负有其他使命。据明曾任四夷馆提督的王宗载在《四夷馆考·缅甸考》中云："弘治十七年因本馆译学失传，敕云南行省镇巡官取人教习、缅甸宣慰司卜剌浪，差酋陶孟恩完、通事李瓒等进贡，并送入孟春、的酒、香牛三名，留本馆教授，俱授序班职事。"李瓒即腾冲和顺李姓第五代祖。

---

① 《明英宗实录》卷 103，正统八年四月乙丑。
② 《明宪宗实录》卷 255，成化二十年八月己未。
③ 《明孝宗实录》卷 11，弘治元年四月丁未。
④ 转引自黄素芳：《对云南腾冲人出国的历史考察》，《东南亚》2007 年第 1 期。
⑤ 《明宣宗实录》卷 30，宣德二年八月乙酉。

在乾隆年间清缅战争时，华人尹士楷奉缅甸国王之命，以通事身份陪同"大目诺尔塔"到清军大营议和。清乾隆五十五年（1790），缅使进京朝贡，华人尹学才担任缅甸使团通事。①

（四）暹罗

据明清时期史料记载，暹罗华人通事大致可以分类如下：

其一，根据职责，暹罗华人通事分为正通事官（大通事）、通事两种。在一般的对华朝贡活动中，暹罗使团中都有华人通事。明宣德九年（1434），暹罗使臣坤思利剌者及华人通事阮霭等入贡。②在特别重要的朝贡活动中，暹罗使团中会安排三四个贡使，安排一个正通事官（大通事）。清康熙四年（1665）二月壬申，暹罗国王遣陪臣航海具表进贡。表文曰：

> 暹罗国王臣森列拍腊照古龙拍腊马嘑陆坤司由提呀菩埃诚惶诚恐稽首，顿首谨奏大清皇帝陛下："伏以新君御世，普照中天，四海沾帡幪之德，万方被教化之恩。卑国久荷天朝恩渥，未倾葵藿之心。今特躬诚照例朝贡，敢效输款。敬差正贡使坤司吝喇耶迈低礼、副贡使握坤心勿吞瓦替、三贡使屋坤司敕博瓦绵、大通事揭帝典、办事等臣，梯航渡海，赍捧金叶表文、方物、译书一道，前至广省，差官伴送京师进献，用伸拜舞之诚，恪尽远臣之职。恭祝皇图巩固，帝寿遐昌。伏冀俯垂，宽宥不恭，微臣瞻天仰圣，曷胜屏营之至，谨具表称奏以闻"。上嘉之，命加恩赏赍。③

该使团有大通事揭帝典，位在正副三贡使之后，在"办事"之前，是使团中的重要成员。

清乾隆五十四年（1789），暹罗国王遣使进年贡并庆祝万寿，使团人员，"正贡使丕雅史猾里逊通那突，副贡使帕窝没悉泥霞喔抚突，三贡使朗拔察那丕汶知突，四贡使汶丕匹涝遮办事，正通事官谢上金，番书记乃司，汉书记钟英，番医生乃英，番吹手乃毡、乃美挨、乃孔、乃发、乃美，番汉跟班乃春、乃水、乃吗、乃律、乃汶、乃坎民、乃里、王成，以上共二十一名云"。④清

---

① 庄国土：《东南亚各土著政权对华人的政策和态度》，《海交史研究》1998 年第 2 期。
② 《明太祖实录》卷 110，宣德九年五月癸未。
③ 《清圣祖实录》卷 14，康熙四年二月壬申。
④ 台湾"中央研究院"历史语言研究所编：《明清史料》庚编第 6 本，中华书局 1987 年版，第 550 页。

朝对这次暹罗朝贡使团人员的记载比较完整。正通事官谢上金是华人。通事以下人员，被称为从人。

其二，根据其使行任务，暹罗朝贡使团通事分为正通事、副通事。有时暹罗朝贡使团会安排两个通事，正通事全面负责口译工作，副通事协助正通事，具体承担某些口译工作。如清道光三年（1823），暹罗国王遣使例贡，四月二十三日到达广东省城广州"安顿怀远驿馆"，四月二十六日使团自广州启程前往北京。"正贡使白沾暖梭藩哪挖腊车突，副贡使嘟窝梭挖哩乃啻呵不突，正通事林恒中，副通事钟良新，汉书记林大森，番书记乃坤，番吹手乃政、乃学、乃里、乃成、乃青，汉番跟役乃荣、乃河、乃八、乃松、乃江、乃旬、乃进、乃岐、乃恒、乃长，以上共二十一员名。"① 这次暹罗朝贡使团不同于以往的是，有通事两名，均为华人。

暹罗华人通事的主要职责是担任口译工作。如明洪武五年（1372）正月来华的暹罗斛国通事李清和明宣德九年（1434）五月来华的暹罗国通事阮霭，都在朝贡使团中具体负责口译工作。

（五）爪哇

根据史料记载，爪哇华人通事，没有大小之分，也没有正副之别。爪哇朝贡使团的通事多由华人充当，其职能主要有二：

其一，华人通事在朝贡使团中负责口译。明正统四年（1439），爪哇国王派出的朝贡使团，使臣是亚烈马用良，华人通事南文旦和良殷负责口译。亚烈是爪哇官员的称号。爪哇华人郭信、张显文、马用良、龚以善、龚用才都获得了"亚烈"称号。

其二，华人通事担任朝贡使团正使。如明宣德三年（1428）正月，爪哇国王杨惟西沙遣华人通事亚烈张显文等来朝，贡方物。② 明景泰四年（1453）五月，爪哇国王巴剌武遣华人通事林旋来朝。③

综上所述，由于国情和通事来源不同，东亚各国华人通事的分类有明显的不同，其职能不尽相同。从通事的分类来看，根据现有的资料，朝鲜、日本、

---

① 《明清史料》庚编第 6 本，第 571 页。
② 《明宣宗实录》卷 35，宣德三年正月甲辰。
③ 《明英宗实录》卷 229，景泰四年五月辛未。

琉球等国华人通事的分类比较细致，而东南亚各国华人通事的分类不够清晰。从华人通事的职能来看，通事充当口语翻译，在朝贡使团中服务，这是东亚各国华人通事的共性。但亦有例外，如日本的"唐通事"。由于受到当时中日关系的限制，唐通事没有到中国进行朝贡活动，只是在长崎等地从事与"唐船"贸易有关的活动。根据现有资料记载，朝鲜、日本、琉球等国的通事都有比较具体的职责。他们在与中国的政治外交、经济往来、文化交流等方面，发挥了独特的作用。

第三章

明清时期东亚华人通事的作用

东亚诸国派出的朝贡使团，规模宏大，其中有正使、副使，也有通事、伙长。通事多由华人充任，在朝贡活动中进行语言翻译，沟通双方的思想感情。在明清时期，东亚地区的华人通事在政治外交、经贸往来、文化交流等方面起着桥梁作用。

第一节　政治外交

一、朝鲜

有学者统计，在明代 200 多年中，朝鲜使臣出使中国异常频繁，共计1252 次，平均每年 4.5 次。据统计，仅仅在朝鲜王朝初期的 59 年间，出使明朝的使行共达 399 次（不包括兼行的情况），年平均达 6.8 次。[①] 这与朝鲜史书记载的"赴京使臣，前后相望"[②] 相吻合。明清时期朝鲜华人通事在朝鲜对华政治外交方面作用显著。

（一）明代朝鲜华人通事与对华外交

1. 通事与常贡

在朝鲜与明朝建交初期，朝鲜华人通事为中朝关系的发展立下功勋。明洪武二十五年（1392），高丽大将李成桂自立为王，当年十二月遣艺文馆学士韩尚质奉表谢恩，献马 30 匹，并以"朝鲜""和宁"，"请更国号，乞圣裁"，华

---

① 杨雨蕾：《十六至十九世纪初中韩文化交流研究》，复旦大学博士学位论文，2005 年。
② 《朝鲜王朝实录》，世祖十年八月壬午。

人通事郭海龙参加了这一重大的政治外交活动。由于朝鲜使行人员的努力，博得了明朝的赏识，明太祖欣然钦定"朝鲜"为国号。翌年二月，韩尚质一行回国，"通事郭海龙赍礼部咨文副本来。上大悦，赐海龙马"。① 从此，朝鲜成为李朝的国号，其国名具有历史继承性。

朝贡活动是重大的政治外交活动，通过东亚诸国的进贡、中国封建王朝的赏赐，中外关系得到进一步加强。朝鲜通事在对华朝贡活动中发挥了重大作用。朝鲜进贡分为"常贡"与"别贡"。"常贡"，一般是每年四次，分别在正旦、万寿节、千秋节、冬至。而"别贡"，是临时性的，时间与贡品不固定，完全取决于明室需要或皇帝嗜好等。

冬至使、正朝使、圣节使、千秋使，是朝鲜每年需要派遣的赴华使臣。通事都要随使臣前行。明永乐十八年（1420），朝鲜遣礼曹参判何演等如明朝贡，奏本云："小邦每遇进贺正朝、圣节、千秋节，谨备金银器皿、苎麻细布、人参、花席等项礼物进献。"② 这表明每逢明朝的重大节日，朝鲜方面都会派遣使团赴华。

贺正使是朝鲜派遣的恭贺中国皇帝新年的使团。通事参加这一使团并参与进表、进笺活动。《朝鲜王朝实录》记载：明永乐五年（1407）九月乙亥，朝鲜派出贺正使团。"遣世子禔如京师，贺正也。以世子为进表使，完山君李天祐副之；右政丞李茂为进笺使，鸡城君李来副之"。此外有侍从官十二人，书状官二人，还有，"通事：判军器监事郭海龙、仁宁府右司尹吴真等六人。押马：上护军李公孝等二人。押物：奉常令李苍等二人"。另外还有司仆、医员、内侍、奚官令、司衣、监厨、厨子、内僚、驱赶驼子军、打角夫、养马、马医、牵马等人。"各官从人二十七名"。③ 这是一个大型使团，共107人，其中有华人通事郭海龙等人。明万历二十七年（1599），朝鲜王朝派遣陈奏兼贺正使团，书状官赵诩撰《皇华日记》记载了使行经过，谈到了华人通事的作用。

圣节使是祝贺皇帝生日的使臣。千秋使是祝贺皇后、皇妃、太子生日的使臣。如明宣德五年（1430）九月，千秋使工曹参判郑渊奉命如京师，庆祝皇后

---

① 《朝鲜王朝实录》，太祖二年二月戊寅。

② 《朝鲜王朝实录》，世宗二年正月甲子。

③ 《朝鲜王朝实录》，太宗七年九月乙亥。

千秋节。①

　　谢恩使团亦会派出较多的通事。如明永乐十七年（1419），派遣的谢恩使团，有华人通事宣存义、闵光美、叶孔秦等。他们在该年十一月回到朝鲜，向国王世宗启奏有关情况。

　　陈谢使团是陈奏兼谢恩于一身的使团。如明万历十五年（1587），朝鲜派遣的陈谢使，以裴三益为正使，陈述朝鲜王朝始祖李成桂并非"篡逆"，要求明朝史官改正。谢恩，是指感谢皇帝为李成桂昭雪下达谕旨。裴三益在《朝天录》中记载了使行详细经过。在这次使行中，华人通事郭之元因病去世。

　　在朝鲜华人通事中，偰氏家族为中朝关系的建立与发展作出了巨大贡献。偰长寿具有语言优势，多次出使明朝。偰长寿去世后，其四弟偰眉寿（字天用）最初曾以通事的身份活跃在中朝外交舞台上。朝鲜太宗元年（1401）他奉命担任朝鲜使团的通事，此后多次担任翻译。

　　2. 通事与别贡

　　明前期，明廷向朝鲜索征"处女""火者""海青鹰子"等。这种带有强制性的"别贡"，是用来满足明朝皇帝的嗜好，给朝鲜带来了沉重的负担。

　　朝鲜向明朝进献秀女，会遣使护送，通事随行。在明初洪武、永乐年间，朝鲜都会选送秀女。明永乐六年（1408）四月，明遣太监黄俨到朝鲜向太宗传达永乐皇帝挑选秀女的圣旨，朝鲜太宗立即表示尽心承命。朝鲜因此设立进献色官，"采童女，禁中外婚嫁"。②朝鲜各道巡察司精心挑选，最后由黄俨选定五名女子。当这些女子启程赴华时，"其父母亲戚，哭声载路"。③宣德帝继续向朝鲜征求秀女。明宣德元年（1426），朝鲜奉谕选送女儿五名，并开列生年月日及父职事姓名籍贯。④明宣德二年、朝鲜世宗九年（1427），朝鲜共选出都总制成达生等之女七人。

　　"火者"即宦官，亦泛指受阉的仆役。明洪武二十一年（1388），明太祖遣使前往朝鲜征索火者，永乐朝加大了向朝鲜索取火者的力度。据《朝鲜王朝实录》记载，明永乐二年（1404）六月，朝鲜遣华人通事张有信"押洪武二十八年还乡火者崔臣桂等一十名及新选火者金得富等一十名，随帖木儿如

---

① 《朝鲜王朝实录》，世宗十二年九月壬寅。
② 《朝鲜王朝实录》，太宗八年四月甲午。
③ 《朝鲜王朝实录》，太宗八年十一月丙辰。
④ 《朝鲜王朝实录》，世宗八年七月壬辰。

京师"。①

朝鲜还遣使进献鹰犬，号称"进鹰使"，通事随行。在宣德年间，朝鲜进
献鹰犬更为频繁。史料记载甚多，如明宣德二年（1427）十一月壬寅，华人通
事吴贞贵作为进鹰使通事"回自京师"。十一月甲辰，"进鹰使上护军韩成舜，
以鸦鹘四连、海青三连赴京师"。② 明朝对鹰犬之数要求极多，特地派遣官员
直接到朝鲜进行采捕。宣德十年（1435），宣德帝崩，这种采捕活动才告一段
落。到正统年间，朝鲜继续遣使进献海青，如正统七年（1442）十月甲午，朝
鲜"遣户曹参判赵惠如京师贺明年正，仍献海青三连"。正统八年（1443）二
月癸丑，"遣吏曹参判权孟孙如京师，谢遣还被掳妇女，仍进海青一连、白黄
鹰一连"③。正统十年（1445）十月癸卯，朝鲜"遣知中枢院事洪师锡如京师，
贺明年正，兼献海青一连"。④ 正统十二年（1447）十月丁卯，"遣汉城府尹金
铫如京师贺正，仍献海青二连"。⑤ 到朝鲜世宗在位期间（1419—1450），朝鲜
进鹰使又频频出使中国。朝鲜使臣往往是在如明请封、贺正等重大外事活动中
兼进鹰犬之类方物。

明成化三年（1467）三月，明宪宗在给朝鲜国王的敕书中下令取消贡献
"瑞异之物"，云："劳王诚恳，良非敬上之所宜，今后勿复尔也。只宜遵守常
礼进贡。"⑥ 这就减轻了朝鲜人民的负担，有助于人民休养生息，也在一定程度
上减少了朝鲜华人通事的使行次数。

3.请封

朝鲜国王承袭，需要及时向明帝禀报。朝鲜华人通事奉命参加这一重大
活动。

朝鲜史料明确记载了朝鲜华人通事出使中国请封之事。明成化五年
（1469），朝鲜成宗即位，派遣请承袭使权瑊等率使团赴明，其中就有华人通
事张自孝、廉成源。明景泰六年（1455），世祖李瑈即位，遣礼曹判书金何等
人如明，请辞位、承袭并谢恩。该奏闻使通事是金自安、安至善。他们在完

---

① 《朝鲜王朝实录》，太宗四年六月辛未。
② 《朝鲜王朝实录》，世宗九年十一月甲辰。
③ 《朝鲜王朝实录》，世宗二十四年十月甲午、世宗二十五年二月癸丑。
④ 《朝鲜王朝实录》，世宗二十七年十月癸卯。
⑤ 《朝鲜王朝实录》，世宗二十九年十月丁卯。
⑥ 《朝鲜王朝实录》，世祖十三年三月乙亥。

成使命后受到"田各十结"的赏赐。据廉浩等编写的《朝鲜姓氏族谱全书》记载，朝鲜安姓来自中国。安至善是华人通事。

4.呈送表文

在国家之间的交往中，外交文书是双方信息沟通的重要工具。朝鲜对明执行"事大"政策，表笺、奏章等文书则成了转达"事大"意向的重要手段。[①]在朝贡制度下，朝鲜向明朝呈递官方文书，是朝贡的必备手续和前提条件。朝鲜将表笺、章奏等事大文书作为极其重要的议事传达手段，在表笺文章上花费了大量的精力。表文是呈交给皇帝的文书，笺文是交给皇太子的文书，咨文是呈交给明朝礼部或者辽东都司的文书。表笺文书成为朝鲜专用于明清皇室重要的外交礼仪文书，是一项重要的外交制度。外交文书的传送，有助于中朝两国在政治、经济、文化等方面的协调与沟通。朝鲜华人通事在其中发挥了重要作用。

明万历十五年（1587），朝鲜遣陈谢使赴明，正使裴三益在其所撰《朝天录》中谈到，使团到辽东后华人通事郭之元呈送表文一事："五月己亥，阴雨，令通事郭之元见官，呈咨呈文于都御史，御史醉，不视事，不得呈。"[②]

呈送表文要遵照明朝规定。通事对有关情况要及时向使臣禀报。[③] 明朝的一些重大决定通过朝鲜通事告知朝鲜国王，朝鲜国王要迅速作出回应，因此要向明朝遣使奉表。朝鲜通事成为两国政治交往的中介。如明永乐十九年（1421）正月，"进贺使清城府院君郑濯、副使总制李中至如京师"，贺建都北京及祯祥。[④]

在明朝与朝鲜交往的过程中，朝鲜多次遣使上表。表笺要求规范，在明朝初年，朝鲜多次失误，导致表笺事件发生。明洪武二十八年（1395），朝鲜遣贺正使柳珣赴京（南京）。在明太祖朱元璋看来，朝鲜使臣呈递的表笺中有"轻侮之辞"，于是龙颜大怒，扣留使臣，勒令朝鲜将撰写者押送南京处置。朝鲜因此派遣华人通事郭海隆，管送撰文人金若恒赴京"伏取圣裁"。[⑤] 金若

① （韩）朴元熇：《明初之文字狱与朝鲜表笺》，载明清史国际学术讨论会论文集编辑组：《第二届明清史国际学术讨论会论文集》，天津人民出版社1993年版，第322页。

② （朝）裴三益：《朝天录》，载《燕行录全集》卷4，第25页。

③ （朝）郑士信：《梅窗先生朝天录》，载《燕行录全集》卷9，第332页。

④ 《朝鲜王朝实录》，世宗三年正月戊午。

⑤ 《朝鲜王朝实录》，太祖五年二月癸卯。

恒被明朝扣留达6年之久。朝鲜华人通事郭海隆奉命管送撰文人赴京，在保证撰文人的生命安全方面发挥了作用，有助于问题的解决。

5. 遣还中国人

在明代，朝鲜王朝曾多次派遣华人通事负责遣回中国人。

对被掳"唐人"，朝鲜遣华人通事将他们送回中国。如明永乐十五年（1417）二月，朝鲜遣前判司译院事华人通事偰耐如京师。"耐赍被掳逃来唐人林新贵、倪观音保等押送辽东咨文及赴京火者金奇亲丧礼部咨文以行。"① 朝鲜世宗李祹于明永乐十六年（1418）即位，继承了朝鲜"事大以诚"的传统，频繁地派遣通事来华，或令通事将被掳华人送回辽东，或让通事参加各种朝贡使团频繁出入明朝。明仁宗时期，朝鲜继续遣回华人。朝鲜多以司译院官员身份负责管送华人，明确记载为通事的使行亦不少。明景泰二年（1451）十月戊辰，朝鲜文宗李珦召廷臣议唐人解送赴辽东或直至北京。佥议以为："解送辽东，已成格例，虽旧有解送北京之例，今不可改也。虽野人入朝言'其初来之数多于所解'，然辽东解送咨自有正数，无愧于心，何难发明？辽东奏与不奏，不必闻见于礼部也"。② 此后被掳华人均由朝鲜押送辽东。

明景泰六年（1455），朝鲜世祖李瑈即位，继续奉行事大政策，管押被掳人口至辽东。明景泰七年（1456）三月，朝鲜差华人通事张义管押被掳逃来唐人蒋喜完等二人解赴辽东。十月，朝鲜差华人通事全思立管押被掳逃来唐人董火儿和等二人，解赴辽东。③

明朝对朝鲜遣使护送华人回国之举甚为赞赏，不仅奖励朝鲜国王，而且奖励管送中国人回国的朝鲜有关官员。明景泰三年（1452），辽东都指挥司移咨，以毛怜卫请经由朝鲜送还掳掠中国人口一事，朝鲜业已多次差人将被掳人送交辽东都司，又转至兵部转奏，并部奏请予以嘉奖。因咨转朝鲜知之。

6. 与明政府及辽东地方交涉

明隆庆六年（1572）九月，朝鲜遣登极冬至使正使朴淳等赴华，使团中有通事梅世恭、赵颐寿、李廷敏，蒙学通事李贞等人，其中梅世恭、赵颐寿为华

---

① 《朝鲜王朝实录》，太宗十七年二月丁卯。

② 《朝鲜王朝实录》，文宗元年十月戊辰。

③ 《朝鲜王朝实录》，世祖二年十月乙卯。

人通事。到京后华人通事安庭兰奉命到明礼部探问有关事项。"(明隆庆七年正月——引者注)初十日壬辰，晴，留玉河馆。呈方物、贡马于主客司，令安庭兰探问世宗实录修完与否于礼部，有唐陆者云纂修将完，只四年未修，穆宗实录十月二十六日开局时方纂修云。"[1] 根据廉浩等编写的《朝鲜姓氏族谱全书》记载，梅、赵、安姓均来自中国。

与明朝政府交涉，辩诬是其重要使命。朝鲜王朝"宗系辩诬"是中朝两国外交中的重要历史事件。朝鲜对明朝官修的《大明会典》的宗系辩诬，缘于《大明会典》对朝鲜王朝先祖世系的错误记载。朝鲜王朝为此进行了交涉，多次派遣使臣和通事赴华。经过朝鲜中宗、明宗、宣祖三朝君臣的努力，终于在《大明会典》进行第三次修订时对宗系错误记载进行改正。许篈在《朝天记》中记载了华人通事洪纯彦在明万历二年（1574）的辩诬经过：

> （八月——引者注）十八日，日晚，尚书及新授右侍郎兼翰林院侍读学士林士章坐堂。余等进跪于月台上。尚书问曰：有何禀事？洪纯彦持呈文授使，使举之以手，外郎取去，置诸尚书案上。其文曰，朝鲜国差来进贺万寿圣节陪臣刑曹参判朴希立谨呈：为辩诬事。先该万历元年二月内本国将宗系弑逆等两项被诬情节备由具奏，差陪臣吏曹判书李后白等赍擎奏闻去后，蒙部题称：朝鲜国始封王李（康献旧讳）代王氏以开国，作我东藩，守臣节而来，王谕忠北阙，子孙相继，垂二百年。据称宗系各有本源，既与李仁人不同，谓又国祚由于推戴，亦与弑王氏无与。在我皇祖之大训固得于一时之传闻，在伊裔孙之辩词实出于一念之诚。孝合无念，其世秉礼仪，克笃忠勤，依其所请。恭候命下行文翰林院，请出内府续修会典新书朝鲜国一册，将李（御讳）并陪臣李后白等奏呈略节纂呈御览，附录本条之末。[2]

明万历二年（1574）八月，洪纯彦作为通事，为辩诬而奔走。《朝天记》记载了华人通事洪纯彦与明朝礼部官员之交涉：

> （十八日——引者注）纯彦告曰："陪臣禀上老爷，窃闻今方纂修新会典云，本国宗系事情望老爷俯赐成就。"尚书曰："这个事情时未晓得，当查看。"……尚书细看呈文，送于右侍郎，相与讲议，往复良久，令都吏

招通事来。洪纯彦趋赴月台上，尚书曰："此事已为题过实录，完后自可以行，今不敢再题。"纯彦对曰："此则陪臣亦知之矣，但闻今方纂修会典，陪臣之意望老爷通查各年事例，再行题请，移文翰林院，则陪臣等其将回话于国王，而国王感激之意，何可量耶？"尚书曰："会典今虽纂集，而内院尚未设局，若闻局则你国之事自可增入矣。今不须题请。此意回报陪臣知道。"右侍郎问于都吏曰："此通事是本国通事乎？"都吏曰："是本国原来通事也。"侍郎仍顾语纯彦曰："此事已悉之矣，但实录时未完了，待其完则自当增入，决无遗漏。今不须题也，此意归报陪臣。"纯彦叩头而出，罢堂后余等遂归。今日将呈文该吏及高云程，幸其有事，睹为奇货，邀索贿赂，恐吓万端。云程谓洪纯彦曰："兹事系吾一言之重轻，你可将三十两银以赠我云。"可见此辈之无状至此极也。①

《朝鲜王朝实录》详细记载了朝鲜王朝对辩诬有功者的"加资情况"：

（甲申十七年五月——引者注）戊寅，宗系奏请使黄庭彧、书状官韩应寅、质正官宋象贤发行。②

（十一月朔癸酉——引者注）宗系及恶名辩诬奏请使黄庭彧、书状官韩应寅等奉敕而还。皇帝录示《会典》中改正全文。上迎于慕华馆，告宗庙，受贺，加百官阶，宥殊死以下。庭彧、应寅及上通事洪纯彦等加资，赐奴婢、田宅、杂物有差。③

宗系辩诬有助于朝鲜确立自身正统的宗藩秩序，反映了朝鲜对王权正统的焦虑和对宗藩名分的诉求。④ 在宗系辩诬的 70 年漫长过程中，朝鲜始终以明朝之"内服"而自居，"尽诚竭智，期于获辨而后已"。⑤ 朝鲜华人通事洪纯彦在宗系辩诬一事中发挥了较大的作用，因此受到朝鲜宣祖奖励。

李廷龟，是朝鲜著名文人，他在使华时充分利用华人通事表廷老等人完成使命。李廷龟在明万历四十八年（1620）作为朝鲜辩诬使来明，著有《庚申燕行录》。事情起因于徐光启上表《亟遣使臣监护朝鲜》，认为朝鲜与后金

---

① （朝）许筬：《朝天记》，载《燕行录全集》卷 6，第 244—246 页。

② 《朝鲜王朝实录》，宣祖十七年五月戊寅。

③ 《朝鲜王朝实录》，宣祖十七年十一月癸酉。

④ 参阅杨艳秋：《〈大明会典〉〈明史〉与朝鲜辩诬——以朝鲜王朝宗系辩诬和"仁祖反正"辩诬为中心》，《南开学报（哲学社会科学版）》2010 年第 2 期。

⑤ 《朝鲜王朝实录》，明宗十一年十月癸巳。

有勾结，提出对朝鲜进行监护的主张。朝鲜对此非常重视。"今此辩诬，必须择用华国手段。李廷龟在先朝，亦尝善为辩诬，今差陈奏使"。这年"十二月二十九日，命招引见，上曰：今此辩诬，至冤极痛，卿等竭力周旋，期于快辩"。次年三月十二日，李廷龟抵达辽阳，诣都司衙门呈咨文。"使译官表廷老等告曰：两起谢恩及辩诬陈奏也"。在辩诬过程中，通事发挥了作用。四月十四日入北京，十六日呈奏本于鸿胪寺，十九日呈咨文于兵部。五月十七日往西长安门见阁老，"阁老曰：两部覆本皆为一样乎？令译官等对曰：皆请降敕，而礼部则请令陪臣顺赍，兵部则转经略差官颁示矣"。①

在朝鲜使臣和通事的努力下，辩诬一事终于取得满意的成果。明朝皇帝信任朝鲜国王，《皇上敕谕朝鲜国王》云："兹益鉴尔悃诚，愍尔愤惋，弘为开布，嘉与昭宣。载申羽翼之盟，更订犄角之誓。"②

与辽东地方进行交涉，解决中朝两国间的一些历史和现实问题，是朝鲜通事的一项职责。明万历二年（1574 年）五月十一日，圣节使朴希立率团赴京，使团中有上通事宋大春。六月二十三日至辽东，递交朝鲜国王咨文。书状官许篈在《朝天记》中记载了华人通事宋大春与辽东官员的交涉情况："大春纳礼单及皇华集于陈言，则言出坐小厅，招语曰：'顷者屡求皇华集五部，镜面纸六十张，丝笠三部，而今日何以只将皇华集一部来耶？'"③

7. 搜集中国情报

朝鲜王朝从建立开始就制定了对明朝情报搜集的具体方针。在派遣使行人员出使之前，朝鲜政府会告知使臣出使任务，要求使臣归国后呈交书面报告。朝鲜承政院明确规定："奉使赴京各起书状、通事、赴辽东使臣等官，但有陈奏事理，宣谕圣旨，礼部、辽东省会及沿途闻见事件，回还十日内，一一开呈本院，以凭参考。其有违限不呈者，移文宪司纠察。"④朝鲜成宗时期制定的《经国大典》也郑重其事，将正使、副使的报告称为"使臣别单"，将书状官和通事官提交的出使记录称为"闻见事件"，要求使行人员必须提交，以上所有出使记录都必须呈交承文院分类保管，并对使行报告（使臣别单、闻见事件）进行具体分析，从而为朝鲜王朝制定外交政策提供建议和方向指导。

---

① （朝）李廷龟：《庚申燕行录》，载《燕行录全集》卷 11，第 15、16、21、49 页。

② （朝）李廷龟：《庚申燕行录》，载《燕行录全集》卷 11，第 77 页。

③ （朝）许篈：《朝天记》，载《燕行录全集》卷 6，第 96—97 页。

④ 《朝鲜王朝实录》，太宗十七年三月丙辰。

明代的朝鲜《燕行录》，卷帙繁多，而作者多来自使行人员。朝鲜使臣留下了不少使行记录。如，明嘉靖十八年（1539），奏请使权橃著有《朝天录》。万历十五年（1587），朝鲜遣陈奏兼谢恩使裴三益赴华，裴三益撰《朝天录》，记载了使行过程。书状官有承担撰写书状的重任，不少人在使行后留下许多珍贵的燕行日记。如，明万历二年（1574），朝鲜派遣圣节使，许篈以书状官身份入华，撰有《朝天记》，记载使行经过。明万历二十九年（1601），朝鲜为庆贺万历年间明朝讨平播贼杨应龙，派遣进贺使，李安讷为书状官，其著有《朝天录》。一些通事（质正官、从事官）也撰写过燕行日记，如明万历二年（1574），朝鲜派遣圣节使，书状官是有名的许篈，其撰有《朝天记》。

朝鲜华人通事将在中国辽东的倭寇情况向朝鲜国王禀报，以便朝鲜王朝决策。永乐十三年（1415）七月戊午，华人通事姜庚卿自辽东回到朝鲜，"启曰：'七月初四日倭贼入旅顺口，尽收天妃娘娘殿宝物，杀伤二万余人，掳掠一百五十余人，尽焚登州战舰而归'"。朝鲜太宗担心，"帝若怒而欲征之，则必有助征之命"，"且我国交通日本，倭使络绎，帝若知之，则必归咎我国"。[①] 根据《朝鲜姓氏族谱全书》，姜姓源于中国，姜庚卿即为华人后裔。

朝鲜华人通事亦奉命在辽东搜集、传递情报。如华人通事康智恂和康文宝。《朝鲜王朝实录》记载：明宣德三年（1428）十一月壬子，平壤通事康智恂自辽东回到朝鲜，"传写（皇帝亲率骑兵平胡）诏书以来"。[②] 正统年间，也先侵扰辽东，朝鲜方面对此十分关注。正统十四年（1449）八月己酉，朝鲜遣华人通事康文宝等人至辽东，"侦查事变"。[③] 根据《朝鲜姓氏族谱全书》记载，康姓源于中国，康智恂等人为华人后裔。

明代末年，满洲崛起，朝鲜方面下令对满洲情报进行搜集，了解满洲动向。据许篈《朝天记》记载，明万历二年（1574）九月，朝鲜通事白元凯、宋大春等人在回国经过辽东时注意搜集满洲情报。

> （九月——引者注）十四日乙酉，晴，朝。白元凯入城探问达子声息于兵备衙门。有夜不收持总督蓟辽军务杨都御史牌文以入。元凯就观，仅录其头文数行，而其人忙，遽不能尽传其文，曰："义院口提督报禀土蛮

① 《朝鲜王朝实录》，太宗十五年七月戊午。
② 《朝鲜王朝实录》，世宗十年十一月壬子。
③ 《朝鲜王朝实录》，世宗十一年八月己酉。

下各头儿在地名哈架抹力，各屯聚兵，约在九月半间起营，要犯界领口、义院口一带地方，分派本卫车辆人畜等情，各卫所官即日火速赶家小备待云"。以此观之，则北边声息似紧急。

（九月十六日丁亥——引者注）夕至抚宁县，宿于李塘家。问边事于塘。塘答曰："前三四日闻有达子临墙，而今则已散向辽东云。"宋大春变唐服偕伴送二人入城刺事。县吏等曰："达子虽有声息而皆缓了，若紧急则县中岂如此乎？"皆晏然，若无事之时。

（十二月——引者注）初七日戊申。令白元凯问东边达子声息。答言姓张，任辽东左卫千总，顷往眞佃子筑城处，看工事完故回来。东边则宁静，别无声息云。[①]

根据《朝鲜姓氏族谱全书》记载，白姓源于中国，因此我们可以确定白元凯为华人后裔，是朝鲜华人通事。

8. 赍文回国

明朝皇帝常常给朝鲜发布诏书，明朝礼部也经常给朝鲜发出咨文。朝鲜通事肩负将明朝皇帝的敕谕、礼部咨文带回国内向朝鲜国王启奏的使命。赍文回国者不乏华人通事。

明永乐十一年（1413）三月，通事林密作为朝鲜贺正使通事自京师回到朝鲜，"启曰：'正月二十日皇帝宣谕曰：'日本国老王事大以诚，无有倭寇窃。今嗣王不禁草窃，侵扰我疆，又挂父真于壁而刺其目，其不道如此。朕欲发船万艘讨之，尔朝鲜宜预知之。'"朝鲜国王认为："况倭人实我国之仇，今若诛之，国之幸也。"但又认为明军"道经我疆，是不可不虑也"。于是他命令大臣"熟虑之"，并提出："吉川之行，知华语者如李玄为副介，使知事变"。[②] 根据《朝鲜姓氏族谱全书》，林姓源于中国，林密为华人通事。明宣德七年（1432）三月壬戌，华人宋成立作为朝鲜正朝使通事，赍来誊写皇帝处罪太监袁琦敕谕。[③]

9. 迎接明朝使臣

朝鲜华人通事在接待明王朝敕使方面发挥了作用。闻知明朝敕使将要出使朝鲜，朝鲜国王极为重视，紧急召集所有堂上官参加的御前会议，商议接待事

---

① （朝）许篈：《朝天记》，载《燕行录全集》卷6，第304、306、340页。
② 《朝鲜王朝实录》，太宗十三年三月己亥。
③ 《朝鲜王朝实录》，世宗十四年三月壬戌。

宜。决定首先设立管理机构"迎接都监厅",专门为敕使服务:"设馆伴、提调各一名,提调由户曹判书兼任",在迎接都监厅之下设立都厅军色、应辨色、宴享色、米面色、饭膳色等,还有别工作杂物色各二人、仪礼色一人、分工曹二人,分内资寺、分内赡寺、修理所、御前通事三人,侍讲院通事,等等。[①]

太平馆是朝鲜王朝接待明使的馆舍,在壬辰倭乱(1592)之前,一直在此接待明使。据朝鲜史料记载,明永乐二十一年(1423),华人通事元闵生等人曾奉命接待明朝太监海寿。[②]他圆满地完成接待明使的任务,一方面让海寿心满意足,另一方面将海寿从事私人贸易的情况向朝鲜世宗密报。

(二)清代朝鲜华人通事与对华外交

1. 参加朝贡活动

早在天聪年间,朝鲜国王即遣使与后金交往。后金天聪八年(1634)二月,朝鲜仁祖李倧遣总兵官李士英赍书二函来贺元旦,贡方物。[③]华人通事张梦泰随使团而来。清帝"赐朝鲜国贡使总兵官李士英鞍马、貂参,通事张梦泰及从人等各赏貂皮、白金有差,赐宴礼部"。[④]清崇德六年(1641),朝鲜遣圣节使兼冬至使元斗杓至沈阳,并看望了崇德元年(1636)开始作为人质的朝鲜世子。其使团通事有:堂上译官张礼忠、堂上译官李贤男、上通事崔斗男、教诲通事申益海、女真通事李廷芝、清译权仁禄、加定押物通事洪庆后、倭学朴俊男。清译人员较多,使团中还有郑明寿、韩巨源、李亨长、李化龙等。[⑤]在这些人中,根据《朝鲜姓氏族谱全书》的记载,张姓、洪姓均源于中国,可知张礼忠、洪庆后是华人。

清朝统治中原后,朝鲜王朝奉中国正朔,继续遣使朝贡。每年要派遣贺正使、冬至使等,还不定期派遣谢恩使、陈奏使等。清康熙元年(1662),朝鲜王朝派遣以赵泰采为正使、李正臣为副使的谢恩使团来华。该使团中有上通事金泰祯、申命瑞等人,译官金尚密,小通事车铁甲等人。[⑥]其中小通事车铁甲

---

① 《通文馆志》卷4《事大·敕使行》。
② 《朝鲜王朝实录》,世宗五年八月丁卯。
③ 《清太宗实录》卷17,天聪八年二月乙亥。
④ 《清太宗实录》卷18,天聪八年三月戊子。
⑤ (朝)李景稷:《赴沈日记》,载《燕行录全集》卷15,第385、423页。
⑥ (朝)李正臣:《燕行录》,载《燕行录全集》卷34,第190、213页。

是华人后裔。车氏和柳氏是同族异姓,据《柳氏世谱》记载,源于中国。

朝鲜华人通事频繁地参加朝贡活动。在朝鲜使行人员的燕行录中,对通事的朝贡活动都有比较详细的记载。清代朝鲜的燕行录,记载了具体的通事姓名。清代朝鲜使臣的《燕蓟记程》(该书作者未详)记载了朝鲜冬至使洪起燮率团使华经过,其通事有:"译官一堂上崇禄大夫金在洙、二堂上崇政大夫金相淳、三堂上折冲将军朴明埈、四堂上折冲将军李九荣、汉学上通事前金正刘荣祐、清学上通事前判官赵显瑜。"[1] 在上述通事中,根据《朝鲜姓氏族谱全书》记载,刘、赵两姓均源于中国,汉学上通事前金正刘荣祐、清学上通事前判官赵显瑜是华人后裔。

金昌业的《燕行日记》记载了清康熙五十一年(1712)朝鲜使团使行过程。朝鲜使团中译官有朴东和,上通事张远翼、金世弘,教诲质问通事刘再昌,押物通事金昌夏、金商铉、吴泰老,偶语别递儿夏谊,清学别递儿韩允普,蒙学前奉事金景兴,倭学前直长崔忆,蒙学副司勇张龄,清学新递儿崔台相,等等。其中上通事张远翼、教诲质问通事刘再昌、押物通事吴泰老、偶语别递儿夏谊、蒙学副司勇张龄,根据《朝鲜姓氏族谱全书》记载,其先祖均源于中国,是华人后裔。

在众多的使行人员中,通事是最为忙碌的人。朗善君李俣作为陈慰兼进香使,在《朗善君癸卯燕京录》中叙述了清康熙二年(1663)他率团使华的经过,肯定了通事在外交上的作用。其使团中有译官梁孝元、张炫、徐孝男、安日新,其先祖均源于中国,都是华人通事。文中说:

（七月——引者注）十三日戊寅,晴。热则虽退,劳惫滋甚。食后,堂上译官二人,表咨文无弊,呈纳于礼部。

（七月——引者注）十八日癸未,晴。……礼物中香与烛,朴有氚领纳于太常寺。清蜜则上通事领纳于光禄寺。苎布、绵䌷、纸地、银子与香合其余礼物,译官领纳于户部。[2]

2. 与清朝及辽东地方交涉

在与清朝及辽东地方政府交涉的过程中,朝鲜华人通事起了很大的作用。他们具体负责交涉事务,参与交涉全过程。

---

① (朝)《燕蓟记程》,载《燕行录全集》卷98,第382—383页。
② (朝)李俣:《朗善君癸卯燕京录》,载《燕行录全集》卷24,第20、21页。

朝鲜人孙万雄曾作为书状官随冬至使赴清，他在《燕行日录》中记述了清康熙十六年（1677）朝鲜冬至使团使清经过，提到朝鲜使团中有首译安日新、译官李芬、清译金天民等。金天民奉命"通于凤凰城将""通于山海关城将"。文中具体记载了华人通事（首译）安日新在到达北京后与清朝礼部交往的情况："至礼部大门下马，而步由西夹门而入。上使亲奉表咨跪授，译官安于卓上后即出还馆。"① 文中的译官即是朝鲜冬至使团首译安日新等人。据《朝鲜姓氏族谱全书》记载，朝鲜安氏先祖是中国唐朝人氏，安日新当为华人后裔。

3. 搜集中国情报

朝鲜王朝通事肩负搜集中国方面情报的重任，其搜集情报的方式主要有：从漂流民口中了解清朝信息；借出使到北京和辽东的机会向官员和百姓了解清朝信息；从出使到朝鲜的官员口中了解相关信息；深入中国内地刺探情报。

在朝鲜如清使团中有一些华人通事，他们在使行中除负责语言翻译外还要承担许多具体的工作。如对京城情况的了解，也是他们工作的任务之一。清康熙二年（1663），朗善君李俣作为陈慰兼进香使出使中国，其使团中有译官梁孝元、张炫、徐孝男、安日新等人，均为华人通事，参与了对中国情报的搜集工作。②

瀛昌君李沉作为冬至使于清康熙十六年（1677）出使中国，华人通事安日新作为首译，从多方面搜集中国情报，尤其关注吴三桂等人的情况。③

4. 完成使臣交付的工作

使团通事除了负责口译外，还必须完成使臣交付的工作。清康熙十七年（1678），长陵辩诬陈贺谢恩兼冬至使出使中国，书状官金海一记载了这一使行过程。这年十二月"初五月，送译官金世明、张景宪领岁币入送沈阳"。④ 年底使团到达北京，入住五河馆。正月初四，使臣金海一将家书交给通事张孝礼，由他负责寄回朝鲜家中。⑤ 朝鲜张姓均源于中国，张景宪、张孝礼皆为华人后裔。

综上所述，在朝鲜王朝与明清王朝政治交往的历史过程中，朝鲜华人通事

---

① （朝）孙万雄：《燕行日录》，载《燕行录全集》卷28，第320、339、354页。
② （朝）李俣：《朗善君癸卯燕京录》，载《燕行录全集》卷24，第23页。
③ （朝）孙万雄：《燕行日录》，载《燕行录全集》卷28，第347、348页。
④ （朝）金海一：《燕行日记》，载《燕行录全集》卷28，第201页。
⑤ （朝）金海一：《燕行日记》，载《燕行录全集》卷28，第212页。

不辱使命，辗转千里，往来于中朝之间，切实履行了"事大以诚"的原则，促进了中朝关系的发展，维护了朝鲜边疆地区的稳定，从而发挥了沟通两国的"桥梁"作用。他们的杰出表现，不仅得到朝鲜国王的赞赏，也受到明清皇帝的好评。如明永乐六年（1408），由于陈慰使书状官朴刚生和华人通事张洪筹圆满完成使命，朝鲜太宗赐给他们"各米豆二十石"。而华人通事元闵生则得到明成祖的优待，"太宗皇帝以戚连显仁妃，厚待之，凡奉事奏请，多蒙允许。"

二、琉球

在明清时期，琉球国中山王对中国的朝贡，一般是"二年一贡"。琉球华人通事身负王命，不辱使命，在外交上发挥了巨大作用。

（一）明代琉球华人通事在外交上的作用

1. 迎接明册封使臣

明朝共向琉球派遣册封使 15 次。最早的一次是在明永乐二年（1404）四月，明成祖遣时中赴琉球祭吊中山王察度，颁发诏书封世子武宁"袭爵位"。[①]明嘉靖十一年（1532）陈侃、明万历四年（1576）萧崇业、明万历三十年（1602）夏子阳等先后出使琉球奉命册封琉球国王，并留下了《使琉球录》。明清使臣均对自己的使行过程作了记录，对琉球华人通事周到的接待亦有介绍。

琉球华人通事在接待明使方面自始至终发挥了重要作用，为明册封使在琉球的活动提供便利条件。明嘉靖十一年（1532），陈侃出使琉球，在到达福州后，需要着手造船、募集船工舵手、祭祀、等待琉球迎封舟等工作。琉球方面为迎接明册封使臣，需要派遣迎封舟。琉球国世子尚清遣长史蔡廷美过海来迎，"令通事林盛带夷稍三十人为侃等驾船"。[②]明朝使团到达琉球后，行祭王礼，谕祭文。次日行封王礼。"尚清令通事致词，欲留为镇国之宝。"陈侃等根据惯例将诏敕留在琉球。在册封使回国时，通事亦要护送他们回国。明嘉靖十三年（1534），陈侃等回国，琉球国王尚清"仍遣通事林盛带夷稍十人"为

---

① 《明太宗实录》卷 28，永乐二年二月壬辰。
② 《殊域周咨录》卷 4《琉球》，第 134 页。

陈侃等人驾舟；"又遣王亲宁古、长史蔡翰、通事梁梓等另驾一舡"。①

琉球国王在那霸港设立"天使馆"，款待明代使臣。琉球华人通事在此负责接待明朝使臣，宣读文书。

2. 参加朝贡活动

琉球华人通事在明琉外交上的贡献颇多。原籍江西饶州的琉球使臣程复，在明太祖未赐"闽人三十六姓"给琉球之前，"以寨官兼通事往来进贡，服劳居多"。由于他对琉球"勤诚不懈"，中山王察度曾为他上表明廷，要求明帝赐职加冠带，以此作为琉球臣民敬仰的典范。②

琉球遣使向明朝朝贡，按照其使命，大致可以分为三类：

一是遣使贡方物。这类活动比较频繁，史料记载较多。如，明永乐八年（1410），琉球中山王遣三五良尾、通事林佑等赴华入贡；明正统六年（1441），琉球遣长史梁求保、通事梁祐等奉表入贡。③

二是遣使奉表谢恩，或袭封，或讣告，或进香。如，明成化十二年（1476）秋，琉球遣长史李荣、使者杜那琦、通事蔡璋等，奉表谢恩；明成化十三年（1477）秋，琉球王世子尚真遣长史梁应、使者吴是佳、通事梁德等赴华，以尚圆王讣告，并请袭封。④

三是遣使谢恩贡方物或贡方物兼贺登极。如，明正统元年（1436），琉球中山王遣长史梁求保、通事李敬等赴华谢恩贡方物；明宣德年间，琉球中山王遣使阿普尼是、通事郑长等谢恩贡方物；明正统四年（1439），琉球中山王遣长史梁求保、通事蔡让等贡方物，表贺登极；明成化十一年（1475）秋，琉球遣长史梁应、使者达鲁、通事林茂等谢恩贡方物。⑤

琉球国尚清王、尚元王遣使来华，多以长史、使者率领使团，没有通事随行的记载。到尚永王时期才派遣华人通事赴华。

明万历二年（1574）冬，琉球国世子尚永以前使正议大夫郑宪等未回之故，遣使者马庆、通事郑禧等移咨布司，至闽探问。

在万历年间，有较长时期琉球没有派遣通事出使明朝，主要原因就是琉球

---

① [明]陈侃：《使琉球录（译注本）》，袁家冬译注，中国文史出版社 2017 年版，第 31 页。

② 《明太祖实录》卷 217，洪武二十五年五月庚寅。

③ 《中山世谱（校注本）》卷 5《尚忠王》，第 55、69 页。

④ 《中山世谱（校注本）》卷 6《尚真王》，第 88、92 页。

⑤ 《中山世谱（校注本）》卷 6《尚圆王》，第 65、66、87 页。

华人通事的缺乏。明万历三十四年（1606），琉球国遣使入贡，其附奏说明了华人通事缺乏的具体情况：

> 本年冬，王遣王舅毛凤仪、正议大夫郑道、使者芝巴那等奉表进方物，谢袭封恩（时王赆金，不受），附奏："洪武、永乐间，赐闽人三十六姓。知书者，授大夫、长史，为贡谢之司；习海者，授通事、总管，为指南之备。今世久人湮，文字音语，海路更针，常至违错。乞依往例，更赐数人。"礼部以闻。翌年丁未，神宗仍以阮国、毛国鼎二人，许入本国臣籍。即今唐荣阮、毛二姓是也。①

3. 护送漂流民

明清时期，中国与琉球之间都存在漂流民问题。在冬季西北季风盛行的时期，常有中国难民漂流到琉球。而夏季东南季风盛行，琉球难民往往会漂流至中国。对这些漂流民和难船的处置以及送还体制构成了双方朝贡关系的重要内容。

琉球华人通事在护送漂流民回国方面发挥了作用。如，明嘉靖四十二年（1563），琉球遣陪臣和郑宪护送漂流民，明万历三十二年（1604），琉球送回倭掳漂至男子郑良珍、郑良班等，这两次都安排了都通事和副通事，"驾专船护送回闽"。

每当漂流民到达琉球后，琉球都派出通事解送这些漂风难民回国，这不仅是增加来中国贸易的绝好机会，而且护送漂风难民会得到明朝皇帝的赞赏，解送难民的都通事和随行人员都会得到明朝皇帝的赏赐。（嘉靖）四十二年十二月癸亥，"琉球国中山王尚元，遣使入贡，因送还（中）国漂流人口。上嘉其忠顺，降敕褒谕，赐以钱币，并赏其陪臣由必都、郑宪等。"②

4. 咨报倭情

明朝令日本不得入贡后，萨摩藩觊觎琉球与明朝通商之巨大利益，竟然举兵攻入琉球，俘虏国王尚宁等人。尚宁被迫与萨摩藩签订《掟十五条》，琉球从此成为两属之地。在历史演变过程中，琉球通事在维护国家权益、争取中国支持等方面发挥了作用。

琉球华人通事在倭乱期间明琉交往中发挥作用。明万历三十七年（1609），发生乙酉倭乱，国王尚宁被扣押，不能出面处理国事。临时负责王

---

① 《中山世谱（校注本）》卷7《尚宁王》，第115页。

② 吕本等：《明世宗实录》，台湾"中央研究院"历史语言研究所1962年版，第8622页。

国事务的三司官马良弼"为急报倭乱致缓贡期事，今特遣正议大夫、使者、都通事等官"，因为"今差去员役并无文凭，诚恐所在官兵盘验不便，据此理合给照，为此除外"，派遣都通事梁顺等人带洪字第五十一号半勘合执照前往。①

萨摩藩入侵琉球、押走琉球君臣的同时，琉球官员郑俊正巧出使明朝，他立即向明朝报告萨摩藩入侵琉球及琉球君臣被囚于鹿儿岛的"倭乱"情况，并奏报了萨摩藩计划出兵鸡笼（今台湾基隆）的阴谋，提醒明朝应注意倭寇复起的可能性。

明万历四十四年（1616），琉球国王派遣通事蔡廛来言："迩闻倭寇造战船五百余只，欲夺取鸡笼山，恐其驰突中国，为害闽海，故特移咨奏报"。福建巡抚黄承玄向朝廷奏报。② 黄承玄的《题琉球咨报倭情疏》，谈到琉球华人通事向明朝提供倭情之事。③

（二）清代琉球华人通事在外交上的作用

1. 接待清朝册封使臣

清使出使琉球，都受到琉球的隆重接待。康熙年间出使琉球的张学礼在《中山纪略》中多次谈到华人通事在接待清朝使臣方面的作用。康熙二年（1663）八月中秋节，琉球王设宴款待清使，"其通官二员，时在左右传递问答，不预席"。"册封书吏、僧道各役，俱长史、通使陪"。④ 在该书中，张学礼频频提及通事官谢必振。他奉命迎接清使前往琉球，不仅向清使介绍琉球的风土人情，而且保护清使的安全，护送他们回到中国。

清嘉庆年间出使琉球的李鼎元，在《使琉球记》里谈到了通事在清琉沟通中的作用。"乃知历来册使俱就通事口授以意解释，未令通人笔之于纸，故音义不分"，因此通事的作用受到一定的限制。在语言不通的情况下，笔谈是可取的途径。琉球国王向温在清册封使臣回国时，亦通过代言柬表达自己的感激之情："无奈言语不通，通事传词，又不能备述，故特具柬代言，稍

① （日）东恩纳本：《历代宝案（影印本）》第1集第32卷，冲绳县立图书馆藏（资料编号：1002011656），第71—73页。
② 《琉球国志略》卷3《封贡》。
③ [明] 黄承玄：《题琉球咨报倭情疏》（《盟鸥堂集》卷1），载方宝川、谢必震主编：《琉球文献史料汇编》，海洋出版社2014年版，第342—353页。
④ [清] 张学礼：《中山纪略》，载《清代琉球纪录集辑》。

舒积悃"。①

2. 参加朝贡活动

清代，琉球多次遣华人通事入贡。顺治二年（1645），世子尚贤遣使毛大用、都通事阮士元等入贺。②此后又派遣通事周国盛、谢必振等赴华。到尚贞王时期，琉球多次遣使奉表入贡。

琉球华人通事在清琉外交上不遗余力。如琉球都通事蔡清派，为三十六姓之后裔，曾担任通事多年。《使琉球记》中称道："清派奉其王命，护送封舟，能汉语，人亦倜傥。"③

在明朝灭亡后，琉球对清朝的投诚与清琉封贡关系的确立方面，华人通事也尽心尽力。明崇祯十七年（1644），受琉球王尚贤之命，通事来华请封未成，滞留福州。清顺治三年（1646），清兵入闽后，由琉球馆通事谢必振率领使团，在福州向清军归顺。顺治六年（1649）秋，谢必振回到琉球，中山王尚质派遣通事周国盛随谢必振来华。谢必振与滞留福建的琉球使者，到南京向洪承畴投书，向清朝请封。④《中山世谱》有详细的记载：顺治五年（1648），琉球尚质王即位，"六年己丑秋，本国遣通事周国盛等抵闽，赍表投诚。时会世祖遣通事谢必振赍招抚敕，及钦赏物件来临本国。事竣还朝之日，世子遣都通事梁廷翰等护送至闽。由是，前使周国盛与谢必振俱入京，奉表投诚"。顺治八年（1651），世祖命通事谢必振、周国盛等赍敕，归谕世子，并讨还明印。"然而延至九年八月始抵闽"。⑤

一些华人通事在朝贡活动中以身殉职。清乾隆五十八年（1793）九月，琉球国遣使来华朝贡。该使团由紫金官毛国栋、副使正议大夫毛廷柱、通事郑文英等20余人组成。自闽入京水陆2500公里，路途遥远，行程匆匆，通事郑文英劳途患病，虽经悉心照料，但最终病故。⑥

据《中山世谱》记载，明清时期皇帝召见琉球使臣以清代为多。琉球使臣

---

① 《使琉球记》卷6，第158、175页。

② 《中山世谱（校注本）》卷8《尚贤王》，第124页。

③ 《使琉球记》卷6，第158页。

④ 殷梦霞、贾贵荣主编：《国家图书馆藏琉球资料续编》下册《中山世谱（抄本）》，北京图书馆出版社2002年版，第251页。

⑤ 《中山世谱（校注本）》卷8《尚质王》，第126页。

⑥ 卢志明等：《琉球古国闽人后裔六百年后回乡寻根》，《厦门日报》2010年5月21日。

在受到清代皇帝召见时，都有华人通事参与。从历史典籍的记载来看，琉球方面有引礼通事、传译通事、在北京的都通事曾参与觐见清帝。

清雍正元年（1723），琉球国王遣王舅翁国柱、正议大夫曾历、使者马世龙等入京献方物，表贺登极，并进圣祖香品。清帝"以翁国柱系王舅奉旨，召见于乾清宫。拜毕，赐座并茶（时引礼通事谢道武一员，随翁国柱入宫）"。①

清嘉庆九年（1804），琉球中山王遣耳目官毛廷勳、正议大夫郑国鼎等奉表入京贡方物。"皇上行幸瀛台，正副使额外奉旨，在西华门外恭迎圣驾。"赏看诸艺。"且皇上幸圆明园，奉旨在西三座门外恭送圣驾。时蒙皇上暂停御马，谕问王世孙平安，回国传知。随令传译通事回奏，归国之时，宣告谕旨。其余公务如例，全竣回国。"②

清道光四年（1824），琉球王遣耳目官向廷楷、正议大夫梁光地等奉表入京贡方物。清帝祫祭太庙，正副使、都通事额外奉旨，在午门前，同朝鲜国使臣瞻仰天颜。皇上回宫后，正副使臣蒙召入重华门赐宴，慰问国王平安，天语煌煌。正副使拜答国王平安讫，在御庭，赏看弦歌诸艺，并赐食物器具。又召入保和殿，同朝鲜国王使臣，在御庭赐宴，"赏看弦歌诸艺"。③

3. 传递外交文件

琉球华人通事在传递外交文件方面发挥作用。清乾隆十六年（1751），琉球国王尚敬去世，其世子尚穆向清朝提出册封要求。清乾隆二十一年（1756），清朝任命翰林院侍讲全魁为正使、翰林院侍讲周煌为副使，持节恭奉诏敕，分乘两船于同年六月初二自福州启程前往琉球。六月十四日，抵达琉球姑米山岛附近时，遭遇风暴，舟身触礁，使团人员弃船上岸，琉球国王闻讯后派人驾船迎接。由于册封使团随行使役所带货物、衣被受损或漂失，琉球世子即送衣被银五千两，给受损的 136 名使役均分，人均所得三十六两七钱。但是随行使役并不满足，在管队陈国栋的率领下前往天使公馆，请求使臣向琉球国王传谕再补银两，遭到使臣拒绝，恼羞成怒，立即断绝供应水、菜等物。七月二十四日，使臣命令全团使行人员前往祭祀已故国王，兵丁翁元、黄登等人抗议："恤赏未给，兵丁不去伺候。"④但他们最终还是如期参加祭祀活动。这时

---

① 《中山世谱（校注本）》卷 9《尚敬王》，第 145 页。
② 《中山世谱（校注本）》卷 11《尚灝王》，第 200 页。
③ 《中山世谱（校注本）》卷 11《尚灝王》，第 217 页。
④ 中国第一历史档案馆编：《清代中琉档案关系选编》，中华书局 1993 年版，第 45—55 页。

候，陈国栋等人"齐赴公馆，要求使臣传谕补呈"。琉球国王为息事宁人，派人送来银二万两。二号护船也遭遇风暴，于十二月抵达琉球。琉球国王根据头号船之例，共给衣被抚恤银二万六千两，兵役人等也照前数分别领取。[①]

此事发生后，闽浙总督喀尔吉善、福建巡抚钟音联衔给乾隆帝上了两份奏折，提出先用公款照数将抚恤银发还琉球国，并对索银当事人依据情节轻重分别处理。刑部对滋事的首犯陈国栋以刁民聚众抗官的罪名处以斩立决，将其首级枭示，以此达到警示、震慑作用。刑部最终裁决后，福建布政使司、按察使司将刑部的处理决定通告在福州的琉球国陪臣、通事等人。在陈国栋等正法之日，琉球陪臣和通事亦前往观看。清政府礼部还发布了一份咨文给琉球国王，清政府还动用存公银五万多两交给琉球馆存通事承领带回琉球。清政府极力维护清琉睦邻友好往来，其处理索银事件的决策通过琉球通事迅速传给了琉球国王。

4. 护送漂流民

琉球为送还包括朝鲜在内的漂流人口多次遣通事出使中国。一般都以都通事为首，有时安排副通事负责护送漂流民。

琉球华人通事护送漂流民来华，根据漂流民的来源，大致可以分为两类。

一是护送中国漂流民来华。清康熙四十年（1701）四月，琉球遣都通事郑士纶、副通事红永祺等，送还福州漂流商民陈明等。清雍正十二年（1734）春，琉球国王遣都通事郑廷干、司养赡，大使向元瑞等驾海舟至闽，送还朝鲜国难民男女12人。清乾隆十四年（1749）冬，琉球遣都通事阮大鼎、使者向克类等，照例进贡，并送还福建省福州府闽县难商民吴永盛等28人。[②]

值得一提的是，琉球在护送漂流民回国的过程中，就地取材，尽力任用在华留学的勤学、游学为通事。《中山世谱》记载：清嘉庆元年（1796），泊村佐久川五端帆马舰一只，通船人口21人，在八重山岛"随风漂流"，到达浙江省温州府，"皆被解送福州"。琉球令修船护送漂流民回国。"既而修整本船，令勤学毛修仁为其通事"。清嘉庆七年（1802），西村宫城筑登之亲云上六端帆马舰一只，共14人，前往宫古岛装运年贡，那霸开船，在洋漂风，漂到浙

---

① 转引自丁春梅：《从处理"索银事件"看清代对琉球的政策》，《福建师范大学学报（哲学社会科学版）》2005年第6期。

② 《中山世谱（校注本）》卷8《尚贞王》，第134、151、153页。

江省温州府永嘉县，除 1 人病故外，其余 13 人解送至福州。琉球令勤学郑克明宫城里之子为其通事，护送他们回国。①

二是护送朝鲜漂流民来华。康熙朝时期，琉球多次遣使护送朝鲜漂流民来华。清康熙三十六年（1697）冬，琉球王遣都通事魏士哲、使者毛应凤等照例接贡，并送还朝鲜漂流人口。②清康熙五十四年（1715），琉球王遣都通事郑士绚、使者东永昌等，照例接贡，并送还朝鲜漂流人口。清乾隆四年（1739）冬，琉球王遣都通事郑秉哲、使者温启恭等，照例接贡，并命送还朝鲜国难民 20 人。③

从康熙年间到同治年间，有不少中国漂流民到达琉球。琉球国均遣使护送这些难民回国。这不仅反映了琉球"事大"的真诚，也表现了中琉两国人民真挚的情谊。清朝对琉球解送人员进行赏赐，体现了清朝"怀柔远人"的诚意，亦是对琉球国救助抚恤清朝漂流民的行为极大的鼓励。④

5. 送还雇募船只

琉球船漂风至中国沿海，因为船只损坏，只好雇募船只入闽。送还雇募船只入闽，是琉球通事经常履行的职责。琉球国一般派遣都通事、大通事前往并送还雇募船只，这在琉球国史书《中山世谱》中多有记载：清雍正十年（1732）冬，琉球"王遣都通事蔡墢等，送还雇募海船一只"。⑤清乾隆五十九年（1794），琉球遣大通事蔡世彦，送还雇募船只。清道光三年（1823）秋，琉球"遣大通事王秉谦、才府齐愈辉、胁笔者敖秉则、总官毛嘉桐等，送还雇募船只入闽"。⑥

总之，明清时期琉球华人通事在双方政治交往中发挥了巨大作用。和其他国家不同，琉球通事群体全部由华人组成，是明清王朝和琉球国合力打造的一支翻译团队。他们参加朝贡活动，接待明清使臣，确保了朝贡秩序的稳定发展。他们还向明王朝提供有关倭寇的军事情报，在漂流民问题上也恪尽职守。这些密切了两国的政治关系，增进了两国人民的相互信任。

---

① 《中山世谱（校注本）》卷 10《尚温王》，第 182、192 页。
② 《中山世谱（校注本）》卷 8《尚贞王》，第 134 页。
③ 《中山世谱（校注本）》卷 9《尚敬王》，第 143、152 页。
④ 臧文文：《明清山东与琉球关系考述》，中国海洋大学硕士学位论文，2012 年。
⑤ 《中山世谱（校注本）》卷 9《尚敬王》，第 150 页。
⑥ 《中山世谱（校注本）》卷 11《尚灏王》，第 177、217 页。

三、日本

在明朝前期，日本华人通事在对华外交方面作用颇大。在明代后期和清代，日本"唐通事"也发挥了一定的作用。

（一）明代前期的中日交往

日本华人通事在对明交往中发挥了应有的作用。日本派往明朝的朝贡使团中的通事，一般都由旅居日本的华人担任。明初，原元朝太医院医生陈顺祖为避免战乱而移居日本，行医于九州的博多津。其子陈大年曾充任日本派往明朝使团的通事。[①]

明太祖即位后，多次遣使日本，要求其入华朝贡并制止倭寇的入侵。日本方面也遣使中国。明洪武十二年（1379），"日本国王良怀遣其臣刘宗秩和通事尤虔、俞丰等上表，贡马及刀甲、硫黄等物"。[②]尤虔、俞丰均为加入日本籍的华人。但当时日本处于南北朝战乱期间，明太祖误将九州的征西将军怀良亲王当作日本的国王，因此不得要领。室町将军源义满成功地解决了南北朝的合并问题。此后，源义满遣使如明，发挥了华人通事的作用。1403年，他派出赴明使团，以天龙寺的坚中圭密为正使，辅以梵云、明空二僧，并派华人徐本元担任使团通事。[③]其表自称"日本国王臣源道义"，贺明成祖登极。明成祖遣使赐予源义满"日本国王之印"，确立了册封关系。明永乐三年（1405），日本遣使贡方物，"并献所获倭寇尝为边害者"。[④]此举赢得了明成祖的欢心，明成祖对日本使臣赏赐甚厚。明永乐五年（1407）五月，日本再次遣使僧圭密等73人进献方物，"并献所获倭寇道金等"。[⑤]源义满致力于中日之间的关键问题即倭寇问题的解决，推动了中日关系的发展。明永乐六年（1408）十二月，源义满去世，明成祖赐谥恭献。[⑥]源义满之子源义持一反常态，虽有捕献倭寇之举，但对明态度日渐冷淡，最后拒绝与明交往。明永乐十七年

---

① 陈尚胜：《五千年中外文化交流史》第1卷，世界知识出版社2002年版，第489页。

② 《明太祖实录》卷125，洪武十二年闰五月丁未。

③ （日）木宫泰彦：《日中文化交流史》，胡锡年译，商务印书馆1980年版，第518页。

④ 《明太宗实录》卷48，永乐三年十一月辛丑。

⑤ 《明太宗实录》卷67，永乐五年五月己卯。

⑥ 《明太宗实录》卷86，永乐六年十二月庚寅。

（1419），源义持拒绝接见明使，中日两国关系中断。

明宣德六年（1431），源义持之弟源义教在位，开始积极准备对华朝贡，力图恢复朝贡关系。明宣德七年（1432），明使道渊奉命到达日本，中日断绝14年的关系得以恢复。明宣德八年（1433）五月，日本国王源义教遣使道渊等奉表来华进贡。[①] 日本派遣的朝贡使团，正使、副使以下，各船都有居庄、土官数名。居庄、土官掌管该船的贸易事务。一般每船也有数名通事，几乎都以加入日本籍的明朝人来充任。日本永享六年（1434）五月，日本派遣的朝贡使团中就有华人通事善德宝。在日本史籍中不乏华人通事的记载。如《戊子入明记》记载的通事有柴通事、沈通事、薛通事、张通事、林通事、阮通事，《允澎入唐记》记载的通事有庐圆、逍通事，《策彦入明记》记载的通事则有周通事、吴通事等。

到万历年间，由于丰臣秀吉悍然发动侵略朝鲜的战争，明廷视之为死敌，将其列为头号罪犯，兵部建议："若海外各岛头目有能擒斩各贼来献，许即封为日本国王，仍加厚赉。"[②] 中日关系进一步恶化。

丰臣秀吉死后，德川家康力图恢复中日关系。明万历三十年（1602），日本派遣华人通事王天佑护送华人王寅兴等87人回国。王天佑，原籍福建莆田，年幼时被掳往日本，寓居日本多年，已经娶妻生子。为了恢复中日关系，王天佑毅然接受使命，率船队到达中国。他带来日本国书两封，经福建巡抚转呈兵部。但当时明朝兵部官员心存疑虑，"实情难信，与其过而信之，不如过而防之"。[③]

中日关系一波三折，但日本华人通事恪尽职守，为中日交往作出了自己的一份贡献。

（二）唐通事与中国情报

1616年，德川幕府将对外贸易港口限定在平户和长崎。德川秀忠（1579—1632）统治时期，日本开始有意切断与明朝官方的联系，自行构建区域秩序和贸易体系。到1635年，赴日的"唐船"被日本限制在长崎一港进行贸易。到1641年，日本又将平户的荷兰商馆迁往长崎的出岛，如此，长崎成

---

① 《明宣宗实录》卷102，宣德八年五月甲寅。

② 《明神宗实录》卷255，万历二十年十二月庚子。

③ 《明神宗实录》卷371，万历三十年夏四月癸卯。

为日本唯一的贸易港口。福建等地的商船纷纷到达长崎进行贸易。在明代末期和清代，在中日关系断绝的情况下，为了获取中国方面的情报，以便对中国采取相应的外交政策，日本重视唐通事的作用。日本唐通事通过来日"唐船"搜集大量的情报，作为政府的决策依据。

受命担任唐通事者，几乎皆为华人或华裔，这使得日本江户幕府搜集中国情报成为可能。长崎县立图书馆藏《唐通事由来书》中云："吾等通事之先祖，乃明廷管辖之子民，清朝创业之时，怀投军之志。后渡航日本之地，先后被准永久居住，受命任通事官。"①

1683 年，施琅率清军水师攻克澎湖，郑氏政权举手投降，拱手让出台湾，自此台湾纳入清朝版图。清朝、郑氏之间的战争进程，经由陆续赴日的华商口述而为长崎唐通事所掌握，进而由唐通事以"唐船风说书"的形式呈送给江户幕府。

清廷收复台湾后，解除海禁，福建民间商船大批前往日本长崎。② 在 1674 年至 1728 年间，有 3059 艘唐船到达日本长崎，大多数唐船都提供了风说书，仅有 820 艘船没有留下风说书。

风说书中多是"各地消息，海外风说，传闻之辞"，但也有重要的信息，例如，"中土当时之敕谕、咨文、檄文、实务论策等"，为了解明末清初中国社会状况和东亚局势等提供了借鉴。③

唐船风说书情报的多寡及价值与中国国内局势密切相关。如果中国境内发生动乱，唐船会陆续带来相关消息，围绕该事件的风说书亦较多，有利于幕府根据这些信息来比较准确地评估中国形势。如明末清初，郑芝龙等人在福州拥立隆武帝，于 1646 年遣陈必胜等人携书赴日求援，"同年十月，（书简）由长崎上呈江户"。此后关于中国国内的情况源源不断通过唐船送达长崎。日本幕府曾就是否出兵问题进行商议，但是由于其分歧较大，会议持续数日未决。如果中国政局稳定，那么风说书中有关清商的报告鲜有其价值，此种情况在清朝

---

① 仲光亮：《日本江户幕府搜集中国情报研究》，山东大学博士学位论文，2015 年。

② 徐文彬：《闽文化东传与近世日本文化形成》，《丝路的延伸：亚洲海洋历史与文化国际学术研讨会论文集》，2015 年。

③ 王勇、孙文：《〈华夷变态〉与清代史料》，《浙江大学学报（人文社会科学版）》2008 年第1 期。

康熙后期很长一段时间内显得尤为突出。①

唐通事之认知建立在赴日华商的报告基础之上，而日本幕府对中国形势的认识又来自唐通事的风说书。因此，唐通事的风说书对日本幕府制定对华政策产生了一定的影响。

(三) 唐通事与"日式华夷秩序"

早在隋朝初年，日本在政治上就企图谋求与中国平等的地位。日本使者小野妹子出访中国时，其携带的文书开头就是"日出处天子致书日没处天子"。但在入唐以后，面对盛唐，日本一方面积极学习中国文化和政治制度，一方面又想摆脱以中国为中心的"华夷秩序"，发起侵略朝鲜半岛的白村江战役，挑战中国建构的"华夷秩序"。到了明代，日本室町幕府发展对明勘合贸易，并非融入明朝的"华夷秩序"，而是追逐贸易利益。

随着日本国家的统一，国力的增强，日本逐渐建立了"日式华夷秩序"。所谓"日式华夷秩序"，是日本在 17 世纪 30 年代构筑起来的华夷秩序，即大君外交体制，它与中国的"华夷思想"及其"华夷秩序"不同，其实质以与中国"华夷秩序"思想相对抗为特点。②

日本唐通事在"日式华夷秩序"构建过程中发挥了作用。江户幕府仿效中国王朝的朝贡体制和"华夷秩序"构建自身主导的区域秩序和朝贡体制。1715年，日本制定"信牌制度"，由唐通事翻译并做成通告《示各港唐商谕》，贸易规则《译司与唐商款约》和信牌的正文文本，强调日本官方对华商的权威，为经济贸易行为赋予了政治上的意义。③此后，日本主导的秩序规则被长时间地实行和遵守。

唐通事参与一些华商上交给日本官方的文书制作。如在唐船进入长崎港之时，华商需要交签名画押的保证书（甘结），承诺在日期间遵守日本法令规则，该底稿由唐通事提供，华商只需要誊写一遍即可，表示自己同意日方条款。日本政府把唐通事作为中介，使"日式华夷秩序"渗入赴日华商日常活动之中，并不断使之强化。

---

① 刘芳亮：《江户时期日本的中国情报搜集活动——以朝鲜—对马渠道为例》，《安徽史学》2013 年第 6 期。

② 谷庆涛：《日本型"华夷思想与华夷秩序体系"》，东北师范大学硕士学位论文，2006 年。

③ 王来特：《德川幕府在信牌事件中的反应：正德新例再解读》，《历史研究》2013 年第 4 期。

总之，唐通事在中日交往中发挥了巨大的作用。在明代前期，华人通事参与了对华朝贡活动，他们利用自己精通汉语的优势，克服了中日两国交往中存在的语言障碍，推动了中日两国外交。在明代后期和清代，在长崎的唐通事通过唐船搜集了大量的中国情报，为日本幕府的决策提供了依据。唐通事还翻译了有关中国"华夷秩序"的理论资料，为日本建立"日式华夷秩序"提供借鉴。

四、越南

为了对华朝贡活动的需要，安南黎朝设置"通事司"，设立通事司丞一职，负责对通事的管理。华人通事在中越交往中发挥了重要作用。

（一）参加朝贡活动

越南赴华朝贡使团由正使、副使、通事等人组成。越南华人通事在朝贡活动中发挥了其语言上的优势，沟通了中越两国的联系。

明弘治十年（1497），安南派遣请封使，使团通事为范怀瑾。[1] 明正德五年、安南黎朝洪顺二年（1510），安南黎朝襄翼帝遣使如明奏事和求封。《大越史记全书》中谈到了通事："二月，帝遣使如明，刑部尚书谭慎徽、东阁校书阮文泰、兵部都给事中黎承休、通事阮锋、行人三名、从人八名奏事，礼部左侍郎阮纲、侍书武干、提刑阮允文、通事阮好、行人三名、从人九名求封。时承休往至界首，有疾，乃遣兵科都给事中阮文俊代行"。[2] 这是《大越史记全书》首次明确提到越南华人通事参加朝贡使团活动。

安南黎朝洪顺二年（1510）十一月，黎朝遣御史台副都御史杜履谦、翰林院侍读兼史官阮秉和、提刑监察御史阮德光、华人通事阮明、行人8名、从人25名，"如明岁贡"。[3]

到明永历十八年、清康熙三年（1664），形势大变，清朝取代明朝建立起对全国的统治之后，与明朝保持宗藩关系的安南统治者，也转向清朝当局，并

---

① 《明孝宗实录》卷 174，弘治十四年五月庚申。
② 《大越史记全书》本纪实录卷 15《黎皇朝纪·襄翼帝》，第 767 页。
③ 《大越史记全书》本纪实录卷 15《黎皇朝纪·襄翼帝》，第 794 页。

接受了清朝的册封。"十二月，清遣正使吴光、副使朱志远等来谕，祭神宗渊皇帝"。清朝大力称道："尔安南国王，输诚纳款，向化归心，献馘而俘伪王，助兵以除邓贼，克宜忠荩，茂著勋劳"。[1]

清康熙五年（1666），康熙帝派遣使臣往封黎维禧为安南国王。越南史料记载：清康熙六年（1667），"三月，清遣正使程芳朝、副使张易贲赍册文，封帝为安南国王"。为了感谢清朝的册封，安南后黎朝遣使如清。"秋，七月，遣正使阮润、副使邓时济、黎荣等如清岁贡，又遣正使阮国樻、阮公璧如清谢恩"。[2]

清康熙五十八年（1719），清朝根据安南方面的请求，调整贡期。越史记载："九月，使臣阮公沆等还自燕京。赍礼部咨文回。内言：清帝准依两贡并进之请，差使臣三员，行人二十名。自是贡使六年一遣，正使一员，副使二员。"[3]

清乾隆五十四年（1789），安南黎朝被阮惠领导的西山义军所推翻，阮惠遣使请封。迫于现实，乾隆帝册封阮惠为安南国王，正式承认阮氏在安南的统治地位。清乾隆五十六年（1791）是乾隆八十大寿之年，朝鲜、琉球、安南、缅甸等国"远踚万里，诣阙祝厘"，[4]阮朝趁机与清朝密切联系，派遣贡使、通事、行人、从人入华。这些使行人员都得到"例赏物件"。

清嘉庆七年（1802），阮福映建立阮朝，史称这一年为嘉隆元年，阮朝遣户部尚书郑怀德等人来华，"另奉遣使请封，并请国号南越"。清帝考察安南的历史，借鉴历史的经验教训，于是，"清国谕准命用越南二字，以越字冠于上，仍其先世疆域，以南列于下，表其新赐藩封"。[5]

清嘉庆八年（1803），"越南国王阮福映初次纳贡"，遣陪臣六员、录事行人、书记、通事、从人等。[6]这些人都得到了清朝丰厚的赏赐。

（二）交往的桥梁

越南华人通事在明朝与安南的交往中发挥了较大的作用。据《大越史记全

---

① 《大越史记全书》本纪续编卷19《黎皇朝纪·玄宗穆皇帝》，第979页。

② 《大越史记全书》本纪续编卷19《黎皇朝纪·玄宗穆皇帝》，第965、966页。

③ 《大越史记全书》全书续编卷2《黎皇朝纪·裕宗和皇帝》，第1028页。

④ 《清高宗实录》卷1353，乾隆五十六年四月癸酉。

⑤ 《钦定大南会典事例》卷128《礼部》。

⑥ 《大清会典事例》卷508《礼部·朝贡》。

书》记载，明正统二年（1437），安南黎朝"以左刑院大夫丁兰为北江上路安抚副使，调段国士为安邦路安抚副使，以内侍阮廷擢等三人为转运副使，武队客队长刘伯恭为四厢指挥使"。刘伯恭被提拔为四厢指挥使的原因是他曾有助于黎利。"初伯恭为成山侯王通通事。（明宣德二年，1427年——引者注）丁未，太祖（指黎太祖——引者注）驻营菩提，王通尝使伯恭通问信息。太祖谓曰：'王通果能班师还国，可封汝为侯'。及天下大定，擢为队长。至是大臣具以其事言，故有是命。"①在明朝大兵入境之时，不少安南人或慑于明朝的强大军事力量，或支持明朝的正义立场，或为了升官发财，或充当安南间谍，纷纷投入明军阵营，或为将军，或为士卒，或为官吏，或为通事，不一而足。刘伯恭在明越冲突中，也投身明军军营，但他身在曹营心在汉，左右逢源，摇摆不定。在黎利的策反、利诱下，他站在越南民族主义者的立场上，利用其通事的有利条件，暗中为安南出力，极力说服王通班师回朝。

综上所述，明清时期中越两国外交往来频繁，越南华人通事成为中越两国交往的桥梁。虽然越南通事地位较低，中越两国史料上鲜见其姓名，对其事迹也语焉不详，但越南华人通事在中越两国的外交往来中，尤其在奉表朝贡等方面，发挥了一定的作用。

五、占城

占城是东南亚国家，长期与强邻安南为敌，因此占城国长期致力于国防建设，借助中国抗衡安南成为占城主要的对外政策。占城华人通事在对华外交上发挥了其不可替代的作用。

（一）参加朝贡活动

明洪武二年（1369）十二月，明太祖遣中书省管勾甘桓等奉敕封占城国王阿答阿者为占城国王。占城从此纳入明朝主导的东亚朝贡体制之中。占城朝贡使团多由大臣、通事、从人等组成。占城与明朝的交往，是通过使行人员的努力而实现的，华人通事成为两国外交往来的中介。

明洪武十九年（1386）九月，占城遣使朝贺天寿圣节，进献大象54头，

---

① 《大越史记全书》本纪实录卷11《黎皇朝纪·太宗文皇帝》，第543—544页。

及象牙、犀角等物。其朝贡使团由正使宝部领诗那日勿、副使、头目、通事、养象军士等组成。①

永乐宣德年间，占城频频遣使朝贡。明宣德五年（1430）七月，占城遣使进贡。八月，明赐占城使臣钞、彩币等，"赐其通事和阿妈等冠带，仍命赍敕及文绮、彩币归赐其国王"。②明宣德十年（1435）六月辛酉，占城国遣使逋沙怕茹该等奉金叶表及方物来贡。明正统元年（1436）五月庚寅，占城使臣陛辞，英宗敕谕其王曰："王能敬天事上，在我祖宗临御之时，恭修职贡，益久益虔。朕今嗣位，王又遣使朝贡。眷兹勤诚，良可嘉尚。"受到明朝皇帝鼓励的占城国王，几乎年年来朝。

占城华人通事或以正使身份率团访华，或作为使团成员入贡。明正统八年（1443）夏四月己丑，占城国王摩诃贲该遣华人通事罗荣同王侹且杨乐催等赍捧金叶表文谢恩，"贡舞牌旗、黑象等方物"。这是中国史料明确记载的占城国第一次派遣华人通事出使中国情况。明正德十五年（1520）闰八月，占城国遣番使头目通事番稍王叔沙没底大等朝贡。明朝"赐宴，赏彩叚诸物有差"。③

（二）寻求中国的支持

《西洋朝贡典录》称占城朝贡不常。明洪武六年（1373），占城国王忽儿那遣其臣奈亦吉郎等赍表献方物。此后朝贡不常。占城"朝贡不常"的原因，主要是因为其长期与安南交战，正常的朝贡活动被阻断。

在明代，安南与占城的关系长期十分紧张，兵戎相见，双方互有胜负。占城和明朝保持密切的联系。每当占城取得军事上的胜利，占城就会遣使来华告捷。明洪武六年（1373）十一月己酉，占城国遣使上言："安南以兵侵本国，仗天朝威灵，败之境上，谨遣使告捷。"④但更多的时候是占城受挫。明永乐元年（1403）七月，占城国王占巴的赖遣使朝贡，且言："其国与安南接壤，数苦其侵掠，请降敕戒谕"。⑤明成祖欣然同意。明永乐二年（1404）八月，占

---

① 《明太祖实录》卷 179，洪武十九年九月甲寅。
② 《明宣宗实录》卷 69，宣德五年八月己卯。
③ 《明武宗实录》卷 190，正德十五年闰八月庚寅。
④ 《明太祖实录》卷 86，洪武六年十一月己酉。
⑤ 《明太宗实录》卷 21，永乐元年七月丁酉。

城又遣使奏告："前奏安南攻扰地方，杀掠人畜，仰蒙降敕谕，使息兵；而其国王胡奁不遵圣训，今年四月又以舟师侵入臣境，民受其害。近朝贡人回，所赉赐物皆被拘夺，又逼与臣冠服印章，使为臣属；且已占据臣沙离牙等处之地，今复攻劫未已。臣恐不能自存，愿纳国土，请吏治之。"占城国王迫于安南的兵威，"愿纳国土"于明。明成祖同情占城的遭遇，在听了占城使臣的汇报后勃然大怒，"命礼部赍敕谕奁"。[1]但安南不听明朝的忠告，继续进犯占城。永乐四年（1406）八月庚子，占城国遣使朝贡，且言："安南黎贼数侵掠其境土、人民，请兵讨之"。[2]

明永乐五年（1407），明军出兵安南，名为讨伐叛逆，其实亦为占城助力。占城乘机出兵，夹击安南军队。当年九月庚申，明成祖遣太监王贵往劳占城国王，"赐王白金三百两，彩绢二十表里，嘉其尝出兵助征安南也"。[3]

安南属明时期，占城消除了安南对本国的威胁，但是占城并未吸取历史教训，致力于经济建设，而是穷兵黩武，大肆入侵交趾地区，引起了明朝的不满，为后来安南兴兵入侵占城埋下了祸根。

安南属明时期结束后，占城与安南交恶。明正统十一年（1446）六月，安南国王遣使来华奏告占城"欺其孤幼，曩已侵其升、华、思、义四州，今又屡次率兵攻围化州，杀掠其人畜财物"。六月癸亥，明英宗为此敕谕占城国王曰："祗循礼分，严饬守边头目，慎固封守。勿仍恣肆，侵轶邻境，贻患生灵，自取祸殃。"[4]明景泰四年（1453）八月乙未，占城派遣使团来华，其通事是华人陈真。占城使团此行，向明朝汇报安南入侵之事，寻求明朝的支持。

安南处于强势，对占城步步紧逼。明成化五年（1469）十一月，占城遣使入贡。这次占城使团有华人通事周公保。"时安南索占城犀象、宝货，令以事天朝之礼事之。占城不从，大举往伐。"安南国王企图把占城纳为藩属国，在占城抗拒的情况下，安南大动兵戈，公然入侵占城。占城势单力薄，其结果是"国王被俘，王弟逃入山中"，占城危在旦夕，被迫向明朝"遣使告难"，希望明朝挽救其灭亡的命运。明成化七年（1471），安南军队占领占城的首都毗阇耶，俘虏占城国王盘罗茶全，占城人大批向柬埔寨和马六甲移民。占城北部和

①　《明太宗实录》卷 33，永乐二年八月庚午。
②　《明太宗实录》卷 58，永乐四年八月庚子。
③　《明太宗实录》卷 72，永乐五年九月庚申。
④　《明英宗实录》卷 142，正统十一年六月癸亥。

中部被安南占领，仅仅剩下南部宾童龙，成为安南的保护国。安南还扶植傀儡提婆苔为占城国王，并授予其占城国王印。

明朝不能容忍安南对占城的吞并，采取了一些举措：一是在政治上支持占城国王子，敕谕占城，对提婆苔受安南伪封进行谴责。明成化二十年（1484）七月辛卯，明宪宗敕占城国王子古来，抚谕提婆苔，令纳原降占城国王印，宥其受安南国伪封之罪，仍令为头目，本国居住。[①] 这年八月己未，提婆苔派遣的使团来到明朝，其中就有华人通事梅者亮。占城使者向明朝表示忠诚，接受明朝的建议。二是通过在国内册封占城国王的方法，确保占城的安全。明成化二十三年（1487）十月己卯，明朝采取紧急措施，一反常态，"即广东封占城国王子古来为王，护归国，敕安南国还其侵地"。[②]

弘治、正德年间占城仍然遣使来贡。明弘治元年（1488）四月丁未，占城国王遣使来华，使团通事是华人梅晏化。明正德十五年（1520）十二月辛丑，占城国王沙古卜洛遣王叔没底大兵、正副使沙钵脱那办等如明进贡，谢册封恩，明朝对占城使行人员"各赐冠带有差"。[③] 此后，史籍上再也找不到占城方面入贡的记载了。

明正德十六年（1521），明武宗去世，八月，明朝"以登极诏谕朝鲜、安南二国"，[④] 而没有提及占城。如此看来，此时占城已经被安南所吞并。

从正统八年（1513）到弘治元年（1488），占城华人通事出使中国有明确记载的即有上述五人。由于占城相对安南较为薄弱，占城长期疲于战争，严重消耗了国力。但是通过外交使臣和华人通事的努力，占城王朝争取了明朝的同情和支持，得以苟延残喘，维持了一段时间。

六、缅甸

缅甸是中国的邻邦，与中国山水相连。明洪武二十六年（1393）三月戊申，"缅国遣其臣板南速剌进方物"。[⑤] 从此，明缅之间的朝贡关系正式确立。

---

① 《明宪宗实录》卷 254，成化二十年七月辛卯。

② 《明孝宗实录》卷 4，成化二十三年十月己卯。

③ 《明武宗实录》卷 194，正德十五年十二月辛丑。

④ 《明世宗实录》卷 5，正德十六年八月乙巳。

⑤ 《明太祖实录》卷 226，洪武二十六年三月戊申。

缅甸华人通事在对华外交中发挥了一定的作用。

（一）参加朝贡活动

明清时期缅甸入贡使团主要由头目、通事、从人等组成。《明实录》多处记载洪武、永乐期间缅甸入贡之事。如，明洪武二十八年（1395）十月，缅甸国王卜剌浪遣使桑乞剌查贡方物；[①] 明永乐元年（1403），明成祖"命兵部设缅甸宣慰司，以那罗塔为宣慰使"；[②] 明永乐六年（1408）五月辛亥，缅甸宣慰使那罗塔等遣头目浴霞贡马及方物。

在宣德年间，缅甸频频遣使，《明实录》提及通事姓名等情况。丘景是较早提到的缅甸华人通事之一。《明宣宗实录》云：明宣德二年（1427）八月乙酉，缅甸军民宣慰司头目莽得剌遣通事丘景等来华朝贡。[③]

（二）通事与南明小朝廷

清初，清军大举进攻南明王朝，南明永历十三年（1659）闰正月，南明皇帝朱由榔在大学士马吉翔等的护卫下进入缅境，"二十八日，帝入缅关。……是日抵芒谟，缅人迎贡，亦颇循礼"。[④] 由此开始了南明小朝廷与缅甸朝廷的交往。缅甸华人通事在其中发挥了重要作用。

一是中缅互通，华人通事在其中起着沟通双方语言的作用。"二十四日，缅酋来邀大臣过河议事，上命马雄飞、邬昌琦往。至则缅酋不出，惟令通事传语"。二是华人通事尽力保护永历皇帝和大臣。在缅人面对南明群臣惨遭屠杀之时，"已而通事引缅官来护守，惟曰：'不可伤皇上与沐国公'"。[⑤] 三是华人通事具有较强的洞察力，通过观察南明朝廷大臣的行为，敏锐地预测出南明王朝的前景。

> 初九日，缅酋遣贡甚厚，上亦优答之。时缅妇自相贸易，杂沓如市。诸臣恬然以为无事，屏去礼貌，皆短衣跣足，阑入缅妇贸易队中，踞地喧笑，呼卢纵酒，虽大像无不然者。其通事为大理人，私语人曰："前者入关，

---

① 《明太祖实录》卷242，洪武二十八年十月己未。

② 《明太宗实录》卷24，永乐元年十月丙辰。

③ 《明宣宗实录》卷30，宣德二年八月乙酉。

④ ［明］自非逸史编：《也是录》，载《明季稗史汇编》卷18，第1页。

⑤ ［明］自非逸史编：《也是录》，载《明季稗史汇编》卷18，第2、9页。

若不弃兵器，缅王犹备远近；今又废尽中国礼法，异时不知何所终也"。①

对此事，《行在阳秋》亦有类似记载，云："初九日，缅人进贡，上优赐之。相传缅妇每日贸易如市，诸大臣皆短衣跣足，混入缅妇贸易，据地杂坐谈笑。缅官乃曰：'天朝大臣，如此规矩，安得不亡'。"②这里提到的"缅官"，当为祖籍为云南大理的缅甸华人通事。

《狩缅纪事》记载，尤其详细。缅民来和明人贸易，南明文武官短衣跣足，混入缅妇之中，席地而坐。缅甸官员老成者私下议论，说："天朝大臣，如此嬉戏无度，天下安得不亡？"永历皇帝根据当时情况决定派官员夜巡，发现一些私交比较密切的人聚在一处，张灯喝酒，彻夜歌咏呼号。缅甸通事都是华人，私下对夜巡官员说："列位老爹巡夜以防小人叵测，今如此举动，则小人知觉矣。前入关时，若不弃弓刀，则缅王必来远迎。今既识破天朝行藏，将来见侮外夷，何以出险？"③这些缅甸华人通事，虽然服务于缅甸官府，但"皆中国人"，能为南明君臣安危担忧，具有强烈的民族主义思想。

综上所述，缅甸华人通事为中缅交往作出了贡献。在明代，缅甸华人通事多次参加朝贡活动，在清初南明小朝廷入缅后，能够为南明君臣担忧，体现了华人后裔对故土故人的眷恋和担忧。

七、暹罗

明洪武三年（1370），明太祖遣使暹罗，翌年暹罗使者随明使入贡，明暹朝贡关系确立。清康熙四年（1665），暹罗遣使朝贡，开始了清暹交往。在整个明清时期，暹罗频繁遣使朝贡。暹罗华人通事在外交方面发挥了积极作用。

暹罗华人众多，有不少人被暹罗国王选中充任通事甚至担任贡使。参加对华朝贡活动是暹罗通事的主要职责。从进入广东开始，到入京进贡，通事需要承担口语翻译，方便双方沟通。一般来说，担任使团通事的人员都是居住在暹

① [明] 自非逸史编：《也是录》，载《明季稗史汇编》卷18，第4—5页。
② [清] 戴笠：《行在阳秋》卷下，载《台湾文献史料丛刊》，第234种。
③ [明]刘茝等：《狩缅纪事（外三种）》，丁红校点，浙江古籍出版社1986年版，第16—17页。

罗的华侨或华裔。

据史料记载，有些华人通事参加朝贡活动。暹罗华人李清在明洪武五年（1372）、奈罗在明弘治十年（1497）先后充任使团通事。又如《明孝宗实录》"弘治十年九月七日条"记载："江西南城县民万轨商往琼州，因漂风流寓暹罗，为通事，屡以进贡来京"。明万历四十五年（1617），暹罗遣使朝贡，《按粤疏稿》卷5《报暹罗国进贡疏》云："七月二十三日午时。据暹罗国正贡使浮哪申实替喇迈低鳌、副贡使闷喇申哩哈、三贡使昭提他提喇、正通事许胜投报前事，称：鳌等奉国王命，赍金表、土仪等物，入贡天朝，并开船主、哪打、头目人等共一百四十余员名口前来。"

正通事许胜，就是暹罗华人。明天启六年（1626），暹罗国王遣使进贡，其表文谈到了华人通事曹汉："谨差正贡使臣郎勃查缉、副贡使臣坤加离颜那茶迈低厘、臣乃实填朴里、办事臣乃纳统、通事臣曹汉等，乘船一只，捧赍金叶表文，装载方物、译书，用罗字五号勘合，从广东省送诣阙下贡献。"①

至清代，暹罗使团访华更为频繁，有许多华人充任使团通事。清康熙六十一年（1722），暹罗使团中有通事昆威吉瓦札。胤祐奉命咨询礼部侍郎罗瞻了解暹罗通事情况，罗瞻说：暹罗国通事昆威吉瓦札原来是福建人，能充当翻译。②

明代暹罗使团中华人通事情况简表③

年份	姓名	职务	资料来源
洪武五年	李清	通事	《明太祖实录》卷71
宣德九年	阮霭	通事	《明宣宗实录》卷110
弘治十年	奈罗	通事	《明孝宗实录》卷129
弘治十年	万轨	通事	《明孝宗实录》卷129

① ［清］谈迁：《枣林杂俎》，罗仲辉、胡明校点校，中华书局2006年版，第69—70页。
② 《胤祐等奏为询问暹罗国贡使情形折》，载中国第一历史档案馆编译：《康熙朝满文朱批奏折全译》，中国社会科学出版社1996年版，第1501页。
③ 明清暹罗华人通事情况可参见汤开建、田渝：《明清时期华人向暹罗的移民》，《世界民族》2006年第6期。

清代暹罗使团中华人通事情况简表

年份	姓名	职务	资料来源
乾隆十八年	吴碧莲	通事	《明清史料》庚编第 6 本，第 521 页
乾隆二十二年	王国政	坤备集勃千纳（通事）	《明清史料》庚编第 6 本，第 524 页
乾隆二十六年	王国政	坤备集勃千纳（通事）	《明清史料》庚编第 6 本，第 527 页
乾隆五十四年	谢上金	正通事官	《明清史料》庚编第 6 本，第 549—551 页
乾隆五十五年	王天秩、胡德钦	正通事官、副通事官	《明清史料》庚编第 6 本，第 554—555 页
道光二年	林恒中、钟良新	通事、副通事	《明清史料》庚编第 6 本，第 570—572 页
道光三年	翁日升	通事	《大清会典》卷 512，第 3 页

由于通事负责口译，在华期间暹罗华人通事和使臣一起要接受清朝皇帝的召见。如《大清会典事例》记载："乾隆十四年（1749——引者注）奏准，暹罗国使臣朗呵派哌提等奉表来京，恭遇圣驾巡幸，于启銮之日，礼部满堂官引来使等四人，并通事一人，至圆明园宫门外，于圣驾启銮之先，行三跪九叩礼。恩赏该国物件，于宫门前赏给。随率至王公百官送驾排班之末，跪候瞻仰。如蒙慰问，来使跪聆毕，礼部堂官领回。"

综上所述，暹罗国重视中暹关系，发挥华人通事的作用，多次遣使臣和华人通事来华朝贡，从而保证了两国外交的顺利发展，密切了两国的关系。

八、苏禄

明朝初年，明朝与苏禄开始密切交往。苏禄国王于明永乐二十二年（1424），遣使中国，"自后不复至"，直到清雍正四年（1726）才恢复关系，断交时间长达 300 之久。其原因有二：一是苏禄遭到西班牙殖民军队的进攻，"佛郎机屡攻之"。苏禄无暇他顾。二是由于当时的吕宋已经被西班牙殖民者占领，而苏禄仍然坚持反对西班牙的殖民斗争，两者互为敌人。苏禄群岛处于吕宋之南，要来中国访问，必须经过吕宋海面，有被拦截或遭受攻击的可能。[1]

清雍正四年（1726），苏禄国王巴达尔·乌德·丁一世（中国史籍中把他

---

① 郑炳山：《龚廷彩对促进我国与菲律宾友好往来的贡献》，《福建论坛》1983 年第 3 期。

译为"母汉未母拉律林")派遣使团来华。这一使团以龚廷彩为贡使、阿石丹为副使、杨佩宁等人为通事。龚廷彩、杨佩宁均为华人。使臣奉表献方物。清朝赏赐甚多。雍正皇帝下旨："苏禄国远在海外，隔越重洋，从来未通职贡。今输诚向化，甚属可嘉。闽省起送来京之时，著沿途地方官护送照看，应用夫马、食物，著从厚支给，以示朕加惠远人之至意。"①此后，苏禄频频来华朝贡。清乾隆二十七年（1762），苏禄来华使团数量达到 11 个之多，可见清朝与苏禄关系之密切。

苏禄国无论是朝贡活动还是贸易活动，都需要选用熟悉海道及中国情况的人来充当向导，这就需要大批的华侨和华商。其赴华使团常常由寓居苏禄的华侨或在当地贸易的中国海商来担任贡使。如清雍正四年（1726）、雍正十年（1732）两次担任贡使的龚廷彩，就是福建晋江人。②清乾隆七年（1742），来华使团的贡使是马光明（马灿），福建龙溪人。清乾隆十八年（1753）使团副使是杨大成（杨廷魁），福建晋江人。

华人通事在发展两国政治关系方面发挥了突出作用。华人通事杨佩宁，生卒年不详，原籍江苏，在雍正四年的苏禄访华使团中，担任通事。③他努力工作，在沟通两国的语言方面发挥了巨大作用，为恢复中断 300 余年的两国友好往来的政治关系作出贡献。

清乾隆七年（1742），苏禄苏丹遣使臣甲必丹马光明、华人通事陈朝盛来华朝贡。马光明，原名马灿。陈朝盛，原名陈荣。"均系内地船户水手，于乾隆五年前往苏禄"。他们取得了苏禄苏丹的信任，于乾隆七年充当贡使和通事入贡，后在乾隆十二年（1747），"复赍表谢恩"。

清乾隆十七年（1752），苏禄苏丹遣使臣万胜里母呐、通事叶兴礼，到达福建厦门。叶兴礼，华人，生卒年不详，经福建地方官审查，"即系刘合兴船上水手曾雄"。福建地方官认为，苏禄这次遣使可疑之处较多，"曾雄以水手充通事，引番来清贡期，尤不可信。且询其所遣番目，系该国管城之官，如内地千总职分，更觉轻率"。于是拒绝了苏禄的请求。其实，1752 年苏禄苏丹遣使到福建请贡，是在苏禄抗击西班牙殖民者入侵的关键时刻为发展同清朝的关

① 《清世祖实录》卷 49，雍正四年十月丁卯。

② 《宫中档雍正朝奏折》第 6 辑，台北故宫博物院 1977 年版，第 515—516 页。

③ 余定邦：《清代中国与苏禄的交往》，《东南亚纵横》1995 年第 3 期。

系而采取的一次主动行动。可叹的是清朝方面竟然毫不知情，对华人通事叶兴礼存有不良印象，从而影响了两国邦交。福建官员认为："既系水手曾雄，亦未便仍令赴该国滋事，一并严加安插，以杜奸民勾结之端。"[①]

清乾隆十九年（1754），苏禄苏丹遣使到达北京贡方物，并贡献国土一包，请以户口、人丁编入清朝图籍。这不仅反映了苏禄和清朝关系之密切，而且说明了两国政府间的友好关系。西班牙殖民者在侵占吕宋后，企图把苏禄变成属国，"苏禄不从"，但它却对清朝"累世朝贡不绝"，[②] 这充分表明了两国关系的友好。

清乾隆二十七年（1762）七月，苏禄苏丹遣使臣万礁膀，华人通事王天谨、许萌来中国访问，并带来求援表文一道，"伏乞皇上天恩，准将铜铁、硝磺赏赐些须，并乞天朝赏臣能造枪炮匠役四名，则可以防御吕宋，保守土地矣"。[③] 但清政府没有满足苏禄苏丹的要求。此后，苏禄不再遣使中国。

综上所述，明清时期苏禄华人通事为发展中菲关系贡献了自己的才智，尤其是在清代，华人通事为恢复中断 300 余年的两国政治关系作出了贡献。在抗击西班牙殖民者入侵的关键时刻，华人通事叶兴礼等人来到中国请贡求援，虽然被视为奸民，未能完成使命，但他们为发展中菲关系所作出的努力理应肯定。

第二节　经贸往来

东亚华人通事积极参加中外经贸活动。他们的祖籍是中国，熟悉中国的语言和规章制度，也熟悉经商规律，有很多通事本来就是从事海外贸易的华商。东亚华人通事为促进中外经贸往来，互通有无，发挥了积极的作用。

一、朝鲜

朝鲜王朝在明清时期奉行"事大以诚"，频繁遣使朝贡，华人通事在中朝

---

① 故宫博物院文献馆编：《史料旬刊》第 24 期，故宫博物院文献馆铅印本 1931 年版。
② 《清史稿》卷 528《属国传三·苏禄》，第 14702—14703 页。
③ 《明清史料》庚编第 6 本，第 730 页。

经贸往来中发挥了巨大作用。

（一）明代中朝贸易与朝鲜华人通事

中朝之间的贸易，按照贸易的性质和贸易中公私成分所占的比例，可以分为朝贡贸易、官方和买贸易、使臣贸易。朝鲜华人通事参与中朝之间的各种贸易活动。

1. 朝贡贸易

朝贡贸易即"贡赐贸易"，朝鲜王朝向中国贡献方物，中国按照方物的价格，采取"厚往薄来"的原则给予赏赐，其赏赐价值一般大于方物价值。

明宣德四年（1429）二月，朝鲜国王李祹遣使贡马及方物。同年三月乙卯，明宣宗遣使赍敕朝鲜国王李祹白金300两，纻丝纱罗50匹、彩帛30匹。他对侍臣说："高丽远在海外，修贡益勤，厚往薄来，古之道也。"①

在朝鲜王朝对华的历次常贡和别贡中，通事都是参与者。在朝贡贸易活动中，通事的职责是负责翻译事项。常贡就是"常礼进贡"的简称，是根据朝贡国的土产情况而确定的贡物种类和数额。较为重要的贡品主要有金银及金银器皿、布匹、各种帘席、纸张、皮毛、人参及各种药材等。别贡，是根据明朝需要而临时确定的贡物。如处女、火者、鹰犬等。火者即宦官，亦泛指受阉的仆役。明洪武二十一年（1388）十二月，明太祖遣使前往朝鲜征索火者。永乐朝加大了向朝鲜索取火者的力度。朝鲜派遣通事护送火者前往中国。明永乐二年（1404）六月，朝鲜遣华人通事张有信"押洪武二十八年还乡火者崔臣桂等一十名及新选火者金得富等一十名，随帖木儿如京师"。② 朝鲜遣使进献鹰犬，号称"进鹰使"，通事随行。在宣德年间，朝鲜进献鹰犬更为频繁。华人通事多次来华进鹰。如明宣德二年（1427）十一月壬寅，进鹰使通事吴贞贵在完成出使任务后"回自京师"。

2. 官方和买贸易

中朝两国的官方和买贸易，是以国家名义直接进行的买卖或交换物品的商业往来活动，主要为马匹交易。押运马匹到辽东，是朝鲜通事的一项工作。朝鲜设置押马官，或称押马通事，专门负责押运马匹。《朝鲜王朝实录》中有

---

① 《明宣宗实录》卷52，宣德四年三月乙卯。
② 《朝鲜王朝实录》，太宗四年六月辛未。

很多相关记载。明建文三年（1401），朝鲜太宗遣华人通事梅原渚"押先运马五百匹如辽东"。[1] 在永乐时期，朝鲜王朝曾频繁地遣使押送马匹至辽东。如明永乐二十一年（1423）九月壬辰，朝鲜差华人通事俞兴俊，"管押五运马一千匹赴辽东"。[2]

3.使臣贸易

朝鲜朝贡使团肩负与明王朝进行经济贸易的重任。朝鲜使团到达中国后，居住在北京的玉河馆（后名"会同馆"）。此馆是明朝在京城设立的接待外国使团的专门机构。据朝鲜金景镇的《燕辕直指·玉河馆记》记载："明时我使到燕，寓接于礼部近处旅邸，顺治初……以其在于玉河之傍故名玉河馆，或称南馆。乾隆壬辰赐名会同馆。"[3] 到馆后，朝鲜使团所进贡的方物也要在此馆向明官员汇报并交接。除此之外，使臣们还可以在此馆与中国商人进行自由贸易。

使臣贸易，包括公贸易、私贸易。"公贸易"指朝鲜使臣出使中国，国王和政府责令其完成的贸易项目，是一种独特的贸易形式。贸易商品包括绸缎、药材、书籍等，在特定时期使行人员亦购买朝鲜王宫所需要的服装、奢侈品及武器等，也称为"使臣贸易"。朝鲜王朝以法律形式对通事等进行约束，要求通事购买政府指定的物品。"赴京通事公物不用意贸来者，囚禁推考。以判书有违律论断。"[4] 在会同馆进行公贸易之前，朝鲜使团要提交所购买的物品目录，接受明朝官员的监督，防止采购违禁物品。公贸易是当时中朝双方物资交流的主要形式，是以国家为主体，交换各自所需物品的贸易形态。朝鲜书状官许篈在其《朝天记》中记载了开市的场面：这一天又开市了。中朝制度，允许开市三日，因此钱员外逐日来观看。我见一行人忙于卖买，如狂如痴，没有一人在馆内，呼唤他们没有应答，可叹啊，货利迷惑人心，到了这个极点啊。[5]

通事负责使行中的公贸易事务。公贸易主要是针对典医监、惠民局、济生院等所需进行的贸易。朝鲜世宗时期户曹奏称，典医监、惠民局、济生院建议：现在谢恩使中国之行，回国后要求向朝廷呈送黑麻布五匹；唐药材贸易，

---

① 《朝鲜王朝实录》，太宗元年正月己未。

② 《朝鲜王朝实录》，世宗五年九月壬辰。

③ （朝）金景镇：《燕辕直指·玉河馆记》，载《燕行录全集》卷10，第83页。

④ 《大典后续录》卷5《刑典·杂律》，汉城大学校奎章阁1997年版。

⑤ （朝）许篈：《朝天记》，载《燕行集全集》卷10，第261页。

从现在每次朝贡使行开始。以此作为规范。①

明嘉靖年间,朝鲜王朝也重视到中国采购药材和书籍等。明嘉靖十二年(1533)十二月,朝鲜中宗亦认为:"药材及书册不可不贸"。②书籍是朝鲜使行人员要购买的主要商品,朝鲜国王多次下令购买中国书籍。朝鲜通事负有在中国购买书籍的使命。朝鲜王朝对完成贸易任务的使行人员会给予奖励。明宣德十年(1435)七月,谢恩使通事辛伯温,进献使通事许元祥、傻振等从北京回到朝鲜国内,由于他们买到了胡三省的《资治通鉴》,受到朝鲜国王的嘉奖,"赐衣有差"。③辛伯温、许元祥、傻振都是华人通事。

私贸易与公贸易相对应,又名"私人贸易""自由贸易"。私贸易的物品有很多,如衣冠、药材、书籍等。明清时期朝鲜使团通事常常利用职务之便,从事私人贸易或违禁贸易。

在朝鲜华人通事中,有的人因为私贸易而成为巨富。华人通事任君礼之父任彦忠,译官,是朝鲜开国功臣。任君礼也多次以译官身份奉使中国,逐渐富有起来。但由于他没有贿赂而触怒了高官,终获"为人贪鄙"罪名,于永乐十九年(1421)被朝鲜政府车裂于市。

(二)清代中朝贸易与朝鲜华人通事

明代朝鲜使团规模庞大,到清代,规模更为可观,"朝鲜贡使来京,随带从人,例无定额,自一百七八十名至三百名不等,向无稽查约束明文"。④其使团日渐庞大的原因主要是朝鲜王朝追求经济贸易巨大利益的需要。

朝鲜通事交易地点除了北京,还有辽东等地。北京琉璃厂,是朝鲜通事进行贸易的主要地址之一。《燕行日录》云:"盖琉璃厂,非以一二铺肆言,自正阳门外向西而行里许,胡同甚广且长,左右诸铺空壁,尽以琉璃为之,故曰琉璃厂。厂内所存尽是古董器、文房之具、玩好珍宝也。入其铺中,眩耀夺目,不可名状。"⑤据朝鲜《燕行录》记载,清代朝鲜通事贸易地点有中后所,"中后所即明时大关防也"。到光绪时期,"改筑新城","亦关东一大都会也。毡

---

① 《朝鲜王朝实录》,世宗五年四月丙辰。
② 《朝鲜王朝实录》,中宗二十八年十二月甲申。
③ 《朝鲜王朝实录》,世宗十七年七月庚午。
④ 《清宣宗实录》卷279,道光十六年二月癸未。
⑤ 《燕行日录》,载《燕行录全集》卷92,第253—254页。

帽罽毯便是土产，而居民皆以此为业。我国译员与商贾到此交贸矣"。①

清代有些朝鲜华人通事从事违禁贸易活动，私买禁书事也屡次发生。清康熙十五年（1676），朝鲜国使臣购买《前明十六朝纪》一书。同年十一月，礼部上奏，认为清朝一直禁止外国使臣购买史书，现在朝鲜使臣违禁购买，应遣官往朝鲜国会同该王，严加详审议处。康熙帝下旨："著国王将私买史书人犯，逐一严拏详审，确议具奏"。②清康熙三十年（1691）六月，礼部就朝鲜国进贡使臣违禁购书一事提出处理意见，将违禁私买《一统志》书之华人通事张灿革职，发朝鲜边境充军。朝鲜正使李沇、副使徐文重等犯失察罪，革职。③

总之，在朝鲜与明清王朝的经贸往来中，朝鲜华人通事不辱使命，辗转千里，发挥了巨大的作用。在朝贡贸易中，他们发挥语言优势，担任翻译工作，起到沟通联络作用，在官方和买贸易和使臣贸易、民间贸易中，他们是积极的参与者。中朝两国的贸易往来，对两国朝贡关系的发展，互通有无，丰富两国人民的物质生活和精神生活，巩固国防，具有十分重要的意义。在使臣贸易中，一些华人通事却从事违禁贸易，有的因此受到惩罚，但瑕不掩瑜，我们不能因此否定朝鲜华人通事在中朝两国贸易中的作用。

二、琉球

明清时期中琉贸易的历史基本上可以分为三个阶段：一是贸易起步阶段（1372—1431）。这一阶段，双方以加强宗藩关系为出发点，明朝政府派遣使者和船只支持琉球。二是贸易发展鼎盛阶段（1431—1566）。这是以中琉贸易为中心的时代。琉球船只频繁往来于东亚、东南亚各国之间的海域。三是衰亡阶段（1566—1879）。由于福州月港崛起，私人海上贸易逐渐繁荣，中琉贸易开始衰退。琉球华人通事在中琉贸易中发挥了巨大作用。

（一）朝贡贸易

明代中国的对外贸易主要有三个发展阶段：一是郑和下西洋官方垄断贸易

---

① 《燕蓟纪略》，载《燕行录全集》卷 98，第 50 页。
② 《清圣祖实录》卷 64，康熙十五年十一月己卯。
③ 《清圣祖实录》卷 152，康熙三十年六月己丑。

时代，二是中琉贸易时代，三是私人海外贸易时代。在第二个时代，主要是中国与日本、东南亚之间的贸易。在当时实行海禁的背景下，中国与东亚诸国的贸易几乎完全中断，唯有通过琉球国的海上贸易活动，才间接地将中国与东亚各国的贸易关系联系起来。琉球成为中国与东亚各国经济联系的枢纽。闽人三十六姓移居琉球是琉球特殊历史地位形成的重要条件，琉球华人通事在这个贸易时代发挥了中介作用。

　　明朝为中琉贸易的发展创造了良好条件，具体表现在：一是对琉球的睦邻、优惠政策，如对琉球进贡物的赏赐价值都比其他国家要多。以胡椒为例，明代的胡椒市场价 1 斤 3 贯，对琉球等国朝贡物品优惠给值，1 斤 20 贯或 25 贯。[①] 同时明朝回赐的物品也极为丰厚。二是解决琉球的海船问题。明朝多次赐海船给琉球，并帮助琉球修理海船。正是在明朝的帮助下琉球的造船业有了很大的进步，从而为琉球海外贸易的发展奠定了坚实的基础。三是明朝为琉球提供了许多优秀的航海及造船人员。闽人三十六姓移居琉球，担任通事和伙长、稍水等职，有力地促进了琉球国的对外交往。[②]

　　华人通事是琉球朝贡使团的重要成员，有时他们以使臣的身份来华朝贡。洪武、永乐年间以后，琉球华人通事多次来华进行朝贡贸易。自宣德年间起琉球华人通事作为正使频频出使中国，在中琉贸易中发挥了独特的作用。

　　在《明实录》中关于琉球派遣通事朝贡的记载颇多。如，明宣德九年（1434）三月，琉球国遣华人通事郑长等来华朝贡。[③] 明景泰三年（1452）九月，琉球国遣华人通事蔡让等贡马及方物。[④] 明景泰六年（1455）五月，琉球国中山王遣华人通事马俊等来华朝贡，进马及方物。[⑤]

　　琉球的朝贡和朝鲜一样，亦分为正贡和非正贡两种。明朝皇帝在回赐"正贡"的时候，同时也会多赠送一些附加的货物，称为"给赐"。琉球的正贡物是马和硫磺，非正贡物则主要有胡椒、苏木、锡等。

　　明朝对琉球实行限制朝贡的政策，始于 1613 年，明朝颁诏将琉球贡期由"二年一贡"改为"十年一贡"。这主要是因为琉球使行人员的不法行为。

---

① 谢必震：《明清时期中国与琉球贸易之研究》，厦门大学博士学位论文，1998 年。
② 李未醉：《琉球华人通事与中琉经贸往来》，《闽商文化研究》2018 年第 2 期。
③ 《明宣宗实录》卷 109，宣德九年三月乙未。
④ 《明英宗实录》卷 220，景泰三年九月癸丑。
⑤ 《明英宗实录》卷 253，景泰六年五月辛酉。

为了取得明朝的信任，琉球国王特地派遣华人通事蔡廛等人向明朝透露日本欲侵犯鸡笼的情报，以此证明琉球的忠诚，希望将贡期恢复为"二年一贡"。1623年，琉球王世子尚丰遣使者蔡坚赴华，请求册封，并要求恢复"二年一贡"。1634年琉球再次遣使来华，要求改为"三年两贡"。崇祯皇帝竟然同意琉球"三年两贡"，但琉球借口谢恩，擅自增加朝贡的次数，还多次违反明朝制定的朝贡禁令，如超载附带方物、偷购白丝、偷卖赏赐之物、超额携带白银等。①

琉球华人通事在琉球馆从事贸易活动。琉球馆是漂风难民开展贸易交往的场所。琉球难船漂到中国沿海，沿海官员一般会前往查验，将船上载货情况造册，后根据难民之愿望，或将货物就地变卖，或将货物送到琉球馆安放。对无须变卖的物品，或由难民带回本国，或留在琉球馆使用。对其中的违禁货物，如史书、西番莲缎及违禁器具、焰硝等物，坚决要求在琉球馆中变卖。明朝对琉球所有货物的进出口关税均给予免除。在琉球馆进行的贸易活动都需要琉球华人通事的参与。但是漂风难民展开的贸易活动规模较小，次数有限，在中琉贸易中所占比重不大。②

除了朝贡贸易外，琉球华人通事亦从事私人贸易。私人贸易有合法和非法两种。在政府许可的范围内，来华使团人员可以携带一定数额的货物来华进行贸易。琉球还借用"朝贡"之名进行私人贸易，由琉球的进贡船所携带的商品在福州销售，也可获得不小的利益，这也叫"海团"渡的额外收入。此外的私人贸易都是非法的。1404年，山南王使节在华进行违禁品陶瓷的买卖，违反了明朝的法律，但明成祖认为"不足以制罪"，没有追究其责任。而到了嘉靖年间，明朝对走私贸易不再放任自由。琉球国使臣蔡璟，利用在福建的宗室至亲开展走私贸易，贿赂官员，事情败露后，被明朝逮捕入狱。

华人通事在琉球与东南亚的贸易中发挥了巨大作用。从琉球与明王朝建交开始，琉球即开始与东南亚国家进行经贸往来。由于琉球所产方物较少，进贡物资匮乏，琉球华人通事家族曾多次去东南亚采购物资。梁氏家族中的梁复、梁仲德等人都曾以通事身份前往暹罗、爪哇等地，购买向中国进贡用的苏木、胡椒等方物。郑氏家族中有郑智、郑杰、郑彬等人先后到过暹罗和佛大泥。蔡

---

① 《历代宝案（校订本）》第1集第8卷。
② 张升余：《从日文唐音看明清时期的南京官话与江南方言音》，《外语教学》1997年第4期。

氏家族有蔡回杰、蔡樟等人亦以通事身份前往满刺加、暹罗、佛大泥等地，购买向中国进贡之方物。其他如金氏家族、林氏家族、陈氏家族都有一些人前往东南亚国家进行经贸活动。①《中山世谱》记载：明弘治十六年（1503），琉球国"王遣吴诗等往满刺加国，收买贡物"。②

葡萄牙人多默·皮列士在《东方志》中说，琉球人把从中国输入的彩缎丝绸、锦缎以及瓷器、纸张等商品大量输入到东南亚，作为商品和礼物与东南亚各国进行贸易和交往。尔后琉球人将从东南亚购买的药材、香料等运到中国来朝贡和销售，再买走福州的瓷器、丝绸等物品，加上朝廷御赐的货物，转卖给日本及东南亚国家。陈侃在《使琉球录》中说：琉球贡物中仅有马、硫磺、螺壳、牛皮和磨刀石是其土产，而苏木、胡椒等物都是从暹罗等国购买的。③

据滨下武志研究表明，琉球的中介贸易不仅影响中国和东南亚之间的贸易，而且影响了朝鲜、日本与中国的关系，使琉球处于非常有利的国际地位。琉球以中国藩属国的地位，借助朝贡贸易，极大提升了其在东亚的政治经济地位，贸易范围遍及东北亚和东南亚。在明清时期几百年间，琉球对外贸易取得了重大发展，与朝鲜、日本和东南亚诸国都保持着平等的贸易往来关系。琉球的经济面貌由此发生了巨大的变化。从前，在海外十多个国家中，以琉球最为贫困。但到了15世纪时，琉球摇身一变为"万国之津梁"。从1425年琉球最初向暹罗派遣商船开始，到1570年琉球最后向暹罗派遣商船，在大约150年间，琉球共向东南亚遣使88次，所派船只共104只。④琉球成为太平洋的贸易中转站和明清中国海外贸易的中心。

明清时期中琉贸易是中国海外贸易发展史的组成部分，曾占据了海外贸易的显著位置。中琉贸易以朝贡贸易为主，亦有私人贸易。到了清代康熙年间，琉球接贡制度的创立，拓展了琉球贸易空间，增加了贸易机会。⑤琉球财源充裕，国力增强，海外物产流入，华人通事功不可没。⑥

———————

① 《那霸市史·资料篇》第1集《久米村系家谱》。

② 《中山世谱（校注本）》卷6《尚真王》，第96页。

③ ［明］陈侃：《使琉球录（译注本）》，袁家冬译注，中国文史出版社2017年版，第64页。

④ 米庆余：《琉球王国的确立及其对外关系》，《日本研究论集》1998年刊。

⑤ 谢必震：《明清时期中国与琉球贸易之研究》，厦门大学博士学位论文，1998年。

⑥ 李未醉：《琉球华人通事与中琉经贸往来》，《闽商文化研究》2018年第2期。

（二）"十家排"

琉球华人通事住在福州河口，这助推了福建市舶司在福州设立。以琉球商人为主要贸易对象的福建市舶司，原来设置在泉州，其目的是"不使外夷窥省城"。琉球商人来华后，首先是到达熟识的琉球华人通事家里，然后才到达市舶司，而琉球华人通事都居住在福州河口。由于泉州与福州相去甚远，不利于对在福州的琉球通事进行监督，故市舶司迁移至福州。《闽中兵食议》云："后番舶入贡，多抵福州河口，因朝赐通事三十六姓，其先皆河口人也，故就乎此。"①

在福州河口的琉球三十六姓华人通事，为了主持贸易的方便，逐渐走上了通事与牙商相结合的道路，从而形成了集旅店、库房、贸易、翻译、牙行等于一体的经营方式。据《闽县乡土志》记载，在整个明清时期，琉球国对外贸易基本上被三十六姓华人通事所垄断，他们也始终得到琉球国王的支持。早在明朝嘉靖年间，福州河口便是"华夷杂处，商贾云集"。到清道光时期，原来的三十六姓通事后裔，商业得到扩展，共有 10 个家族势力最为强大，人们称之为"十家排"。这 10 家是"卞、李、郑、林、杨、赵、马、丁、宋、刘"，他们在清道光三年（1823）建立琉球会馆，几乎垄断了所有琉球商业贸易。② 琉球会馆"为琉球商人集居之地"，不仅为琉球商人提供住宿餐饮、库存、翻译等多种业务，而且代销琉球进口的商品，代购琉球人所需要的中国商品。③

综上所述，琉球通过频繁的朝贡贸易，获益匪浅，从中国输入大量的纺织品、漆器、纸张以及中药材等，促进了琉球纺织业、文化事业和医学的发展。

明清时期琉球华人通事致力于中琉朝贡贸易和私人贸易，为琉球成为"万国之津梁"，加强与东亚各地的经济联系，为琉球的社会繁荣和经济发展作出了自己的贡献。

三、日本

在明代，日本政府使用华人通事进行中日朝贡贸易，在明代后期和清代，

---

① ［清］郭造卿：《闽中兵食议》，载顾炎武：《天下郡国利病书》，黄珅等校点，上海古籍出版社 2012 年版，第 2976 页。
② 郑祖庚：《闽县乡土志》，台湾成文出版社 1974 年版，第 509 页。
③ 李未醉：《琉球华人通事与中琉经贸往来》，《闽商文化研究》2018 年第 2 期。

日本的长崎当局则充分利用唐通事管理唐船，推动了日本经济的发展。

(一) 中日朝贡贸易

明代，日本华人通事在中日朝贡贸易方面作出贡献。

日本对明朝主导的朝贡体制不满甚至怀有敌视的态度。洪武年间，日本在征夷将军源义满的把持下，视朝贡为儿戏。"洪武七年，来贡，无表文。九年，表贡语谩，诏诘责之。十三年，再贡，皆无表。"到永乐年间，日本将军源道义当政，重视朝贡贸易。他遣使朝贡，得到明太宗的奖赏。"赐宝甚丰，封其镇山，赐勘合百道与期，期十年一贡。"[①] 明景泰四年（1453）十一月"甲寅，日本国王遣使臣允澎及都总通事赵文端等来朝，贡马及方物。赐宴并彩币表里等物有差"。[②] 都总通事赵文端是华人。明成化四年（1468）五月，日本遣使臣居座寿敬来华朝贡，在该使团的存留在船通事中就有华人林从杰。[③]

日本对华朝贡，主要是为了其经济利益。明景泰五年（1454），日本使臣允澎向明朝提出要求："蒙赐本国附搭物件价值比宣德年间十分之一，乞照旧给赏。"明景帝下旨：对待远夷应当优待，加赐铜钱一万贯。但允澎等仍然嫌少，要求增赐。礼部官员弹劾其贪得无厌，明景帝命令再增赐绢 500 匹、布100 匹。[④]

为了获利，日本方面不断增加朝贡次数，突破"十年一贡"的规定。日本先于明嘉靖十八年（1539）入贡，二十年（1541）回国。明嘉靖二十三年（1544），日本遣使释寿光等再次来华朝贡。礼部向皇帝奏告："日本例十年一贡，今贡未及期，且无表文并正使，难以凭信，宜照例阻回。其方物，收候作下次贡仪，移文本国知会。"明世宗采纳了礼部意见，"诏如例阻回，方物仍令本夷带还，各该所司省发起程"。[⑤]

事实上，在日本的历次朝贡活动中，日本华人通事都作出了突出贡献。他们排除了中日之间的语言障碍，使得中日经贸关系一直维持下去，直到万历年间日本发动侵朝战争，中日关系断绝。但有一些华人通事在中日朝贡贸易方面

---

① 《东西洋考》卷 6《日本》。

② 《明英宗实录》卷 235，景泰四年十一月甲寅。

③ 《明宪宗实录》卷 54，成化四年五月己巳。

④ 《明英宗实录》卷 237，景泰五年正月乙丑。

⑤ 《明世宗实录》卷 289，嘉靖二十三年八月戊辰。

起了负面作用。他们为了追求朝贡贸易的利益，引诱倭人来华贸易，还伪造遭风丧失方物之假象，骗起"特赐"，不惜损害明朝的利益。

浙江奉化人阎宗达，先年逃入海岛，后来成为日本国通事，于明成化五年（1469）导引倭人来华贸易。其随行的日本国使臣船土官玄树等，因海上遭风丧失方物，乞求明朝如数给价回国，"庶期王不见其罪"。礼部不准，认为如果按照日本人的要求给价，担心以后有人仿效，"捏故希求"，而且查无旧例，不能满足他们的请求，并且要求治其华人通事阎宗达教诱之罪。但最终得到明宪宗的允许，特赐王绢彩缎等物。玄树等人又乞求赐铜钱五千贯，礼部商议的结果是"不与"，明宪宗再次下旨，准再与日本使团铜钱五百贯。不必追究宗达罪行，"若再反复，族其原籍亲属"。① 这一方面体现了明朝海上救难人道主义的仁政立场，另一方面没有追究日本华人通事的"教诱之罪"，也表明了明代皇帝能够重视华人通事的特殊身份。

（二）管理唐船

日本长崎的贸易以华商赴日的唐船贸易为主。旅居日本九州岛的福建商人，在1603—1624年所经营的朱印船贸易中，十分活跃。在中国帆船对长崎的贸易中，福建帆船数量大大超过江苏、浙江和山东的。在17世纪的最后10年，随着铜商的崛起，闽商在唐船贸易中的地位开始急剧下降。在清政府的支持下，来自江苏、浙江的铜商后来居上。18世纪初，苏浙两省的帆船前往长崎的数量急剧增加，并逐渐取代闽商。留在长崎的福建福清人与其他唐商继续竞争，但大部分闽商开始将贸易重心向台湾和东南亚转移。

唐通事是日本江户时代在长崎贸易中的职业翻译集团。唐通事扮演多种角色，除了担任翻译官、外交官、华人社区管理官之外，还充当了商务官。② 唐通事在发展中日贸易方面作出卓越的贡献。

日本正德五年（1715）后，日本唐通事主要从事翻译业务、出入港管理、贸易洽谈、账簿制作和起草各种报告、办理外交事务等。我们把它们综合起来，称之为"唐船管理"。现按照管理唐船的程序，简述如下：

出入港管理。当唐船进入长崎海面时，必须接受唐通事的各项入关检查。

---

① 《明宪宗实录》卷63，成化五年二月甲午。
② 邵继勇：《长崎贸易中的唐通事》，《江南大学学报（人文社会科学版）》2008年第5期。

唐船人数、出港地、货物以及进出口货物的名称、数量、金额等，唐通事要对此进行认真记录、做表造册，以备交易。第二天，唐通事要核对货物，由检使加封，全部入库，名为"丸荷役"。第三天唐通事要对货物的品名、数量进行确认，名为"精荷役"。[①] 唐船出港时，唐通事要陪同长崎官员为唐船送行。

贸易洽谈。唐通事在直组交易中对唐船货物进行估价。在评估结束后唐通事要制成"直组账"，呈报长崎奉行进行审查。此后，唐通事通知唐船华商到长崎会所与日方商定货物价格。议价结束后，由华商在值组账上画押。《唐船互市杂记》云："通事夙以唐贾集会会馆，与诸看官讲物价。此役数日，邑正掌焉，不差检使也。货物出入，凡有开库者，其役虽小也必差。"[②]

账簿制作和起草各种报告。在长崎贸易的过程中，唐通事必须根据有关情况随时制作各类账簿及报告，比如《积荷目录》(在船货物目录)、《荷改账》(进口货物名称、数量、价格明细账)、各类《年年账》(如《棹铜年年账》)、《唐蛮货物账》、《唐人屋铺由来账》、《唐通事会所日录》等；在华商离开长崎回国之前，唐通事需要制作《铜渡高书付》(购铜货单)、《荷物买渡账》(购货明细账)等账簿。[③]

(三) 管理南洋船

唐通事在 17 世纪日本的南海贸易中扮演重要角色。

日本的南洋贸易在 17 世纪达到鼎盛阶段，大约有三分之一的"唐船"来自南洋。南洋船的船长、水手及乘客主要是中国人，以闽粤人为主。他们说中国方言而不是南洋语，所以，唐通事对南洋贸易的角色似乎胜于南洋通事。[④] 幕府和长崎奉行对南洋华商的要求往往通过唐通事提出。如 1726 年，幕府要求南洋华商供应白象，唐通事立即向南洋华商转达了这一要求，两年后十九号广南船即运来两头白象。

在长崎，通事制度下面设有南洋通事，常设的南洋通事有暹罗通事与东京(安南)通事，非常设的有吕宋通事。南洋通事主要由日本华侨、日本人及南洋土著充任。由于中国话是南洋通用的商业语言，一般来说，没带土著人的南

① （日）山脇悌二郎：《长崎の唐人贸易》，日本历史学会编集 1964 年版。

② 邵继勇：《长崎贸易中的唐通事》，《江南大学学报（人文社会科学版）》2008 年第 5 期。

③ （日）中村质：《近世の在日华侨》，载箭内健次：《外来文化和九州》，平凡社 1973 年版。

④ 吴伟明：《17 世纪的在日华人与南洋贸易》，《海交史研究》2004 年第 1 期。

洋船归唐通事负责，而南洋通事则负责带有土著人的南洋船。但事实上，唐通事往往负责南洋船的管理。有大量记录显示很多时候南洋船是由唐通事而非南洋通事负责。如 1728 年，一艘广南船带来两头大象及两个越南驯象师，该船由唐通事吴藤次郎和吴喜右卫门负责管理。[①] 吴氏兄弟原籍福建，其家族在南洋颇有势力。他们也可能懂越南话。

综上所述，明清时期日本华人通事在朝贡贸易、管理唐船和南洋船等方面都有所贡献，尤其是唐通事在长崎的"唐船管理"方面卓有成效，有助于中日民间经贸往来。

四、越南

明洪武八年（1375），明太祖定安南"三年一来朝贡"。[②] 在安南历次朝贡贸易中，越南（安南）华人通事充当语言交流的桥梁，发挥了其独特的作用。

清人谈迁《枣林杂俎》记载：明万历四十六年（1618）"五月六日，安南入贡，补万历四十五年"。[③] 安南国王就入贡和补贡分别派遣两个使团，均有华人通事参加。阮曰仁和阮程均为华人通事，参与朝贡贸易。安南分别派遣入贡和补贡两个使团，目的是增加贸易机会。《明实录》对安南通事参与朝贡活动的记载较少，主要原因在于安南通事地位低下。即使有一些记载，亦多以"犯罪人"的形象出现。

安南使臣借朝贡之名从事私人贸易，还私自交易及织造违禁段匹。越南方面的史料记载，使臣于安南绍平元年（明宣德九年，1434 年）正月因"多赍北货"受到惩罚。[④] 安南使臣为了牟利，多挟私货，不仅遭到了广西土官的勒索，也引起了边境民众的不满。

综上所述，越南华人通事参加朝贡贸易，亦卷入私人贸易，为中越经贸往来作出了贡献。越南通事多为华人，有的华人通事因为私人贸易"过度"，作为"犯罪人"而受到惩处。

---

① （日）大庭脩：《江户时代の日中秘话》，徐世虹译，中华书局 1997 年版，第 164 页。
② 《明太祖实录》卷 100，洪武八年六月甲午。
③ [清] 谈迁：《枣林杂俎》，罗仲辉、胡明校点校，中华书局 2006 年版，第 70—71 页。
④ 《大越史记全书》本纪实录卷 11《黎皇朝纪·太宗文皇帝》，第 534 页。

五、占城

占城华人通事为中占两国的朝贡贸易发挥了应有的作用。据《明实录》记载，早在明洪武二年（1369）九月，占城国王阿答阿者遣使臣蒲旦麻都来华贡方物，开始中占之间的朝贡贸易。此后，占城几乎每年都来贡献方物，甚至一年达到两次。如，明洪武十一年（1378）十月，占城国王遣使贡方物、良马，[①]同年十一月，遣使"贡象、马及笛南、木香"。明洪武十二年（1379）九月戊午，占城又遣使贡象、马、方物。

《西洋朝贡典录》记载：在明永乐后，占城等国都来朝贡，始定三年一贡。占城国贡物主要有象牙、犀牛角、犀、孔雀、橘皮抹身香、檀香、龙脑、奇南香、薰衣香、金银香、土降香等。[②]

正统时期，《明实录》关于占城派遣的朝贡使团开始有华人通事姓名等情况的具体记载。明正统八年（1443），罗荣作为华人通事赫然出现在占城朝贡使团中。此时的占城，江山易主，国王是摩诃贲该。在通常情况下是任命王族成员为使团正使，偶尔也会任命华人为正使，充分发挥华人通事在中占贸易中的作用。正统八年夏四月己丑，"占城国王摩诃贲该遣通事罗荣同王侄且杨乐催等赍捧金叶表文谢恩，贡舞牌旗、黑象等方物。"

占城国还以各种理由争取一年一贡，从而达到增加贸易的机会。明正统十三年（1448），占城国王侄摩诃贵来遣使臣奉金叶表，贡舞象、方物，并附奏曰："陪臣制班等回自京师，祇奉敕旨，悯念小国，令依前诏，三年一贡。抚谕谆勤，感激无任。但昔先王捐馆之时，尝有遗嘱，令臣继承先志，尽忠天朝，无亏岁贡。今臣始承乏治事，未禀朝命，一则倾仰朝廷之德，二欲不废先王之令，故宁受违诏之愆，再奉今年之贡，伏惟圣明鉴臣此意。"[③]此后，为了更顺利进行朝贡贸易，占城国王摩诃贵由（摩诃贵来之弟）派遣华人通事陈真率团来华开展朝贡贸易。景泰四年（1453）八月乙未，"占城国王摩诃贵由遣通事陈真等来朝，贡方物。赐宴并彩币表里、纻丝袭衣等物。"[④]

成化年间，占城国王槃罗茶悦十分重视华人在朝贡贸易中的作用。明成

---

① 《明太祖实录》卷120，洪武十一年十月戊午。

② 《西洋朝贡典录》卷上《占城国第一》，第12页。

③ 《明英宗实录》卷169，正统十三年八月壬午。

④ 《明英宗实录》卷232，景泰四年八月乙未。

化五年（1469），派遣的占城朝贡使团中有华人通事周公保。① 明成化十四年（1478），派遣的使团以华人罗四担任使臣。② 起初，提婆苔在得到安南的伪封后，竟然以占城国王的名义遣使来明朝贡，骗取明朝的信任。"提婆苔以头目冒封国王"，派遣孙巴罗质、华人通事梅者亮等来明谢恩。明成化二十年（1484）八月，明宪宗赐孙巴罗质等"彩段有差"。③ 同年八月，明朝遣户部给事中李孟旸奉诏册封古来为占城国王。明弘治元年（1488）四月丁未，占城国王古来遣华人通事梅晏化等来华朝贡。明朝对占城使行人员进行赏赐，"赐宴并彩段、衣服有差"。④

占城王朝最后被安南吞并。占城消亡后，中占之间的贸易活动随之终结，占城华人通事在明朝与占城的经贸往来中的作用已经成为历史。

六、暹罗

明初确立对外贸易的港口，广州通暹罗等国。明朝与暹罗的朝贡关系确立后，暹罗积极从事朝贡贸易。暹罗华人通事在朝贡贸易中发挥了巨大作用。

明暹经济往来频繁，暹罗的物产不断输入中国。马欢在《瀛涯胜览》中云：暹罗国产有黄速香、罗褐速香、降真香、沉香、大枫子、雪竭、藤结、苏木等物。其苏木如同木柴一样多，颜色远远好于其他国家。暹罗国王总是派遣头目将苏木、降香等物向中国进贡。⑤《西洋朝贡典录》云，暹罗"善香四等：一曰降真，二曰沉香，三曰黄速，四曰罗斛"。⑥

早在明洪武五年（1372），暹罗朝贡使团中就有华人通事李清。《明实录》记载：洪武五年（1372）正月壬戌，暹罗斛国遣使奉表，贡黑熊、苏木、胡椒等物。明太祖因此下诏："赐国王织金纱罗文绮，使者及通事李清以下各赐衣物有差。"为了推动朝贡贸易的顺利发展，有效地管理对外贸易，明朝推行"勘合"制度。在明洪武十六年（1383），开始颁给暹罗国勘合号簿，以后逐

---

① 《明宪宗实录》卷 73，成化五年十一月丁未。
② 《明宪宗实录》卷 180，成化十四年七月乙丑。
③ 《明宪宗实录》卷 255，成化二十年八月己未。
④ 《明孝宗实录》卷 13，弘治元年四月丁未。
⑤ ［明］马欢撰，冯承钧校注：《瀛涯胜览校注》，中华书局 1955 年版，第 21—22 页。
⑥ 《西洋朝贡典录》卷中《暹罗国第十》，第 59 页。

渐发给东亚诸国。每当改元时就更新换给。

永乐年间，暹罗多次遣使入贡。明永乐元年（1403）、二年（1404）、四年（1406）、七年（1409）均贡方物。此后，暹罗不断遣使贡献。明天顺元年（1457），明政府对东亚诸国颁发勘合及底簿。明成化九年（1473）五月甲午，暹罗国遣使臣坤烈者捧沙等来朝，贡方物。"使臣以本国天顺元年所颁勘合及底簿俱被虫坏，请颁新者，以便贡献往来。礼部乞从其请，仍令以所坏者缴进"。① 明弘治十四年（1501）五月辛亥，为保证明暹官方贸易的顺利进行，明孝宗"命礼部重造暹罗国弘治改元勘合，以先所造未给而毁于火也"。清人谈迁《枣林杂俎》记载：明天启六年（1626），广东市舶提举司唐允中，报怀远驿暹罗入贡金叶表曰："兹当贡期，循例修贡"。暹罗遣使臣郎勃查缉、华人通事曹汉等赍金叶表文，携带方物，使用罗字五号勘合，从广东来朝贡。暹罗朝贡方物有给皇上和皇后的礼物，其中给皇帝的有上品龙涎香 1 斤、西洋遮那密缎 4 段，象牙、胡椒、藤黄、速香各 300 斤，等等。②

到清代"康熙四年，定暹罗贡期，三年一次"。直到清代后期，清朝下令改贡期四年一次。清道光二十三年，清朝将越南、琉球、暹罗改为四年一贡，"以昭体恤"。③ 据《清史稿》和《清实录》记载，1652—1852 年 200 年间清暹贸易中，明确记载暹罗朝贡使团华人通事姓名的有：

清康熙六十一年（1722），暹罗入贡，通事昆威吉瓦札为华人。康熙皇帝建议暹罗贡使，运米 30 万石来华贸易。清乾隆十二年（1747），暹罗来贡，通事王国祯。清乾隆十八年（1753），通事吴碧莲，进献番书并金字佛号。④ 清乾隆二十六年（1761），暹罗入贡，通事王国政。⑤ 清乾隆三十一年（1766），暹罗入贡，通事王国政，当时暹罗被缅甸攻破，将原领敕书及御赐物品带到广州。⑥ 清乾隆五十四年（1789），暹罗来朝，通事谢上金、汉书记钟英，携带贡物。清乾隆五十五年（1790），暹罗来贡，正通事王天秩、副通事胡德钦，汉书记王成。祝乾隆万寿。清道光二年（1822），暹罗

---

① 《明宪宗实录》卷 116，成化九年五月甲午。
② ［清］谈迁：《枣林杂俎》，罗仲辉、胡明校点校，中华书局 2006 年版，第 69—70 页。
③ 《大清会典事例》卷 502《礼部·朝贡》。
④ 《清史稿》卷 528《属国传三·暹罗》，第 14693 页。
⑤ 《明清史料》庚编第 6 本，第 530a 页。
⑥ 《明清史料》庚编第 6 本，第 534b—535a、538b 页。

通事翁日升，入贡并贺癸未年万寿，正通事林恒中、副通事钟良新，汉书记林大森。进万寿贡。[①] 清道光八年（1828），通事钟良新、林恒中来朝。暹罗国王因受封遣使谢恩。[②]

仅从上面史料来看，暹罗华人通事多次奉命参加朝贡活动，在清暹经贸往来方面作用巨大。

清朝皇帝对暹罗格外关照。暹罗国王要求在华采买违禁物品，得到清朝的允许。清雍正七年（1729），广东巡抚傅泰上疏奏告，暹罗国王采买红铜线等项违禁物件。礼部议复，"蒙世宗皇帝念该国远隔重洋，恭顺修职，特旨准其所请，行令该抚采买赏给，钦遵在案"。[③]

在清代初期，特别是 18 世纪后半期，暹罗通过朝贡贸易，取得了诸如铜、铁等战略物资。当时，暹罗国正处于与邻国缅甸的战争中，尤其需要大批武器。

暹罗积极从事清暹朝贡贸易，清政府给予暹罗免税政策，对其效法琉球派出接贡船，尽力增加贸易机会，也予以认可，并提供种种便利条件。《清实录》记载：清道光十四年（1834）八月甲午，暹罗国王遣使入贡，贡使抵粤，清帝对军机大臣谕旨：立即派员伴送使臣到京。"其带来压舱货物，照例免税"。[④]

总之，中暹经济关系的顺利发展与暹罗华人通事的努力分不开。克劳福特认为在 18 世纪至 19 世纪初，"中暹两国的联系表面看来是政治性的，而实际上是纯商业性的"。[⑤] 正是由于暹罗使臣和华人通事的频繁朝贡活动，赢得了明清王朝的欢心，从而给予暹罗种种优厚待遇。

七、爪哇、苏门答剌

明洪武三年（1370）九月壬寅，爪哇国王遣使郎加占必忽先等来明贡方

---

① 《清史稿》卷 528《属国传三·暹罗》，第 14695、14697 页。

② 《明清史料》庚编第 6 本，第 582a 页。

③ 《明清史料》庚编第 6 本，第 517 页。

④ 《清宣宗实录》卷 255，道光十四年八月甲午。

⑤ （苏）尼·瓦·烈勃里科娃：《泰国近代史纲》上册，王易今、裘辉、康春林译，商务印书馆 1974 年版，第 11 页。

物。① 从此开始了明朝与爪哇的经济联系。明洪武五年（1372），明太祖定爪哇贡期，"三年一贡"。

爪哇注重与中国的经济联系，频繁派遣朝贡使团。爪哇的朝贡使团，由正使、副使、通事、头目、从人等组成。爪哇华商众多，为华人通事的遴选提供了种种便利。爪哇国王对华人十分信任，不仅委以通事之任，而且会任命其为朝贡使团的使臣。

《西洋朝贡典录》记载，爪哇的贡物有：胡椒、苏木、乌木、奇南香、檀香、麻藤香、速香、降香、木香、乳香、龙脑、黄熟香、安息香等。② 而明朝给予爪哇的赏赐物有：金织文绮、纱罗、衣服、布帛、钞、彩币等。明朝对朝贡使团人员都给予赏赐，"其通事从人以下赐衣有差"。③

据《明实录》可知，爪哇使团不乏华人通事。明正统三年（1438）六月戊午，爪哇派遣使臣马用良和华人通事良殷、南文旦来华朝贡。明景泰四年（1453）五月，爪哇派遣华人通事林旋入贡。④ 至于华人使臣来华朝贡的记录则更多。

苏门答腊岛的苏门答剌王国，也纳入了明朝主导的朝贡体制。苏门答剌华人众多，华商往来于明朝和苏门答剌之间。为了朝贡和贸易的需要，苏门答剌王国也重视华人，发挥华人通事的作用。如明宣德元年（1426），苏门答剌派遣使团来华朝贡，其通事是华人冯哈撒。⑤

总之，在朝贡贸易中，爪哇和苏门答剌的华人通事在与明朝的经贸往来中起了桥梁作用。这对明朝和爪哇、苏门答剌之间互通有无，对双方经济的发展和人民生活的改善，起到了重要的作用。

八、苏禄

在明清时期中文史籍中，苏禄国是被记载较多的菲律宾古国之一，大约存在于 13 世纪末至 19 世纪中叶。清雍正四年（1726）六月，苏禄国遣使臣龚廷

---

① 《明太祖实录》卷 56，洪武三年九月壬寅。
② 《西洋朝贡典录》卷上《爪哇国第三》，第 32 页。
③ 《明太祖实录》卷 71，洪武五年正月甲子。
④ 《明英宗实录》卷 229，景泰四年五月辛未。
⑤ 《明宣宗实录》卷 23，宣德元年十二月戊辰。

彩、华人通事杨佩宁等来华进贡珍珠、玳瑁、花布、金头牙萨、白幼洋布等12 种物品。清廷颁敕定"五年一贡"。在经济方面，朝贡贸易成为菲律宾和中国统治阶级互通有无的官方贸易。

在民间贸易中，中国以瓷器、棉布、丝绸等交换苏禄的海参、珍珠贝、玳瑁等土特产品。无论是朝贡贸易还是民间贸易，这些都需要通事在其中充当中介。

随着一年一度的商船往返，福建沿海人民大批移居苏禄群岛，华侨奔波于各岛屿之间，为促进苏禄商业经济的发展作出贡献。菲律宾群岛华人通事的间接作用不可否认。正是华人通事和使臣的作用促进了两国朝贡关系的发展，形成了两国友好互利的局面，为两国商业贸易带来了很好的契机。

第三节　文化交流

一般来说，文化交流可分为三个层次：一是在物质文化交流层面，二是在制度文化交流层面，三是在精神文化交流层面。在明清时期中国与东亚的文化交流中，更多的是中国文化的传播和影响。东亚华人通事在中外文化交流中发挥了巨大作用。

一、朝鲜

明清时期朝鲜华人通事作为使行人员，在使华期间密切关注中国的文化，与中国文人密切接触，购买中国的典籍，促进了朝鲜与中国的文化交流。

（一）文人交往

中朝两国文人交往，在明代比较频繁。朝鲜华人通事起着桥梁作用。

中朝官员交往，通事传语，沟通双方的思想。嘉靖年间，朝鲜使团副使郑士信与明朝官员交往，朝鲜华人通事姜瀹成为中介。

> （嘉靖二十九年十一月——引者注）初九日，庚戌，晴，是日始行贺至礼。……上使与书状先出，几至长安门，余落后行，渡金水桥数十步，有俱朝服官员三四人从后遣人呼"朝鲜通事听吩咐"，姜瀹趋往，回报于

余曰："户部郎中等请与宰相相见，请暂留云。"余停行于路左，则三郎中及其他官一员四人追到，环绕作揖，使通事谓之曰："吾等南方人也，常慕东国礼仪之风，而癸申年东征时吾等未得参往，常以为恨，今闻宰相是东国贺至入来之臣云，故敢请一面相接云。"其缱绻致情之意蔼然可掬。余使姜溅致词曰："海外陪臣来贺天朝大礼得见大官君子光仪，而语音不通，莫接诚欵，徒深惭谢云云。"官员等闻姜溅传致之辞句句称是，频举手肯诺，仍问姜溅以何出身、何官及东国文科取士之法。姜溅答说相问答，良久，作揖相让而散。①

到清代，朝鲜通事和著名文人的交往也不少。据《燕行录》记载，朝鲜华人通事赵秀三作为译官，先后 6 次到中国，与中国文人多有交往，和纪晓岚也有往来。② 随着时代的变迁，明清更替所带来的"华夷之辨"在朝鲜人思想中逐渐淡薄，中朝两国文人交往逐渐扩大，从而突破了"人臣无外交"的禁令。

(二) 购买中国书籍

明清时期朝鲜获取中国书籍的主要途径是朝贡使行。朝鲜担任购买中国书籍的主角是三使和通事（译官）。朝鲜华人通事通晓汉语，能与中国官员直接交涉求书，同时又可自由出入于中国书市，通过中国书商大量收购各种图书。此外，有些人为了私利而收购各种珍贵书籍和稗官杂书类带入朝鲜国内。他们成为书籍贸易活动的主角。③

明代小说通过朝鲜使臣购买和求赐等方式输入朝鲜。如明代瞿佑的作品《剪灯夜话》传入朝鲜。《剪灯夜话》是文献纪录与实存版本俱存的明代小说。韩国学者从《龙飞御天歌》引用《剪灯夜话》的语句判断该书是在 15 世纪中期世宗年间传入朝鲜的。《剪灯夜话》在朝鲜文人间迅速传播，其中《爱卿传》还被编入当时的汉语教材《训世评话》之中，对通事的培养有极大的助益。小说被翻译成朝鲜文字，《剪灯夜话》在朝鲜的四个版本是在明清小说及

① （朝）郑士信：《梅窗先生朝天录》，载《燕行录全集》卷 9，第 342—343 页。
② 王元周：《朝鲜开港前中韩朝贡体制的变化——以〈燕行录〉为中心的考察》，载栾景河、张俊义主编：《近代中国：文化与外交》上卷，社会科学文献出版社 2012 年版，第 165 页。
③ 李元淳、朴英姬：《朝中图书交流瞥见》，《韩国研究论丛》1997 年刊。

朝鲜文字、文学不断发展的背景下产生的。[①]

据《朝鲜成宗实录》记载，明成化六年（1470）十月丙午，朝鲜国院相申叔舟曰：以前命令赴京书状官收买我国所无书籍，近年停废。这不太好，何况中国必定有最近编撰的书问世，请命令正朝使到北京后让书状官买来。弘文、艺文两馆书帙未完备者，亦吩咐他们购买。成宗采纳了他的建议。

朝鲜华人通事购买中国书籍常遭遇明朝官员的敲诈。明万历二年（1574），朝鲜国王遣圣节使如明，途中朝鲜华人通事洪纯彦与书状官许篈交谈，认为明朝的序班多不识礼义，很无耻，通事等必鸠敛杂货以满足其贪欲，然后方得无事。由于朝鲜使者多购买禁物，如黄紫色缎，以及《史记》等书籍，都是明朝不允许出境者，因此序班以此恐吓，称之曰"过人情关"。[②] 这反映了当年朝鲜上下对中国文化的景仰和推崇，也反映了明代官场的黑暗以及当时朝鲜使者在购买中国书籍时遭遇种种困难时的无奈。

清代朝鲜华人通事违禁购买中国图书，也会受到严惩。事见《清圣祖实录》：清康熙三十年（1691）七月，朝鲜国进贡使团华人通事张灿"违禁私买《一统志》书"。清朝礼部认为朝鲜使团正使李沉、副使徐文重等犯有失察罪，应予革职。康熙下旨："李沉、徐文重从宽，免革职"。[③]

《老稼斋燕行日记》在清康熙五十一年（1712）正月初六日的日记中记载了华人通事吴志恒购买书籍一事，写道："译官吴志恒得来一书，名大兴县志。盖北京城内有二县，东曰大兴，西曰宛平。北京城东边内外宫阙祠坛村坊山川人物风俗靡不记载。其土产、花果、禽兽，亦皆见录。得此书，益生出外之心矣。遂与伯氏议，以□（原文模糊不清——引者注）外方物还纳户曹者，贸此书送于玉堂。"[④]

清代朝鲜华人通事在华购书，朝鲜史料中也多有记载。如《朝鲜王朝实录》就有多次购书记录。《明实录》有流出宫廷之外的副本，清初谷应泰在编纂《明史纪事本末》中曾经使用过该书。1829年冬，朝鲜遣使中国，朝鲜使行人员抵达北京，在琉璃厂见到了谷氏使用过的那部《明实录》，欣喜

---

① 杨雨蕾：《十六至十九世纪初中韩文化交流研究》，复旦大学博士学位论文，2005年。
② （朝）许篈：《朝天记》，载《燕行录全集》卷6，第72页。
③ 《清圣祖实录》卷152，康熙三十年七月六日。
④ 《老稼斋燕行日记》，载《燕行录全集》卷33，第41页。

若狂，不顾书商漫天要价，毅然买下并把它全部运回朝鲜。当时朝鲜使团中有华人通事赵秀三（1762—1849），专门为此作了长篇《皇明实录歌》，记载了此事。

> 四百六十一卷明实纪，当时史才称谷氏。一统二百八十年，天启为终洪武始。礼乐刑政灿典章，山川郊庙精程祀。……
>
> 此本流落燕南市，三蚀神仙老脉望。瑟缩不听不容嘴，槐肆虽非石室藏，神物守护犹相俟。朝鲜使者馆玉河，摩挲永叹穷朝暮。西堂书侩黠于鬼，察眉索价高如彼。不惜千金买全部，嗟哉李君慷慨士。……
>
> 不购象犀珠玉购此书，国富家贫心独喜。嗟哉李君慷慨士，天心感激嘉曰尔！

（三）游观

朝鲜使团赴京后，要向明朝呈送外交文书、向朝鲜王朝奏报中国国内情况等。此外，在滞留中国期间，朝鲜使臣和通事等也会对一些名胜古迹进行游观活动。由于中国视朝鲜为"礼仪之邦"，明朝对朝鲜使行人员特别优待，在留京时间方面没有限制，这给朝鲜使行人员游观带来了极大的便利，这在海外诸国中是特例。《朝鲜中宗实录》说：朝鲜国使臣入明朝贡，待遇特别优厚。在玉河馆随意出入，可以去各地游览，随心所欲，与汉人一样，没有任何区别。朝鲜使行人员在中国主要游览景点有书肆、寺庙、国子监等。

但到了明嘉靖初年，明朝开始有意限制朝鲜使行人员出馆游观，事情起因是朝鲜通事金利锡擅自购买禁书《大明一统志》，被明朝礼部主客郎中孙存仁所见，报告上司。因此关闭玉河馆，令朝鲜使行人员不得出入。他们违禁贸易与贪婪亦是被明朝禁止外出游观的原因。[①]

到了清代，朝鲜使团在华期间"游观"活动更加活跃。游览名胜是使行人员的"必修课"，除了使臣，通事也常常参加游览活动。清康熙五十一年（1712），朝鲜派遣正使金昌集赴清，其子弟金昌业以打角进士身份随行。金昌业在《稼斋燕行录》中谈到使团中有译官朴东和，亦有华人通事，如汉学上通

---

① 刘喜涛：《封贡关系视角下明代中朝使臣往来研究》，东北师范大学博士学位论文，2011年。

事张远翼、教诲质问通事刘再昌、押物通事吴泰老等人。[①]他们在来华路上游观，观察细致入微。如对北京城敌楼的观察，"自庙行一里，入朝阳门，即北京城东门也。门楼凡三筶，皆覆以青瓦。瓮城上亦有楼二筶，覆青瓦而四围不作栏槛，以砖筑堵中开炮穴，此所以蔽内楼者，所谓敌楼也。"[②]

朝鲜华人通事的游观以及使臣的记录，不仅传播了中国文化，而且使朝鲜人扩大了视野，加深了他们对中国文化的了解。

（四）科技交流

华人通事在朝鲜引进中国科学技术方面发挥了独特的作用。

朝鲜王朝重视通事的作用，派遣华人通事赴华学习中国科技。《朝鲜王朝实录》记载：太宗十三年（1413），朝鲜拟向明朝进马 20 匹，朝鲜太宗召华人通事张有信，说："尔知探银法乎？今往中原，更详问以来。"[③]于是张有信赴华学习采银法。

在历法传播方面，朝鲜华人通事也发挥了作用。在中朝两国关系稳定之后，明廷每年例行提供《大统历》。主要是由朝鲜使者兼行请历职责，通事负责领回历书。

到清代，朝鲜继续从中国领取历法书。朝鲜设立赍咨官，其职责除了到中国领取历法书外，还要携带咨文。而朝鲜赍咨官均由译官（通事）担任。据《朝鲜王朝实录》记载，赍咨官的级别，从正三品到正九品都有，远远不如朝贡使行中正使、副使的级别。华人通事多担任赍咨官。清康熙三年、朝鲜显宗五年（1664），清朝申饬朝鲜犯越之事，禁止朝鲜人犯越挖参伐木。朝鲜派遣赍咨官慎而行前去北京申明朝鲜立场。

（五）学习中国语言

语言在中外交往中十分重要。在明初，高丽贡士金涛因为语言不通，而弃官回国。明代朝鲜国王为了朝贡的需要，多次派遣通事赴华学习语言，其中就有华人通事。华人通事张有诚、黄中等人勤于学习中国语言，多次奉使中国，

---

① （朝）金昌业：《稼斋燕行录》，载《燕行录全集》卷 32，第 296—297 页。

② （朝）金昌业：《稼斋燕行录》，载《燕行录全集》卷 32，第 555—556 页。

③ 《朝鲜王朝实录》，太宗十三年三月丙午。

由于精通汉语，受到朝鲜成宗的重视。[①] 朝鲜还派遣华人通事蔡寿、权五福等先后到辽东向退休官员邵奎质正汉语。[②] 具体情况详见本书第四章"明清时期东亚地区华人通事比较"之"通事培养与通事制度"，此处不赘述。

综上所述，明清时期的朝鲜华人通事为中朝文化交流作出巨大贡献。朝鲜王朝以学习中国文化为荣，处处仿效中国。朝鲜成为"礼仪之邦"，因素很多，其中朝鲜华人通事的作用不容小觑。

二、琉球

明代中琉关系建立后，作为闽人三十六姓的后裔，琉球华人通事在接受中国传统文化方面有得天独厚的优势。他们在中琉文化交流方面发挥了显著作用。

（一）在中国留学

明清时期，琉球国派往中国的留学生有两类：官派留学生（官生）和自费留学生（勤学）。许多华人通事作为留学生来到中国国子监或福建琉球馆，接受中国文化教育或学习中国科技知识。

明清时期琉球来中国的官生，经历了三个阶段：第一阶段，明洪武二十五年至明成化十八年（1392—1482），皇亲国戚和达官贵人之子弟充当官生；第二阶段，明成化十八年至清嘉庆七年（1482—1802），来华的琉球官生几乎都是久米村人，即闽人三十六姓之后裔；第三阶段，清嘉庆七年至清同治八年（1802—1869），久米村和首里人各占留学生的一半。[③]

明朝选择硕学鸿儒指导琉球学生的学业，如黄克晦、彭辂等人曾执教于国子监。经过国子监教习的教诲，琉球学生终于能够"谈经汉语通"。清朝国子监亦选择徐幹、孙衣言等名儒为教习，教导琉球官生。琉球官生在国子监刻苦学习中国文化。清人潘相之《琉球入学见闻录》，对琉球官生在国子监学习情况有专门记述。其主要教规如下：

　　一、每月朔、望早起，沐浴、正衣冠，随班拜庙，次拜后殿，次谒文

---

① 《朝鲜王朝实录》，成宗七年十二月辛巳。

② 《朝鲜王朝实录》，成宗二十年十二月己丑。

③ 徐恭生：《琉球国在华留学生》，《福建师范大学学报（哲学社会科学版）》1987 年第 4 期。

公祠，随诣彝伦堂，诣讲堂。

二、未领衣冠时，服该国冠服；已领之后，即服所赐冠服。

三、每日早起，沐浴、正衣冠，诣讲堂听讲《小学数条》，《小学》完，讲《近思录》。饭后，讲经数条，临帖。灯下，讲四六古文各一篇、诗一首，次日背诵。

四、讲书之时，诸生以齿序立，专心听讲。

五、听讲之后，各归本位肄习。

六、逢三日，作诗一首，不拘古律。逢八日，作四六一篇或论序等类一篇。

七、跟伴须各自约束。①

琉球华人通事林世功等人曾在国子监学习。在国子监教习的指导下，他们顺利地完成了学习任务，先后返回琉球。清人孙衣言有诗作《琉球贡使向绍元都通事梁必达来见赋此为赠》，谈到琉球华人通事（唐营通官）感谢"先生教诲厚"，其中诗云：

> 唐营通官精爽紧，代陈奈曲词便便。
>
> 攘袂出手手指天，皇帝圣德临无偏。
>
> 次言先生教诲厚，诸生小子坏为砖。
>
> 寡君诸卿诸大夫，传语致谢感在肝。②

勤学地点在福州。因为明代琉球唐荣来华求学者众多，时间较长，因此，在清雍正九年（1731），琉球政府制定措施，对留学人员"勤学"在福建滞留时间进行了限制。洪武以来，唐荣或入闽或赴京，不受时限。《球阳》卷12"始定唐荣在闽勤学年数"规定："今年新定以七年为回来限。医生上国学医术者亦以七年为回来限"。琉球政府明确规定"勤学"在闽学习七年，琉球留学生从而有了充足的学习时间，这对他们学习中国文化和制度大有裨益。许多琉球华人通事曾以"勤学"身份在福州学习，如蔡述亭、金锵、蔡汝霖（蔡大鼎）、蔡肇功、程顺则和蔡温等。

明正统四年（1439），在福建泉州设立琉球馆。明成化二年（1466），琉

---

① ［清］潘相：《琉球入学见闻录》，载《台湾文献丛刊》第306种，台湾银行1971年版。

② ［清］孙衣言：《孙学斋全集·琉球贡使向绍元都通事梁必达来见赋此为赠》，载《琉球史料汇编》，清康熙三十年（1691）刊本，第1254—1255页。

球馆由泉州迁移至福州，称为柔远驿馆。琉球馆是明代明琉两国人民文化交流的重要场所。琉球人在琉球馆中，或延师学艺，学习知识，掌握技能；或吟诗作对，切磋诗艺，因此留下了许多诗篇，成为中琉友好交往的历史见证。

清康熙七年（1668），清朝重建柔远驿于福建，以待琉球使臣。在清代，福州柔远驿成为清琉交流的中心。琉球官员和通事在这里学习中国礼仪，在琉球馆执教的名儒有陈元辅、王登瀛等人。清人林寿图《家勿邨修撰（鸿年）偕高螺洲编修奉使琉球将抵福州过柔远驿观夷官习礼赋四十韵》，记载了其"观夷官习礼"的情况。

> 驯扰谐情性，雍容习典章。
>
> 瓍瑜排彩仗，靺鞈俨戎行。
>
> 想像轺轩降，亲临黼黻旁。
>
> 教忠端治本，延赏协嘉祥。
>
> 针路麟洲转，更程鲽水量。
>
> 百灵丹简护，五雨锦飔张。
>
> 北极瞻枢斗，南瀛贡篚筐。
>
> 大清千万襈，与尔固金汤。[①]

康熙年间曾在琉球驿馆任教的王登瀛，与琉球使臣和通事们结下了深厚的友谊，他有很多诗文，或是为送琉球使臣入贡，或是为送琉球使臣归国，或是缅怀故去的琉球使臣，内容丰富，感情真挚。他著有《柔远驿草》，其中就有《送梁得剡入贡》《遥挽陈鲁水》《同程素文、毛子翀、郑克文、陈楚水、红尔吉驿楼分赋》《送程素文、郑克文入都》《送金浩然归中山》《怀梁得声》《送周熙臣》《送麻舜水》《寄程宠文》等。[②]

陈元辅，字昌其，福建闽侯（今福州市）人。终生未仕。他门下有许多来自琉球的学生。清康熙二十二年（1683），琉球国留学生程顺则（字宠文）来华后，拜他门下，潜心儒学。陈元辅的《枕山楼诗集》共有诗歌 121 首，其中有不少是与琉球来华学者程顺则、梁得济、梁得声、梁本宁、郑克叙、蔡声亭、蔡文敏等人的交游赠答之作。

---

① [清] 林寿图：《黄鹄山人诗初钞·家勿邨修撰（鸿年）偕高螺洲编修奉使琉球将抵福州过柔远驿观夷官习礼赋四十韵》，载《琉球史料汇编》，第 1239—1240 页。

② 陈捷先：《清代琉使在华行程与活动略考》，载台湾中琉文化经济协会主编：《第二届中琉历史关系国际学术会议论文集》，台湾中琉文化经济协会 1989 年版，第 101 页。

陈元辅《枕山楼诗集》有诗作《赠梁得济》，诗云：

> 负笈乘槎过海门，五年声气在中原。
>
> 云山夜绕三秋梦，词赋香销六代魂。
>
> 爱客陈蕃常下榻，读书董子不窥园。
>
> 异时若上平淮雅，好以文章报国恩。①

陈元辅《秋夜望中楼怀梁本宁》，表达了他对琉球友人的怀念之情。诗云：

> 寂寂江楼独闭月，惊心荒草暗销魂。
>
> 浮云隔水秋闻雁，残月空山夜听猿。
>
> 作赋有谁悲宋玉，相思何忍负王孙。
>
> 今宵莫漫愁歧路，不尽离情寄酒樽。②

师生情深。陈元辅还撰有《江楼秋日怀中山程宠文》，深切怀念琉球学生程顺则：

> 一自仙樽五月回，青山聊复计重来。
>
> 朝天有路终浮海，看菊何人共举杯。
>
> 水驿楼高云气散，西风潮落鹰声哀。
>
> 旧年此地逢重九，犹忆同君上钓台。③

在《蔡述亭传》中，陈元辅记载了琉球华人通事蔡述亭的事迹。其文曰：

> 述亭蔡公，中山人，其国呼中土为唐，盖自洪武初遣闽人往铎其子弟。中山王敬其人，乃宅土以居之，故号其地为唐荣。言以荣，夫唐之人也。自是凡有能事华语及法度礼教、可备出使之选者，悉家于是。否则不得入其里，制綦隆矣。公少时，恨生于海外，见闻孤陋，慨然有观光上国之志。一日从紫金大夫蔡公坚来闽，受业于师，揣摩刻苦，手不释卷，复结交当世知名士，以资其购难。不数年，通经博雅，练达时务。④

和琉球官生一样，在福州的琉球勤学亦很出类拔萃。在留学时期他们受到中国教习的称赞，他们回国后，仍被恩师所惦记。

---

① ［清］陈元辅：《枕山楼诗集·赠梁得济》，载《琉球史料汇编》，第 1309—1310 页。

② ［清］陈元辅：《枕山楼诗集·秋夜望中楼怀梁本宁》，载《琉球史料汇编》，第 1312—1313 页。

③ ［清］陈元辅：《枕山楼诗集·江楼秋日怀中山程宠文》，载《琉球史料汇编》，第 1431 页。

④ ［清］陈元辅：《枕山楼文集·蔡述亭传》，载《琉球史料汇编》，第 1383—1388 页。

（二）琉球华人通事与汉文诗文

琉球汉文文献是东亚汉籍的组成部分。明清时期琉球人的汉文诗集，系统反映了汉文学影响下琉球诗文的创作风貌，是研究琉球文学的宝贵资料。

琉球人来华，主要有朝贡使和留学生两类。他们在赴京或居留福建期间，都留下了大量汉文诗。清代涉琉文学作品，首先是琉球文人或官员的个人诗文集，以及各种文学性较强的笔记。传世的汉语诗文集主要有：程顺则的《雪堂燕游草》及其编录的琉球文人作品集《中山诗文集》，蔡温的《谵园集》，周新命的《翠云楼诗笺》，蔡文溥的《四本堂诗文集》，蔡肇功的《寒窗纪事》，杨文凤的《四知堂诗文稿》，蔡汝霖的《闽山游草》《续闽山游草》，等等。值得注意的是，琉球文人的作品深受中国文人的重视，其中有些作品还被明清时期的使琉官员收录在他们的使录文献里，如清汪楫《中山沿革志》附录《中山诗文》，其中有琉球人诗作24首。徐葆光的《中山传信录》附录《中山赠送诗文》，收录琉球国王、士大夫、僧侣等31人的汉文诗39首。另外，因为琉球属明清藩邦，琉球文人还被视为"正宗清人"，"清代诗选"多次收录琉球文人所作。如康熙年间流传的《皇清诗选》收录琉球诗人25人，诗作70首，其中有琉球世子尚纯的《咏双松》、琉球王弟尚弘毅的《咏松竹寿汪检讨封翁》。①

琉球华人旅闽诗具有浓厚的中国情结，具体表现在以下方面：

首先，琉球诗人以宗主国为本国，对中国文化强烈认同。琉球诗人在诗中将中国皇帝称为自己的最高帝王，恭祝中国帝王或皇太后生日的诗歌常常以"恭庆""恭迎""恭纪"为题。如官生郑孝德的诗作《辛巳十一月十五日皇上恭迎皇太后自圆明苑还宫恭庆万寿诏许陪臣孝德等用本国衣冠随班接驾恭纪一首》《恭庆圣母皇太后七十万寿诗进呈》之类均以"恭庆"入题。虽然该类诗作不乏奉承之词，但确实表现了琉球使臣的诚惶诚恐。他们把中国当成自己的国家，把福建当作"原乡"，与这些文人祖先多来自琉球久米村有关。他们当中有很多人到过福建，作品中流露出的感情是复杂的，是其他国家如日本、朝鲜、越南的文人所不能比拟的。

---

① 夏敏：《琉球诗人的中国情结——以清代琉球旅闽诗人汉诗为例》，《福州大学学报（哲学社会科学版）》2015年第2期。

其次，琉球汉诗诗人遵循中国诗歌写作规则，不偏离中国近体诗歌合辙押韵的传统，好五言七言绝律，兼善古体。他们熟练运用中国诗歌用典的手法，一些人甚至喜欢在其诗歌中使用一些生僻汉字（这与朝鲜文人在《朝天录》《燕行录》中使用生僻汉字，有相似之处），以体现自己文采方面的深度中国化。①

琉球人的汉文诗集，其中不乏华人通事的文集。如琉球驻闽大通事蔡汝霖先后在福州生活了八年之久，其《北燕游草》是其于同治年间任都通事之职时的纪行诗集。蔡文溥之孙蔡功熙（1711—1764），字法亮，号谐亭，曾在清乾隆十九年（1754）奉使为进贡请封都通事。他曾携带蔡文溥《四本堂诗文集》雍正刻本入华，请刘敬与作序，是为乾隆本。②

琉球华人通事的诗作，多次受到中国学者的高度评价。林世功以琉球通事身份进入国子监学习。清人孙衣言作《琉球诗录序》，称道他"好文而勤学"。

> 今年春琉球学生林世功在监期满，其师教习徐君幹亦有诗录之刻。取而阅之，则皆驯雅可诵。而林生又来乞余逊学斋诗，谓将归诒国人。徐君又言琉球人极重予前录，几于家有其书。其好文而勤学皆可尚也。

孙衣言所撰《琉球诗课序》，称道林世功的"诗尤为妥帖"：

> 予尝闻中山人士虽尚试律，然其国人所为，大率四韵而已。阮宣诏等人入监读书，始有八韵之作。而徐君所录所载林生诗尤为妥帖，详雅有中朝馆阁气象，则其文教之开而日新，尤可喜也。昔宋人言词科之弊，一时竟为俪偶，至有以一联之佳，终身富贵者。今殿廷考试皆用八韵，而馆阁之士毕精壹志以求工于声韵对偶，其弊殆亦类此。独琉球幸而无之，则其所谓试律或犹近于古诗之流也欤。徐君其必有以取之矣。③

程顺则在福州勤学期间擅长作诗。林潭二为《枕山楼诗集》作"序"，对琉球外史程顺则的诗作给予高度评价，称赞其"字字皆从肺腑中流出""另开生面"。

> 外史程子庞文自中山来，师事余友昌其，尽得其所学，虽吾党之豪俊，未能或先之。方今圣人御宇，重译向风，程子之得闻斯道也，谓非沐

---

① 夏敏：《琉球诗人的中国情结——以清代琉球旅闽诗人汉诗为例》，《福州大学学报（哲学社会科学版）》2015年第2期。

② 张明明：《日本图书馆藏琉球人汉文诗文集叙录》，《新世纪图书馆》2016年第9期。

③ ［清］孙衣言：《孙学斋全集·琉球诗课序》，载《琉球史料汇编》，第1248—1251页。

于文教者深欤！客夏迓掉中山，昌其赋诗以送之，既又有诗以怀之。余与昌其交几三十年，素知其不轻以肝胆许人。今且杜门谢客矣，而独于程子为惓惓者，吾知文章意气万里，寸心有未易为不知者，□□□。① 别诗十首，已登前刻，脍炙词坛。今取其寄怀五章读之，抑何其字字皆从肺腑中流出。陈言务去，独展新裁觉怀人之什，又另开生面矣。不揣谬为评点于以见昌其之知己。在声气之外，而因叹世之忽近，而慕远违目而信耳者，其视程子又何如也？

壬申花朝同学弟林潭二耻拜题于晚香园。②

（三）地理方面的著作

琉球一些华人通事写有中国地理方面的著作，代表作有魏学源的《福建进京水陆路程》、蔡汝霖的《北上杂记》。

明清时期中国与琉球的往来口岸主要是福州。琉球贡船到达福州后，在柔远驿内休整，等待进京的圣旨下达后前往北京进贡。从福州到北京，路途遥远，有固定的路线，被称为"贡道"（指进贡所经的道路）。清道光十八年（1838），随谢封使进京的琉球都通事魏学源，著有《福建进京水陆路程》，记载了入京的水陆旅程和琉球贡道情况，对沿途一些路段也有全面的记载。有学者认为该著作撰写于清道光十七年（1837）。该书记载，琉球人自福州出发，途经闽江、衢江、东阳江、桐江、富春江、钱塘江、京杭大运河等到达京师。

清光绪三年（1877），中山王派遣都通事蔡汝霖（蔡大鼎）来闽，向清王朝陈述国事。蔡氏住京五载，写成《北上杂记》。他十分怀念福州，在其著作中多次谈及福州的人与事。因为福州是琉球国人到华的第一站，当地有琉球馆，一些因病去世的人也会安葬于福州。福州仓山区的白泉庵、鳌头凤岭等处，为清代琉球人部分丛葬区。因此，许多琉球人都把福州作为自己的第二故乡。③

---

① 据《琉球史料汇编》（第 1429—1430 页），原文字迹模糊。

② ［清］林潭二：《枕山楼诗集·序》，载《琉球史料汇编》，第 1429—1430 页。

③ 王振忠：《琉球汉文燕行文献的学术价值——以晚清蔡大鼎的〈北上杂记〉为例》，《安徽大学学报（哲学社会科学版）》2014 年第 2 期。

(四) 科技交流

中国的建筑技术随移民输入琉球。琉球一些寺庙中的雕塑作品，多出自福建移民之手。如琉球尚真王（1471—1527）时期所建造的园觉寺，寺内有很多石雕作品。放生池石桥上的花鸟、莲花、牡丹、云、鹿、狮、龟等浮雕，是琉球石雕艺术的杰出作品。琉球华人通事为此作出了贡献。该桥的支柱上明确记载着督造者的基本情况："大明弘治戊午岁春正月吉建立，长史梁能、通事陈仪督造。"明弘治十一年（1498），琉球国王命长史梁能、通事陈仪，在圆觉寺山门外督造石栏及桥。[①] 长史梁能、通事陈仪都是福建移民的后裔。

中国园林建筑风格也传播到琉球。15 世纪闻名琉球的中山八景，其设计师是福建移民后裔。

程顺则在中国科技文化向琉球的传播过程中居功甚伟。明朝使节潘荣在《中山八景记》一文中说："程大夫中华人也，用夏变夷均之职也，果能以诸夏之道而施之蛮狛，渐染之，熏陶之"。

琉球华人通事奉命学习中国的天文历法。从明代到清代，琉球不断遣使赴华学习天文历法。据《琉球国旧记》记载，金锵是琉球最早入闽学习中国历法之人。明成化元年（1465），金锵作为琉球进贡使团通事到达福建，拜师求艺，成为琉球第一个编撰历法的天文学家。金锵开始造历法以行乎琉球国中，历 200 多年。此后琉球历法出现了错误，于是尚质王在明崇祯元年、日本宽永五年（1628）及明崇祯二年、日本宽永六年（1629）派遣华人通事杨春枝到闽学习历法。清康熙六年（1667），琉球国王又派遣华人通事杨春枝、周国俊到福建学习历法和地理。清康熙十七年（1678），琉球派遣华人通事蔡肇功来闽跟随薛一白学习历法，历时四年，于清康熙二十一年（1682）回国任司历官，"遂为印造大清时宪历颁行国中"。[②] 从此，中国的天文历法在琉球国中广为使用。清乾隆二十年（1755），琉球派遣华人通事（副通事）红秉日入闽学习时宪书撰日新法，"自此将其新法印造撰日通书，而不用古法"。[③]

---

① 《中山世谱（校注本）》卷 6《尚真王》，第 95 页。

② 《那霸市史·资料篇》第 1 集《久米村系家谱》。

③ 球阳研究会编：《球阳》卷 7、卷 15，东京角川书店 1982 年版。

琉球华人通事在地理和农业方面也作出了杰出贡献。清康熙六年（1667），琉球国王委任周国俊为驻琉球馆的存留通事，到福建学习地理知识。清康熙四十七年（1708），蔡温担任进贡存留通事，从刘日霁学习地理，受其密书和大罗经。他回国后担任琉球历史上首任国师，全面推广风水地理知识。清雍正年间，蔡温主持了琉球国羽地的农田水利工作，并教授农田经界法，令匠人始造测影定漏器物，促进了琉球农业生产及地理事业发展。①

琉球是中国文化传入日本的重要中转站。以久米村为中介，传入日本的文化实例不胜枚举，如甘薯栽培、机织布艺、制糖技术，医学上的汉方本草等科学技术。而这些科技文化的传播又多得力于琉球华人通事。

（五）汉戏琉化

留居琉球的汉人后裔，对中国戏曲在琉球的传播起到了关键作用。要实现"汉戏琉化"，琉球遇到最大的难题是伶人后继乏人。在清代，琉球国王多次派遣华人后裔赴中国学习戏曲。华人通事负有领导、护送之责。据久米村汉裔族谱记载："乾隆五十年乙巳六月十六日再请宪令，为习礼读书及习中华歌乐杂戏，随在船都通事蔡德蕴具志亲云上，次年丙午五月初三日那霸开船，初九日到闽细肆乐戏，戊申四月初五日随在船都通事阮善真玉桥里之子亲云上归国。"② 又据《魏氏九世秉礼谱》记载：清道光十九年（1839）七月，为学习唐跃（即中国戏剧），琉球国王先后派遣亲云上魏尊恭，带领华人后裔，十月从那霸出发，二十七日到达厦门外洋，十一月初一日转到漳州府洋面，初四日到达本港，十二月初一日到福州柔远驿"就师学习歌舞"，半年后他们顺利返回琉球。③ 这些学艺归来的汉人后裔成为"汉戏琉化"的实际承担者。

自1372年琉球与中国建立朝贡册封关系后，明清政府先后多次向琉球派遣册封使。很多册封使留下了使行录。陈侃于1534年作为册封正使赴琉球，著有《使琉球录》；夏子阳于1606年作为册封琉球正使，著有《使琉球录》；胡靖于1633年作为随从，随正使杜三策出使琉球，著有《杜天使册封琉球真记奇观》；张学礼于1663年作为册封琉球正使，著有《中山纪略》；汪楫

---

① 《那霸市史·资料篇》第1集《久米村系家谱》。
② 《那霸市史·资料篇》第1集《久米村系家谱》。
③ 《那霸市史·资料编》第1集《久米村系家谱》。

于 1683 年作为册封琉球正使，撰《使琉球杂录》；徐葆光于 1719 年作为副使，随正使海宝出使琉球，著有《中山传信录》；李鼎元于 1800 年作为副使，与正使赵元楷奉命册封琉球，著有《使琉球记》。为迎接中国皇帝派往琉球的册封使臣，琉球都要在宴会上安排各种歌舞表演。因此在上述使琉笔记中，都有关于琉球宫廷舞蹈的记载，其中以徐葆光的《中山传信录》最为详细，对中秋宴、重阳宴上表演的各种歌舞、戏曲记载尤其具体。琉球华人通事必须参加迎接册封使的各种活动。在李鼎元的《使琉球记》里有如下记载：

> 庚申，晴。……通事致词云："国王备有舞、乐，旧供七宴；今即不宴会，可令装束见，以表诚敬。"随令舞童排列阶下。人二十有四，年率十五以上，皆高梳云髻，戴花满头，著彩衣，衣长曳地，袖长等身。两胁不缝，朱袜不履。人物秀美，尽宦家子弟。余与介山赞叹称谢。

（六）儒学传播

在文化教育方面，琉球留学生出身的华人通事大力传播儒学。琉球的学校起初设于琉球天妃宫。闽人后裔郑迵（1549—1611）在明嘉靖年间入明国子监学习七年，回到琉球后先在天妃宫设馆教书，传播中国的儒家文化，后在琉球政府任职，深受当局器重，先后任都通事、长史、三司官，最后担任法司。他是闽人三十六姓后裔中第一个任法司的。其弟郑周（生卒年不详），也曾入明读书七年，尤其喜爱中国的书法艺术，回国后成长为琉球著名的书法家，琉球的一些名寺宝刹上的匾额就出自他的手笔。[①] 琉球华人通事主持修建国庙、天尊庙、天妃庙、龙王殿等祭祀国王祖先或神灵之所。《球阳》卷3云："太祖赐三十六姓而礼法咸兴，则有国庙之设也。自舜天王而下，惟即位者必奉安此庙；而春秋二仲以中华礼祭之，著为定规"。《球阳》卷2《杜公录》云："天尊庙，昔闽人移居中山者创建庙祠，为国祈福，天妃庙、龙王殿亦此时创建之。"[②]

自康熙年间起，琉球设立孔庙作为学习儒学的场所。清康熙十二年（1673），琉球在久米村泉崎桥北设立文庙，"庙中制度，俎豆礼仪，悉遵会

---

① 陈尚胜：《五千年中外文化交流史》第 1 卷，世界知识出版社 2002 年版，第 494—495 页。
② 转引自韩结根：《从现存琉球王国汉文文献看中国文化的影响》，《复旦学报（社会科学版）》2013 年第 3 期。

典"。[1]清康熙二十二年（1683），清朝册封琉球国王派出的使臣林麟焻曾应邀参观文庙，欣然作《琉球竹枝词》一首。该诗反映了儒学在琉球传播之情况：

> 庙门斜映虹桥路，海鸟高巢古柏枝。
>
> 自是岛夷知向学，三间瓦屋祀宣尼。

清康熙五十八年（1719），琉球在文庙南建立"明伦堂"，称之为"府学"，大力传播中国文化。琉球华人通事对儒学传播作出重大贡献。《清史稿》云：琉球"择久米大夫通事一人为讲解师，月吉读《圣谕衍义》，三六九日，紫金大夫诣讲堂，理中国往来贡典，察诸生勤惰，籍其能者备保举。八岁入学者，择通事中一人为训诂师教之"。[2]

据《蔡氏家谱》记载，蔡温一族的元祖名蔡崇（字升亭），福建泉州府南安县人，是宋朝端明殿大学士蔡襄的后代。蔡温是蔡崇的十一世孙。明朝初年，蔡崇奉命迁居琉球，成为闽人三十六姓中蔡姓的始祖。蔡温（1682—1761），字文若，号澹园，久米村人。蔡温奋发读书，通过不懈的努力和自身的天赋，出任王府的通事。25岁时，蔡温因对儒学的理解十分透彻，成为专门讲解儒学的讲解师。清康熙四十七年（1708）二月，蔡温奉命以存留通事（当地翻译官）的身份，随耳目官向英等前往福州任职，并学习地理。回国后，他担任太子讲师，官至三司官、国相、国师，在琉球政坛纵横30年。他在治国理政方面政绩显赫，著述达十几种。清雍正十年（1732），他主持颁布《御教条》，在推行儒家教化政策方面，充分借鉴中国的文化教育制度，对琉球历史影响至大至深。

琉球闽人家谱是在清康熙二十八年（1689）由琉球国王授命进行编纂的。但有些家谱记载，康熙二十七年（1688）即已开始编修，如《孙氏本家家谱》。琉球闽人家谱在很大程度上受到祖籍国中国宗谱的影响。其一，在记录形式上，久米村系家谱一般是按照官爵、勋庸等项目来进行编年体记录。关于一世祖的记载大多不详，17世纪以后，琉球闽人家谱的记载比较具体，涵盖琉球闽人的族群关系、来华朝贡、对日外交以及在华留学诸方面的信息。家谱记载，许多闽人三十六姓后裔担任通事、都通事等职，甚至世代担任通事一职。

---

① 《清史稿》卷526《属国传一·琉球》，第14620页。

② 《清史稿》卷526《属国传一·琉球》，第14620页。

其二，反映了琉球华人社会的真实情况。在谱系中记载人名，其中女性有许多人同名。这一现象说明了女子在当时的琉球社会地位低下，很少参与社会活动。女子姓名局限于家庭小范围内使用。由此可知程朱理学封建思想也渗透到琉球华人社会。①

（七）妈祖文化传播

由于海上航路的险恶，海难事件屡见不鲜，人们在同自然界作斗争的过程中，为了求生，产生了"神佑"观念。而在当时，"航海水神，天妃最著"。明代以后闽人不断移民琉球，他们也把妈祖信仰带到琉球。在闽人三十六姓中，泉州人占了不少，如南安蔡氏，晋江李氏、翁氏等。这些闽人把妈祖神像供奉在船上，从泉州启程，经过台湾海峡，再经鸡笼山、花瓶屿、彭佳屿、钓鱼岛、黄尾屿、姑米岛，到达琉球首府那霸，并在久米村定居。在琉球定居后，他们参与上、下两座天妃宫的建设。②据史料记载，明清时期，琉球国重要的天妃宫共有三座，其中两座建于明代，一座建于清代。潘相《琉球入学见闻录》记载：在那霸天使馆东的天妃宫，名为下天妃宫。在久米村的天妃宫，称为上天妃宫。此外，姑米山也有座天妃宫。"岁时致祭甚虔。历封册使，各有匾、联。"③

琉球的第一座妈祖庙上天妃宫，是由闽人所建，后经明使柴山、郭汝霖等多人重修。闽人定期举行祭祀妈祖活动是妈祖信仰的重要组成部分。

中琉使团人员同普通百姓一样，也有浓厚的"神佑"观念。作为通事的琉球华人，不仅信奉天妃，还要轮流参拜天妃宫。琉球当地官方明确规定：自贡船开船之日起至第七日，在长达一周的时间内，从年轻秀才到大夫都必须参拜两天妃宫。自第七日至贡船回归本国为止，每天大夫以下的年轻秀士与乡官都要轮流到天妃宫参拜。④

中国漂风难民在琉球建立的"唐船御岳"，位于今冲绳县岛尻郡八重濑町，就是一处祭祀妈祖神的地方。中国人在回国之际告知当地居民祭祀十分灵验，

---

① 连晨曦、谢必震、吴巍巍：《琉球闽人后裔的祖根情结及其对中华文化的持守——以中琉民间家谱对接为考察中心》，《太平洋学报》2017 年第 3 期。
② 何振良：《中琉交往与妈祖东渡琉球》，《福建史志》2015 年第 2 期。
③ 黄瑞国主编：《妈祖学概论》，人民出版社 2013 年版，第 150 页。
④ 何振良：《中琉交往与妈祖东渡琉球》，《福建史志》2015 年第 2 期。

妈祖神能够保佑人们海上安泰、五谷丰登。琉球人纷纷崇拜，把这座宫称为"唐船御岳"。①

清嘉庆十三年（1808），出访琉球的清朝官员齐鲲曾参观过琉球的各个寺庙，发现琉球寺庙所供奉的神佛像，多来自福建先师庙、关帝庙、天后庙。

在妈祖信仰传入琉球之前，琉球已有姐妹神信仰。姐妹用神力保护家中兄弟平安，与妈祖信仰有相似之处。但他们有所不同，妈祖强调对父辈的孝，而姐妹神强调的是兄弟姐妹之间的亲情。妈祖信仰传入琉球后，这两种相似的信仰相互融合，姐妹神和妈祖神逐渐演变为共同庇护琉球国渔民的保护神。② 实际上，这也反映了琉球华人与土著逐渐融洽起来，他们和谐生活在琉球群岛上，不分彼此。

（八）琉球刀

在清代，琉球宝刀输入中国。琉球华人通事为了表达琉球国人民的敬意而把宝刀献给清朝使臣。其实，宝刀来自日本，亦称倭刀。朱琲有诗作《琉球宝刀歌》，称道宝刀的神奇。

> 紫薇天使中山归，黑洋稳渡神鸟飞。
>
> 巨风剧潮罗刹鬼，拔刀碎裂妖星旒。
>
> 书生甚武剑佩戞，利器亦仗皇灵威。
>
> 此刀番王鞠腿献，购从日本玉屑霏。③
>
> ……

清人曾燠（1759—1831），字庶番，江西南丰人，有诗作《李墨庄舍人使琉球归见惠倭刀用少陵赵公大食刀歌韵赋谢》：

> 三十六姓语啁嘈，敬为天使陈饩牢。
>
> 五昼夜达沧溟艘，天威震霹蛟鼍逃。
>
> 佩物取称麒麟袍，敢献下国之宝刀。
>
> 试以口吹断豪毛，回船中流孤刀高。

---

① 转引自李宏伟、阳阳：《妈祖信仰传入琉球研究》，《八桂侨刊》2016 年第 2 期。

② 李明华、黄晓星：《中国东南地区民俗文化对冲绳的影响》，《广西师范大学学报（哲学社会科学版）》2015 年第 6 期。

③ ［清］朱琲：《琉球宝刀歌》，载方宝川、谢必震主编：《琉球文献史料汇编》，海洋出版社2014 年版，第 1040 页。

忽闻三老相惊号，狐狸啸聚兼齰猱。

挺身不畏斧钺膏，舍人挥刀风涌涛。

纷纷腰领颠阮濠，归来语予为解绦。

知予有志斩巨鳌，拔鞘寒光惊孟劳。

郄惭腕弱非英豪。

我闻海中群盗起，安南背恩为祸始。

频年夺货伤客子，中山事大颇知理。

况又匣中有秋水，鹰鹯逐雀鸟容已。

傥泛楼船整戎纪，凭藉声灵易易耳。

防海诸军频送喜，招贼投诚便相恃。

铅刀之割安可倚？舍人何日执鞭弭？

横海伏波当窃比，霜锋取人万人里，

为我太空决氛滓。①

该诗明确指出琉球宝刀来自日本，是琉球华人通事献给清朝使臣李墨庄（李鼎元）的。诗中极力称赞宝刀之锋利与神奇，"试以口吹断豪毛，回船中流孤刀高"。

综上所述，琉球华人通事群体在中琉文化交流中作出了巨大贡献，尤其是蔡温等人，因其位高权重，影响更大。他们充分学习借鉴中国文化教育制度，推动了琉球文教事业和社会的发展。他们传播了中华文化，使得琉球受到中华文化的熏陶。明人严从简在《殊域周咨录》中谈到中国文化对琉球的影响："虽无历官及阴阳卜筮之流，然亦谙汉字而知正朔。至于作诗，未必尽效唐体，而弄文墨参禅乘者，间亦有之。盖久渐文教，非复曩日之纯陋也。"②陈侃在《使琉球录》中亦称道琉球国人对中国文化的向往："莫不慕衣冠文物之美"。③（琉球）"虽无经生、卜士之流，然亦谙汉字、奉正朔。岂至视月盈亏以知时、视草荣枯以计岁哉"。出使琉球的萧崇业亦肯定了琉球受到中国文化的深远影响："琉球自奉正朔以来，其渐濡风轨，历年滋多。"④

---

① ［清］曾燠：《赏雨茅屋诗集·李墨庄舍人使琉球归见惠倭刀用少陵赵公大食刀歌韵赋谢》，载《琉球史料汇编》，第 1151—1152 页。

② ［明］严从简：《殊域周咨录》卷 4《琉球国》，第 163 页。

③ ［明］陈侃：《使琉球录（译注本）》，袁家冬译注，中国文史出版社 2017 年版，第 55 页。

④ ［明］萧崇业：《使琉球录》卷下《群书质异》，台湾银行 1970 年版。

三、日本

江户时代的"唐通事"是日本华侨社会的精英，具有华人血统，对中国文化有一定的了解，他们立足于长崎港，服务于长崎奉行，促进了中日文化交流。

（一）唐通事与"唐船风说书"

在日本，从海外船只获得的情报资料被称为"风说书"，其中来自中国商船的报告则被称为"唐船风说书"。总体来看，长崎唐船情报信息量巨大，属于民间情报性质，情报内容大致准确。但唐船情报是中国民众对中国形势的描述，对中国局势的看法和判断，主观性强。长崎是日本幕府直辖地，由长崎奉行管理。在幕府经由中国商船搜集情报的过程中，通过向华商发放临时贸易信牌、奖励现银等方式，引诱华商向日方提供情报。情报由专人负责传递，传递速度较快。情报送达江户后，由当值老中负责处理，而重要情报一般采用老中"合议制度"进行讨论。江户时期经由"唐船"流入的中国情报成为江户幕府及时制定、调整对华政策的重要参考。[1] 前文在论及日本唐通事在外交方面的作用时，已论及"唐船风说书"的由来及其历史背景。这里主要从文化交流的角度来探讨唐通事在制作"唐船风说书"中的作用。

唐通事除了从"唐船"中获取情报，还在漂流船事件中受命参与对"唐人"的审问，对相关记录的翻译等工作，从中了解中国的情形，这是获取中国情报的又一个来源。日本漂流民是指，在日本江户时代日本国民船只在近海航行时遭遇海难漂流至其他国家境内的难民。被送回日本的漂流民必须接受幕府的严格审查和管理。漂流民必须将漂流经过及在海外逗留期间的活动作详细汇报，长崎奉行派人详细记录下来并送往江户幕府备案；在得知他们并未接受基督教思想之后将其送回家乡，并进行监视。[2] 当时幕府实行锁国令，禁止日本人出国，规定"偷渡出国者处死，回国者处以死罪"，但幕府考虑到漂流国外是被动的无意识行为，因此放松了对漂流民的处理。

---

① 仲光亮：《日本江户幕府搜集中国情报研究》，山东大学博士学位论文，2015 年。
② 朱海燕：《"漂流民"与德川时代日本的"世界"认知》，《史学月刊》2012 年第 6 期。

日本幕府宽待漂流民的一个重要原因是为了能从漂流民口中得到中国方面的情报。在搜集情报方面，唐通事起了很大的作用。起初，唐通事尚不以执行幕府的统制贸易政策为主要任务，人员也少，只是以解决漂流民问题、管理华侨事务、防范天主教的侵袭等为主要职责。对日本漂流民的讯问是唐通事的主要工作之一。他们通过讯问，不仅获得了有关中国的情报，而且从中了解到中国的文化和制度。日本人朝川善庵的《清舶笔话》记录了遇难漂流的唐船情况。其中日本文化十二年（1815）南京永茂船的一份货单显示，该船载有沉香鸟 42 只、倒挂鸟 5 只、相思鸟 17 只等。[①] 两名长崎奉行曾认真观察由唐人喂养的鹤和鹭鸶，贸易官员要求唐通事向华商咨询相思鸟、画眉、孔雀等的产地和饲养方法。[②]

唐通事是中华文化的传播者。风说书的收集和制作从一开始就由唐大通事负责，到日本元禄十二年（1699），长崎奉行设立"风说定役"一职，专门负责风说书事宜。制度和文书形式逐渐趋于规范。1749 年，废止风说定役职务，风说书的信息收集和制作由年番大通事负责。在日本现存唐船风说书的时间最早的是在正保元年（清顺治元年，1644 年），下限是日本安政五年（清咸丰八年，1858 年）。最早的一封风说书出现在 1644 年明清鼎革时期，所记载的内容为"大明兵乱传闻"。唐通事首先要向渡航唐人收集有关信息并制作风说书，然后把它译成日文，交由长崎奉行审阅后，再送交江户。

长崎奉行十分重视唐船风说书的质量问题。早在日本正德五年（1715）六月，长崎奉行大冈清相在"唐通词法度书"中就明确规定："向后须留心问询，无论何事皆须记录，不可有任何省略。唐船辐辏之际，留心其平日杂谈，如听得奇闻，须具书上报，不计次数。杂谈之事，勿论虚实"。[③]

日本人平泽元恺在《琼浦偶笔》卷 6 中亦记载："凡唐船入港，即日邮报，蛮舶则速刻飞报，亦皆问取外域风说以报闻。"早在清雍正时期，中国官员了解到日本正在搜集中国情报。当时浙江总督李卫在给朝廷的奏章中就说到他

---

① （日）松浦章编著：《江户时代漂着唐船资料集》第 9 册，载《文化十二年豆州漂着南京永茂船资料》，关西大学东西学术研究所 2011 年版，第 357 页。

② （日）大庭脩：《长崎唐馆的建设和江户时代的日中关系》，关西大学出版社 2003 年版，第 180 页。

③ 《长崎书付》，载《通航一览》第 4 册第 147 卷，国书刊行会编 1913 年版，第 174 页。

曾经面讯医生周岐来。周岐来从日本回国不久，如实汇报日本情况。李卫奏："据称夷人每事访求天朝故实新闻，诸样书籍无所不有。"①

唐船风说书提供者有一艘船的船主，亦有多艘船的船主。多数唐船风说书开始是口头叙述，由唐通事翻译成日文后上报，而少数以书面形式提交汉文原文，从而使风说书形成汉文与日文并存的现象。②

在江户任职并为幕府重臣读讲风说书的弘文院学士林恕（字春斋）与其子林凤冈，将日本正保元年到享保二年（1644—1717）的唐船风说书编撰为《华夷变态》和《崎港商说》。

风说书传播了中国文化。流传在日本的有关乾隆南巡的若干风说资料就是其中一例，如《续谈海》《乾隆帝南巡始末闻书》《视听草》。前面二则史料用日文写成。第一则为江南船唐人咄申候讲述，仅仅500来字，概括叙述是年乾隆帝和皇太后、嫔妃、大臣游幸江南的苏州和浙江等地情况。第二则史料全文近3000字，为长崎大通事林市兵卫所经手上报，记载的是乾隆第三次（1781）南巡情况，基本上与正史相吻合，"在某种程度上折射出南巡的史实，有其产生的背景与依据"。③

风说书反映了中日文化交流的史实。日本享保时代共20年（1716—1735），第八代将军德川吉宗在任。他通过长崎华商订购中国地方志书，还在药材、医术、疗马、植物、动物等方面积极引进。日本享保十年（1725）二月二十四日，来长崎的华商朱佩章三兄弟被安排到唐通事官梅三十郎的住宅，接受唐通事的咨询，最后形成报告书《清朝探事》（又名《大清朝野问答》《享保笔记》）。④

风说书保留了珍贵的中国历史文献。林上珍编撰《清朝有国说》，为中国所无。林上珍曾于1675年赴日并提交《清朝有国说》，因与长崎唐通事发生争讼，于1682年回国，后于1684年再次来到长崎。风说书中称其为"老师"，日文译为"师匠"。⑤该文指出，满清有国，"而窃取神器"，不是国君之罪，"此

---

① 《（雍正）朱批谕旨》，雍正六年十二月十一日李卫奏。

② 华立：《"唐船风说书"与流传在日本的乾隆南巡史料》，《清史研究》1997年第3期。

③ 华立：《"唐船风说书"与流传在日本的乾隆南巡史料》，《清史研究》1997年第3期。

④ 牛建强：《从风说书看日本德川幕府对清朝情势的关注》，《郑州大学学报（哲学社会科学版）》2008年第6期。

⑤ 孙文：《林上珍〈满清有国论〉考原》，《中国典籍与文化》2010年第2期。

其罪盖在明一代庸臣",他还预料清王朝必灭亡。

《华夷变态》卷3收有《大明论》,作者是以明朝遗民自居的何倩甫。该文和《清朝有国说》都未署日期,何、林二人亦未见诸中国史籍之记载。陈波认为,这两人是福建人,托庇于台湾郑氏政权。二人在明清鼎革的大变局中中断儒业,随郑氏官商贩海为生,于清康熙十四年(1675)赴日,可能参与有关郑氏后裔长崎存银之争讼。他们在羁留长崎期间与日本儒者大高坂芝山颇多交游酬酢。二人对于清朝政权心怀怨望,对于明朝的复兴则充满期待。[①] 唐通事将何、林之二文收录进来,保留了珍贵的文献,其作用不可忽视。

至18世纪中期,东亚局势稳定,唐船风说书制度走向衰落,19世纪中期鸦片战争时期,其作用再度凸显,但随着日本开国,唐船风说书最终退出历史舞台。

(二)石冢崔高与《琉馆笔谈》

除了通过唐船外,日本唐通事获取中国情报的另一个重要来源是琉球国使者。唐通事对《琉馆笔谈》的完成起着关键作用。

《琉馆笔谈》是19世纪初琉球使者嘉味田亲云上(汉名杨文凤)与日本萨摩通事石冢崔高之间的笔谈记录。清嘉庆八年(1803),杨文凤到萨摩藩公务差旅期间,石冢崔高慕名前来拜访。石冢崔高又名左卫门,祖籍中国,唐通事,通晓汉语。杨文凤是外交官,著名汉诗人,但不识官话,无法与石冢崔高直接进行语言交流,于是他们用汉语在纸上进行笔谈。他们主要谈论闽台两地社会情况等,如进贡船漂流到台湾的历经见闻,琉球使臣居停福建馆驿周边的世态人情、社会习俗,福州青少年教育状况,厦门贸易港的繁荣景象,等等。其后,石冢崔高对笔谈进行整理,誊抄成册,附上日文译件上交藩府供参考。[②] 当时日本幕府实行锁国政策,急于了解海外情况,幕府知识阶层对琉球使臣的到来极感兴趣,他们纷纷前来进行笔谈,从中了解中国情况,编撰笔谈记录。《琉馆笔谈》是其中一部重要的笔谈记录。

---

① 陈波:《明福建遗民林上珍、何倩甫之海外播迁》,《海交史研究》2014年第1期。
② 周朝晖:《琉球使节眼中嘉庆初年的闽台世态风情——以〈琉馆笔谈〉为例》,《闽台文化研究》2015年第2期。

（三）熊代太郎右卫门与《清槎唱和集》

熊代太郎右卫门是唐通事，祖籍中国，精通中日两国语言，在中日两国民间交流中起了中介作用，促成了《清槎唱和集》的产生。

长久保赤水是江户时代代表性的地理学者，水户藩人。他为了处理漂流到中国后返回长崎的水户藩人事务，被派遣至长崎。其对在长崎期间的事进行记录，即《长崎行役日记》。日本明和四年（清乾隆三十二年，1767 年）十月十三日的日记中记载，中国商人航海至长崎，他应滞留在长崎的华人要求把自己的诗作赠送给他们，并征求华人的意见。长久保赤水利用在长崎的机会频繁接触华人，通过唐通事熊代太郎右卫门，成功地与游朴庵接触，并得到了华人张蕴文、龚廷贤等的诗文。他把与来长崎的华人交流获赠的诗文编辑成集，即为《清槎唱和集》。龚廷贤，字克贤，温陵人，书法家。唱和集里收录其诗文三首。游朴庵，字元周，一字朴庵，古闽人，清代书法家。唱和集里载有他的诗文。游朴庵云："谨答赤水长先生执事，仆生中国，长客琼江，嗜访名人，好交高士。凡东海之名士先生，虽不能面谈促膝，亦差可已诺通情，椰心犹未足也。"①

（四）高尾维真与《清俗纪闻》

18 世纪末，长崎奉行中川忠英为便于管理港口清商，急于了解中国情况，命令唐通事访察在长崎贸易的华商，问彼民俗吉凶之仪节及其名称度数，嘱咐专人绘图。这份图文并茂的调查记录就是《清俗纪闻》。直接参与调查工作的是长崎唐通事，其中很多人是早期移民日本的华裔，他们熟悉中日两国的语言和习俗。明末清初翻译奕瑞环随从朱舜水来到日本，后定居于长崎，大通事高尾维真即是他的后裔。负责该书绘图工作的美工是清朝苏州人、湖州人、杭州人、嘉兴人。

日本松尾恒一认为，该书虽然是使用汉字和假名混合体的日语进行记录，但是有其特点，不仅为使用假名在旁边对其中的汉字标注当时中国的发音，而且该书插入丰富的图画，作为历史及文化资料，具有非常高的价值。②

---

① （日）松浦章：《来日清人与日中文化交流》，葛继勇译，《唐都学刊》2009 年第 2 期。
② （日）松尾恒一：《长崎、神户、京都地区华侨之普度胜会的传承与当下——福建同乡会祖先祭祀仪式的形成与特质》，《中国俗文化研究》2016 年第 1 期。

此书对节日时令、礼仪风俗、宗教信仰、饮食习惯等日常生活均有翔实的记载。如宗教信仰方面，集体祭祀祖先活动——普度胜会，对妈祖和土地神的敬仰及其祭祀活动，都有生动的记载。日本宽政十七年（1806），日本出版该书，为日本人了解中国文化打开了一扇窗口。但当时多数日本人并不看好该书，因为该书用日语文言文编撰，晦涩难懂。[①]

此书提供了不少研究中日关系的宝贵资料。从书中三篇序言中，我们可以了解当时日本文化精英阶层对中国的评论。日本水户学派的代表林衡认为："抑夫海西之国，唐虞三代亡论也，降为汉、为唐，其制度文之为隆尚，有所超秩乎万国而四方取则焉。今也，先王礼文冠裳之风悉就扫荡，辫发腥膻之俗，已极沦溺，则彼之风俗尚真之不问可也。"[②]他指出汉唐时期中国文化昌盛，为万国所敬仰，今非昔比，暗指当时清廷乃"夷人"政权，文化已经堕落，对满俗亦不屑一顾。在该书另外两篇序言中，黑泽与井中也有类似观点，由此可以折射出当时的日本思想界对清廷统治下的中国并不认同。

（五）唐通事与唐音资料

日本江户时代留下了许多唐音资料，主要有两个方面：一是日本黄檗宗唐音，二是唐通事唐音。唐音是南京、宁波、福州、漳州等地商人或船员、僧侣在长崎使用的商贸洽谈及生活用语。他们的语音以南京官话为主，兼有杭州、宁波、福州等地的方言音。

唐通事唐音资料主要有：渡边益轩的《唐话为文笺》（1715），稻生若水的《两国译通》（1715），冈岛冠山的《唐话纂要》（1718）、《唐语便用》（1738），朝冈春睡的《四书唐音辩》（1722），洛北秃子序的《唐音世语》（1754），山西金右卫门的《八仙卓燕式记》（1761），小寺玉晃的《鹿幼略记》（1764），石川安贞的《游焉社常谈》（1770），冈井孝祖的《译通类略》（1770），西川如见的《增补华夷通商考》（1784），等等。

唐通事唐音资料是专门为培养汉语翻译而编撰的教材或辞典。[③]唐通事唐音资料明显不同于黄檗宗唐音，不局限于禅宗经文，而是以日常生活用语为

---

① 徐晓光：《〈清俗纪闻〉探赜》，《沧桑》2013 年第 4 期。

② （日）中川忠英编著：《清俗纪闻》，方克、孙玄龄译，中华书局 2006 年版，第 2 页。

③ 张升余：《从日文唐音看明清时期的南京官话与江南方言音》，《外语教学》1997 年第 4 期。

主，涉及商务洽谈、天文地理、花草虫鱼等各类用语，反映了中日民间贸易和文化交流的情况。

（六）唐通事与唐寺

17 世纪初，日本幕府严厉禁止天主教在国内传播，并加强对唐船的管理。为了在唐船进港时严防天主教徒入境，并祈求海上往来平安，供奉菩提，来自中国沿海地区的船主们向日本长崎奉行申请修建佛教寺院，这就是"唐三寺"的由来。唐三寺即兴福寺（南京寺）、福济寺（漳州寺）、崇福寺（福州寺）。从更为广阔的历史背景来看，唐寺建立最根本的原因还是由于中日海上交通的持续发展，以及华人移民日益增多，财力日益雄厚。[1] 日本延宝五年（1677），福建漳州籍的第二代华侨僧人铁心等人建立圣福寺。由于三江、漳泉、福州等帮华侨此前已经建有寺庙，广东籍华侨便以圣福寺作为本帮聚会之地。以上四所寺庙被称为"唐四寺"。这些寺庙都供奉妈祖。作为唐通事，陈九官、陈冲一和林楚玉等人充当施主首领，为华人的团结以及宗教文化在日本的传播，作出巨大的贡献。

长崎唐四寺与通事[2]

寺名	地点	住持及时间	施主首领
兴福寺（南京寺）	伊良林乡	真圆，1620 年	欧阳云台、何高材、陈九官等，多为唐通事
福济寺（漳州寺）	岩原乡分紫山	觉海，1628 年	陈冲一，宽永十七年任唐通事，后嗣称颍川藤右卫门，世袭唐通事
崇福寺（福州寺）	高野平乡	超然，1629 年	林楚玉，宽永十七年任唐通事，其后人称林仁兵卫，世袭唐通事
圣福寺（广州寺）	万寿山	铁心，1677 年	西村七兵卫，铁心同母异父哥哥，唐通事

唐通事积极参与宗教活动。"菩萨扬"，亦称为"妈祖扬"，即将进入长崎港之唐船中的妈祖像运送至唐寺，举行隆重的祭祀活动，以感谢妈祖的保

① 陈衍德：《华人移居日本与妈祖信仰在日本的传播》，载修斌主编：《海大日本研究》第 5 辑，中国海洋大学出版社 2016 年版，第 47 页。

② （日）木宫泰彦：《日中文化交流史》，胡锡年译，商务印书馆 1980 年版，第 683—693 页。

佑。这是长崎华人最重要的宗教活动。长崎唐通事是唐寺的首席檀越（指"施主"，即施与僧众衣食或出资举行法会等之信众），通常都是此类祭祀活动的组织者。

唐通事在资助唐寺方面颇为用力。1627年，中山太郎兵卫被任命为唐通事，1641年退休。此后，他于日本宽永十九年（1642）资助长崎云海山皓台寺铸造梵钟。颖川官兵卫原名陈性乾（九官），多次资助兴福寺，1655年传通事位给儿子颖川久兵卫，自己则在兴福寺出家为僧，法号"独健"，侍奉在隐元隆琦禅师身边。

唐通事还积极招请大陆僧人来日。著名的隐元隆琦禅师（1592—1673），福建省福州府福清县人，是明末清初的一位著名禅宗僧人。他便是由唐通事颖川官兵卫、渤海（深见）久兵卫和彭城太兵卫三人招请而来的。

总之，唐通事在明清时期的中日文化交流中发挥了巨大作用。他们编撰"唐船风说书"和《清俗纪闻》等，不仅保留了珍贵史料，而且传播了中国文化。为了在长崎的生存和发展，他们还和中国移民一起建立了四大唐寺，传播宗教文化，促进中日宗教文化交流，推动日本佛教的发展。

四、越南

古代中越两国虽然属于同文之国，但因为地域上的语言差异很大，语言不通，需要借助他人，所以负责口语翻译的通事成为越南朝贡使团不可或缺的成员之一。越南华人通事在中越文化交流中起着中介作用。

（一）通事与"改赐王爵常服"之争

明弘治十年（1497），安南黎朝国王黎思诚去世，其子黎晖继承王位，派遣使臣来明请封。明弘治十四年（1501）五月庚申，安南国王黎晖遣陪臣刘孝兴、通事范怀瑾等奉表笺方物来谢恩。按照明朝的主张，"嗣王新立，必赐皮弁冠服，使不失主宰一国之尊，又赐一品常服，俾不忘臣事中国之义"。明孝宗给安南国王赐一品常服等。但是安南华人通事范怀瑾对此进行了误译，云："赐服与臣下无别"。其结果导致两国在意识形态上发生了一场小规模冲突。安南使臣刘孝兴对明朝给予安南国王的赏赐物品质疑，认为："国主受王封，赐服与臣下无别，乞改赐。"这引起了明皇帝的重视。明礼部进行了商议，向明孝宗呈交报告，指出"赐常服"之依据。

> 安南僻处南荒，素慕文教。我祖宗朝以其能守臣节，仍封其主为安南国王，盖使之统制一方，藩屏中国耳。然名为王，实则臣也。是以，前后相承百有余年，其名位衣冠之品式，朝贡宴赉之礼仪，俱有定制。凡彼国王有故，乞恩嗣立，朝廷俯念远人，遣使诏封谕祭，并赐王者弁服一副，使不失君主一国之荣；又赐一品常服一袭，使不忘臣服中国之敬。盖恩礼兼隆，名分不紊。今刘孝兴等不谙大体，欲将钦赐国王常服通易王爵冠服，使得异于其臣。是不知彼国之王，其名分亦为臣，而朝廷之制，其名器固有在也。[①]

明朝礼官认为，虽然出现这样的冲突，但不是刘孝兴有意为之，"然此非使臣罪，乃通事者导之妄奏，宜惩"。[②] 认为罪在通事，"乃彼国通事范怀瑾饰诈怀奸倡为"。主张追究通事范怀瑾之责任，"此奏请并加究问，以警将来"。但弘治皇帝非常大度，赦免了安南华人通事范怀瑾的罪行。"范怀瑾、刘孝兴等本当究治，姑不问"，仍命令礼部"省谕之"。[③]

安南使臣刘孝兴对中国礼仪制度一窍不通，而华人通事范怀瑾竟然"导之妄奏"。其原因，可能是通事存在职业能力问题，确实不知道"朝廷之制"。但通过这次"赐服"之争，中国的礼仪制度输入安南。

（二）通事与"夷夏之辨"

清在入关之后，一直对越南以"夷狄"身份视之，在行文中也公然称呼越南为"夷"，各地接见仪注中皆用"彝"字。这让越南士大夫十分不满。一些具有强烈爱国主义思想的文化人进行了抗争，对清朝官方文书中带有歧视性的"彝"字表示强烈抗议。清乾隆二十六年（1761）十一月十一日，越南使臣黎贵惇等呈文广西巡抚，请求其行文左江道及所属府州改正旧仪注中所用"彝官""彝目"等字。他认为"彝"字有侮辱之嫌。他说："今敝邑百余年来，朝贡会同，一遵仪典，如此而犹彝之，有识者于心安乎？"[④]

---

① 《明孝宗实录》卷175，弘治十四年六月己亥。

② 《明史》卷321《外国列传二·安南》，第8329页。

③ 《明孝宗实录》卷175，弘治十四年六月己亥。

④ （越）黎贵惇：《北使通录》，载复旦大学文史研究院、越南汉喃研究院合编：《越南汉文燕行文献集成（越南所藏编）》第4册，复旦大学出版社2010年版，第274页。

越南使臣李文馥的反应更为激烈。清道光十一年（1831），李文馥赴闽。"馥至燕，就馆，见清人大书越夷会馆四字于壁间，馥甚怒，诮让馆伴官，声色俱厉，不入馆。令行人裂碎夷字，乃入。仍作《辨夷论》以示之。"①

在"夷夏之辨"中，越南使臣认为，越南久列藩封，长期受到中国文化的影响，礼乐文教类同中华，因此不能把它看作"夷狄之国"。

越南使臣在"夷夏之辨"过程中，充分发挥华人通事的作用。黎贵惇奉命出使清朝，临行之前他命令华人通事赡忠到广西布政司吏房询问"自后停呼彝字，称安南国使、贡使"一事是否落实。②华人通事赡忠在"夷夏之辨"过程中按照越南使臣的意见，具体办理有关事项，并进行口译工作。

总之，在"夷夏之辨"过程中，越南华人通事发挥了桥梁作用。明弘治十四年，中越两国的"改赐冠服"之争，虽然是由于华人通事范怀瑾的职业能力缺乏所致，但最终问题得以解决，中国的礼仪制度输入越南。

五、占城

占城自建国后，不断受到中华文化的熏陶。

占城华人通事出使中国，接受中国冠带，成为文化交流的使者。例如：明洪熙元年（1425）七月甲午，明朝赐给占城华人通事舒义等冠带，"仍命赍文锦、纻丝纱罗归赐国王"。③明宣德五年（1430）八月己卯，明朝"赐其（指占城）通事和阿妈等冠带，仍命赍敕及文锦、彩币归赐其国王"。④明正统八年（1443）五月癸亥，占城国华人通事罗荣奏乞冠带。⑤明成化五年（1469）十一月丁未，占城国副使阿离等为华人通事周公保并舍人翁贵等人奏请给赐冠带。明朝礼部认为"先已给赐，不可再给"。明宪宗听从了礼部的建议。⑥

---

① （越）潘叔直：《国史遗编》下集，香港中文大学新亚研究所东南亚研究室刊1965年版，第346页。
② （越）黎贵惇：《北使通录》，载复旦大学文史研究院、越南汉喃研究院合编：《越南汉文燕行文献集成（越南所藏编）》第4册，复旦大学出版社2010年版，第282页。
③ 《明宣宗实录》卷4，洪熙元年七月甲午。
④ 《明宣宗实录》卷69，宣德五年八月己卯。
⑤ 《明英宗实录》卷104，正统八年五月癸亥。
⑥ 《明宪宗实录》卷73，成化五年十一月丁未。

天文历法输入占城。明洪武二年（1369），明太祖"以《大统历》一本，织金绮段纱罗四十匹，专人送使者归"。①"复赐民间检用历三千本。赏劳其使蒲旦麻都，文绮纱罗各一匹，仍赐以冠带，其从者皆有赐。"②这里的从者自然包括通事。

与欣然接受明朝的冠服不同，占城与安南长期军事对抗，对安南的冠服印章坚决拒绝。明永乐二年（1404），占城遭到安南的进攻，占城国王遣使如明奏告："近期贡人回，所赍赐物皆被拘夺，又逼与臣冠服印章，使为臣属。"③

明朝赐给占城冠服和历法，目的是让占城接受中国礼仪，移风易俗。而占城主动要求赐冠服，表明了占城对中国文化的仰慕。占城华人通事为中国文化在占城的传播作出了贡献。

六、缅甸

明清时期，中国的丝绸等物品主要通过以下途径源源不断地输送到缅甸。

一是明清王朝大量赐给。按照《明史·职官》分类来看，麓川平缅、木邦、孟养、缅甸等军民宣慰使司属武官系统，官阶从三品；宣慰使司旗下头目、陶孟、招刚、通事分别对应同知、副使、佥事、经历司、经历等职，官阶大致相当于正四品至正八品不等。孟密宣抚司属于武职系统，通事相当于从八品。明朝礼部根据土司机构的大小、朝贡使团人员的职位分别赐以不同价值品质以及象征不同身份意义的丝织物。如《明会典》卷113《给赐四》云：

木邦：给赐宣慰使，锦二段，纻丝纱罗各三匹。妻，纻丝罗各两匹。差来陶孟，每人纻丝纱罗各三匹，折纱绢二匹，布一匹；招刚，每人纻丝纱罗各两匹，折纱绢二匹；通事，每人彩缎一表里，折纱绢一匹，俱与罗衣一套。象奴、从人，折纱绵布一匹，绢衣一套，俱与鞋袜各一双。

缅甸：给赐宣慰使，锦二段，纻丝纱罗各三匹。妻，纻丝罗各三匹。差来头目，每人纻丝纱罗各三匹，纱二匹，钞六十锭；招刚，每人纻丝纱

① 《明太祖实录》卷39，洪武二年二月辛未。
② 《明太祖实录》卷47，洪武二年十二月甲戌。
③ 《明太宗实录》卷33，永乐二年八月庚午。

罗各两匹，纱一匹，钞四十锭，俱与罗衣一套；通事，钞三十锭；象奴、从人，每人钞十五锭，俱与绢衣一套，鞋袜各一双。

二是云南土司与缅甸的交往。16 世纪中叶，缅甸王拟赐公主给翁帮土司为妻时，翁帮土司精心准备了大量的礼物献给缅甸国王，其中有中国布匹，包括丝绸。

三是通过民间贸易。在中缅边境贸易中，中国的丝绸、瓷器等物不断输入缅甸。在缅甸华人聚居地，中国内地的商品受到缅甸居民的欢迎。

缅甸的动物以贡品的方式也输入中国，缅甸华人通事在其中发挥了主要作用。《明实录》有一些相关的记载。明宣德二年（1427）八月乙酉，缅甸军民宣慰司头目莽得剌遣华人通事丘景等来朝，贡象、马及金银器皿、方物。明天顺二年（1458）秋七月丁酉，云南缅甸宣慰使司遣头目剌亚等来朝，贡象及金银器皿、方物。

在清代缅甸入贡亦进献大象。清乾隆十六年（1751），缅甸国王遣臣希里觉填奉表入贡，御前贡物：毡缎四、缅布十二、驯象八。皇后前驯象二。[①] 乾隆五十五年（1790）三月乙巳，缅甸国遣使表贺万寿，贡驯象，请封号。乾隆帝命封为缅甸国王。[②]

总之，明清时期中缅物质文化交流不断，缅甸华人通事丘景等人在中缅文化交流过程中发挥了作用。

七、暹罗

华人通事在语言沟通方面为中暹两国服务，为两国文化交流作出了贡献。在暹罗馆设立之前，暹罗与中国明朝的文书往来，主要通过波斯文作为中介，波斯文实际上成为明朝与暹罗两国都通晓的第三种文字。因此，通过波斯语，中暹两国在明代前期顺利地进行了外交往来和文化交流。

到了明成化二十三年（1487），情况有了变化，这年九月，暹罗国王遣使赍金叶表文入贡并谢恩，且云："旧例，本国番字与回回字互用。近者，请封

---

① 《大清会典事例》卷 503《礼部·朝贡》。
② 《清史稿》卷 15《高宗本纪六》，第 547 页。

金叶表文及勘合咨文间有同异，国王疑国人书写番字者之弊，乞赐查辨。"①但明朝坚持沿用原有的波斯文字。暹罗文字难以翻译。明弘治十年（1497）九月乙卯，暹罗国王遣使进金叶表文，而四夷馆没有暹罗国译字官，无法译出其金叶表文。②明正德十年（1515），暹罗国王遣使贡方物，进献金叶表，"诏译其字，无有识者，礼部以闻"。大学士梁储因此上疏：因为暹罗夷字确实缺人教习，着礼部行令大通事并主簿王祥等，暂留暹罗国遣来通晓夷字之人一二在馆教习。待教有成效，奏请照便送回，以便日后审译不致差误。这一建议为武宗所采纳。③

《四夷馆考》记载了暹罗华人通事来华"教习番字"的经过：明万历三年（1575）九月，暹罗国王昭华宋顷遣使奉金叶表贡方物。由于钦赐印信遭遇兵焚无存，奏请另给。礼部会议后，覆题行暹罗国，查取印篆字样，并取精通番字人员赴京教习。明万历五年（1577）八月，暹罗国派遣华人通事握文源同使臣握闷辣、握文铁、握文帖等赴京请印，并留下教习番字。明万历六年（1578）十月，内阁大学士张等题：据提督少卿萧禀呈，请于四夷馆内增设暹罗馆，考选世业子弟马应坤等10名，送馆教习。④

关于华人通事握文源的情况，明万历八年（1580）张居正的奏疏中有比较详细的说明，云：万历五年五月，暹罗国王派遣握文源等4人由广东布政司护送来京。万历七年正月，考选译字生马应坤等10人到馆学译。握文源等勤于教学，将暹罗国大字母25个生出杂字3550字，又生切音一万有余，并将杂字类成18门与诸生讲解。握文源祖籍中国，在暹罗译业未能精晓，但他通达言语诱进诸生，功劳不小，似乎应当授职，"以励将来"。⑤华人通事握文源口语通达，爱岗敬业，他和暹罗教习一起培养了暹罗馆一等译字生李正芳、李作衡、袁宗德等人，在中暹文化交流中有突出贡献。

华人通事握文源还介绍了暹罗国的风土人情、文化及自然条件，"其所用瓷器、缎绢皆贸自中国者。不通汉字，惟诵佛经，字皆横书横诵。其气候常

① 《明孝宗实录》卷 2，成化二十三年九月庚戌。
② 《明史》卷 325《外国列传五·暹罗》，第 8400 页。
③ 《殊域周咨录》卷 8《暹罗》，第 282—283 页。
④ ［明］王宗载：《四夷馆考》卷下《暹罗国》，东方学会甲子（1924）夏六月印本，第 21 页。
⑤ 《万历起居注》第 2 册，北京大学出版社 1988 年影印本，第 55—60 页。

热，无霜雪"。① 从而使中国人了解到更多暹罗的国情。

综上所述，暹罗华人通事在朝贡表文翻译、中暹两国文化互动等方面发挥了巨大作用。

八、苏禄

明成祖永乐年间，苏禄纳入明朝主导的朝贡体制。1578 年，西班牙殖民者入侵苏禄，苏禄人民奋起反抗，多次打退西班牙入侵者，保持了政治自由和民族独立。此后苏禄一度被渤泥国所征服。

苏禄华人通事在中菲文化交流方面作出了贡献。张燮写作《东西洋考》曾得力于苏禄华人通事。张燮，漳州龙溪人，在《东西洋考》中较多记载了葡萄牙、西班牙等西方殖民者在东南亚一带活动的情况，对苏禄天主教的活动记载更为具体。其资料来源之一就是苏禄华商教徒的提供。张燮自述其书编纂，"间采于邸报所传抄，与故老所诵述，下及估客舟人，亦多借资，庶见大全，要归传信"。②

苏禄华人通事协助传教士编纂第一批辞典。1620 年编撰的《漳州语辞》（*Arte de la Lengua Chio-chiu*）收录了大量的字词，内容主要是日常生活用语及传教词汇，用闽南语、汉语、西班牙语三种语言对照编排。这部词典反映了闽南方言曾经广泛流传于东南亚海域，是大航海时代一种重要的沟通工具。

在大航海时代的东南亚海域，不同文化背景的人频繁接触，语言文字成为沟通交流的关键。一些掌握了西班牙语的华商，皈依天主教，逐渐取得西班牙人的信任，有些人被挑选出来担任通事。在 1657—1687 年间，有近 20 位华商教徒担任马尼拉海关的闽南语与汉文通事。③

总之，菲律宾群岛的华商不仅担任通事，而且协助外国传教士编纂辞典，有助于本国与东亚各国交往，为中外文化交流作出贡献。

---

① ［明］王宗载：《四夷馆考》卷下《暹罗国》，东方学会甲子（1924）夏六月印本，第 23 页。
② 《东西洋考·凡例》。
③ 转引自方真真：《华人与吕宋贸易（1657—1687）：史料分析与译注》，台湾清华大学出版社 2012 年版，第 30 页。

第四节　个案研究

"周廷通象译，汉诏播炎方"反映了中外交往的盛况。明清时期东亚华人通事是一个特殊的群体，在中外关系史上的作用不容小觑。但是各国华人通事处于不同的国家和历史背景下，其作用和地位有明显的差异。为了深入分析东亚华人通事在中外关系史上的作用，本节选择一些个案进行剖析。

一、林道荣及其林氏家族

林道荣是日本著名的唐通事。他生活在岛国日本，而当时中国处于明末清初时期，作为日本第一代土生华人，很多方面都取得了不凡的业绩。林道荣和林氏家族在中日交往方面的贡献颇大。

（一）林道荣的祖籍及其生平

林道荣祖籍福建福州府福清县。其父林时亮（1597—1683），字公琰，文人，明天启三年（1623）去日本，他先是在九州肥前藩彼午郡大村寓居，娶当地森氏女子为妻子，五年后（1628）移居长崎。[①] 他是福州帮的首领，去世后安葬在长崎。现在长崎崇福寺祠堂里仍然供奉有"大檀越唐年行司林公琰"的神位。

福建籍华侨对长崎华侨社会的形成和发展起到了重要作用。他们当中有不少人成为侨领，参与华侨事务的自治管理。当时，东渡日本的福建籍华商受到日本长崎奉行的高度重视，文人亦是如此。1627 年，福建长乐县文人马荣宇，被委任为唐通事。1636 年，林时亮被委任为唐年行司，连任达 48 年之久，直到他 1683 年去世。据宫田安先生考证，唐年行司的职能是掌管长崎华商的互市贸易，以及纷争的调解。[②]

林时亮东渡日本的原因，中日两国史料上没有明确记载。但我们从相关史

---

① 童家洲：《明末清初日本长崎福建籍华侨述略》，《福建师范大学学报（哲学社会科学版）》1990 年第 4 期。

② ［日］宫田安：《唐通事家系论考》，长崎文献社 1979 年版，第 702—703 页。

料中可以发现，当时中国文人赴日并非个案，往来长崎的福建商人有关日本的描述，对这些福建文人具有较大的吸引力。福建商人与文人、僧人东渡日本，成为当时一道亮丽的"风景线"。马荣宇、林时亮等福建文人，在当时应当是受到福建"出国潮"的影响，故加入到移民东瀛的洪流之中。

关于林道荣的生卒年，学术界有不同的看法，主要存在两种观点：一是认为林道荣的生卒年是1633—1708年，[①] 二是认为他的生卒年是1640—1708年。[②] 由此看来，学术界对其卒年的看法是一致的，而在其生年方面，明显存在分歧。其原因在于缺乏确切的史料来佐证。笔者以为，林道荣的生年当在1640年前后。因为在担任通事期间，他与深见玄岱齐名，后者生于1649年，两人年龄应相当。

林道荣，名应釉，字疑云，又号道荣、官梅。[③] 林道荣，在担任通事期间被时人誉为"唐通事双璧之一"，曾经获得"官梅"的赐号。另有材料云，林道荣号"墨痴"。[④]

从其赐号、自号中，我们可以了解到他的独特之处。赐号"官梅"，可知他在任唐通事期间，恪尽职守，赢得了官府的称赞。他自号"墨痴"，以文人自许，可知他一生与笔墨有很深的缘分，性喜文学、书法。

（二）林道荣的事迹

唐通事多为福建人，其原因是福建人在日本经商且成功者居多。清人翁广平云："明时通商多闽人，到彼为通事，遂家焉，故至今有中华人也。"[⑤]

日本通事有世袭的传统。由于父亲林时亮曾担任唐年行司，林道荣便成为通事。由于林道荣有突出的表现，他从小通事很快升级为大通事。

林道荣是日本著名的汉学家，精通儒学。根据史料记载，宽永年间（1624—1643）大通事林道荣曾博学中国演义、小说、话本等。[⑥] 对中国文化在日本的传播作出贡献。

① 邵继勇：《长崎贸易中的唐通事》，《江南大学学报（人文社会科学版）》2008年第5期。

② 《中日古代书法作品选》，《书法》2012年第7期。

③ 崔来廷：《明代大闽江口区域海洋发展探析》，《中国社会经济史研究》2005年第1期。

④ 《中日古代书法作品选》，《书法》2012年第7期。

⑤ ［清］翁广平：《吾妻镜补》卷30《附庸国志》，日本宽永年间刻本。

⑥ 林道荣事见《先哲丛谈续编》。

善工诗文。在众多的唐通事中，林道荣鹤立鸡群，与刘宣义一起因为博学多才而受到长崎奉行牛辻胜登的赏识，二人被誉为唐通事中的"双璧"。[①] 他经常与牛辻互赠诗词，交谊颇深。

擅长书法。林道荣与深见玄岱齐名。深见玄岱即高玄岱（1649—1722），宽永年间大通事，1710 年，被授为幕府儒者。1675 年，林道荣出任大通事，后被授为"幕府儒者"一职，但他婉言拒绝。[②] 据说林道荣"勤奋好学，尤好临池，各体兼备，少年时曾为朱舜水代笔"。[③]

乐善好施。林道荣和他的家族是崇福寺的主要资助者。崇福寺是 17 世纪长崎华人建立的四大寺庙之一，又名福州寺，是福州帮联谊中心，1629 年，由何高材、魏之琰等当时的福州籍侨领领头建立。林道荣父亲林时亮是崇福寺的大檀越。林氏家族世袭通事，在长崎颇有势力，逐渐积累起巨额财富，具备资助崇福寺的财力条件。

从以上方面我们可以肯定，林道荣一生好学，故多才多艺，在文学、书法等方面成就尤大。林道荣亦是个虔诚的佛教徒，一生积善成德，致力于公益事业，助人为乐。

（三）林氏家族

在日本唐通事家族中，林氏家族非常著名。林氏一族，世代充当唐通事，直到幕府末年。林家先后有 7 人担任大通事，4 人担任小通事，近 40 人充当各级大小通事。

林家原籍福建福州，第一代先祖林时亮，来到日本长崎后，于 1635 年任唐年行司。第二代就是林道荣，从小通事逐渐晋升为大通事。第三代担任通事的是林道荣的两个嫡子和一个养子。第四代林家有三兄弟担任通事。第五代和第六代林家都由小通事升迁到大通事。其中，官梅三十郎于日本宝永二年（清康熙四十四年，1705 年）成为小通事，日本享保二年（清康熙五十六年，1717 年）成为大通事。而林道三郎（1842—1873），属于林家第九代后孙，是第八代游龙彦十郎的次子。林道三郎过继到西村家（漳州籍华人陈潜明的后孙）做

① 童家洲：《明末清初日本长崎福建籍华侨述略》，《福建师范大学学报（哲学社会科学版）》1990 年第 4 期。

② 邵继勇：《长崎贸易中的唐通事》，《江南大学学报（人文社会科学版）》2008 年第 5 期。

③ 《中日古代书法作品选》，《书法》2012 年第 7 期。

养子，1859 年进入唐通事行列，担任稽古通事，1861 年升迁为小通事末席，1864 年升迁为小通事并，1866 年升为小通事助。基本上是两三年上一个台阶，稳步晋级。他从小随父辈学习汉语，汉语基础扎实，工作勤奋，因此胜任通事职位。

幕府行将垮台，1867 年，林道三郎开始被任命为长崎奉行三等通事（翻译官），同年 10 月，被派到神奈川。1868 年 7 月，他被任命为通弁（翻译官）。1872 年 1 月，林道三郎升迁为一等翻译官，神奈川县典事。1872 年，日本成功解救了秘鲁"玛利亚路斯号"商船上搭载的 200 多名中国劳工，由此引发的一系列国际纠纷，这就是闻名世界的"玛利亚路斯号事件"。在这一事件的处理过程中，华人后裔林道三郎起到很重要的作用。1872 年 10 月 2 日，他被日本政府任命为香港副领事，实际主持领事馆的工作，由此达到了他个人的人生巅峰。日本在香港设置领事馆并不是为了"促进自国的通商，保护自国人"，而是探知"风说人气"，即搜集情报。1873 年 9 月 22 日，林道三郎在东京的家里自杀身亡，自杀原因至今成谜。

二、程顺则及其家族

一代鸿儒程顺则（1663—1735）是琉球国第二尚氏王朝时期著名的儒学学者。和名名护亲方宠文，童名思武太，号念庵，著书时也常以"雪堂"自号。

（一）程氏祖先

程氏始祖是程复。程复是江西饶州府（今江西省鄱阳县）人，是河南伯程颢的后裔。程复何时移居琉球，至今仍是个谜。我们只能推断，他可能是一位商人，精通琉球语，曾去琉球经商；他可能于明洪武五年（1372）随诏谕使杨载到达琉球，后被中山王察度委以重任。

在察度王朝时期，程复、叶希尹二人以寨官（按司）兼任通事，负责琉球对中国的朝贡事务。琉球史料记载他们为中琉交往贡献很大，"往来进贡，服劳居多"。[①] 明洪武二十五年（1392），由于琉球的请求，他与叶希尹一起，获明廷赐予官职冠服。

---

① 《中山世谱（校注本）》卷 3 《察度王》，第 47 页。

第一尚氏王朝建立之后，程复被尚思绍王封为国相兼左长史。明永乐九年（1411），81 岁的程复向明廷请求退隐，获得明成祖的准许。《中山世谱》云："（尚思绍王）九年辛卯，王遣三五良尾等表贺元旦……又遣坤宜堪弥等贡马及方物……又疏言：'长史程复，饶州人，辅臣祖察度四十余年，勤诚不懈。今年八十有一，请命致仕，还其乡。'成祖悉许之。"[1] 于是退休后的程复如愿以偿回到梦寐已久的中国故乡，其国相之位由右长史王茂接替。程复的子孙都在琉球担任外交官员，例如程安、程均、程鹏、程琏、程璋、程禧、程禄、程仪等人，担任通事或伙长之职。他们为中琉交往作出了巨大贡献。

在程氏后裔中，程鹏多次奉使朝贡，是中琉关系史上比较活跃的人物。明正统四年（1439），程鹏奉命使华。《中山世谱》云："四年己未，王遣长史梁求保、通事蔡让、使者杨勃布耶等贡方物，表贺登极；又遣阿普礼是、通事程鹏等入贡。赐宴币如例。"[2]

作为琉球使团通事的程鹏，充当语言翻译，在中国与琉球的语言交流方面发挥了中介作用。20 多年后的明天顺六年（1462），琉球再次"遣程鹏奉表贡方物"。明成化四年（1468），程鹏已经晋升为正议大夫，奉命赍表入贡。明成化六年（1470），程鹏又受命使华，"奉表贡方物"。[3] 该年，福建按察司奏言程鹏与指挥刘玉"私通货贿，俱应究治"。但是程鹏得到明宪宗的宽宥。由于琉球使臣和通事多有不法行为，明朝对琉球实行限贡。四年后，琉球中山王继续重用程鹏，命其率琉球使团来华朝贡，请求明朝恢复贡期。明成化十年（1474），琉球遣正议大夫程鹏、长史李荣等贡方物，附奏："乞如常例，岁一朝贡"。[4]

明成化十二年（1476），作为正议大夫的程鹏再次担任琉球正使，"贡马及方物，复奏乞岁一遣使朝贡"。但是明宪宗没有同意其要求。明成化十五年（1479），琉球中山王坚持"乞如旧制，令臣一年一贡"，派出以王舅马怡世为首、正议大夫程鹏为副的谢恩使团来到明朝。虽然使团正使为王舅，身份地位有所提升，但宪宗依然不许"一年一贡"。明成化十九年（1483），程鹏再次

---

① 《中山世谱（校注本）》卷 4《尚思绍王》，第 55 页。
② 《中山世谱（校注本）》卷 4《尚巴志王》，第 66 页。
③ 《中山世谱（校注本）》卷 6《尚圆王》，第 78、80、85 页。
④ 《中山世谱（校注本）》卷 6《尚圆王》，第 86 页。

奉命来华"贡马及方物"。[①] 自此之后，程鹏没有再出使明朝。

作为琉球使臣的程鹏，多次率团来华朝贡，在琉球对华外交和双方经贸往来方面发挥了不小的作用。

程氏家族的程鸿，亦曾作为通事来华。明景泰元年（1450），通事程鸿因为琉球使团遇风船坏，向明朝礼部上奏要求修船。《中山世谱》云："时通事程鸿具呈言：'来船已坏，不能返国，愿以所赐币帛造船。'礼部奏，允其请。移文福建三司，听其自造，不得扰民。"[②]

程琏，官阶较高，担任正议大夫一职，曾多次率团使华。据《中山世谱》，正议大夫程琏（亦写作连）在明弘治十年（1497）开始出使中国，"贡方物"。弘治十七年（1504），程琏率团使华，补贡。[③] 明正德二年（1507），程琏以正议大夫身份赴华"贡方物谢恩"。明正德四年（1509），程琏贡方物，"并请以官生蔡进等五人入监读书"。此后，琉球史料上再未出现有关程琏使华活动的记载。

到程氏第五代，程复子孙凋零，琉球尚质王九年（1648），受尚质王之命，琉球人虞氏京阿波根氏族中的虞秉宪奉命改姓程，入嗣为程复之后。其子程泰祚入继程氏，两年后程泰祚晋升为通事。尚质王十六年（1655），他作为谢恩存留通事随清册封使张学礼到福州，在柔远驿逗留三年。经过多年历练，尚贞王二年（1670），程泰祚被任命为都通事。尚贞王四年（1672），程泰祚被任命为监督，与金正华（赤岭亲云上）一起负责在泉崎桥头建造孔子庙。[④] 琉球国史《球阳》云："中山有文庙自此始矣"。尚贞王五年（1673），程泰祚作为进贡都通事，赴清途中遇到海贼，在交战中负伤。尚贞王七年（1675），程泰祚于苏州病故，享年42岁。他被安葬在苏州，墓碑上称赞他，"生平笃实，以道事主，以孝事亲，交朋友以信，训子弟以礼。国人莫不钦仰焉"。

（二）程顺则事迹

程顺则是程秉宪之孙，程泰祚之子。

---

① 《中山世谱（校注本）》卷6《尚真王》，第88、93、94页。

② 《中山世谱（校注本）》卷5《尚金福王》，第72页。

③ 《中山世谱（校注本）》卷6《尚真王》，第96页。

④ （日）崎原丽霞：《从程顺则生平著作看儒学在琉球国的传播》，《日本问题研究》2010年第2期。

程顺则曾以自费留学生身份（勤学）拜在福州鸿儒陈元辅和竺天植门下，潜心研读儒家思想长达四年之久。他回国后被琉球政府任命为久米村讲解师，利用业余时间编撰《中山诗文集》。琉球尚贞王八年（清康熙十五年，1676年），程顺则为秀才，尚贞王十五年（1683），其晋升为通事。尚贞王二十一年（1689），程顺则作为"接贡存留通事"在福州逗留三年。尚贞王二十七年（1695），他晋升为都通事。尚贞王二十八年（1696），程顺则作为进贡北京大通事，运用清朝的官话与清朝礼部官员进行外交活动。他在北上之际写下了许多汉诗，并将它收集整理为《雪堂燕游草》。[①] 此后程顺则仕途一帆风顺，官职一再升迁，先后担任当座、座敷、中议大夫、正议大夫、申口座、紫金大夫、总理唐荣司、法司正卿。

程顺则积极传播中国文化。程顺则回到琉球后，将从北京带回的《御制耕织图》献给尚贞王。该文强调农业和纺织业的重要性，希望能"遍示琉球人，俾晓然于农桑之为重，推而广之"，力图在琉球普及耕织。他将中国的典籍《六谕衍义》《指南广义》以及《皇清诗选》（30卷）数十部带回琉球。而他本人出资刊印的《六谕衍义》更是成为琉球学生学习汉语和修身养性的必备教材，后来此书还传播到日本等地，影响甚远。

琉球尚贞王时期，重视儒学，于"（康熙——引者注）十一年，命国相、法司创建圣庙于久米村"。[②] 此后，程顺则建设"明伦堂"以教育琉球的士族子弟。《清史稿》卷526《属国传一·琉球》云：

> （康熙——引者注）五十八年（1719），琉球国建明伦堂于文庙南，谓之府学，择久米大夫通事一人为讲解师，月吉读圣谕衍义；三六九日，紫金大夫诣讲堂，理中国往来贡典，察诸生勤惰，籍其能者备保举。八岁入学者，择通事中一人为训诂师教之。文庙在久米村泉崎桥北，创始于康熙十二年。庙中制度俎豆礼仪悉遵会典。琉球自入清代以来，受中国文化颇深，故慕效华风如此。

程顺则还效仿中国官制制定琉球官制。程顺则撰写了许多著作，除诗歌外，还有《柔远驿土地祠记》《柔远驿崇报祠记》《琉球国新建至圣庙记》《琉球国创建关帝庙记》等。其中《庙学纪略》叙述了儒学在琉球的传播历程；

---

① （日）爱知大学编：《中日大辞典增订》第2版，东京大修馆书店1986年版，第1585页。
② 《中山世谱（校注本）》卷8《尚贞王》，第131页。

《琉球国新建至圣庙记》开篇阐述了儒学的重要性，之后叙述儒学传入琉球的过程。[①]

由于程顺则为儒学在琉球和日本的传播作出巨大贡献，被冲绳学者伊波普猷列为琉球"五伟人"之一，称"名护圣人"，由此可见他在琉球文化史上的地位，至今程顺则仍受琉球人尊崇。冲绳学学者伊波普猷等人于1916年出版的《琉球五伟人》一书，认为琉球历史上有巨大贡献的五人是麻平衡、向象贤、蔡温、程顺则、向有恒。

三、元闵生

朝鲜华人通事长期奉使赴华且成绩斐然者不少，如郭海龙、元闵生、吴贞贵、辛伯温、裴蕴、任君礼、史周京、偰振、曹崇德等。下面以元闵生为例来探讨朝鲜华人通事在中朝关系中作出的贡献。

（一）元闵生的祖籍及其生平

根据朝鲜姓氏族谱及其历史文献，可知朝鲜半岛的元姓来自中国。元姓始祖元镜，汉族文人，原为中国唐朝八学士之一，被唐太宗李世民派往高句丽。在高句丽末代宝藏王朝，元镜受到重用，官至文化侍中平章事，授予佐明功臣。因此，元姓后世子孙尊奉其为始祖，定世居地原州为本贯。在9世纪末扶助王建创业的元克猷，因功封为原城伯。原州，是江原道的一个市。元氏为单一本贯的名门巨族，后逐渐分籍为四个派系：以元镜为始祖的耘谷派为大宗，世系清晰；以元克猷为派祖的元成伯公派；以元益谦为派祖的侍中公派；以元冲甲为派祖的冲叔公派。[②]

"前仁顺府尹元闵生卒。闵生，原州人，检校中枢院副使宾之子，养于判事闵富家，冒姓闵，名德生，官至司译院副使，始复姓元，名闵生。"[③]由此可知，元闵生是原州元镜的后人。

据《朝鲜王朝实录》记载，元闵生卒于明宣德十年（1435），但其生年

---

① （日）崎原丽霞：《从程顺则生平著作看儒学在琉球国的传播》，《日本问题研究》2010年第2期。

② 李永勋：《朝鲜族姓氏漫谈》，辽宁民族出版社1998年版，第168—169页。

③ 《朝鲜王朝实录》，世宗十七年七月己亥。

不详。元闵生首次以通事身份出使中国，是在明永乐八年（1410），当时元闵生初入职场，风华正茂，年轻有为。结合相关史料，推测元闵生大致生于1380—1390年间。

（二）元闵生奉命出使中国

在朝鲜使团赴京华人通事中，元闵生是其中最为活跃的一个。根据《朝鲜王朝实录》记载，元闵生赴京次数达到21次之多。

元闵生受到朝鲜国王的重视，职位不断得到提升，由通事晋升到副使（使副）。其职位升迁的主要原因并不是他在语言上的才华——精通汉语，而是元闵生和显仁妃是亲戚。他充分利用了自己和显仁妃的关系，在中朝交往中顺利完成朝鲜国王交给的各项使命。

显仁妃，即恭献贤妃（1391—1410），权氏。明永乐六年（1408），明成祖朱棣派太监黄俨等到朝鲜征招贡女。权氏等五位贡女因贤淑貌美被招入宫后，即蒙成祖厚赐，且恩及随行的父兄。权氏姿色美艳，善吹箫，本贯安东权氏。权氏受封为显仁妃，成为明成祖朱棣的宠妃。《明太宗实录》卷88记载：永乐七年（1409）二月己卯，册立张氏为贵妃，权氏为贤妃，任氏为顺妃。显仁妃锦衣玉食，养尊处优，受到明成祖百般呵护，但好景不长，仅两年多时间就香消玉殒。明永乐八年十月二十四日，"显仁妃权氏以病卒于济南路"。朝鲜国王遣使哀悼，"帝赐言之时，含泪伤叹，至不能言"。[1] 可见明成祖对权氏的宠爱之深。《明史》云："恭献贤妃权氏，朝鲜人。永乐时，朝鲜贡女充掖庭，妃与焉。姿质秾粹，善吹玉箫。帝爱怜之。七年封贤妃，命其父永均为光禄卿。明年十月侍帝北征。凯还，崩于临城，葬峄县。"[2]

《朝鲜太宗实录》记载了通事元闵生多次出使中国的情况。明永乐八年（1410）五月，朝鲜国王"遣西川君韩尚敬如京师"，并强调"此行专为问安也，不可兼以他事"。[3] 元闵生即为该使团通事。按照惯例，使臣回国必须如实向朝鲜国王报告使行过程。在这次使行中，华人通事元闵生表现突出。九月丁卯，韩尚敬回自北京……帝又谓通事元闵生曰："这野人受朝廷重赏大职，

---

① 《朝鲜王朝实录》，太宗十一年三月己卯。
② 《明史》卷113《权贤妃列传》，第3511页。
③ 《朝鲜王朝实录》，太宗十年五月庚寅。

赐以金带银带招安，如此忘了我恩。打海青去底指挥，拿做奴婢使唤。又尝一来扰我边。有恩的尚或如是，你莫说了。料着你那里十个人敌他一个人，要杀干净。"闵生奏曰："未蒙明降，不敢下手。"帝曰："这以后还这般无礼，不要饶了。再后不来打搅，两个和亲"。①

此时，显仁妃正受到明成祖的恩宠。元闵生利用自己和显仁妃的关系，迅速得到了明成祖的信任。上述明成祖和元闵生的对话，反映了明成祖对元闵生的态度比较亲切。显仁妃亡故后，永乐十二年（1414），元闵生回国向朝鲜国王汇报吕氏与显仁妃的斗争情况。朝鲜方面的史料记载：尹子当通事元闵生回自京师。……闵生曾奉敕宣谕圣旨："皇后没了之后，教权妃（即显仁妃）管六宫的事来。"吕美人家人妒忌显仁妃，"一个银匠家里借砒霜与这吕家"，在永乐八年，"与权氏吃杀了"。②

显仁妃之死，反映了明朝宫廷的斗争。作为通事，元闵生如实向朝鲜国王传达明朝皇帝的圣旨。朝鲜国王因此召集群臣会议，说："近因元闵生之言囚吕氏亲党。然权氏为妃而吕氏为美人，虽有尊卑而非嫡妾之分，且其酖杀暧昧。而吾等远体皇帝之怒，遽然族诛，予所不忍也。"后来，"上不忍以律外之刑加之，释吕氏亲族，只留其母张氏。"③

明永乐十五年（1417），朝鲜派遣贺正使赴京，元闵生充任贺正使通事。同年四月初四日，通事元闵生回自京师，向国王奏告出使情况，"密启帝求美女也"。明永乐十五年（1417）五月戊子，朝鲜太宗"罢都总制李都芬、大司宪李潑职"。这是因为他们以贺正使身份赴金陵时，"多赍布物，恣行买卖。潑乃身亲行之"。④元闵生以贺正使通事身份随行。回国后元闵生如实向朝鲜国王报告，于是使臣被罢免职务。《朝鲜王朝实录》云："礼部尚书谓元闵生曰：'陛辞日逼，买卖何如？'闵生曰：'市人不顾布物，不能易换。'尚书笑曰：'布物背节，以布易钞，则可以转换矣。'以此取笑中国。及还，事发。"宪司劾问，命皆罢职。⑤

此后，元闵生进一步得到朝鲜国王的高度信任，被任命为奏闻使，两次赴

---

① 《朝鲜王朝实录》，太宗十年九月丁卯。
② 《朝鲜王朝实录》，太宗十四年九月己丑。
③ 《朝鲜王朝实录》，太宗十四年九月辛卯。
④ 《朝鲜王朝实录》，太宗十七年五月戊子。
⑤ 《朝鲜王朝实录》，太宗十七年五月戊子。

京。永乐十五年（1417）六月丙午，"奏闻使元闵生回自北京，启曰：'皇帝问采女颜色之美，赏赐甚厚。乃使宦者黄俨、海寿等来逆女。'"从北京回到朝鲜的元闵生，一个月后，又奉朝鲜国王之命赴华，担任奏闻使。明永乐十五年（1417）八月己丑，朝鲜"遣进献使都总制卢龟山、奏闻使金总制元闵生如京师"。① 永乐十六年（1418）六月，元闵生奉命以谢恩兼请封使身份赴京，请立李祹为世子。《朝鲜王朝实录》云：

> 遣同知总制元闵生如京师，谢赐《菩萨名称歌曲》也。兼赍请封世子奏本以行。其奏曰："臣长子禔于永乐三年钦蒙奏准立为世子，见今年既长成，而其所行多有不堪为后者，不获已出置于外。第二子（補）资质柔弱，难付重任。第三子性颇聪慧，孝悌好学，一国臣民，悉皆属望，请立为后。臣不敢擅便，为此谨具奏闻"。②

明永乐十六年（1418）八月丁亥，李祹"即位于景福宫"。③ 李祹就是后来的朝鲜世宗。李祹任命元闵生为谢恩请封使赴华。元闵生不辱使命，赍奏准"许令择贤"礼部咨文回自京师。朝鲜世宗更加重视元闵生。

明永乐十七年（1419）九月庚申，明太监黄俨、王贤自朝鲜回国。朝鲜世宗"遣元闵生随黄俨奉进舍利"。朝鲜国王给明成祖的奏章上云：钦奉圣旨，"臣父、臣将先祖康献王供养有的释迦舍利并顶骨，及境内遍行迎取诸神如来菩萨并名僧舍利……总五百五十八尊颗"，差陪臣元闵生赍擎奉进。④ 这是一个重大使命。当时明成祖对佛教比较虔诚，朝鲜世宗迎合明成祖的心愿，差遣陪臣进舍利。可见朝鲜世宗对元闵生的高度重视。而元闵生以奏闻使身份赴华，获取了"乞减金银"时机的重要信息。明永乐十八年（1420）正月丙辰，元闵生回自北京，向朝鲜世宗汇报。《朝鲜王朝实录》云："去年秋，黄俨私语元闵生曰：'明年君与韩确同来，乞减金银，可以得请'。既还，闵生以奏闻使往，俨复道前言，闵生还以闻。上初欲遣闵生。以闵生不可亟往，乃命演同确前赴献之，因以金银为请。"⑤

朝鲜因为进贡巨额金银而负担沉重，要求减少金银数目。元闵生与明朝太

---

① 《朝鲜王朝实录》，太宗十七年六月丙午、太宗十七年八月己丑。
② 《朝鲜王朝实录》，太宗十八年六月戊子。
③ 《朝鲜王朝实录》，太宗十八年八月丁亥。
④ 《朝鲜王朝实录》，世宗元年九月庚申。
⑤ 《朝鲜王朝实录》，世宗二年正月丙辰。

监黄俨关系甚密，因此从黄俨处得到"乞减金银"的有利时机。元闵生及时向朝鲜世宗作了汇报，虽然没有作为使臣出使明朝，但他由此进一步取得朝鲜世宗的信任。明永乐十九年（1421）正月，明朝迁都北京。此后，外国使团朝贡之目的地"京城"不是金陵，而是北京。就在这一年，元闵生敏锐地判断"中国法令陵夷"，考虑问题相当周密。

> （八月壬辰——引者注）总制元闵生启曰："平安道境连中国，咸吉道近于野人。今遣官习阵，恐无识之徒，未谙大体，漏言于彼，以生边衅。且中国法令陵夷，近有火灾，若闻我之治兵，必生疑虑。臣谓二道军士，因番上而教习为便。"上曰："何以知法令之陵夷乎？"闵生对曰："古者楮货虽破，有印迹则用之，今也破则不用。古者礼部官不行贸易，今亲到会同馆贸易外国之物。清城府院君郑擢近以谢恩使赴京，礼部官亲赍绡绢易麻布，臣以谓法令陵夷。"上曰："予将启父王。"既而闵生出，上谓诸代言曰："闵生之虑周矣"。①

陵夷，原意衰败，这里指松弛、松懈。元闵生在使华期间，通过明礼部官员"亲赍绡绢易麻布"的行为，敏锐觉察到明朝法令松懈，由此得到朝鲜世宗的称赞。

明永乐二十一年（1423），明朝使臣在朝鲜从事私人贸易，元闵生奉命接待明朝使臣。他与明使周旋，并将明朝使臣言行及时向朝鲜世宗汇报。《朝鲜王朝实录》记载，明朝使臣太监海寿对元闵生曰："予之所赍私物，一两日内毕贸易。"② 海寿还借口朝廷所需向朝鲜大肆勒索。元闵生向朝鲜世宗禀报："海寿出小绢四百二十匹欲换厚纸，阳言私物实朝廷所索也。"③ 明永乐二十二年（1424）四月，元闵生被任命为奏闻使赴明。朝鲜国王"命奏闻使元闵生赴京求得一把连箭并学放射之法以来。"④ 同年七月辛巳，奏闻使元闵生、通事朴阳先回到朝鲜后向朝鲜国王报告后，皇帝对元闵生曰，"老王以至诚示我，至于干鱼，无不进献。今小王不以至诚示我，前日求老王所使火者，乃别求他宦以送"。他说自己年老，权妃在世时，"凡进膳之物，惟意所适"。权妃死后，诸事皆不适意。太监海寿站在皇帝旁，对闵生曰："将两个好处女进献来"。帝欣

---

① 《朝鲜王朝实录》，世宗三年八月壬辰。
② 《朝鲜王朝实录》，世宗五年八月丁卯。
③ 《朝鲜王朝实录》，世宗五年八月辛亥。
④ 《朝鲜王朝实录》，世宗六年四月丙午。

然大笑，"赐闵生银一丁、彩段三匹"。朝鲜世宗对此高度重视，"命禁中外婚嫁，置进献色"。①

明宣德元年（1426）三四月，明朝派出使臣太监昌盛、尹凤、白彦出使朝鲜，选妃并找厨师等。尹凤，祖籍朝鲜，在中国受到明朝皇帝信任。五月辛酉，"使臣尹凤欲先归于瑞兴……上命郭存中、元闵生劳之"。② 朝鲜王朝对明使到来非常重视，派遣陪臣郭存中、元闵生接待。

明宣德三年（1428），元闵生以进贺使身份率团再次出使明朝。七月癸丑，进贺使元闵生、曹致如京师，贺册封皇后。"并赍请王世子冠服奏启本以去"。③ 十二月甲申，进贺使元闵生、副使曹致等，奉赐世子六梁冠敕书来。百官进贺。④

此后《朝鲜王朝实录》中再没有记载元闵生的事迹。明宣德十年（1435），元闵生去世。《朝鲜王朝实录》载："前仁顺府尹元闵生卒。闵生，原州人……解译语。以通事赴京者十四，以使副赴京者七。太宗皇帝以戚连显仁妃，厚待之，凡奉事奏请，多蒙允许。……卒谥襄厚。"⑤

元闵生与显仁妃有亲戚关系，这对元闵生完成朝鲜国王交付的使命具有极大的便利。元闵生利用这一难得的机遇及时向明成祖提出一些有利于朝鲜方面的要求，"多蒙允许"。而明成祖朱棣出于对显仁妃的宠爱，爱屋及乌，对元闵生以亲戚视之，因此对其要求，往往能给以满足。

元闵生受到明成祖的厚待，综合起来，原因有三：一是因为"以戚连显仁妃"；二是由于其言语讨明帝欢心；三是因为他考虑问题周密。元闵生先后奉使明朝 21 次，作为外交官员前后 25 年，历任通事、副使、正使，不断得到朝鲜王朝的信任，其主要原因在于：一是他利用与显仁妃的关系，顺利完成朝鲜国王委托的各项任务；二是他在加强朝鲜与明朝的关系方面贡献较大，为朝鲜争取了较多的权益，如减少金银的进贡，从而减轻了朝鲜国内的财政负担。

---

① 《朝鲜王朝实录》，世宗六年七月辛巳。

② 《朝鲜王朝实录》，世宗八年五月辛酉。

③ 《朝鲜王朝实录》，世宗十年七月癸丑。

④ 《朝鲜王朝实录》，世宗十年十二月甲申。

⑤ 《朝鲜王朝实录》，世宗十七年七月己亥。

四、火者亚三

火者亚三是个神秘的历史人物,古今学者对他倍感兴趣,但考察学术研究现状,对其身世研究者较多,而对其在中外关系史上的贡献之研究成果则相对薄弱。现在前人研究的基础上进一步研讨,以期对他有个更全面、更深入的了解。

(一)火者亚三姓名及其生平

火者亚三是华人,这一点确凿无疑。《明史》卷 325 云:华人火者亚三,担任葡萄牙人通事,来华后受到明武宗的信任,两人关系非常亲密,亚三陪侍左右。"明年,武宗崩,亚三下吏。自言本华人,为番人所使,乃伏法。"①严从简《殊域周咨录》亦云:"本朝正德十四年,佛郎机大酋弑其国主,遣加必丹末等三十人入贡请封。有火者亚三,本华人也,从役彼国久,至南京,性颇黠慧。"② 佛郎机是对西方国家的统称,包括葡萄牙在内。上文中的佛郎机,即指葡萄牙,但有时也指西方武器。据《大清一统志》记载,明嘉靖二年(1523),西方人入寇新会之西草湾,被明军指挥柯荣、百户王应恩打败,"获其二舟,贼败遁,官军得其炮,即名为佛郎机"。③

关于"火者亚三"的姓名问题,我国学术界争议较多。邱树森认为:火者是波斯语 Khwajah 的音译,原意是显者、富有者。而黄谷认为:火者亚三的名字,不是来自"回回语",而是来自满剌加语。金国平等认为:火者亚三名为傅永记。④ 林硕则认为:"火者"乃"阉人"之意,"亚三"方为其名。他推断其祖籍可能是福建、广东。⑤ 方豪则云:"《明史》又称'其使火者亚三云云',《元史》《明史》中屡见'火者'(Khoja)二字系于人名前后,《元史》卷 120《札木儿火者传》曰:'火者其官称也。'疑火者亚三为葡人所用之译员,为回教人,故用'火者'之名。"⑥

---

① 《明史》卷 325《外国列传六·佛郎机》,第 8430 页。
② 《殊域周咨录》卷 9《佛郎机》,第 320 页。
③ 《大清一统志》卷 424,四库全书本,第 1 页。
④ 金国平、吴志良:《"火者亚三"生平考略——传说与事实》,《明史研究论丛》第 10 辑,2012 年刊。
⑤ 林硕:《南洋华侨火者亚三新考》,《华侨华人历史研究》2012 年第 2 期。
⑥ 方豪:《中西交通史》(下),上海人民出版社 2008 年版,第 466—467 页。

根据《明武宗实录》卷 45"正德三年十二月十二条"关于"满剌加国贡使火者亚刘"的记载，笔者认为以上推断唯有邱氏的观点正确，其他均不能成立，火者是波斯文 Khwaja 的音译，又译作"和卓""和加""霍札"等，是"显贵"或"富有者"的意思，是伊斯兰教中对"圣裔"和学者的尊称。清人王士禛之《池北偶谈·谈故二·土鲁番表》云："今幸太平，亟遣亦思喇木火者，前往进贡"。

林硕推断亚三为福建或广东人，有可能是因为福建、广东籍人移居海外者甚多。其实火者不一定是福建或广东人，如满剌加火者亚刘（萧明举）是江西人。火者亚三之籍贯，有待进一步考证。

火者亚三卒年，依据史料，当为 1521 年。但是其生年存在争议，史料上没有具体说明。1517 年，他作为葡萄牙使团通事来到中国，我们从其对南洋风情的了解，对葡萄牙语言的熟练程度，推断其在海外生活应当有一定的年月，"从役彼国久"，[①] 可以推测其年龄当在 30 岁左右。因此，推断其生年大致在 1480—1490 年间。

（二）葡萄牙为何重用火者亚三

在葡萄牙占领马六甲之后，马六甲的华人接触了葡萄牙人，晓习葡萄牙语，逐渐成为中葡交往中主要的语言媒介。1517 年，葡萄牙人皮雷斯（Thomas Pirez，亦写为皮莱资、皮来资）冒充满剌加贡使，企图打消广东地方官员的怀疑，减少阻力。火者亚三作为皮雷斯使团的通事，随葡萄牙使团来到中国。为何葡萄牙人要重用火者亚三？笔者认为主要有以下几点：一是火者亚三精通葡萄牙语，也精通汉语，可以充当语言翻译，使得中葡交往畅通；二是火者亚三是华人，熟悉中国国情和官场规则；三是火者亚三的性情，趋炎附势，见风使舵，待人能够投其所好，适应葡萄牙人对华交往的需要。由于火者亚三拥有这三个"长处"，因而为葡萄牙人所赏识。

（三）明武宗为何赏识火者亚三

江彬（？—1521），北直隶宣府（今河北宣化）人，明武宗宠臣。明正德十二年（1517），进封平虏伯，明正德十四年（1519），提督东厂兼锦衣卫。

---

① 《殊域周咨录》卷 9《佛郎机》，第 320—321 页。

他是武宗时期炙手可热的人物。在他最为风光的时期，火者亚三来到了中国，他们一拍即合。江彬向明武宗极力推荐火者亚三，明武宗宠信江彬，因而爱屋及乌，信任火者亚三。此外，武宗赏识火者亚三，是因为亚三具有杰出的语言天赋。《殊域周咨录》卷9《佛郎机》中云："本朝正德十四年，佛郎机大酋杀其国主，遣必加丹末等三十人入贡请封。有火者亚三，本华人也，从役彼国久，至南京，性颇黠慧。时武宗南巡，江彬用事，导亚三谒上，喜而留之，随至北京，入四夷馆"。①

明正德十四年（1519），火者亚三随侍明武宗驾前，他不仅会说各种语言，而且能介绍南洋风土人情，引起明武宗的浓厚兴趣。明武宗十分欣赏他，与之频繁接触，"帝时学其语以为戏"。②《名山藏》亦记载："而佛郎机有使者曰亚三，能通番汉，贿江彬，荐之武宗，从巡幸。武宗见亚三时时学其语以为乐。"③黄佐《泰泉集》卷49《永德郎兵部主事象峰梁公墓表》有类似记载：

"正德末，逆臣江彬领四家兵从车驾游豫，受佛郎机夷人贿，推荐其使'火者亚三'，能通番汉语，毅皇帝喜而效之。降玉趾，日与晋接。"④明武宗是个兴趣十分广泛的人，除了对木匠活感兴趣，对语言也有着异乎常人的爱好。亚三的到来，使得武宗欣喜若狂，甚至达到痴迷的程度，多次临幸火者亚三所住的玉河馆。《朝鲜王朝实录》亦记载了明武宗亲临葡萄牙人所居住的玉河馆：

> 上曰："中朝何以待之？"锦曰："其初入贡，以玉河馆为陋，多有不逊之语。礼部恶其无礼，至今三年不为接待矣。其人多赍金银以来，凡所贸用，皆以金银。臣等往见其馆，皆以色布为围帐，四面列置椅子，分东西而坐。中置椅子一坐，盖之红毡，曰：'此皇帝临幸所坐之处'。盖以入贡之时，皇帝路逢，往见其馆故也。中原亦言皇帝还京，必往见之。"⑤

(四) 火者亚三被处死之原因

严从简在《殊域周咨录》中记载了火者亚三的种种不法行为。火者亚三依

---

① 《殊域周咨录》卷9《佛郎机》，第320—321页。
② 《明史》卷325《外国列传六·佛郎机》，第8431页。
③ [明]何乔远：《名山藏·王享记三》，万历刊白纸本，第20页。
④ 戴裔煊：《〈明史·佛郎机传〉笺正》，中国社会科学出版社1984年版，第9页。
⑤ 《朝鲜王朝实录》，中宗十六年正月丁丑。

靠江彬的势力，"入四夷馆，不行跪礼"；平时趾高气扬，"或驰马于市，或享大官之馔，于刑部或从乘舆，而馂珍膳享于会同馆，或同仆臣卧起，而大臣被诬者皆以桎梏幽囚，意颇轻侮朝官"。[①]《四夷广纪》亦云：火者亚三"意颇轻侮朝官，焯每以法绳约之，二夷人相谓曰：天颜即可，主事乃顾不可即耶"。[②]火者亚三依靠武宗、江彬的支持，气焰更加嚣张，不仅不肯屈膝跪拜提督主事梁焯，而且出言不逊。于是梁焯怒打火者亚三，而江彬严厉训斥梁焯。《名山藏》对此有具体而生动的记载："他日有事四夷馆，兀坐而见礼部主事梁焯。焯怒，杖亚三。彬闻，大诟曰：'彼尝与天子游戏，肯下跪一主事耶？'"[③]《殊域周咨录》卷9《佛郎机》云："（火者亚三——引者注）入四夷馆，不行跪礼，且诈称满剌加国使臣，朝见欲位诸夷上。主事梁焯执问杖之。"[④]

武宗晏驾后，江彬因为"阴谋造反"而下狱。火者亚三极有可能被卷入江彬一案中。皇太后懿旨诛杀江彬，"诛其首恶火者亚三等"。[⑤]

火者亚三被处死，有多方面的原因。首先，是明朝政策变化的结果。正德年间，葡萄牙吞并满剌加，逐其国王，遣使进贡。随着武宗时代的终结，新即位的皇帝明世宗改变了对葡萄牙的政策，火者亚三作为葡萄牙的通事，受到牵连。与梁焯的冲突，表明了亚三的粗暴和蛮横，招致满朝文武的愤怒。武宗去世后，当局不能容忍外国势力的代理人继续生存下去。其次，是江彬集团在政治争斗中失败的结果。江彬等人在明武宗的宠信下，为所欲为，声势达到了顶峰。随着明武宗的去世，江彬集团由强势迅速转变为劣势，当局在清除江彬余党的过程中自然把火者亚三作为帮凶。再次，明朝各阶层对葡萄牙人极端仇视，是造成火者亚三悲剧结局的社会原因。人们认为火者亚三助纣为虐，把葡萄牙人引导来华祸害国人。当时明朝士大夫阶层对葡萄牙吞并满剌加，普遍表示不满。监察御史球道隆曾上奏："满剌加朝贡诏封之国，而佛郎机并之，且唉我以利要求封赏，于义决不可取。请却其贡献，明示顺逆，使归还满剌加疆土之后，方许朝贡。"御史何鳌亦认为："佛郎机最号凶诈，兵器比诸夷独精……乞查复旧例，悉驱在澳番舶及夷人潜住者，禁私通，严守备，则一方得

---

① 《殊域周咨录》卷9《佛郎机》，第17、18页。

② 《四夷广纪》第102册《佛郎机国》。另一夷指写亦虎仙。

③ ［明］何乔远：《名山藏·王享记三》，万历刊白纸本，第20页。

④ 《殊域周咨录》卷9《佛郎机》，第320—321页。

⑤ 《四夷广纪》第102册《佛郎机国》。

其所矣。"① 葡萄牙人于 1519 年在广东诱买中国少儿，主要用作奴仆。其恶劣行径遭到明朝官府和百姓的痛恨，于是发生了 1521—1522 年广东军民驱赶占据屯门岛的葡萄牙入侵者之事件。

（五）火者亚三的历史作用及影响

火者亚三充当了西方与中国沟通的中介。明正德十四年至十六年间（1519—1521），火者亚三充分发挥其语言优势，在权臣江彬的支持下，终于成为明武宗的座上宾，备受信任。明正德十五年（1520）十二月，葡萄牙使团以"朝贡"为名，开始与中国进行往来。"其留候怀远驿者，遂略实人口，盖房立寨为久居计。"② 正是由于火者亚三的努力以及最高封建统治者明武宗的认可，明葡关系才有崭新的一页。明正德十六年（1521），葡萄牙遣通事傅永纪来到中国朝贡。傅永纪是东洞庭（今湖南东北部）人。

明武宗去世后，明朝迅速改变了对葡萄牙的政策。当时满剌加遣使要求明朝助其复国，明世宗要求葡萄牙归还满剌加之地，并规定："自今海外诸夷及期入贡者，抽分如例。或不赍勘合，及非朝而以货至者，皆绝之。"③

1521 年，火者亚三死后不久，明朝下令禁止葡萄牙朝贡，皮雷斯使团最终未能打开明葡通商之门。《名山藏》云："世宗即位，佛郎机复以接济使臣衣粮为名，请以所赍番物如例抽分，诏复绝之。"④

由于有火者亚三的先例，明政府对中国人充当西洋人翻译的行径尤为愤恨，认为他们"助纣为虐"，各类海禁律令中均将"通番"列为重科，任何人不得与葡萄牙人交谈接触，违者处死。⑤ 这对海外华人是不利的。

火者亚三事件发生后，"广东有司乃并绝安南、满剌加；诸番舶皆潜泊漳州，私与为市"。可见，火者亚三事件对传统的朝贡国产生了较大影响，同时由于广东有司禁绝贸易，福建漳州于是成为贸易中心。明嘉靖八年（1529）十月，提督两广侍郎林富上疏，云：

"安南、满剌加自昔内属，例得通市，载在祖训、会典。佛郎机，正

---

① 《明武宗实录》卷 194，正德十五年十二月己亥朔。
② 《明武宗实录》卷 194，正德十五年十二月己亥朔。
③ 《明世宗实录》卷 4，正德十六年七月己卯。
④ [明] 何乔远：《名山藏·王享记三》，万历刊白纸本，第 20 页。
⑤ （瑞典）尤思泰：《早期澳门史》，吴义雄等译，东方出版社 1997 年版，第 7—8 页。

德中始入，而亚三等以不法诛，故驱绝之，岂得以此尽绝番舶？且广东设
市舶司，而漳州无之，是广东不当阻而阻，漳州当禁而反不禁也。请令广
东番舶例许通市者，毋得禁绝，漳州则驱之，毋得停泊"。从之。①

以上四个华人通事的个案研究，阐述了东亚华人通事在不同的国家和地区
中外关系史上作出的贡献。林道荣及其家族是日本唐通事的典型代表，他们的
事迹表明，唐通事在日本长崎具有较高的社会地位，在管理唐船等方面取得了
丰硕的成果。程顺则及其家族是琉球华人通事的典型代表，他们在琉球具有很
高的社会地位，为中琉交往作出巨大贡献。元闵生是朝鲜华人通事的代表，他
发挥自己的政治智慧，充分利用已有的社会关系，多次圆满完成外交使命，为
中朝关系的发展作出较大贡献。火者亚三是东南亚华人通事的代表，他在满剌
加被葡萄牙殖民者所利用，担任葡萄牙使团通事，为中葡关系的开拓和发展作
出贡献。

---

① 《明世宗实录》卷106，嘉靖八年十月己巳。

第四章
明清时期东亚地区华人通事之比较

在明清时期，东亚不同区域、不同时期的华人通事在一些方面存在明显的不同。下面我们就东北亚地区和东南亚地区，明清时期的华人通事进行比较分析。

第一节　东北亚与东南亚华人通事之比较

明清时期，东亚活跃着许多华人通事。东北亚包括朝鲜、日本、琉球等国，而东南亚则包括安南、占城、暹罗、满剌加、苏禄、爪哇等国。这两个区域的华人通事，在通事的来源、素养等方面，存在着较大差异。

一、通事来源

关于通事的来源在第二章第二节中已经作了具体探讨。东北亚和东南亚华人通事在来源上，既有相同之处，又有不同之处。

（一）相同之处

其一，从事海外贸易的华侨商人成为通事，这种现象在东南亚和东北亚都存在。日本利用华侨商人建立了唐通事制度，广泛使用华人管理长崎的"唐船"贸易。暹罗等国亦重用华侨商人，任命他们为使团通事甚至使臣，让他们直接参与朝贡贸易活动。

其二，东南亚和东北亚都有一些华人因为某种原因流寓外国，居留外国有年，后来被任命为通事。如华人善德宝，流寓日本，后加入日本籍，成为通事。浙江宁波人林从杰被贩卖到日本，后成为朝贡使团通事。在东南亚，良

242

殷、南文旦等人漂流到暹罗，后来被暹罗国王委任为朝贡使团通事。火者亚三也曾流寓国外多年，精通葡萄牙语言，为在满剌加的葡萄牙殖民者所利用，后来担任葡萄牙使团通事。

其三，担任东亚各国通事的华人，祖籍多来自中国沿海地区如福建、广东、浙江等地。日本长崎的唐通事中，华人多来自福建、广东、浙江等地，如著名通事林道荣是福建人。原籍福建福清的著名贸易商林太卿的长子林守壂，及漳州籍的著名医生陈冲一之子陈道隆，从1640年起被日本政府委任为小通事，次年该二人又晋升为大通事。琉球华人通事多来自福建沿海地区，而暹罗华人通事多来自广东和福建。如奈罗自称是福建清流县人。苏禄华人通事亦多福建人士。乾隆年间苏禄国王任命华人陈朝盛为通事来华朝贡，陈朝盛原名陈荣，亦是福建人。在明清时期，内陆省份亦有在海外经商者，如江西南城县民万轵，漂风流寓暹罗，担任暹罗使团通事一职，多次来华进贡。

（二）不同之处

在通事来源上，东南亚和东北亚两地有明显的不同。

东南亚华人通事来源主要有三：一是遭遇海难事故而漂流海外的华人，尔后成为通事，如前面提到的福建商人良殷、南文旦，江西商人万轵。二是从事海上贸易，在东南亚旅居有年的华商，成为通事，如陈朝盛等人。三是在明朝犯罪而被迫逃亡到东南亚，之后被当地统治者委任为通事。另外，个别国家的华人通事具有特殊性。一般华人通事由祖籍为沿海地区的华人担任，但在缅甸，华人通事来源比较特殊，多来自边疆地区的云南腾冲和顺乡。

东北亚华人通事来源明显不同于东南亚。例如日本，通事有三个主要来源：一是从事海外贸易的商人，有较大的经济实力，在华侨社会里有较大的影响。他们多来自福建、广东或三江地区，如前面我们所谈到的"唐通事"。二是唐通事后裔。通事家族在日本、琉球等国形成。如林时亮之子林道荣在日本长崎担任唐通事，其后子孙世代担任通事。三是被倭寇掳去的中国人，如林从杰、王天佑等人。这些人通过自身的努力，在特定的历史机遇中成为通事。

在朝鲜，华人通事的来源主要有三：一是华人后裔，这些人谙晓中国语言文字，如上文谈到的朝鲜通事偰耐、郭海龙等人。二是由朝鲜司译院培养的学生，其中不乏华人后裔，如元闵生、曹崇德等人。三是一些流寓到当地的中国人，或被倭寇所掳，或被其他人所掳，如李相。

至于琉球，为了确保中琉朝贡活动的顺利进行，明朝特地赐给它"闽人三十六姓"，从而产生了第一批琉球华人通事，这在东亚地区是绝无仅有的。琉球通事都由华人充当，其地位之高非其他东亚国家可比。中琉两国都十分重视通事的作用。明朝皇帝亲自给赴琉球的华人赐姓，用于担任琉球通事和负责驾驶琉球赴华朝贡船舶，寄希望于这些人在中琉朝贡贸易中发挥巨大作用。琉球国王亦高度重视，选拔"闽人三十六姓"及其后裔担任朝贡使团通事，逐渐形成通事世袭制度，如梁应父亲为琉球通事，梁应继任琉球通事。后来，由于通事队伍青黄不接才逐渐有琉球人进入通事行列。

在日本、琉球等国，统治者注重华人通事的家族继承，允许华人通事世袭。这在东南亚地区比较鲜见。

二、通事素养

通事素养是指通事在口译训练和实践中获得的技巧或能力，以及职业道德修养。换言之，通事素养是由口译能力和职业道德两部分所组成。

翻译职业道德是社会上占主导地位的道德或阶级道德在翻译职业生活中的具体体现，是翻译工作者在履行本职工作中所遵循的行为准则和规范的总和。忠实是翻译的基石和归属，是翻译的第一要义。所谓"忠实"，就是译文应该忠实于原文，实事求是，译语应该忠实于原话，译者应准确表现原作者的思想和形式，不得擅自修改、增删，甚至伪造。这是译者应尽的道德和法律义务。在翻译行为上，缺乏翻译职业道德的表现是多种多样的，"很多行为如误译、漏译、改译、乱译都可以归结为不忠实"。[①]

在东亚地区，明清时期华人通事群体中有许多人具有很高的素养，他们奉公守法，品德高尚，忠实于口译事业，在口译专业方面能力超强。如朝鲜华人通事郭海龙、元闵生、洪纯彦等，琉球华人通事程顺则、蔡大鼎等，日本唐通事林道荣等。

朝鲜华人通事洪纯彦得到后人的好评。李肯翊《燃藜室记述别集》中的"译舌典故"记载："洪纯彦，少落拓有义气"。曾到中国北京，在通州夜游青

---

① 辛全民：《通事时期翻译人员的职业道德》，《青海民族大学学报（教育科学版）》2010 年第 6 期。

楼，见一女子柳氏极有殊色，意悦之，托主妪求欢。后得知她来自浙江，父母俱没，"旅梓在馆，独妾一身，返丧无资，不得已自鬻"。洪纯彦慷慨相助，出金三百。"即倾囊与之，终不近焉"。朝鲜宣祖甲申年（1584），洪纯彦随使臣黄廷彧到北京，受到柳氏和其夫石星（时为礼部侍郎）的热情接待，夫人报恩，赠送锦缎 10 匹。

通文馆是朝鲜王朝译官（通事）的培养机构，后改名司译院。《通文馆志》卷 7《人物》中也谈及洪纯彦，最后说石星为代其夫人报恩，为朝鲜做了两件事：一是帮助朝鲜解决"宗系辩诬"之事，二是出兵朝鲜帮助镇压壬辰倭乱。经后人研究，洪纯彦资助柳氏一事可能是文人的杜撰。① 但一些朝鲜华人通事具有高尚品德，应是事实。

一些通事素养也存在很大的欠缺。在口译能力和品德修养方面，东亚各国都有一些通事存在比较严重的问题。

在东北亚地区一些华人通事存在素养问题。

朝鲜华人通事的素养问题主要表现在道德修养方面。如，在奉使期间不遵守规章制度；违反中国的法律，擅自购买禁书禁物；擅自出馆贸易。明成化十三年（朝鲜成宗八年，1477 年），朝鲜华人通事芮亨昌在北京期间"违禁购买牛角"一事，引起了明政府的反感。明政府在会同馆实行门禁，限制朝鲜使行人员进出。《朝鲜王朝实录》亦有相关记载：会同馆张榜，不许外国朝贡人员出入市肆与人交通渗漏事情，"本国人亦依是例"。锦衣卫把门阻挡，朝鲜等国使行人员不能随意出入。② 日本国一些华人通事亦存在道德修养问题，如殴伤他人、教唆使团索取财物。明景泰四年（1453），日本使臣和通事等在山东临清掠夺居民财物，殴伤他人。事见《明英宗实录》：

> （冬十月丙戌——引者注）时四夷入贡者多至千人，所过辄需酒食诸物，凭陵驿传，往往殴击人至死。平江侯陈豫奏："日本使臣至临清，掠夺居人，及令指挥往诘，又殴之几死。"……于是，礼部请执治其正副使及通事人等。不听。③

一些华人通事还教唆使团人员向明朝索取铜钱。《明宪宗实录》记载：明

---

① 孙卫国：《朝鲜史料视野下的石星及其后人事迹略考》，《古代文明》2012 年第 4 期。
② 《朝鲜王朝实录》，成宗八年闰二月甲辰。
③ 《明英宗实录》卷 234，景泰四年十月丙戌。

成化五年（1469）二月甲午，日本国使臣清启，带来三船，其三号船土官等奏称："海上遭风，丧失方物，乞如数给价回国，庶王不见其罪"。他们向明朝"乞赐铜钱五百贯"。事后查明，日本使臣受到华人通事关宗达的教唆。礼部"且欲治其通事关宗达教诱之罪"。《明宪宗实录》记载，明朝皇帝对日本华人通事关宗达格外宽宥："宗达不必究治，若再反复，族其原籍亲属"。①

琉球通事由于来自闽人三十六姓及其后裔，在口译能力方面比较强，史料上罕见记载通事口译出现误译问题。但在道德修养方面却存在比较严重的问题，中琉两国史料上不乏琉球华人通事杀人放火、抢劫财物、非法贸易、谎称朝贡企图诈骗等事件的记载。明成化九年（1473），琉球华人通事蔡璋将福州府怀安县陈二官夫妻杀害，并放火烧毁其房屋，将其家财、牲畜等强行夺走。② 明嘉靖二十一年（1542）发生了琉球华人通事蔡廷美案，蔡廷美把华商陈贵等"招引入港"，尔后"尽没其赀"，多名华人被杀。事后，琉球政府将陈贵等人套上枷锁，"诬其为贼"，蔡廷美作为使臣出使中国，赍表文送至福建，"欲赴京陈奏"。③ 贼喊作贼，琉球君臣玩弄的这一套把戏最后被明朝所识破。

妄称"进贡"，企图骗钱。正统年间琉球国华人通事沈志良一案具有代表性。通事沈志良等往爪哇国买胡椒、苏木等物，"至东影山遭风桅折，进港修理，妄称进贡"，④ 招摇撞骗，后被明朝监察御史将此事上奏朝廷。

有些琉球华人通事在奉使期间公然违犯中国法律，敲诈勒索。明正统四年（1439），"通事林惠、郑长，所带番梢人从二百余人，除日给廪米之外，其茶、盐、醯、酱等物，出于里甲，相沿已有常例，乃故行刁蹬，勒折铜钱"。⑤

东南亚国家的一些华人通事也存在素养问题。

越南通事的社会地位较低，对国家的向心力不强。有些华人通事缺乏忠君思想，见异思迁，甚至响应叛乱。据《大越史记全书》记载，明正德八年（黎朝洪顺五年，1513年），黎朝派遣兵部右侍郎阮仲逵等如明岁贺。第二年，他们完成岁贺使命，回到凭祥，闻知陈暠举兵叛乱，占据谅山文源，阻塞交通。

① 《明宪宗实录》卷63，成化五年二月甲午。
② 《历代宝案（校订本）》第1集第17卷。
③ 《明世宗实录》卷254，嘉靖二十一年五月庚子。
④ 《典故纪闻》卷11，第198页。
⑤ 《明英宗实录》卷58，正统四年七月甲戌。

此时，如明使团面临重大抉择。华人通事何公勉、杜庆余主张将官货交给陈
暠，以此资敌，换取政治资本。但是阮仲逵等人大义凛然，坚决拒绝了何、杜
等人的提议。明正德十六年（1521），阮仲逵等人以何、杜两位通事背叛黎朝
为由，将其杀死，自己返回河内向黎朝禀报出使经过。①

误译妄奏。明弘治十年（1497），安南黎朝国王黎思诚去世，其子黎晖遣
使请封。明朝传统的做法是，"嗣王信立，必赐皮冠服，使不失主宰一国之尊，
又赐一品常服，俾不忘臣示中国之义"。安南华人通事范怀瑾却进行了误译，
称"赐服与臣下无别"。由于他的误译，导致中越两国在意识形态上发生了一
场冲突。笔者认为，华人通事范怀瑾的误译妄奏，既有专业翻译能力问题，也
有道德修养问题。

暹罗华人通事也存在一些素养问题。

一是口译能力。通事口译能力往往会影响两国正常交往。暹罗曾经因为通
事口译能力问题而临时改换人选。据史料记载，清道光三年（1823），暹罗国
王派遣使臣来华朝贡，暹罗国王原来派遣的正通事刘一心，"因言语不甚清楚，
另选林恒中补充"。②

二是暹罗一些华人通事存在道德品质方面的问题。暹罗进贡通事奈霭以职
务之便侵占国家财产，伙同爪哇使臣，到广东进行贸易。《明英宗实录》记载：

> 正统十二年（1447——引者注）九月壬寅。礼部奏："暹罗国使臣坤
> 普论直等告本国正统九年进贡通事奈霭负国王财本，不肯回国，将家属附
> 爪哇国使臣马用良船逃去，今又跟随爪哇使来，在于广东。"上命广东三
> 司拘马用良并奈霭审实，以奈霭付坤普论直领回。③

明正德三年（1508），满剌加华人通事亚刘，为了钱财竟然铤而走险，劫
杀使臣端亚智，"尽取其财物"。④ 清乾隆十一年（1746），苏禄国华人通事陈
朝盛等卷入苏禄使臣马光明案。陈朝盛原名陈荣，参与诈骗。具体情况可参见
第五章"明清时期东亚华人通事的双重影响"。

从上面的史料可以看出，东北亚和东南亚的华人通事在素养方面都存在不
少问题，尤其是道德修养方面。总的来看，东北亚的华人通事口译能力稍高于东

---

① 《大越史记全书》本纪实录卷 15《黎皇朝纪·襄翼帝》，第 811 页。
② 《明清史料》庚编第 6 本，第 572 页。
③ 《明英宗实录》卷 158，正统十二年九月壬寅。
④ 《明史》卷 325《外国列传六·满剌加》，第 8419 页。

南亚华人通事。这与日本、朝鲜、琉球接受中国文化的程度、重视华人通事的培养有密切关联。此外,东北亚各国政府比较重视通事的作用,不仅在政治上大力提高华人通事的地位,也在经济上努力改善华人通事的待遇。东南亚华人通事口译能力相对薄弱的原因是:(1)受中国文化影响相对较小。在东南亚国家中,除了安南、占城外,其他国家受中国文化濡染不深。(2)在东南亚国家中,除了安南、占城外,中国移民几乎都是华商、华工、华农,文化人相对较少。

在东北亚,琉球、日本不乏一些华人通事杀人放火、道德败坏的恶性事件发生。这有内因和外因。日本方面,通事本人的道德修养是主要原因,日本国内处于分裂时期,诸道争贡是其外因。琉球方面,个人道德修养缺乏是琉球通事犯罪的主要原因,而琉球政府对通事管理不力,明清政府对琉球使行人员的优待政策,造成了琉球通事"恃宠而骄",这又是其犯罪的外部原因。

关于通事口译能力方面,无论是东北亚还是东南亚,都经历了"先强后弱"的过程。朝鲜华人通事在明代口译能力较强,涌现出许多杰出的通事,但是到了明代后期、清代,出现了青黄不接的现象,华人通事严重缺乏。在琉球亦是如此,琉球出现了华人通事后继无人的现象。这一方面是由于琉球华人后裔凋零,另一方面是由于琉球国内外形势使然。琉球两属的不利局面,导致中琉关系日渐疏远,从而影响了琉球政府对华人通事的培养。在东南亚的越南,亦出现了华人通事缺乏、华人通事口译能力严重不足的问题。

第二节　明代与清代东亚华人通事之比较

东亚诸国华人通事情况各异。对东亚华人通事情况的比较,应当从"时空"上进行。上面我们是从空间上对华人通事的来源和素养进行比较,下面我们从时间上即明清两个时期将东亚华人通事情况进行比较。比较的主要内容是通事培养与通事制度、通事的地位和作用。

一、通事培养与通事制度

明代和清代,东亚各国在华人通事的培养与通事制度方面,有很大的不同。下面我们分国别进行论述。

（一）通事培养

1. 朝鲜

1392 年，李成桂建立朝鲜王朝，把"事大交邻"作为朝鲜外交政策的重点，其核心是"至诚事大"，加强与宗主国中国的友好关系。为此，朝鲜王朝非常重视汉语人才的培养。为了培养一批外交能力强的通事，朝鲜世宗时期提出向中国派遣留学生的计划。明太祖以陆路上万余里、远离乡土为借口委婉拒绝他们来华学习。[1] 朝鲜世宗十五年（明宣德八年，1433 年）九月，世宗命千秋使朴安臣赴京师，"仍奏请遣子弟入北京国子监或辽东乡学"，云："臣今窃详北京国子监或辽东乡学，道路颇近，愿遣子弟读书，未敢擅便，谨具奏闻"。[2] 但是，"皇帝不许，赐给五经、四书等"。明朝方面拒绝朝鲜遣留学生计划，理由是北京与朝鲜之间，山川遥远，气候不同，朝鲜子弟不能在外久留，又加上父子相互思念，"不若就本国中务学之便也"。[3] 这与从前明太祖朱元璋拒绝高丽派遣留学生的理由几乎完全相同。

"通汉音"就意味着能够全面实现与中国交流的目的。朝鲜世祖李瑈继续要求遣子弟入学。明天顺四年（1460），明英宗就朝鲜世祖李瑈要求遣子弟入学一事颁发敕谕：

> 今得王奏称，国在海外，文学未精，兼又吏文汉音不得通晓，欲照历代旧例，遣子弟入学等因具悉。且前代之制，或命八才子往教，或许遣子弟入学。他如王彬等擢科遣还，韩昉辈因使暂留之类，盖由当时彼处文学未盛，又中国好大之君，取为美观而已。矧今王国诗书礼义之教传习有素，表笺章奏与夫行移吏文悉遵礼式，虽未能尽通汉音，而通事传译未尝不谕，又何必子弟来学，然后为无误哉！朕遵祖宗之制，不欲慕袭虚美，王亦当恪守旧规，率励国中子弟笃志经籍，则自有余师，人材不患其难成，而事大不患其有碍也。用兹谕王，其体朕此意毋忽，故谕。[4]

由于明朝多次拒绝朝鲜王朝派遣留学生来华学习汉语，朝鲜王朝只好"另辟蹊径"。具体来说，措施主要有以下三个方面。

---

[1]　《朝鲜王朝实录》，世宗十五年九月壬午。

[2]　《朝鲜王朝实录》，世宗十五年九月壬午。

[3]　《朝鲜王朝实录》，世宗十五年十二月壬戌。

[4]　《明英宗实录》卷 316，天顺四年六月壬申。

（1）设立司译院等机构

朝鲜王朝培养通事的主要措施之一，是设立司译院、承文院等机构，着力培养汉语人才。1393 年，司译院正式建立，朝鲜将它列为正三品衙门，负责外交事务和培养外语人才，着力培养、选拔、任用通事。

朝鲜司译院是时代的产物。《朝鲜太祖实录》中阐述了司译院的宗旨：学习中国言语音训，文字体式，上以此尽事大之诚，下以此收易俗之效。朝鲜太祖三年（明洪武二十七年，1394 年），朝鲜司译院提调偰长寿上奏：治理国家必须以人才教养为先，设立学校是为政之首要事情。我朝鲜国家世事中国，必须学习中国言语文字。[①] 关于司译院建立的原因，《朝鲜成宗实录》中有明确的阐述："我国邈在海表，与中国语音殊异而朝聘贡献往来陆续，以为译学不可以不重，故设司译院以专其事。"[②] 主要目的是"肄习华言"。《通文馆志》记载：朝鲜王朝初设置司译院，掌管翻译各方言语，除汉学外，"其属官有蒙倭女真学，通为四学，属礼曹"。

司译院设兼职都提调（正一品）1 名，提调（从一品和从二品）2 名，专职正（正三品堂下官）1 名，副正（从三品）1 名，廉正（从四品）1 名，判官（从五品）2 名，此外根据不同语种设有教授、训导等职位。在朝鲜成宗二年（1471）至高宗二年（1865）间，司译院的京官职位有汉学教授（从六品）4 名，训导（正九品）10 名（其中汉学 4 名、蒙学 2 名、倭学 2 名、女真学 2 名）。此外，到 16 世纪末，司译院另设汉语学习督官 30 名。[③] 司译院在招收生徒方面，逐渐加大力度。据《经国大典》记载，司译院的生徒四学共 80 人，其中汉学 35 名，在朝鲜王朝后期突破 100 人。

据朝鲜文献记载，朝鲜除了在中央设立司译院教授、训导汉语之外，还在地方上设置"汉学训导"一职，专门负责地方汉语教育。朝鲜世宗十年（1428），礼曹在给朝鲜世宗的奏文中说："义州，朝廷使臣往来之所，而无训导译语之法，通译者甚少"。要求根据平壤府例，设置译学训导，招收本州及邻近学生来学习汉文汉语，择优者授平壤土官。世宗采纳了这一建议。[④]

朝鲜太宗四年（1404），为了"事大"的需要，设立"应奉司"，专掌

---

① 《朝鲜王朝实录》，太祖三年十一月乙卯。

② 《朝鲜王朝实录》，成宗七年五月丁巳。

③ （朝）金永晃：《朝鲜语言学史研究》，朝鲜金日成综合大学出版社 1996 年版，第 189 页。

④ 《朝鲜王朝实录》，世宗十年十二月丙戌。

"事大交邻"文书，即对华外交文书（汉吏文）。朝鲜太宗十一年（1411）改应奉司为"承文院"，掌管外交文书。外交文书绝大部分是用汉文写成，朝鲜方面名之为"吏文"。译学和吏学开始严格区分，译学注重的是实用的外语教学和研究（口头语言），吏学则注重外交吏文的教学和研究（公文语体）。朝鲜的科举考试吏科兼考汉语，译科兼考吏文。书面语和口语并重，相关学科互相渗透。承文院也承担了一些汉语人才的培养任务。职制分为内职、外任和名誉职位。内职就任京城司译院，外职在边境地区具体负责接待外国使臣，名誉职位由年老或失任之官担任，故称为"递儿职"。

清代，东亚局势发生了巨大变化，设立清学已经是现实需要。朝鲜肃宗八年（1682），汉学偶语厅由相臣闵鼎重（1628—1692）创设，专门培养通事。厅内设立汉、清、蒙、倭四学，招生 100 余人。其中，汉学居重要地位，在肃宗二十五年（1699），司译院 124 名学生中有汉学生徒 40 名。在朝鲜，汉学的教授、训导和生徒人数在"四学"中始终占有绝对优势。在这里担任汉语教师的是明朝末年移居朝鲜的郑先甲、文可尚。《通文馆志》记载，到 18 世纪，司译院人员又有增加。司译院规模宏大，职制多样，分为教学、翻译、使臣接待、名誉职位等，形成相当完备的组织机构。

总之，朝鲜朝汉语教学逐渐形成不同教育层次的机构体系。在培养汉学通事方面，朝鲜用力颇多。在明代，朝鲜在中央设立司译院、承文院等专门机构，各地方设有地方译学院，培养通事。在朝鲜涌现出许多杰出的汉学家和通事官，如成宗时期的张有德、黄中、金自贞、李昌臣，中宗时期的崔世珍等。其中，张有德、黄中祖籍中国，是朝鲜著名华人通事。在清代，朝鲜设立汉学偶语厅，扩大司译院规模，在汉语教学方面成绩斐然，培养了一批通事。但是与明代对比，成效甚微。到清代朝鲜开始重视女真通事，这主要是因为清朝已经开始对全国的统治。由于朝鲜与清政府交往的需要，清译的作用突出起来。

（2）实施汉语官话"质正"制度

朝鲜质正制度的推行，对朝鲜汉语官话学习有着极大的促进作用。所谓质正，就是质询、辨明、纠正、校正之义。刘向在《九叹·远逝》中云："情慷慨而长怀兮，信上皇而质正"。质正就是朝鲜王朝向赴华使臣安排汉语汉文化方面的咨询任务。① 明隆庆四年（1570）四月壬戌，朝鲜领相声称："质正官

---

① 董明：《明代朝鲜人的汉语学习》，《北京师范大学学报（社会科学版）》1999 年第 6 期。

非独为质正文字也"。① 质正内容包括服饰、避讳、礼乐、语言、法律等，是朝鲜王朝所实行的一种"慕华事大"审定制度。②

汉语官话质正制度是朝鲜质正制度的一个重要组成部分。朝鲜世宗皇帝李祹强化汉学质正制度，派遣有关人员到中国就语言、名物、典章制度等进行质疑问难。

朝鲜王朝还资助讲肄官及生徒前往辽东质问经书。《朝鲜王朝实录》记载：明正统元年（1436）八月戊寅，议政府据礼曹建议：为了学好汉语，选择讲肄官及聪敏青年学生，号称"义州迎送官"，在奉使辽东时，或质问经书，或传习语音。政府以麻布十匹和人参五斤资助其求学。国王采纳了这一建议。③ 明正统十年（1445）正月辛巳，朝鲜世宗"遣集贤殿副修撰申叔舟、成均注簿成三问、行司勇孙寿山于辽东，质问韵书"。④ 申叔舟、成三问、金何等人往来辽东并学习汉语，"往返凡十三度"。⑤

朝鲜世宗坚持派遣通事赴华学习汉语，采用让学生分批随使赴京的办法，每当使臣赴京之时，以从事官的身份差送这些学习汉语者。这种别出心裁的求学方法，经过 50 年的实践，效果明显，通事翻译能力大为提高。

朝鲜积极物色在辽东的明代退休官员或贬官作为质正老师，送人去质正。明宣德九年（1434），李边、金何等人到辽东拜邬望、刘进为师，愿质《直解小学》言语。邬、刘二人皆为贬官。⑥《朝鲜成宗实录》记载：朝鲜成宗十八年（1487），朝鲜使臣李昌臣回国后向国王建议："正朝使节日之行，人马数多，不能久留北京进行质正。如解送华人去辽东时派遣年少文臣，则可以长久留在辽东质正。"⑦ 成宗采纳了他的建议。朝鲜成宗二十年（1489）十二月，朝鲜领议政尹弼奏告朝鲜成宗：现在可以派遣权五福赴辽东，向邵奎质正，翻译《直解小学》。⑧ 不仅到辽东质正，而且要争取"久留质正"的机会。

---

① 《朝鲜王朝实录》，宣祖三年四月壬戌。
② 李无未、张辉：《朝鲜朝汉语官话质正制度考论——以〈朝鲜王朝实录〉为依据》，《古汉语研究》2014 年第 1 期。
③ 《朝鲜王朝实录》，世宗十六年二月甲寅、世宗十八年八月戊寅。
④ 《朝鲜王朝实录》，世宗二十七年正月辛巳。
⑤ （朝）《东国舆地胜览》卷 29。
⑥ 《朝鲜王朝实录》，世宗十六年四月己酉。
⑦ 《朝鲜成宗实录》，成宗十八年二月壬申。
⑧ 《朝鲜王朝实录》，成宗二十年十二月己丑。

此外，朝鲜还下令生徒向居住于朝鲜的中国人质正。李相是被掳唐人，受到朝鲜的重视。明正统六年（1441）十一月己亥，承文院提调等向世宗建议：选择吏文生徒文理通晓者，每月往来李相处学"至正条格""大元通制"等，承文院官员轮次来往质问吏文。又令肄业生六人来往读书。世宗采纳了这一建议。①

另外，朝鲜方面把握一切机会学习汉语。如在明使到朝鲜期间要求朝鲜生徒向明朝使臣学习汉语。明弘治十六年（1503），明太监金辅、李珍以册封使身份出使朝鲜，朝鲜司译院提调尹弼商、李世佐向国王建议："我国事大以诚，而识汉语者，只李昌臣一人。此任非轻，不可不肄习。今两使到馆留数月，择可学者，如崔世珍、宋平、宋昌，使之传习，则必皆精通。"②国王燕山君批准这一建议。朝鲜宋氏，渊源于中国京兆（今陕西西安）人宋柱殷。宋平、宋昌乃是其后裔。③

在朝鲜成宗时期，采取有效措施，强化落实汉语官语质正制度。《朝鲜王朝实录》"成宗五年（1474）正月乙巳条"记载：承文院判校郑孝恒等五人轮对，郑孝恒启奏：

> 吏文、汉训，非一朝一夕成就，而通事通经书者盖寡，世祖虑此，拣选文臣，名曰"汉训学官"，随赴京文臣质正之。但文臣自有仕路，不以此为荣选，且惮道路之远，皆不肯专业。愿更拣文臣，当押解与赴京使臣迎送之时，每令二人随诣辽东，肄习为便。……国家选衣冠子弟，充汉学习读官，又设递儿职以劝之，然不过副司果，故不用心肄业。愿择其能通译语、字训者，叙东班显官，以敦劝之。

朝鲜世宗时期以汉学训官赴京质正收效不大，因此在成宗时期大臣郑孝恒等人主张以高官厚禄来吸引衣冠子弟从事汉语官话质正，得到朝鲜国王的认可。成宗坚持贯彻汉语官话质正制度。《朝鲜王朝实录》"成宗五年（1474）八月壬子条"记载：国王御经筵。讲解后，大司宪李恕长建议改派张有诚通事赴京。"上曰：'已有前例，又以汉语质正而往，不可改也。'恕长曰：'译人堂上官者，以通事赴京，亦有前例，差有诚通事而往为可。'"

---

① 《朝鲜王朝实录》，世宗二十三年十一月己亥。
② 《朝鲜王朝实录》，燕山君九年五月癸酉。
③ 李永勋编著：《朝鲜族姓氏漫谈》，辽宁民族出版社1998年版，第214页。

朝鲜汉语官话质正的职责之一是对汉语课本进行校勘。司译院官员建议通事赴京质正汉语课本。朝鲜政府在赴京使团设立质正官的目的，就是为了随时质正《老乞大》《朴通事》两书。① 很多官话教科书的作者如崔世珍、李边等人就曾多次作为通事和质正官到过中国。《朝鲜王朝实录》亦记载："奏请使质正官崔世珍来自京师，献《圣学心法》四部、逍遥巾一事。"②《朝鲜王朝实录》"成宗九年（1478）十一月五日条"记载：朝鲜司译院所藏《老乞大》《朴通事》等书，因为从前印刷较少，故本院生徒担心不能研读，请下令多印，教诲生徒。《译语指南》多有错误处，又未详悉，请令赴京者质正添入。③

朝鲜汉语官话质正以《老乞大》《朴通事》《直解小学》等书作为衡量汉语水平的标准。《朝鲜王朝实录》载，成宗二十年（1489）十一月戊辰，朝鲜官员承宁建议："我国至诚事大，令承文院择年少文臣为质正官学汉语，其法可谓至矣，然为质正官者，不读《老乞大》《朴通事》《直解小学》等书，将何以质正乎？请令预读其书，精熟然后赴京"。④ 此后朝鲜大臣一再强调熟读《老乞大》等书的重要性。《朝鲜王朝实录》"成宗二十三年（1492）九月壬子条"云："大司谏安瑚启曰：'遣质正官，欲知汉语之难解处也。然不读《老乞大》《朴通事》者，虽往何由辨问？徒有弊于驿路耳。'"

朝鲜质正制度体系，存在对汉语、日语、蒙古语质正制度，并设置相应的质正官，以培养"汉通事、倭通事、蒙通事"为要务，但是汉语官话质正官具有特殊地位。《朝鲜王朝实录》"中宗三十四年（1539）三月甲申条"云：

> 殷辅等又启曰："……遣质问通事者，欲使通事之年少者，质其所学汉语也。倭通事、蒙通事，皆无紧关之事，人数虽六，而站马之出，几至二十余匹，弊实不赀。今次进贺使行次之人，曾已治装，而行期亦迫，则姑使入送可也，而此后则限今年勿差遣何如？"传曰："如启。"

朝鲜非常重视汉语官话质正制度建设，把汉语官话质正看作是关乎"事大"成败与否的关键所在。《朝鲜王朝实录》记载，中宗三十六年（1541）十一月辛丑，中宗御思政殿，引见大臣尹殷辅、尹仁镜。尹殷辅主张学习汉语

---

① 转引自邹振环：《明末清初朝鲜的赴京使团与汉文西书的东传》，《韩国研究论丛》1998年刊。
② 《朝鲜王朝实录》，中宗十六年正月己卯。
③ 《朝鲜王朝实录》，成宗九年十一月五日。
④ 《朝鲜王朝实录》，成宗二十年十一月戊辰。

必须"与唐人接语"：

> （殷辅——引者注）又言曰："……且事大之事，甚为重大。天使出来，则接待之时，言语必须假译而相通。汉语一事，甚为关重。常时文臣，虽肄习《老乞大》、《朴通事》，只解读而已，不得与唐人接语，故未易成就。堂上官则为之使，堂下官则为之书状、质正，屡遣中朝，与华人相语习之，则庶有益矣。……书状官则虽不知汉语，亦或差遣，质正官则须以肄习者差送，然后与唐人接言，学其前所不知之语，以至于精通矣。金安国专任事大文书，亦为司译院提调。尝言曰：'北京则远矣，不可入学。抄年少文臣可习汉语者，请入辽学，然后可以精学'。"

因为中朝关系具有特别重要的地位，殷辅强调"事大"的重要性，倭通事、蒙通事不如质问通事重要。

朝鲜朝对汉语官话质正进行了有效的管理与实施。质正管理机构是承文院、司译院。在朝鲜中宗时期，具体的制度是：派质正官到北京进行汉语官话质正，一年两次或三次。《朝鲜王朝实录》记载："质正官，古者一年两行次，皆入送，而今则三行次一度入送事，已议定，台官之启诚当。"[①]质正官频繁进入北京必须注意"避嫌"。《朝鲜王朝实录》记载，尹殷辅提议："礼部如或见之，则似有连遣之嫌，上教甚当，但质正，非使命专对之比，中朝人虽或有问，其欲质吏文、华语而来，以实答之，亦何妨于事礼乎？若间数三行次，则其成业必晚，难冀其速就。"[②]

朝鲜汉语官话质正制度也曾遭遇挫折。1587年，朝鲜汉语官话制度被废除，直到1617年才恢复。在朝鲜关于汉语官话质正制度的"存废之争"相当激烈。

清初，朝鲜继续遣通事（译官）质正汉语官话。《朝鲜王朝实录》"仁祖二十三年（1645）三月庚戌条"记载，户曹向仁祖启奏："'敕书中虽减岁币云，而并与癸未已减之数而书之，其实则所减不多。……敕使留馆时，略已陈辨，依其言，令进贺使译官，质正于衙门。……'上从之。"

到清代中期，朝鲜仍然实施汉语官话质正制度。朝鲜英祖三年（清雍正五年，1727年）十二月庚子，"宣庙朝宗系辨诬时，崔岦为质正官矣"。

---

① 《朝鲜王朝实录》，中宗三十六年七月壬子。
② 《朝鲜王朝实录》，中宗三十一年二月庚戌。

总之，开始于太宗朝的汉语官话质正制度运行贯彻于朝鲜朝，相当于中国明清两代。明末清初，中国发生巨大变化，随之而来的是朝鲜对华心态发生变化。朝鲜朝对待明朝是"慕华事大"，对清朝则是"尊周攘夷"，心态明显不同。① 汉语官话质正制度，由明到清，虽然一直没有改变，但日渐衰落。

（3）到辽东"传习汉语"

朝鲜为了培养通事，多次派遣子弟到辽东"传习汉语"。朝鲜出于"事大以诚"，对译学人员十分重视，利用一切机会进行培养。明永乐十九年（1421）八月癸巳，礼曹向朝鲜世宗建议：司译院奉命出使辽东之官员，把商贾之辈作为伴人，带去很多布货，任行贩卖，深为未便。"自今辽东差去人员，梯己伴人一皆禁止。将本院令史一人率行，以绝冒滥之弊"。国王命率译学生徒赴辽东。② 朝鲜还资助讲肄官及生徒前往辽东传习语音。《朝鲜王朝实录》记载：明正统元年（1436）八月，朝鲜议政府据礼曹建议：为了学好汉语，以"义州迎送官"名义派遣讲肄官及聪敏青年学生，他们在奉使辽东时除质问经书之外，还负责传习语音。政府资助其求学。该建议被国王采纳。关于传习汉语者的人数，《朝鲜王朝实录》"成宗十八年（1487）二月条"有具体记载：癸酉，传曰："予欲择年少文臣往习汉语于辽东，一行当送几人？"（司译院提调）任元濬等启曰：世宗朝每以二人为一行，"往来肄业。今亦以二人为一行，每行入送，何如？"传曰："可"。

到清代，朝鲜王朝继续派遣译学生徒到中国辽东传习汉语，但生徒热情大减，朝鲜通事队伍日渐衰落。因此，在朝鲜正宗七年（1783）七月癸巳，朝鲜吏曹判书徐浩修上疏："华语肄习事，两国通情，专在语言，请申严译院旧制，修复三年讲规，饬文臣习华语，劝象胥熟蒙学，俾无如前抛弃。"③

（4）选拔教师

司译院和承文院是朝鲜王朝培养通事的主要机构，朝鲜对教师的选拔非常重视。司译院内设立教授3人（汉文2人、蒙古文1人），朝鲜给予他们优厚待遇。李边等人因为精通汉文曾担任司译院教师。

---

① 孙卫国：《大明旗号与小中华意识——朝鲜王朝尊周思明问题研究（1637—1800）》，商务印书馆2007年版，第33—98页。

② 《朝鲜王朝实录》，世宗三年八月癸巳。

③ 《朝鲜王朝实录》，正宗七年七月癸巳。

朝鲜选择汉人担任教师。明正统六年（1441），为选拔"汉音纯正"的教师，朝鲜国王李祹向明廷奏请留用汉人李相传习汉语汉音。这年十月乙酉，朝鲜世宗遣吏曹参判成念祖如京师贺明年正，仍请留李相等在朝鲜训习语音。"臣据此参详，所有李相上国军丁，理宜奏达存留，质正音训，为此谨具奏闻"。① 明正统六年（1441）十二月戊戌，朝鲜国王李祹遣使奏告明英宗：朝鲜僻在东陲，语音与中国不同，凡是遇到圣谕下达及使臣至国，必借助通译乃能知其内容。"迩者，辽东铁岭卫军李相被虏至国，颇识文墨，语音纯正，合无赐留本国，训习语音以通上国之情。"明英宗赐敕，允其所奏。② 明正统七年（1442）二月己亥，受朝鲜国王派遣，"正朝使通事唐梦贤先来启准请李相事"。明英宗敕谕："王奏欲留铁岭卫军李相，已悉。王谨于事大，诚心可嘉，特允所请，谕王知之。"朝鲜王朝对李相极为重视，在衣食住行等方面都给予关照。明正统七年（1442）二月辛酉，朝鲜王朝"以唐人李相兼承文院博士，赐衣服、笠、靴、帽、带、鞍马、奴婢、家舍，使娶司译院注簿张俊女"。③ 在承文院任职的李相，以传习汉音为职责。

在汉人教师缺乏的情况下，朝鲜王朝重视精通汉语的本国人士来训诲译官。明正德十年（1515）十一月丙申，朝鲜领议政柳洵说："我国事中朝，非他外国比，凡奏请通咨，皆用吏文。"④ 他推崇崔世珍，"臣且念今文臣晓解吏文及汉音者，独崔世珍一人而已。"他主张重用崔世珍："世珍，今仕承文院，以训诲兼官、习读等为事。""臣愿择文臣中年少沉静、性度相合者，毋过五六员，俾之训诲"，并提出"限以数三年"。⑤

到清代，朝鲜缺乏汉语人才，已经不能适应对华外交的需要。朝鲜英宗因此重视汉语的学习。朝鲜英宗十六年（1740）九月壬午，英宗"以近来象胥疎于译学，饬年少文臣令习汉语"。⑥

（5）编纂汉语教材

在漫长的历史道路上，中朝交流绵延不断，媒介主要是汉字和文物。在学

---

① 《朝鲜王朝实录》，世宗二十三年十月乙酉。

② 《明英宗实录》卷87，正统六年十二月戊戌。

③ 《朝鲜王朝实录》，世宗二十四年二月己亥、二月戊申、二月辛酉。

④ 《朝鲜王朝实录》，中宗十年十一月丙申。

⑤ 《朝鲜王朝实录》，中宗十年十一月丙申、中宗十年十二月丙申。

⑥ 《朝鲜王朝实录》，英宗十六年九月壬午。

习汉语时可以不教汉语发音，学习者通过学写汉字，阅读中国典籍等来掌握汉语词汇。但在明清时期，由于汉语口语官话的发展变化和中外交流的变化，汉语口语的重要性凸显起来。[①] 为了学习汉语，朝鲜王朝在明清时期编撰了多部汉语教材。

明代朝鲜的汉语教材是中朝交往的产物。对朝鲜影响最大的汉语教材是《老乞大》《朴通事》，在汉语教学上作用显著。《老乞大》《朴通事》大概成书于 14 世纪中叶，即高丽王朝后期，曾经受到朝鲜王朝的高度重视。其书经过多次加工修订，一直深受朝鲜汉语语言学界和汉语教学界的重视，被誉为"学（汉）语之阶梯"。[②]《朴通事》书名的意思是"姓朴的翻译"，日本专家太田辰夫推测《老乞大》书名的"乞大"即"契丹"，在北方民族中指中国，"老"的意思是指在该地居住时间长而通晓人情世故的人。[③] 从两书内容的深浅程度看，《老乞大》是初级水平的汉语读本，记叙了两个高丽人和几个中国辽阳人合伙到北京经商的过程，全书采用对话的形式，分为上、下两卷。《朴通事》属中高级汉语读本，取材广泛，涉及生活、风俗、商贸诸多方面，分为上、中、下三卷。全书采用对话或一人叙述的方式。著名学者杨联陞指出："《老》、《朴》两书史料价值很高，不仅记载了元、明两代风俗事物，而且保存了许多元末明初口语资料。"[④] 朝鲜世宗五年（1423）六月壬申，朝鲜礼曹据司译院牒呈，启奏《老乞大》《朴通事》等书由于没有版本，读者只好传写诵习，请朝鲜世宗下令铸字所印出。朝鲜世宗五年（1423）、十六年（1434），朝鲜国王下令印刷汉语教材，于承文院、司译院颁铸字所印《老乞大》《朴通事》。[⑤]

1443 年，朝鲜创制文字"训民正音"。训民正音是拼音字母文字，它可以克服汉字传统的表音法（直音法、读若法、反切法等）的局限性，较准确地给汉字注音。因此，训民正音的创制为朝鲜人学习汉语创造了有利条件。

---

① 张美兰：《掌握汉语的金钥匙——论明清时期国外汉语教材的特点》，《国际汉学》2005 年第 1 期。

② 王庆云：《古代朝鲜、琉球汉语教学及教材研究引论——以〈老乞大〉〈朴通事〉〈百姓官话〉为例》，《云南师范大学学报（对外汉语教学与研究版）》2003 年第 5 期。

③ （日）太田辰夫：《汉语史通考》，江蓝生、白维国译，重庆出版社 1991 年版，第 166 页。

④ 转引自陈高华：《从〈老乞大〉〈朴通事〉看元与高丽的经济文化交流》，《历史研究》1995 年第 3 期。

⑤ 《朝鲜王朝实录》，世宗五年六月壬辰、世宗十六年六月丙寅。

朝鲜王朝在世祖时期强调学习汉语《增入谚文》《洪武正韵》。明景泰七年（1456）四月戊申，朝鲜礼曹向世祖献言：文臣并衣冠子弟聚司译院习汉语，已有二十余年。所习汉音字样，要求以《增入谚文》《洪武正韵》为宗来肄习。此建议得到朝鲜世祖的赞同。[①]1480 年，朝鲜成宗下旨：挑选其精通汉语者对《老乞大》《朴通事》两书进行删改，将元朝时期的用语改为"今华语"；认为《老乞大》《朴通事》两书是学语之阶梯。

朝鲜王朝重视汉语的学习，除了大量引进中国典籍外，自行编纂刊行一系列汉学教材。为了培养合格的通事，司译院早期采用中国归化文臣偰长寿编纂的《直解小学》（今佚）作为通事的汉语教材。[②] 到世宗时期，"司译院都提调"汉学家李边认为它不是常用汉语，而《老乞大》《朴通事》两书又多为蒙古音，因此于 1473 年（一说于 1498 年）编撰了文白对译的《训世评话》。[③]16 世纪初，朝鲜人崔世珍对教材加谚文注解和注音，即《翻译老乞大》《翻译朴通事》。17 世纪 70 年代《老乞大谚解》《朴通事谚解》出版后，成为朝鲜广为流行的汉语教材。[④]

到清代，朝鲜继续编撰汉语教材，但出现了新的特点，即注重实用性，重视口语教学。刊行于朝鲜英祖三十七年、清乾隆二十六年（1761）的《老乞大新释》是通事官边宪利用出使中国的机会在北京修订完成的。据《朝鲜氏族统谱》记载，边氏的渊源是中国的黄帝轩辕氏，是世居中国甘肃省陇西边昂的后裔。[⑤] 由此可知，边宪是华人后裔。

在朝鲜王朝汉语口语类教材主要有《翻译老乞大》《翻译朴通事》《老乞大谚解》《朴通事谚解》《旧刊老乞大谚解》等。汉语教材有几个转变，即以知识教学为主到以课文教学为主的转变，以书面语教学为主到口语教学为主的转变，以直接教学法为主到对比翻译法教学为主的转变。[⑥]

朝鲜王朝后期重视词汇教学。慎以行等人于朝鲜肃宗十六年（1690）编纂的《译语类解》是译科考试三大背讲科目之一，是司译院刊行的中朝文对译汉

① 《朝鲜王朝实录》，世祖二年四月戊申。

② 金基石：《朝鲜对音文献浅论》，《民族语文》1999 年第 5 期。

③ 汪维辉编：《朝鲜时代汉语教科书丛刊》（1），中华书局 2005 年版，第 401 页。

④ 陈高华：《从〈老乞大〉〈朴通事〉看元与高丽的经济文化交流》，《历史研究》1995 年第 3 期。

⑤ 廉浩等主编：《朝鲜姓氏族谱全书》，中国文联出版社 1999 年版，第 285 页。

⑥ 金基石：《韩国汉语教育史论纲》，《东疆学刊》2004 年第 1 期。

语词汇集。其他有《译语类解补》《华语类抄》《方言集释》《同文类解》《古今释林》《汉清文鉴》等。①

《象院题语》是朝鲜司译院官颁的实用手册，主要介绍中国的风土人情、习俗制度等方面知识，以供赴华人员和通事参考，是当时使臣办理公务之指南。该书最早的刊本为清康熙九年（1670）的铸字印行本，从内容和语言风格来看，其成书当在明末清初。

朝鲜汉语官话教科书的使用者主要是司译院和承文院的汉学生徒，他们在学成后，除了少量的人留在承文院从事吏文教育、承担吏文制述外，多数人要充当赴华使臣。②

从《朴通事》到《朴通事新释谚解》，反映了朝鲜通事对中国语言变化的精确把握。《朴通事》大体上反映了北方话口语的特点。而《朴通事新释谚解》（1765）刊行距《朴通事谚解》汉语部分的修订（1483）有近300年之久，反映了从明初到清初的语言明显变化情况。③

《五伦齐备谚解》在朝鲜景宗元年（1721）刊刻，底本是明代丘浚编撰的《新编劝化风俗南北雅曲五伦全备记》。为翻译与编纂此书，朝鲜王朝花费了大量的时间和精力，跨越肃宗到景宗两个朝代，长达25年。

《训世评话》是汉语口语教材，水平较高。李边晚年编撰。该书讲述了65个故事，宣传儒家道德和佛教思想，以劝诫为主，娱乐为辅。该书采取文白对译的方式，突出了文言和白话的特点。④

司译院还有一些其他的教科书。

《中华正音》，抄本现藏于韩国，作者不详。所谓"中华正音"可能是当时对汉语口语教科书的一种通称，相当于"标准汉语"。该书记载朝鲜商人在赴京路上和商人、车主、客店老板等的对话，纯粹口语，生活气息浓郁。此书反映的是18世纪末19世纪初的东北方言情况，汪维辉等人认为该抄本完成于清道光四年（1824）二月二十八日。⑤

① 金基石：《韩国李朝时期的汉语教育及其特点》，《汉语学习》2005年第5期。

② 岳辉：《朝鲜时期汉语官话教科书体例和内容的嬗变研究》，《社会科学》2011年第10期。

③ 周滢照：《从〈朴通事〉两个版本看明初至清初"着"用法的变化》，《清华大学学报（哲学社会科学版）》2009年第2期。

④ 李龙：《论明清时期朝鲜李朝的汉语教学》，曲阜师范大学硕士学位论文，2013年。

⑤ 汪维辉等编：《朝鲜时代汉语教科书丛刊续编》上册，中华书局2011年版，第26、27页。

朝鲜王朝后期的教科书有《华音撮要》《关话略抄》《汉谈官话》等。现藏于日本东京大学部小仓文库的《华音撮要》，是中国商人王大哥和朝鲜客商黄老大在凤凰城的对话。作者不详。该书为抄本，末尾书"光绪三年丁丑菊月日终书"，成书年月不详，但我们可以推断为道光年间所撰。《关话略抄》，作者不详，抄本一册现藏于日本东京大学。该书主要内容是朝鲜人金灿芝和中国人何八的对话，涉及谈生意以及住宿、吃饭、雇车等相关事情。根据书中金灿芝所云，其先祖是乾隆、道光年头担任首堂官的金苏山，可以推断此书应为道光后期或光绪年间所撰。《汉谈官话》抄本一册现藏于韩国梨花女子大学中央图书馆，抄写于清光绪二十八年（1902）。此书采取分类编排的方式，收集了常用词语和句子，分为人事官职部、天文部、地理部、时令部等18类，分类并不严格。每个词语和句子都分行书写，每个汉字右侧均有谚文注音，有的词语和句子下面还有一些汉字释义或韩文翻译。①

《华音启蒙》是朝鲜王朝后期的汉语会话课本，通事官李应宪编纂，刊行于1883年。《华音启蒙》为对话体，纯粹口语，有浓厚的东北方言色彩。而成书于朝鲜后期的《你呢贵姓》和《学清》，通篇是朝鲜商人崔氏与辽东王姓商人的对话，亦有东北口语色彩。②

《华音启蒙谚解》是《华音启蒙》的谚解本。该书序中说：过去有《老乞大》《朴通事》《译语类解》等书，但汉语方言各省有异，古今也不一样，使骤看者转相讹误。"今俾知枢应宪取常行实用之语，略加编辑，名之曰《华音启蒙》，若千字文、百家姓，并用燕京话，译之以东谚，开卷了然。"如果司译院、承文院学生熟练地掌握了这本书的特定情景及会话内容，以通事、质正官身份出使中国，在交流时就会显得比较轻松。

明清时期朝鲜王朝编纂的汉语官话教科书体例和内容有显著的动态变化特征。其官话教科书分为会话和教化两大类。初期（明代）的官话会话教科书《老乞大谚解》等有汉语本和谚解本两种体例，内容为商务及综合会话。中后期（清代）朝鲜发行的教材《华音启蒙谚解》《你呢贵姓》，体例与前期比较无太大变化，但内容却是对初期的补充和丰富；教化类官话教科书初期

---

① 汪维辉等编：《朝鲜时代汉语教科书丛刊续编》上册，中华书局2011年版，第283页。

② 王振忠：《从汉语教科书看清代东亚经济与文化的交流——以朝鲜时代汉语课本所见沈阳及辽东为例》，《地方文化研究》2015年第2期。

为《训世评话》，只有汉语本，而后期教材《五伦全备》则汉语本和谚解本兼备。总之，朝鲜官话教科书体例和内容的变化与该国各历史阶段的政治、经济状况及中朝关系有密切的关联，反映了官话教科书的编写原则，注重实用性、针对性。①

(6) 实施严格的考试制度

司译院在成立之初，对招收生徒有严格的限制，只招收贵族阶层子弟。到世宗时期，扩大生源，允许乡校（地方学校）学徒入学。生员的选择主要是在王京及地方，选择良家子弟 15 岁以下而且天资明敏者，岁贡一人，入院肄业。

译学人员中的"译官"，文臣中的"讲隶官""讲肄官"，都是从文臣中选拔能通汉语者委托司译院培养出来的，可见朝鲜王朝对国家核心层官吏外语能力的重视。

朝鲜司译院提调偰长寿建议"每三年一次考试"，学习汉语者，以四书、《小学》、吏文、汉语都精通者为第一科，给予正七品出身。考试选中者，发给红牌，上写"某人可赐通事第几科几人出身者"。② 生员学成后可以获得出使明朝的资格。

朝鲜王朝有严格的译学考试制度。一般分为"译科"考试和"奖学"考试。"译科"考试目的是选拔译官，"译科"制度极为完备，每三年举行一次，分为初试和复试两个阶段，初试在汉城和国内各地方分别举行，而复试仅在汉城举行。在四学（汉学、清学、倭学、蒙学）中汉学初试选拔 45 人，其中汉城 23 人，黄海道 7 人，平安道 15 人。复试汉学选拔 13 人。汉城的初试由司译院掌管，而各地方的初试由各道观察使安排专人负责。复试由礼曹司宪府、司谏院和司译院三个机构共同掌管。考试内容是：一、临文（主要讲读经书）；二、背讲（背诵汉语口语教材）；三、临讲（说明经书或法典）；四、写字（正确书写外国文字）；五、翻语（用外语说明法典）；六、翻答（用外语回答问题）。③ 考试科目主要有：经史类：《四书》《五经》二经、《通鉴》等；法典：《经国大典》《大典会通》等；会话教材：《老乞大》《朴通事》等；词汇教材：《译语类解》等。考试通过者，第一等授予从七品，第二等授予从八品，第三等授予

---

① 岳辉：《朝鲜时期汉语官话教科书体例和内容的嬗变研究》，《社会科学》2011 年第 10 期。
② 《朝鲜王朝实录》，太祖三年十一月乙卯。
③ 金基石：《韩国李朝时期的汉语教育及其特点》，《汉语学习》2005 年第 5 期。

从九品。被录取者担任译官，或任司译院官吏，或任地方译学训导，或任通事。"奖学"考试，是为译官的任用和升迁进行的考试，奖学考试不定期进行，主要有考讲、院取和取才三种形式。考讲有两种，即考核资格的书徒考讲、定期训练考试"二六训练考讲"。院取是取才考试的预考。

在汉学考试科目中，《老乞大》《朴通事》《五伦全备》自始至终都被指定为必考书目，在朝鲜王朝的汉学考试中占有十分重要的地位。

朝鲜国王非常重视通事的考试工作，有时还亲自考核通事。明成化十二年（1476）十二月辛巳，朝鲜成宗在御宣政殿西庑引见译官张有诚、黄中、李春景，要求他们以汉语相问答，接下来以乡语进行解释。张有诚、黄中均为华人通事，前文已经谈及。

清代，朝鲜王朝继续实行考试制度，朝鲜英宗还亲试汉学文臣和宗臣。

总之，明清时期朝鲜王朝重视译官的考试，给通事创造上升的机会。

（7）奖励译语人才

朝鲜王朝奖励译语人才的重要方式是举行"奖学"考试。有关"奖学"考试上文已经论述，此处不再赘述。明宣德九年（1434）正月壬午，朝鲜礼曹与承文院提调官员提出"译语人奖励之策：一、译语之人……虽不令贸易于京城，许令贸易于辽东。一、译学生徒居住外方者，依当番甲士例完恤本家，以供居京之费。加择年少聪敏子弟十人赴学"。[1] 徐士英和张显，都是华人，由于精通汉语而被任命为汉语训导加差司正。

明正统六年（1441）八月乙亥，曾担任过通事的上护军闵光美等60人再次上奏朝廷，主张重用为朝鲜王朝翻译事业作出重大贡献的偰长寿之子。其奏章云：判三司事偰长寿，用华语解释小学，取名为直解，以传之于后人。现在朝鲜学者仍然把这部直解书作为范本来学习。"长寿之功至此大矣。而况中朝儒者见'直解'，皆以为解说至当，敬慕不已，则长寿之为人可知矣。"请录用其子，以慰死者。[2]

除了重视汉语口译人才，朝鲜王朝也重视倭语和女真语的口译人才。在世祖期间，加大了对女真语人才的提拔力度。其历史背景是满洲日渐强大，朝鲜与女真的交往在不断扩大，朝鲜王朝深感了解女真族的重要性。明天顺二年

---

① 《朝鲜王朝实录》，世宗十六年正月壬午。
② 《朝鲜王朝实录》，世宗二十三年八月乙亥。

（1458）十一月甲辰，朝鲜吏曹根据司译院女真通事黄中等的意见向国王世祖进言："请依倭学译科出身人例，计取才分数，勿限品加资。四孟朔取才，居首者一人，于本院禄官递儿和会随品迁转。"朝鲜世祖采纳了这一建议。[①] 明成化八年（1472）四月庚戌，朝鲜国王传于兵曹："倭、女真语，医术精通超出群辈者，后政为始擢用"。[②]

到清代，朝鲜汉语人才日渐缺乏，朝鲜景宗年间（1720—1724）朝鲜精通汉语、清语的官员很少，已经不能适应中朝交往的需要了。景宗时期，两国交邻，只能依靠译舌，擅长汉、清语者很少，在朝鲜接待清朝来使时，清使之言很多，但是通官不能详尽传译。[③]

朝鲜历代君主为解决译官缺乏问题作出种种努力。朝鲜英宗（1724—1776）主张重用译语人才。英宗对汉学和"清学"都很重视，"加资"奖励译语人才。同时，他鼓励文臣学习汉语和"清语"。朝鲜英宗三十三年（1757）六月戊子，英宗在引见大臣时称赞译官金振夏和边宪："清、汉学中，清学金振夏、汉学边宪，能解清、汉语，故顷者敕使接待时用之。今览参核使状闻，译官金振夏往凤城，非徒酬酢有据，方当国有事之时，末端酬酢，能谕予意。渠虽微矣，此正不辱君命也，不可无劝奖，特为加资。御前通事乏人之时，其宜储升，汉学边宪，一体加资。"[④]经前人考证，朝鲜边姓源于中国，我们可以确认边宪为华人通事。

总之，明清时期都采取了奖励译语人才的措施，取得了很好的成效。到清代，由于通事队伍凋零，朝鲜英宗大力奖励译官、亲试汉学文臣的做法，目的是为了在文臣中营造学习"四学"的良好氛围，振兴通事群体，为"事大""睦邻"服务。

（8）重视通事素养的培养

素养包括专业能力和道德修养。朝鲜王朝对通事素养问题非常重视，尤其重视道德修养问题。朝鲜中宗在明嘉靖二年（1523）五月戊子，对政院官员谈道选择赴华使行人员要"慎察"："予常以为，干于事大之事，则虽小事必当敬谨。如文书、方物、被掳唐人刷还等事，虽为例事，莫不慎察之意，有司皆知

---

① 《朝鲜王朝实录》，世祖四年十一月甲辰。

② 《朝鲜王朝实录》，成宗十三年四月庚戌。

③ 《朝鲜王朝实录》，景宗三年七月甲申。

④ 《朝鲜王朝实录》，英宗三十三年六月戊子。

焉。但其赴京后之事，在于使臣及检察官，故需极择差事，屡谕铨曹。"①

　　清代朝鲜王朝编撰《通文馆志》，有助于通事的培养。《通文馆志》是在领议政兼司译院都提调崔锡鼎的授意下开始编纂的。崔锡鼎负责构思体裁，金指南、金庆门父子负责收集资料，进行纂述。此外，还有汉学译官李仙芳、卞延老，清学译官南德昌等人也参与编纂。根据前人考证，卞、南两姓源自中国，卞延老、南德昌都是华人通事。《通文馆志》编撰的主要目的是为了适应朝鲜与清朝关系的变化，更有效地展开与清外交。"事大交邻者必有其道，而其行之又必有章程、品式之具。为是事者，苟不有记而存之则将何所取法也？……三百年未遑之典厘而正之，通而一之，各有条目粲然大备，俾为永久遵守之法，甚盛举也。"②《通文馆志》成为朝鲜重要的外交百科事典。《通文馆志》共12卷：第1卷，沿革篇；第2卷，劝奖篇；第3卷，事大篇（上）；第4卷，事大篇（下）；第5卷，交邻篇（上）；第6卷，交邻篇（下）；第7卷，人物篇；第8卷，故事篇、率属篇、什物篇、书籍篇；第9卷至第12卷，纪年篇。其中，第3卷收录了朝鲜赴华使行的准备、程序，呈送的文书、方物，使行过程以及在华停留情况等内容；第4卷由敕使行、牌文等24条构成，收录了朝鲜接待宴请天朝敕使的礼仪和程序等内容。该书也是提高朝鲜通事素养的教材。据《朝鲜王朝实录》记载，朝鲜英祖曾亲自阅读《通文馆志》，并下令通事阅读此书，了解其中寓意。③

　　在明清两代，朝鲜王朝对通事的素养的提高都很关注，清代尤其重视。金氏父子编纂的《通文馆志》是朝鲜王朝重要的外交百科事典，是"永久遵守之法"，有助于朝鲜华人通事素养的提高。

　　综上所述，明清时期朝鲜对通事的培养，是颇费心力的。在无法派遣学生到中国留学的情况下，司译院等机构大力培养通事。为了学好中国语言，实行汉语官话质正制度。注重汉语教师的选拔，编纂汉语教材。实施严格的考试制度，以选拔真正的汉语人才，并对译语人才进行奖励。朝鲜王朝还特别重视通事素养的培养。虽然以上措施贯穿整个朝鲜王朝时期，但朝鲜王朝在明清两个时期培养通事的侧重点是有所不同的。在明代，朝鲜首创了许多措施，如，设

---

① 《朝鲜王朝实录》，中宗十八年五月戊子。
② 《同文汇考》原编卷1《谢册封表》，第13页。
③ 《朝鲜王朝实录》卷116，英宗四十七年六月丙申。

立司译院，实施汉语官话质正制度，编纂教材，实施考试制度，奖励译语人才，取得了很大的成效。与明代相比，清代朝鲜虽然也设立汉学偶语厅，实施汉语官话质正制度等，但成效不大。在清代，朝鲜培养通事方面的举措如下：一是适应了中朝交往的实际，在汉语教材的编纂方面注意实用性；二是针对朝鲜通事人才缺乏的情况，朝鲜英宗多次"激劝译官"，希望振兴通事群体；三是针对朝鲜通事的素养日渐下降的状况，朝鲜王朝编纂《通文馆志》，以此培养朝鲜通事的素养。

2. 琉球

在明清时期琉球一直以朝贡贸易为国策。由于朝贡的需要，琉球国重视对通事的培养，采取了一系列有力措施。

（1）派遣留学生

琉球国在明清两个时期都曾派遣子弟入华学习。琉球国学生赴华学习，有两类人员，一是官生，一是勤学。在第三章"明清时期东亚华人通事的作用"中，在阐述琉球华人通事在文化交流方面的作用时已经涉及琉球留学生的情况，这里主要简略介绍琉球留学生学习和生活情况。

琉球国为了学习中国的典章制度，实施了"官生"制度。官生是国费留学生，即派遣他们到中国最高学府——国子监（明朝：南京国子监；清朝：北京国子监）学习汉文、官话等中国文化。修学年限一般为三年。其学费和生活费全部由中国方面负担，生活用品也由中国提供。明朝政府出于加速琉球归化之考虑，也乐于接受琉球留学生。

明洪武二十五年（1392）五月癸未，琉球中山王察度及世子武宁遣使进表、贡马，察度又遣从子孜每等入明国子监读书。[①] 孜每等三人应该是琉球最早派出的官生。此后琉球官生陆续到达南京国子监、北京国子监学习。明成化十八年（1482），琉球遣使朝贡，并送陪臣子弟五人入学南京国子监。《万历野获编》也记载了琉球遣贵族和官员入学之事，与其他史料不同之处是，该书记载，琉球学生中有女官姑鲁妹，并感叹不已："本朝外国如朝鲜，号知诗书者，间游国学，或至登第，然未闻妇人亦来中国诵读。向慕华风至此，真史策未见。"[②] 据存世琉球王国汉文文献，在明清时期琉球向中国派遣官费留学生

---

① 《明太祖实录》卷 217，洪武二十五年五月癸未。
② 《万历野获编》卷 30《外国·琉球女入学》，第 770—771 页。

103 人，有姓名可考者 81 人。明清王朝十分重视他们，皇帝和礼部都亲自过问他们的学习和生活情况。

在清代，清政府仍然高度重视琉球留学生的培养问题。清康熙二十五年（1686），国子监为了培养琉球的治国理政人才，还破天荒地专门设立琉球官学。在清康熙年间，由于琉球官生汉文基础较差，礼部让国子监"遴选文行兼优贡生尽心训迪，委博士一人董率"，有关官员也格外关心留学生，"祭酒、司业等不时稽察，俾讲解经书，学习道义"。①

一些琉球人到福建福州学习，名曰"勤学"，是自费留学生。勤学的出现比官生晚些。从琉球和中国交往的过程来看，以勤学的身份到福建留学的人数，在 18 世纪逐渐增多。勤学人数，在进贡时 4 名，接贡时 4 名，每次共有 8 名学生一同到福州学习。勤学总人数超过 1000 人，大约是官生的 5 倍多。在勤学之中绝大多数是久米村人，他们居住在福州琉球馆，拜当地学者和各界专家为师，学习内容有汉语官话、医学、天文学、历学、地理、音乐、绘画、织布等。他们虽然是自费留学生，但其经费的一半由首里王府承担。可见，琉球政府对勤学人员的高度重视。勤学专业由首里王府指定，因此他们的留学生活并不轻松。

琉球著名学者蔡温、程顺则、蔡铎（声亭），正议大夫曾益（虞臣）、通事梁津（得济）等人均为"勤学"出身。蔡温曾两度来华读书，在福州学习10 年，从刘霁学地理，从王登瀛学习经史诗书。② 程顺则利用在中国公干逗留之机，游学于福州与京城之间，有别于一般的"勤学"。蔡铎的《雪堂燕游草·序》云："独程子宠文（宠文是程顺则的字）为独异。少聪颖，长复嗜古，前后三至闽，两入都，虽王事鞅掌，而执经问业，寒暑弗辍。且虚衷取友，以故榕城知名士咸乐与之游，即翰苑巨公、旗门儒将，亦靡不刮目。"

官生和"勤学"回国后都得到琉球国王重用，他们中的大多数人担任琉球士官、学者，从事外交、通事等工作。

（2）兴办学校

琉球在国内创办学校培养华人通事。在琉球兴学之始，按例聘请中国大儒教授生徒，有时以紫金大夫一人负责教学，可见琉球政府对办学的高度重视。

在琉球历史上记载最早的一位掌管教育的官员是琉球华人郑迥。郑迥于

---

① 《大清会典事例》卷 520《礼部·藩属饩廪》。

② （琉球）蔡温：《中山诗文集》卷首，王登瀛"序"。

明嘉靖四十四年（1565），以官生身份入国子监学习，[①] 明隆庆五年（1571）回国。当时琉球尚无学校，以天妃宫为讲堂。司教官定期检查学生的学习情况。明万历三十八年（1610），蔡坚奉命随贡使入朝，有幸进入孔子庙，遂"图圣像以归"。次年，琉球塑圣像于庙中，每年春秋二仲上丁日，琉球国王委托总理唐荣司为主祭，琉球王国"庙学"开始设立。琉球庙学一直缺少教师，直到清康熙十七年（1678），琉球才拥有自己的师资，名为"讲解师"与"训诂师"，由文理精通或句读详明者担任。[②] 明朝费信的《星槎胜览》谈到琉球闽人后裔学习汉语，云：旧时通事教习汉语，薪火相传，闽人后裔，复从旧时通事习汉语，以备今后长史、通事之用。

清康熙五十七年（1718），琉球在孔子庙的领地内创设"明伦堂"。它是闽人后裔创办的第一所公共教育机构。明伦堂进行中高水平的教育，入学对象是秀才（十三四岁）、通事，学习汉语、经学、诗文、表奏文、咨文等，从而奠定了琉球汉学、官话的教育基础。教师主要是从中国留学归来的官生和"勤学"。明伦堂教育的主要目标是培养华人通事。程顺则是创办明伦堂的主要人物。[③] 清康熙年间，琉球国内出现了兴办学校的热潮，久米村的庙学，首里、那霸等地的学校，纷纷建立起来。到清道光二十七年（1847），甚至在宫古岛等海外岛屿"设立汉学讲解师，以广教化"。

琉球还仿效中国，建立国学。清嘉庆三年（1798）琉球国学正式建立。当时经费紧张，没有专门建筑，只好以旧官署临时代替校址。琉球国王尚温在《国学训饬士子谕》一文中明确提出创办琉球国学的宗旨是"兴教化，育人材"。琉球中山王下令派遣按司向国藩、紫巾官向元佐担任国学奉行，并委派当座官金世裕、麻克昌一起为"中取役"，督理学务。不久又亲自拣选紫金大夫蔡世昌担任学师，"公同议立学规，董劝诸生"。

（3）编纂汉语教材

在明代，琉球人学习官话，以中国汉语教材为基础，自己没有编纂汉语教材。而到了清代，为了学习汉语和汉文化，琉球华人开始编纂官话课本。

《官话问答便语》编写者是久米村华人后裔，具体作者不详。该书作于清

---

① 《中山世谱（校注本）》卷 7《尚元王》，第 107 页。

② 韩结根：《从现存琉球王国汉文文献看中国文化的影响》，《复旦学报（社会科学版）》2013年第 3 期。

③ （日）濑户口律子：《琉球国的汉文教育》，《民俗典籍文字研究》2015 年第 1 期。

康熙四十二年（1703），主要内容是关于琉球学生（勤学）在福建的留学生活，介绍学习方法、中琉交往等。

《白姓官话》由中国遭遇台风漂流到琉球的清朝难民白瑞临编撰，于清乾隆十四年（1749）编写完成，是供琉球人学习汉语的高级课本。这部教材取材漂流民故事，真实可靠，甚至为史料记载补充了一些并未提及的细节。①这部书在学习过程中遵循南京语音，可见直到 18 世纪中叶，南京话依然被琉球的学习者视为主要的学习对象。在古代琉球教学史上影响最大的《白姓官话》，作为古代海外汉语教学发展史上重要的教材案例，具有典型意义。直到今天，日本和冲绳地方学界对《白姓官话》《广应官话》仍然非常重视。

《学官话》的编撰者也是久米村华人后裔，姓名不详，编撰于 18 世纪末，是以《官话问答便语》为底本改写而成的，内容与之相同，有些章节非常相似。《广应官话》的作者是琉球来华留学生梁允治，编纂于清乾隆二十五年（1760）。语言多为北方方言，也有少量的南方话和闽方言词语。②

《官话问答便语》《学官话》《白姓官话》三种教材都采取问答形式，按照现在的说法就是"情景会话"，没有采用语音描写或字母标音方法，也未用中国传统的韵图或射标法等来说明音系。当时教学手段十分朴素，语音就靠师徒相授受，老师念课文，学生跟着模仿而已。

据日本学者六角恒广的介绍，琉球被日本吞并后其汉语教学方法仍然没有根本的变化，甚至到日本明治三年（1870）日本外务省创办汉语学所培养汉语人才，还依然使用此教学方法："当时是既没有科学的方法也没有辞典和语法书的时代，除了完全把唐通事时代的东西照搬进汉语学所进行中国语教学外，没有其他道路。学生亦把教师的讲述作为唯一的依据，以其为基准反复进行练习、掌握，之外没有别的方法。教师的讲述，好也罢，坏也罢，都像口传的一样被尊重。"③

琉球官话课本具有历史价值，反映了 18 世纪初至 18 世纪末琉球如清朝贡的史实、中国漂流民在琉球受到的优渥对待等情况。琉球官话课本的文化价值

---

① 张全真：《〈白姓官话〉所记录的南京方言及山东方言现象发微》，《长江学术》2009 年第 2 期。

② （日）濑户口律子：《日本琉球的中国语课本〈广应官话〉》，《中国语文》1996 年第 4 期。

③ （日）六角恒广：《日本中国语教育史研究》，王顺洪译，北京语言学院出版社 1992 年版，第 283 页。

体现在，琉球官话课本记录了当时琉球人的亲友交往、做官当差、生活起居、家庭伦理、惩恶扬善、祭祀迷信等内容，富有较高的文化价值。①

从以上分析我们可以看出，明清时期琉球对华人通事的培养是耗费了大量的心力的，但是明清各有侧重。在留学生方面，明代琉球留学生以官生为主，清代琉球留学生则以勤学为主。在兴办学校方面，明代前期琉球尚未设立学校，仅以天妃宫为讲堂，直到1611年才创立琉球王国庙学。到了清康熙五十七年（1718）琉球才创立明伦堂，以培养华人通事为目的。在培养通事的汉语教材方面，明代尚未出现教材，只是在清代明伦堂出现之后，才编纂了《官话问答便语》等一系列汉语教材。

3. 日本

明代前期，由于双方交往的需要，日本华人通事主要为朝贡贸易和文化交流服务。明代后期，中日交恶，两国官方关系断绝。在日本江户时代，日本主要是通过唐通事来管理中国来的唐船，同时开展对中国情报的搜集。在华人通事的培养方面，日本主要采取了以下措施。

（1）唐通事的家传

江户时代（1603—1868），日本实施闭关政策，通过长崎一地与中国、荷兰等国进行贸易往来。日本为了管理长崎对外贸易活动，设立"唐通事"一职，负责管理"唐船"。17世纪以前，日本人通常偏重于阅读文言典籍，缺乏听说能力。17世纪以后，"唐话"（日本人把中国话称为"唐话"）开始在日本流传。其渠道有二：一是在长崎港的唐通事，二是黄檗宗的禅僧。

唐通事的汉语学习具有子承父业的家传性质。唐话的学习教材由汉字写成，学习时必须用中国语音来读。为了使他们的子弟能够胜任未来的通事工作，唐通事对子弟的汉语教育非常重视，从其幼年时代就着力培养。日本学者武藤长平在《镇西之"支那"语学研究》一书中记述了唐通事及其子弟的唐话学习情况："语音阶段使用的教材是《三字经》《大学》《论语》《孟子》《诗经》等，学习者直接用'唐音'来读。当时所谓唐音，并非明清时代的北京音，而是南京的官话。"在初级阶段他们要学习汉语语音、汉语常用词和短语。此后开始学习《译家必备》《二才子》《两国通事》等，同时阅读中国古代白话文学

———————————

① 王琳：《琉球官话系列课本的价值、特征及其历史影响》，《海外华文教育》2014年第3期。

作品，如《古今奇观》《三国志演义》《水浒传》《西游记》等。[①]

根据文献记载，江户时代的唐话学习教材，主要分为四个不同的学语阶段，即语音入门、初级、中级和高级。在语音入门阶段，《三字经》《大学》等汉文儒学经典被用作语音练习教材。在初级阶段，学习二字话、三字话、惯用语等口语。而在中级阶段相应学习的教材是《译家必备》《养儿子》等。在高级阶段，中国明清时期的通俗白话小说《古今奇观》《三国演义》等，则作为唐话学习的教材。长崎通事卢笃三郎也谈到了通事学习使用的教材："其课本从二字话、三字话始，还有《琼浦佳话》《译家必备》《医生通话》。此等书均无版本，自己抄而习之。小说读《古今奇观》，其他版本读《三字经》《孝经》《中庸》《论语》《孟子》《诗经》等。"[②]

唐通事教科书《译家必备》在日本宽政七年（嘉庆元年，1796年）已经成书。这是一部供唐通事学习汉语的语言教材，是由在长崎奉行所任职的近藤重藏抄写而成的。该书采取问答对话的形式，记录了唐通事与华商的交涉细节，涉及唐船贸易中的所有程序。作为实用手册和教科书，该书的人物、情景、对话虽然不能等同于日本的档案记录，但是该书有很多史实成分。如有关检查和颁发信牌的记述，和官方文献相同。再如该书谈到的每年被允许进长崎港贸易的唐船数量也和史实相符合。[③]书里面也谈到了唐通事多次向唐船商人索要各种财物，如赏钱、白糖等，也与史实相吻合。

唐通事各家均有自己的教本，代代相传。唐通事所说的"唐话"是中国语的口语，与汉文完全不同，注重发音训练和听说能力，实际上是一种为贸易服务的实用外国语。[④]

唐通事为了教育子弟而设立相应的社团。据日本史料记载，从日本享保元年（1716）起，唐通事在长崎的圣堂（即"唐寺"）内设立"唐韵勤学会"（又名"唐韵劝学会"），让华人子弟在此学习汉语。他们中有很多人成为汉语学

---

① 鲁宝元、吴丽君编：《日本汉语教育史研究——江户时代唐话五种》，外语教学与研究出版社2009年版。

② 转引自（日）六角恒广：《日本中国语教育史研究》，王顺洪译，北京语言大学出版社1992年版。

③ 王来特：《"唐船商人"：活动在东亚海域贸易前沿的群体》，《清史研究》2015年第2期。

④ 吴丽君：《〈江户时代唐话篇第三卷——唐话便用〉的编写特点与研究价值》，《国际汉语教学动态与研究》2006年第2期。

者，如刘一水的后人彭城宣义，在贞享、元禄年间最为著名。他博学多才，即使方言土语，也无不通晓。学生闻风而来，向他学习唐音汉语。①

由于唐通事的主要职责是担任口头翻译，唐通事则注重对子女进行交际能力的训练，以实用口语为主。为了督促子弟们的学习，唐通事设立"唐话会"，要求子弟们用汉语回答问题。经过长期的训练，子弟们到了十五六岁便可以被任命为"见习通事"，跟随父亲和兄长接待入长崎港的中国商船，② 开始在社会上历练。

北京大学严绍璗教授也谈及日本唐通事的现场培训法。日本把通事培训与职位升迁紧密结合起来：日本人一般从六七岁起接受汉语白话语音教育。到十五六岁便可补任稽古通事。每当中国商船入港，就要随大小通事迎接，进行现场培训，并协助向"奉行所"起草呈文。在中日双方进行交易期间，要奉告商人恪守法度，并查禁天主教徒等。到二十多岁时，他们一般可升任小通事。③

在日本，《红楼梦》被选作通事教材。《红楼梦》是1793年由中国的商船运入日本的。1803年，《绣像红楼梦》又输入日本。1829年，日本文人田能竹村在他的《屠赤琐录》一文中记载了日本人阅读《红楼梦》的情况。④ 据日本伊藤漱平介绍，享和三年（1803）即清嘉庆八年的《船载书目》中，注明《红楼梦》是唐通事使用或引进的教材。《绣像红楼梦全传》二部的记录下面附注：右为唐通事教材，《绣像红楼梦》二部各二函记录之下附注：为甚八郎引进的见习教材。甚八郎是唐通事。明治十年（1877），日本学者颍川重宽在东京外国语学校讲授中国语言时，亦以《红楼梦》为教材。⑤

唐通事的辅助教材还有笑话集。明清时期，笑话集主要是通过赠送、搜购、贩卖等方式传入日本等国。清代，中国商船陆续将大量汉籍输入日本，其中有笑话集。江户时代（1603—1868）中期长崎对书籍进行检查，其《船载书目》记载：日本元禄七年（1694），《遣愁集》一部；元禄十四年（1701），《开

---

① （日）木宫泰彦：《日中文化交流史》，胡锡年译，商务印书馆1980年版，第701页。

② 王顺洪：《日本人汉语学习研究》，北京大学出版社2008年版。

③ 严绍璗：《明代俗语文学的东渐和日本江户时代小说的繁荣》，《北京大学学报（哲学社会科学版）》1985年第3期。

④ 袁荻涌：《〈红楼梦〉在日本》，《文史杂志》1996年第2期。

⑤ （日）伊藤漱平：《〈红楼梦〉在日本》，克成摘译，《辽宁大学学报（哲学社会科学版）》1988年第2期。

卷一笑》一部；元禄十五年（1702），《遣愁集》一部。江户中期京都风月堂书肆的主人泽田一斋在其编撰的《俗语解》一书中引用了来自中国的笑话书四种：《开卷一笑》《笑林》《笑府》《一百笑》。[①] 在欢笑声中学好唐话，是日本唐通事的教学方法之一。通过大量阅读各种笑话集，既学习了唐话，又使得身心愉悦，可谓一举两得。

唐通事的汉语教学，培养了大批唐通事的继承人，对后世的影响意义深远。日本明治四年（1871）二月，中国语学校"汉语学所"设立，以培养翻译为目的。学校的教师都是江户时代的长崎通事，学生多为唐通事子弟，而起初采用的教材亦是唐通事教材。[②] 日本学者六角恒广评价说："近代日本的中国语教育，因为有二百六十多年唐通事唐话教育的经验与传统，所以明治的汉语教育，从一开始就一点儿困惑也没有，并且，教师丰富的知识反映在教学中。"[③]

综上所述，在明代后期和清代，在与清商贸易的过程中日本注重在长崎等港口城市唐通事的培养。除了唐通事的家传，禅僧也传播了汉语，先后出版了很多汉语教材，促进了大众对汉语的学习。众多的唐话教材，打开了唐通事的眼界，亦有助于唐通事的培养。虽然他们注重口译能力的培养，但忽视了道德品质的养成。

4. 越南

属明时期（1407—1427），安南成为交趾郡，明朝政府在交趾兴办学校，大力推行中国的政治制度和语言文化，汉语得到快速传播。这有助于属明时期结束后越南人熟练地使用汉语。

越南对通事的培养和使用，优先考虑华人及其后裔。越南姓氏大多来自中国，如阮、范、郑、李、黎等姓氏。华人后裔在精通汉语方面有独特的优势。明弘治十四年（1501），安南派遣使团赴华，使团通事范怀瑾即为华人后裔。明正德五年（1510），安南黎朝襄翼帝派遣来华朝贡的通事阮锋、阮好皆为华人后裔。

通事，《大南实录》中称为"通言"。通言主要负责艚务方面的中越语言交

---

① 孙虎堂：《略谈日本汉文笑话集》，《古典文学知识》2008 年第 4 期。

② 林彬晖：《日本江户明治时期汉语教科书与中国古代小说关系述略》，《上海师范大学学报（哲学社会科学版）》2007 年第 5 期。

③ 刘继红：《冈岛冠山与〈唐音雅俗语类〉的编写》，载北京外国语大学中国语言文学学院编：《人文丛刊》第 5 辑，学苑出版社 2010 年版，第 294 页。

流。安南有许多华人担任通言。明末清初，逃到南越的中国人很多，明末遗民于1650年前后首先在会安设立明香社，建立了"明香社"制度，以维持明朝香火。该社设置乡老、乡长、正长、副长、通事和甲首职位，并全部由华人来充任。阮朝允许中国人组织"明香社"，后来还在全越村社推行"明乡社"制度。① 黎贵惇的《抚边杂录》谈到了奠盘（后改为"延福"）县的明香社。对有关的官职，阮主会优先考虑华人，通事一职也不例外。②

明清时期越南历朝国王因为朝贡活动的需要，格外重视汉语人才。清代，越南很多使臣在奉使中国时因为精通北语（汉语），顺利完成出使任务而得到提拔。《大越史记全书》记载：清康熙三年（1664）十一月，安南黎朝"论奉使功。以礼部右侍郎芳桂伯黎敦升为工部尚书……又以阮势滨通谙北语，随使济事，升为京北处参政伯爵"。③

总之，明清时期越南注重华人通事的培养。但明代有关越南华人通事的培养资料匮乏，即使《大越史记全书》上的记载亦罕见。清代越南格外重视汉语人才，对华人委以重任，如委托华人担任"通言"，负责艥务方面的口译。

（二）通事制度

1. 朝鲜

由于对外交往的需要，明清时期朝鲜王朝建立了比较完备的通事制度。

朝鲜王朝通事的设置，如前所述，分为四学，即汉学、清学、蒙学、倭学。从职位上，朝鲜通事分通官（堂上通事）、通事、副通事等级别，主要从事口译工作，也承担其他与朝贡活动密切相关的工作。汉学通事在中朝关系的建立和发展过程中发挥了巨大作用。到清代，随着朝鲜对外关系的扩展，朝鲜通事中的汉学通事、清学通事、蒙学通事、倭学通事作用不断显现，这些通事各有其职责。

通事的任用，亦有一套制度。如前所述，朝鲜十分重视汉学人才的培养，对通事进行考试，有译学和奖学两种。在明中后期，朝鲜需要大量高质量的汉学人才，故对精通汉语的汉学通事给予奖励。

---

① 古小松等：《越汉关系研究》，社会科学文献出版社2015年版，第53页。
② （越）黎贵惇：《抚边杂录》卷4，河内社会科学出版社1972年版，第31页。
③ 《大越史记全书》本纪续编卷19《黎皇朝纪·玄宗穆皇帝》，第960页。

朝鲜王朝对通事实施严格的管理制度。

不允许泄露国家情报。明弘治十五年（1502）四月，朝鲜燕山君强调通事应当遵守国家制度，不能泄露国家情报，否则给予重处。"癸酉（1502 年 6 月 6 日——引者注），传曰：'赴京通事等与序班、牙子私相交通，买卖谈话之际，漏洩本国之事，则是与叛国无异。若然，则当身凌迟处死，妻子并置重典。'"①

通事犯禁，会受到相应的惩处。如明成化十三年（1477）二月壬申，义禁府向成宗报告："通事芮亨昌赴京公贸易牛角，不慎密犯禁罪，律该杖一百赎"。成宗"命赎笞四十"。②

朝鲜使团在使行过程中，如果出现某种违法行为或者严重失误，通事有不可推卸的责任，行中首译和译官要受到惩处。如发生的玉河馆失火事件，朝鲜使团通事承担了责任。朝鲜宣祖十九年（1585）十月丙寅，朝鲜政院向宣祖报告："圣节使贡马一匹，例授于玉河馆。房堗修补，因致失火，延烧十一间，至于礼部题本，请使、书状官推考；上通事不能慎火之罪，并推考治罪。"宣祖批复："使、书状先罢后推，上通事拿来推治"。③ 又如清康熙二年朝鲜使团发生的两个事件，朝鲜通事都受到处理。康熙二年（1663）二月癸亥，备边司向朝鲜国王显宗报告："冬至使入往北京时，以禁物潜商生事，则其时湾上搜检之官，自当与使臣一体请罪。义州府尹李壃，依书状官李端锡例罢黜。行中首译、上通事，并令有司科断。"显宗采纳了这一建议。④ 康熙二年九月甲申，陈慰兼进香使朗善君李俣、副使李后山、书状官沈梓回自清国。"下三使臣于禁府，按治私与通官约赂四千金之罪"。上使朗善君李俣辩解是副使所为，朝鲜国王下令释放李俣。"副使李后山、书状官沈梓夺告身，译官等论罪有差。"⑤

根据朝鲜王朝的规定，在使行过程中，朝鲜通事要服从安排，听命于朝鲜使臣，尤其是正使。如果擅自行动，将受到严厉处罚。如明嘉靖十年（1531）四月，正朝使吴世韩回国后，向国王禀报使行过程，谈道："通事朴趾赴京时，私自通状于礼部，求请镴铁。"他建议国王，"请治罪朴趾，使后日无如此

① 《朝鲜王朝实录》，燕山君十一年四月癸酉。

② 《朝鲜王朝实录》，成宗八年二月壬申。

③ 《朝鲜王朝实录》，宣祖十九年十月丙寅。

④ 《朝鲜王朝实录》，显宗四年二月癸亥。

⑤ 《朝鲜王朝实录》，显宗四年九月甲申。

之事"。①

朝鲜王朝要求，在朝贡使行过程中使行人员要一切以公事为重，贸易唐物必须缴纳，否则要受到处罚。如明嘉靖十二年（1533）五月乙巳，朝鲜中宗颁发令旨："今见汉城府囚徒，则医员及通事等以唐物贸易不纳事被囚。此人等于赴京之时，惟以私事为急，而不谨公贸易，至为过甚。其囚禁督征宜矣。"②五月丙午，户曹亦就此事发表了看法："大凡通事之受贸易赴京者，私事则力为之，公事则临还时专不用意为之，不可不囚禁而征之也。贸易价物，至于猥滥。"朝鲜中宗传令：通事"能解汉语，凡物亲自贸易而如是泛滥，虽囚禁征之可也"。③明嘉靖十九年（1540），朝鲜中宗对使行人员提出具体要求："令使及书状官点检本人元持之物及中朝赐物，而准计贸买之数。其过当物件，并皆没官治罪，使无所利于己，则虽不用重典，而不至于滥。"④由于朝鲜采取了这些措施，通事犯罪现象大为减少。

建立通事情报搜集工作的保密制度。朝鲜肃宗三十一年（1705）八月戊午，朝鲜东平尉郑载仑在冬至使赴燕之时，上密劄，提出通事在收集清朝文书时需要采取的一些做法。"且译舌辈在彼中所求得文书，及所探事情者，无论紧歇，使臣只凭其言，转入于状闻中，彼人之做虚与否，我人之见欺轻重，俱非使臣所能预度。自今译舌之所得文书，及言语之关系不轻者，皆令渠辈手书列录以陈，而不解文字者，则许以谚书代告，见其手迹，然后始为腾闻，则庶几为他日凭考之资，使臣亦可无错认虚张之患。"指出这样做的目的是为了"保密"，"自今事涉皇帝之语，别书他行，如咨奏之例，又为婉转下语，则虽或为彼人所得，可无辱国之端"。⑤郑氏所言，为朝鲜肃宗所采纳。

允许通事"戴罪"工作。清康熙年间，朝鲜缺少精通汉语的通事。为了弥补使团通事的缺乏，朝鲜在英宗时期对"徒配罪人"不计前嫌，继续使用，允许这些通事"戴罪"担任使团通事。据《朝鲜王朝实录》记载，丁丑年（1697），徐文重（徐命均之从祖）奉命率团赴燕，但缺乏通事。徐文重上书国王，认为"不得竣事，其时首译卞尔遇被罪发配"，崔锡鼎请求把首译卞尔遇

① 《朝鲜王朝实录》，中宗二十六年四月戊午。
② 《朝鲜王朝实录》，中宗二十八年五月乙巳。
③ 《朝鲜王朝实录》，中宗二十八年五月丙午。
④ 《朝鲜王朝实录》，中宗三十五年七月丙辰。
⑤ 《朝鲜王朝实录》，肃宗三十一年八月戊午。

带去。卞姓源于中国，卞尔遇为华人通事。30 多年后，徐命均被英宗任命为陈奏使正使，同样缺乏通事，当时通事李枢因犯罪流配。根据徐命均的建议，朝鲜英宗十年（1734）四月辛未，英宗"命以徒配罪人李枢随往陈奏使"。①

总之，明清时期朝鲜建立了通事制度，并且使之逐渐完善。但比较完备的通事制度无法扭转通事群体的衰落。清代中后期，由于朝鲜通事队伍的凋零，朝鲜士大夫对汉语的鄙视，中朝之间的交流开始存在语言障碍，通事这个群体即将走到历史的尽头。

2. 日本

日本在江户时代有着非常完备的通事制度。明代末年，为了管理长崎贸易，日本政府设置了"唐通事"。从 1604 年唐人冯六充当第一个唐通事，到 1867 年德川幕府结束统治，唐通事的历史有 264 年。②

明末清初，日本对唐通事进行了有效的管理，逐渐形成了五人通事体制。

1640 年，担任长崎奉行的马场三郎左卫门任命林仁兵卫与颖川藤左卫门为小通事，同时授予在任的唐通事大通事之职，以示区分。这样就形成了大通事三人（林长右卫门、中山太郎兵卫、颖川官兵卫），小通事两人（林仁兵卫、颖川藤左卫门），共计唐通事五人的局面。1641 年，林长右卫门去世，中山太郎兵卫辞职，小通事林仁兵卫和颖川藤左卫门分别代替他们，升任大通事。为补足五人之数，长崎奉行任命深见久兵卫和彭城太兵卫为小通事。1643 年，深见久兵卫和彭城太兵卫被提拔为大通事，加上之前任命的颖川官兵卫、林仁兵卫、颖川藤左卫门三人，仍然是五人。

深见久兵卫，原名高超方，其养父高寿觉，福建漳州人，属漳泉帮。彭城太兵卫，原名刘道顺，其父刘凤岐，江苏淮安人，属三江帮。颖川官兵卫，1632 年被任命为唐通事，原名陈性乾，又名陈九官，祖籍安徽凤阳，后移居南京，属三江帮。颖川藤左卫门，汉名陈道隆，父亲陈冲一，福建漳州府龙溪人，1640 年起任小通事，属漳泉帮。林仁兵卫，汉名林守坚，父亲林楚玉，福州府福清县人，属福州帮。三江帮两人、福州帮一人、漳泉帮两人的"五人体制"从此形成。

---

① 《朝鲜王朝实录》，英宗十年四月辛未。

② 鲁宝元、吴丽君：《日本汉语教育史研究——江户时代唐话五种研究》，外语教学与研究出版社 2009 年版，第 68 页。

明末，随着郑氏势力在长崎唐船贸易中逐渐占主流局面的出现，来日漳泉商人增长较快，到日本万治元年（1658），形成了"大通事四人、小通事四人"的八人体制。地域比例是三江帮两人、福州帮三人、漳泉帮三人，这一相对平衡的八人体制，反映了在日唐商的各帮势力大小。到1672年，形成了"大通事四人、小通事五人"的九人体制，被称为"译司九家"，这一定制一直维持到幕府末年。

唐通事由"五人体制"逐步发展到"八人体制"而最终形成"九人体制"，这不仅反映了日本的唐通事制度在不断完善成型，也反映了在日唐商各帮势力的此消彼长以及唐商在日贸易的盛况。

在长崎，唐通事全部由华人来担任。唐通事有严格的等级分工，其晋升过程如下：内通事小头—内通事—稽古通事—小通事（过人—助—助过人）—大通事。据《长崎通航一览》记载，日本宽文六年（1666）长崎奉行曾任命160人为通事（包括兰通事），已经达到相当的规模。"唐通事"有一定的组织形式和严格的等级制度。其结构大致如下：

> 唐方诸立合（海关官员）2 人　同助 1 人
>
> 唐通事目付（总翻译）2 人
>
> 唐大通事 5 人
>
> 唐小通事 14 人　内助 1 人
>
> 唐小通事并 11 人　同末席 10 人
>
> 唐稽古通事 30 人　唐内通事 3 人

唐通事均有其对译用语，常常是中国各地的方言。所以，在各级通事内，又可以把他们归属于"南京口""广东口""福州口"等。①

日本长崎的唐通事，形成了世袭制度。如在第二章第三节"东亚华人通事的类别与职能"中所述，在日本，唐通事享有特权，父子相继，逐渐形成了通事世家。

唐通事的设置，由长崎一地逐渐扩展到日本各地。起初，由于遇到水流、风向等诸种条件的变化，唐船不能在长崎靠岸，而是漂泊到西日本其他一些区域。为了对外交涉，这些藩主逐渐设立"唐通事"。18 世纪以后，日本近海的

---

① 参见严绍璗：《明代俗语文学的东渐和日本江户时代小说的繁荣》，《北京大学学报（哲学社会科学版）》1985 年第 3 期。

走私贸易日渐频繁，日本政府在沿着九州岛的各处海面上，都需要与唐商交往，于是，在整个中国、四国地区也设立了"唐通事"。像萩地长门守松平吉于元禄元年（1688）曾聘请当时著名的中国俗语小说翻译家岗岛冠山担任唐通事。萨摩藩主岛津重豪重视汉语的作用，"率先言谈操华语"，设置唐通事数十名，并且亲自编辑《南山俗语考》六卷。①

总之，日本的唐通事体制由五人体制，逐渐过渡到八人、九人体制，反映了清代华商在长崎的势力此消彼长，也反映了长崎当局不断加强对唐船事务管理的重视。18世纪以后，唐通事的设置遍布日本各处沿海地区，反映了对华交涉的频繁。

3. 琉球

琉球在华人通事的选拔任用方面，明显不同于其他东亚国家。这主要是因为明朝曾经赐"闽人三十六姓"。琉球以"事大"作为重大决策的原则，在对华朝贡方面，琉球国根据明朝所赐闽人三十六姓的专长，授以不同的职责。《明神宗实录》卷438云："琉球国中山王尚宁以洪永间例初赐闽人三十六姓知书者授大夫、长史，以为贡谢之司；习海者授通事、总官，为指南之备。"② 如前所述，琉球设立副通事、通事、都通事等职，均由久米村人担任。

琉球建立了通事世袭制度。此举是为了充分发挥华人的潜能，鼓励华人从事朝贡活动，稳定通事队伍。闽人三十六姓及其后裔多有世袭通事者。《明宪宗实录》"成化五年（1469）三月壬辰条"记载：琉球国中山王长史蔡璟，祖籍福建南安，洪武初年其祖先奉命到琉球国导引进贡，被授予通事一职。他父亲承袭通事职位，蔡璟亦承袭通事一职。

到清代，由于闽人后继乏人，琉球出现了非闽人担任通事的情况。日本宽政十年（1799），琉球设立最高学府"国学"之后，首里贵族集团提出了将久米村独占官生名额改为首里和久米村各自分享两个名额。首里人担任通事者开始出现。

琉球通事的晋升有一套制度。从通事到都通事，逐级提拔。琉球重点考察其在朝贡活动中的贡献。

---

① 参见严绍璗：《明代俗语文学的东渐和日本江户时代小说的繁荣》，《北京大学学报（哲学社会科学版）》1985年第3期。
② 《明神宗实录》卷438，万历三十五年九月己亥。

由于琉球的通事、长史、大夫事关朝贡关系的大局，琉球政府十分重视，在考试选拔方面非常严格。徐葆光在《中山传信录》卷 5《取士》中云：

> 久米村，皆三十六姓闽中赐籍之家。其子弟之秀者年十五六岁，取三四人为秀才；其十三四不及选者，名若秀才，读书识字。其秀才，每年于十二月试之，出"四书"题，令作诗一首，或八句，或四句。能者，籍名升为副通事，由此渐升至紫金大夫。

琉球还建立了相应的通事奖惩制度，对在对华朝贡活动中贡献较大的通事给予奖励。除了向明清政府要求"赐冠带"外，还在官职上提拔，甚至赐住宅于首里。如明洪武二十五年（1392）五月，琉球中山王察度为华人通事程优、叶希尹二人，"乞赐职加冠带"。[①] 蔡璟因为多次出使中国而逐渐由通事升任长史。[②]

对在中琉交往中违法违规的华人通事，琉球亦会进行相应的处罚。但需要指出的是，琉球的法律较为宽松，对违法通事惩处不力。如明成化十年（1474），琉球华人通事蔡璋等人"杀人劫财"，琉球进行包庇，在明廷的追究下竟然出现了"访察不获"的结果。

总之，明清时期琉球有完备的通事制度，华人通事可以世袭，逐级提拔，其奖惩制度，多注重奖励，惩罚力度不大。

4. 越南

在官制方面，越南仿效中国。安南黎朝曾上表明朝，自陈其国情：黎氏王朝建立后诸王奉天朝正朔，"常有文学之人则往习学艺，遍买经传诸书，并抄取礼仪官制内外文武等职，与其刑律制度，将回本国，一一仿行"。[③]

由于对华交往的需要，越南也设立通事司，设置通事司丞等官职，负责管理通事。通事司由通事（通事官）、都通事、通事司丞组成。

据《大越史记全书》《钦定越史通鉴纲目》等史书记载，安南黎朝派出的如明使团、如清使团中，都有通事参与。在谢封使臣中就有"通事司丞"。

清康熙十四年（1675）六月，黎朝定六部职掌事例。"礼部掌礼仪祠祭庆宴学校科举之政，衣冠印符章表贡使朝觐之节，兼总司天医卜及僧道教坊同

---

① 《明太祖实录》卷 217，洪武二十五年五月庚寅。
② 《明宪宗实录》卷 65，成化五年三月壬辰。
③ 《殊域周咨录》卷 5《安南》，第 237 页。

文雅乐之属"。[①] 清嘉庆八年（1803），嘉庆帝改安南为越南国，封阮福映为国王。越南阮朝仿效中国官制设置有行人司，重视译语事业。越南通事的选拔，主要在两种人群中进行，一是华人及其后裔，一是精通汉语的越南人。

越南阮朝仿效清朝建立四译馆，1836 年，阮朝确定由四译馆来教习外国文课程，下令平顺、宜光、河内等地子弟学习中国语文。

总之，明清时期越南仿效中国建立了各种通事制度，在对外交往中充分发挥其作用。

综上所述，东北亚各国都建立了通事制度，通事的选拔、晋升、惩处等都有一套管理制度，其中朝鲜、琉球等国比较完备。这主要是因为这些国家与中国的政治关系十分密切。日本在长崎的唐通事制度亦比较健全，并非朝贡活动的需要，而是出于经济上的需要，以便管理唐船事务。东南亚各国，除了越南之外，基本上没有建立通事制度。

二、通事的地位与作用

（一）通事的地位

关于明清时期东亚华人通事的地位，我们从国际、国内两个方面来阐述。

在国际上，明清时期东亚朝贡使团通事有一定的地位。明清两个封建王朝对东亚各国朝贡使团人员，按照"厚往薄来"的原则，给予赏赐。对使团通事的赏赐，根据其在使团的地位，其规则是，低于正、副使臣，而高于从人（傔从、跟随）。

明朝政府对海外各国通事的"给赐"，明显低于各国使团的正使、副使。如明永乐九年（1411），满剌加遣使来朝，满剌加的通事得到的给赐物低于正副使、头目。[②]

据光绪《大清会典》卷 39 记载，清廷对 7 个朝贡国正贡赏赐甚厚，通事作为使团人员，也获得一些赏赐。都通事（大通官）和通事（通事官）享受的给赐品有差别。

---

① 《大越史记全书》本纪续编卷 19《黎皇朝纪·嘉宗美皇帝》，第 985 页。
② 《明会典》卷 110《礼部六十九·给赐二十一·外夷（上）》。

> 朝鲜：大通官各大缎一匹，绢一匹，银二十两。
>
> 琉球：大通官各大缎一匹，绢一匹，银二十两。
>
> 安南：都通事、通事官均有赏赐，通事官与琉球同。
>
> 暹罗：通事与琉球同。
>
> 苏禄：通事彩缎二匹，里绸一匹，绢一匹，毛青布六匹。
>
> 南掌：夷目、后生照从人例。
>
> 缅甸：通事与琉球同。①

朝贡国家的贡使和通事，如果不幸遭到海难，那么会得到明清政府的抚恤。通事待遇明显低于贡使。以暹罗为例，可以很好地说明这个问题。《大清会典事例》记载：清嘉庆二十四年（1819），暹罗国贡使及通事等遭风漂没，清朝照在京贡使例，给予织金罗、缎、罗、绢、里绸、布若干，赐银300两；通事2人，各给缎、罗各5匹，绢3匹，发交两广总督转发暹罗国，交给他们的家属。②

和其他东亚国家不同，朝鲜使团通事在明清时期的国际地位有很大的变化。在明代，朝鲜使团通事官受到明朝官员的尊重。但是在清代，清朝官员竟然对朝鲜使团通事随意打骂，甚至连朝鲜堂上译官亦被随意拘留，因此激怒了朝鲜国王。朝鲜英宗二十四年（1748）四月戊辰，英宗命承旨读冬至使状闻，得知清朝官员随意拘留朝鲜堂上译官，很是气愤："我国堂上译官，渠岂敢拘囚乎？可知其无纪纲矣。"③

东亚华人通事由于其所在国家的国情、通事制度等不同，在国内有着不同的社会地位。

1. 琉球

琉球华人通事在国内的社会地位很高。从一开始就非同凡响，由明朝皇帝将"闽人三十六姓"赐给琉球，其中一些人担任通事、伙长，参与朝贡事务。通事以从事朝贡活动为使命，能够沟通中琉两国语言，因此受到琉球王室的高度重视，也得到琉球社会的尊重。

琉球华人通事在经济上比较富有，他们居住在"唐荣"（久米村）。琉球

---

① 光绪《大清会典》卷39《礼部·主客清吏司》。

② 《大清会典事例》卷513《礼部·朝贡》。

③ 《朝鲜王朝实录》，英宗二十四年四月戊辰。

国王允许久米村人与首里、那霸、泊村贵族一样，免税收。不论品阶尊卑均享有俸米。其中十四岁以上的男子，每人按时发给俸米一石。"若秀才"十五岁剃发后拜孔子及琉球王，成为"秀才"，俸米二石。

清代徐葆光出使琉球，归国后写成《中山传信录》。据徐葆光的《中山传信录》记载，久米村人的官职及俸禄如下：

紫金大夫：采地一县，禄五十石或八十石，或百二十石。

正议大夫：采地一县，禄二十石或三十石。

中议大夫：采地一县，岁俸支给一十石。

长史：采地一县，禄二十石。

都通事：俸支给八石，或有采地，或无采地。

副都通事：俸支给五石。

通事：俸支给四石。

秀才：俸支给二石。

若秀才：俸支给一石。①

琉球华人通事在政治上也享有特权。琉球官制仿照中国分为正、从九品。通事、都通事、长史、中议大夫、正议大夫等官职均由久米村人担任。自通事任起可以直升到紫金大夫。琉球国王还经常要求明朝赐冠带。据徐葆光《中山传信录》记载，都通事、副都通事、通事、秀才、若秀才都不定员。都通事为从四品，副都通事为从五品。对华朝贡事务全部由久米村三十六姓后裔所包揽。华人郑迥曾担任三司官，程复曾担任相国。琉球华人还可以世袭为通事，形成通事世家，如程顺则家族。

他们还享有教育特权，有多种机会赴中国学习文化知识。《球阳》云："洪武以来，唐荣之人，或入闽，或赴京，读书学礼，不定回限，通于读书，达于众礼，待精熟日而后归国。"②

久米村后裔蔡温由于辅助尚敬王有功，被任命为三司官。琉球王赐其宅第于首里，其子迎娶公主。这是华人后裔享受到的最高礼遇。③

琉球华人通事的社会地位非其他东亚国家华人通事可比。濑户口、律子认

① ［清］徐葆光：《中山传信录》卷5《官制》。

② 球阳研究会编：《冲绳文化史料集成·球阳》，角川书店昭和五十三年，第300页。

③ 赖正维：《东海海域移民与汉文化的传播：以琉球闽人三十六姓为中心》，社会科学文献出版社2016年版，第29页。

为"他们可以说是一种有特殊职能的社会阶层"。① 确实一语中的。

2. 日本

唐通事在日本国内的社会地位并不高。

唐通事依据其职位的等级享受不同的待遇。新设立的小通事与大通事相比，在职能上并无很大的不同，但小通事处于副职地位，因此在地位和薪水上也低于大通事。以 1681 年为例，这一年大通事 4 人，平均每人薪水为 31 贯，小通事 10 贯。到了 1708 年，大通事薪水大约为 33 贯，小通事 15 贯。② 到 18 世纪后期，唐通事的薪俸大致情况是：通事目付 2 人银 7 贯目，大通事 5 人银 12 贯目，小通事 3 人银 7 贯目，内通事小头银 1 贯目。此外，他们还有其他收入，收取商船销售额 1%的佣金，以及自己投资或入股经营海船的进出口贸易而来的收入，收入可以说相当可观。③

唐通事在长崎华人社会中拥有很高的社会地位。唐通事拥有自己的办公地点，1762 年，在本兴善町的生丝旧址建造了唐通事会所。

19 世纪日本神会场面盛大，在长崎，神会每年都要举行。《崎阳取访明神祭祀图》一书状摹的是 19 世纪初期日本神会的盛大场面。稍早的唐通事教科书《译家必备》中，有关于王道头王道礼的描述。"王道头"是长崎的一处地名，当地九月初七、初九两天请唐馆内的华商出来看戏，称作"王道礼"。届时，由唐馆各街的日本人置办酒菜，招待中国商人，并表演戏曲舞蹈。长崎最大、最有势力的九个唐通事被人称为"九家老爹"。老爹，是明代以来中国人对官员的称呼。由于唐通事在长崎贸易中具有举足轻重的处置权，故往往居于首座，"颐指气使，直呼商名"。稍不如意，往往骂詈而去。商人极力讨好他们，唯恐得罪他们，称呼唐通事为"老爹"，是表示对他们的尊敬。④

17 世纪福建商人林道荣在长崎争取到了"唐大通事"的职位，在华人社会脱颖而出。其家族规模发展迅速，社会地位不断上升，并逐渐成为当时长崎华人社会的名门望族。在此后 130 年内，林家有多达 30 人（包括其侄子、兄

---

① （日）濑户口律子：《琉球国的汉文教育》，《民俗典籍文字研究》2015 年第 1 期。

② 林陆朗：《长崎唐通事：大通事林道荣とその周边》，东京吉川弘文馆 2000 年版，第 60 页。

③ 罗晃潮：《日本华侨史》，广东高等教育出版社 1994 年版，第 110 页。

④ 王振忠：《长崎唐馆图》，《读书》2014 年第 4 期。

弟、姐夫、妹婿等）成为长崎华人社会权力架构中地位显赫的唐通事。[1]

除长崎外，日本其他地方先后都设立了唐通事，但各地唐通事的社会地位均不及长崎唐通事。

3. 朝鲜

朝鲜华人通事在国内的社会地位较低，官职卑微，政治前途黯淡，晋升空间不大。

朝鲜华人通事地位低下，长期受到朝鲜官员的压制。一些官员认为华人通事不适合充当使臣，因为通事在中国从事贸易过多而受到中国人的轻视，因此建议国王"改差"，并认为通事不适合充当六部堂上官。明成化十年（1474），朝鲜司谏院大司谏郑佸等上奏曰："张有诚以通事出入中朝，与市井之徒兴贩取利，人皆鄙贱之。……又假衔以工曹参议。中朝安知其非真也？我国之六曹，即中朝之六部也；我国之通事，即中朝之序班也。中朝岂以序班为六部堂上乎？""有诚既已就道，势难中止，若假衔参议，不可不改。"朝鲜成宗采纳了这一建议。[2]

4. 越南、占城、暹罗

在越南藩属时期，越南封建政权多次遣使朝贡。越南使团通事在朝贡使团中的地位次于正使、副使，高于从人。但越南华人通事在国内的社会地位不高，在经济上也不富裕，华人通事情况在越南史料上记载较少。

为了改变经济困难的状况，包括通事在内的越南使行人员秘密从事私人贸易。由于他们的私人贸易严重影响到沿途人民的生活，明朝曾下令禁止。成化十四年（1478）三月，明朝皇帝命"禁安南国使臣多挟私货"。[3]

占城是越南的近邻，长期与越南交恶，因此占城使团频繁如明，请求明朝援助。占城华人通事得到占城国王的重视，有一定的社会地位，占城国王多次为通事"乞求冠带"。而明朝政府对占城的请求，几乎有求必应。如明洪熙元年（1425），赐占城华人通事舒义等冠带；[4] 明正统八年（1443），明朝赐给占

---

[1] 转引自钱江、亚平、路熙佳：《古代亚洲的海洋贸易与闽南商人》，《海交史研究》2011 年第 2 期。

[2] 《朝鲜王朝实录》，成宗五年十月戊子。

[3] 《明宪宗实录》卷 177，成化十四年三月辛未。

[4] 《明宣宗实录》卷 4，洪熙元年七月甲午。

城华人通事罗荣等冠带。①

暹罗国王深刻认识到华人通事在中暹朝贡贸易中的巨大作用，因此竭力提高暹罗华人通事的政治地位，甚至多次向明清王朝乞赐冠带。如明正统九年（1444）三月庚申，明英宗根据礼部奏请，赐给暹罗华人通事奈霭等8人冠带。② 清道光三年（1823），发生了暹罗大库府呈请代奏加赏华人通事翁日升顶带之事。这反映了华人通事在中暹交往中具有举足轻重的作用。明清王朝给予暹罗使臣赏赐及开市等权益。《殊域周咨录》卷8《暹罗》记载：明永乐二十一年（1423），暹罗再次遣使来华朝贡。明朝除了赏赐使行人员外，"诏定其例，使臣人等进到物货俱免抽分，给与价钞，给赏毕日，许于会同馆开市，除书籍及玄黄紫皂大花西番莲缎并一应违禁之物不许收买，其余听贸易"。③ 暹罗使团有许多从事商业贸易的优惠条件，无疑能改善和提高暹罗华人通事的经济地位。

综上所述，东北亚华人通事地位明显高于东南亚华人通事。在东北亚华人通事中，又以琉球、日本的华人通事地位为高，而且通事职位可以世袭。与琉球、日本相比较，朝鲜华人通事在国内地位较低，晋升的机会有限。

在东南亚华人通事中，暹罗、占城华人通事社会地位相对较高，越南的相对较低。东南亚通事地位低下还因为，西方势力卷入东南亚后，特别是在西方殖民国家占领东南亚一些国家后，为了打开中国市场，他们往往以"朝贡"为名，遣使来华。为了达到其通商贸易之目的，他们临时聘请一些既精通西方语言又通晓汉语的华人充当通事。这些华人通事在西方殖民者眼中，地位较低，只是充当他们对华交涉的工具。

(二) 通事的作用

在东亚各国朝贡使团中，使臣居于最高地位，发挥关键性的作用，毋庸置疑。但通事作为语言的传导者，在朝贡体系中是重要吏员，虽然地位卑微，但是"人微言不轻"，其一言一行关乎朝贡体制，直接影响国际关系。

东亚使团通事作为使团成员，肩负外交重任。外国使团到达中国后，使团

---

① 《明英宗实录》卷107，正统八年五月癸亥。
② 《英宗正统实录》卷113，正统九年三月庚申。
③ 《殊域周咨录》卷8《暹罗》，第281页。

通事必须进行沟通，向中国方面汇报使团人员情况。如清乾隆十七年（1752）九月，军机大臣向乾隆奏报："暹罗国贡使到粤后，因进贡方物名色数目，及贡使、商梢人等姓名，必须通事报明，方能造册，是以题报稍迟"。[①] 在朝贡和贸易过程中使团通事是不可或缺的，其作用贯穿于朝贡使团的整个使行过程。

如前所述，东亚华人通事在中外关系史上发挥了较大作用，主要是在外交、经贸往来和文化交流方面。他们协调了外交关系，促进了中外经贸往来，推动了中外文化交流。

各国华人通事在明清时期中外关系史上的作用并不完全相同，各有其侧重点。

琉球华人完全包揽了朝贡事务，"通事"一职也全部由久米村华人担任。华人通事在琉球与中国的外交、经贸往来和文化交流方面居功甚伟。如果没有华人通事，琉球与中国的朝贡关系就难以维持下去。只是到了后来，闽人三十六姓凋零，华人通事青黄不接，琉球才允许土著和萨摩藩人逐渐进入通事队伍。

江户时期的日本，虽然脱离了东亚朝贡体系，建立了日式朝贡体制，但有一个长崎港仍然对中国和荷兰开放，日本与中国还在进行贸易往来。长崎奉行依靠"唐通事"来管理长崎对外贸易，并指令唐通事利用唐船到日本进行贸易之机会而广泛搜集中国方面的情报。由此可见，日本唐通事在中日经贸往来和文化交流方面发挥了较大的作用。

在朝鲜通事中，有相当多的人是华人及其后裔，但也有一部分朝鲜人从事口译工作。由于朝鲜华人通事具有语言上的优势，在朝贡活动中拥有较大的自主权，他们在政治外交、经贸往来、文化交流等方面都发挥了较大的作用。

越南华人通事与以上国家的通事相比，作用相对较弱。依据中越两国史料上的记载，越南华人通事在对华外交、经贸往来和文化交流等方面都发挥了一定的作用，但是他们发挥的作用不够突出，其原因在于越南有不少使臣熟悉中国典章制度和文化，谙熟汉语，能够不依赖通事而与中国方面直接交流。

暹罗、爪哇等国大量使用华人通事，主要是因为朝贡贸易上的需要，为了追求巨额经济利益。从明清时期中国与东南亚的交往来看，东南亚华人通事所发挥的作用，更多的是在与中国的经贸往来方面。

---

① 《清高宗实录》卷 422，乾隆十七年九月癸亥。

第五章
明清时期东亚华人通事的双重影响

明清时期东亚华人通事作为特殊的群体，精通双语，沟通中外，在历史上起着十分重要的作用，推动了中外关系的发展，对东亚和中国的政治、经济和文化等方面都产生了积极影响。同时，由于历史的局限性和体制上的弊端，以及华人通事自身的素养问题等，东亚华人通事对中外关系亦产生了消极影响。

第一节　积极影响

一、对东亚的影响

(一) 东亚华人通事推动中国主导的朝贡体制顺利实施

明清时期东亚朝贡体制的主导权掌握在明清王朝手中。明清王朝制定了一系列"朝贡"规则和制度，这对东亚的稳定产生了巨大的作用。东亚国家在政治、经济和文化上认同中国，特别是在政治上尊崇中国的最高地位。东亚国家进行的朝贡活动，其实就是对中国朝贡体制的维护和实施。但是朝贡使团的活动离不开通事，没有东亚华人通事消除语言障碍的努力，没有包括东亚华人通事在内的使行人员的艰难跋涉和付出（包括生命），东亚朝贡活动就很难维持下去，朝贡体制就会形同虚设。

(二) 在东亚纳入世界经济体系的进程中，华人通事也功不可没

已故英国著名历史学家 C.R.Boxer 指出：直到 16 世纪 70 年代之后，福建和菲律宾群岛之间的帆船贸易开始进入一个全新的时代，并进而将明朝的中国

纳入世界经济体系。与其他贸易航线不同，福建与马尼拉之间的帆船贸易颇具特色，其所交易的商品是中国丝绸和美洲白银等价值奇高的货物。福建商人曾秘密潜入马尼拉进行贸易。商周祚在明天启三年（1623）四月一日的奏折中认为，福建商贾为了获得高额利润，"或贪路近利多，阴贩吕宋"，[①]目的就在于能够尽快地以丝绸交换白银。在以中国丝绸换取美洲白银的贸易中，福建商人独占鳌头，操控全局，对明清时期中国经济的发展所作出的贡献巨大。在这一时期，每年大约有 150 吨的美洲白银经由阿卡普尔科和马尼拉这条航线被输往中国。其中，每年约有 128 吨白银，亦即大约 500 万比索的银元最终为福建商人所购取。根据西班牙人的记载，在 1597 年竟然有 307 吨白银被走私贩运出境。[②]如果没有东亚华人通事起中介作用，消除了语言障碍，那么中外贸易是不可能顺利进行的。在中国—菲律宾群岛—西班牙的贸易中，东亚华人通事由于精通各国语言，起着桥梁作用。

（三）东亚华人通事有助于东亚文化圈的最终形成

中国是东亚文化圈的核心，也是"华夷"意识的发源地。在东亚，中国、朝鲜、越南和日本有共同的文化，对中华文化认同，推行儒家思想，采用科举制度选拔儒生。在历史上，朝鲜、越南和日本等国曾不断地吸收中国的典章制度、语言文化。他们在中国文化的影响下，产生了有本国特色的华夷意识。[③]到明清时期，最终形成了东亚文化圈。东亚华人通事充分发挥自己的语言优势，在使行过程中多次购买中国的药材、书籍等，引入中国的典章制度，对中国文化在东亚的传播，对东亚文化圈的最终形成，作出了贡献。

二、对中国的影响

明清时期东亚华人通事的活动，对中国政治、经济和文化等方面产生了积极的影响。

---

① 《明熹宗实录》卷 33，天启三年四月壬戌。
② 钱江、亚平、路熙佳：《古代亚洲的海洋贸易与闽南商人》，《海交史研究》2011 年第 2 期。
③ 王晓秋：《东亚历史比较研究》，北京大学出版社 2012 年版，第 52 页。

（一）政治上

1. 东亚华人通事的努力，促进了明清时期的中外交往

明清时期东亚各国的华人通事作为朝贡使团的成员，恪尽职守，为中外交往作出了自己的贡献。他们的努力，获得了明清王朝的支持和赞赏。朝鲜和琉球在朝贡国家中，享有较高的地位。这除了他们与中国关系密切，深受中国文化影响等之外，也与其使臣、通事等的努力有关。朝鲜、琉球出现了一批忠于朝贡事业而且卓有成效的著名华人通事。如朝鲜的郭海龙、元闵生等人，琉球的蔡温、程顺则等人。早在明初，明太祖朱元璋为了确保琉球朝贡活动的顺利开展，特别赐给琉球"闽人三十六姓"。琉球对闽人量才使用，"知书者授大夫、长史，以为贡谢之司；习海者授通事、总管为指南之备"，[①]其"子孙世袭通使之职，习中国之语言、文字"。闽人三十六姓及其后裔不负所望，顺利完成各次使行任务。东亚各国使行人员不远万里、排除万难的朝贡活动，甘于奉献、义无反顾的精神，每每赢得了明清王朝的喝彩。明成祖从中外关系大局出发，不计前嫌，甚至为日本等国使行人员的私人贸易进行辩护，云："外夷向慕中国，来修朝贡，危蹈海波，跋涉万里，道路既远，赀费亦多，其各赍以助路费，亦人情也。岂当一切拘之禁令？"[②]华人通事在朝贡活动中不畏艰险，努力奋进，赢得了明清王朝的信赖，促进了中外关系的发展。

作为东南亚国家的暹罗，在明清时期的朝贡活动中非常活跃，大量启用华人，让他们担任通事甚至使臣。这些华人通事和使臣不辱使命，多次圆满完成朝贡使命，推动了中暹关系的发展。

2. 东亚华人及华人通事在中外往来上的贡献逐渐为明清政府所认可，最终促使清政府出台了一些有利于海外华人的政策

明朝初年实行海禁政策，禁止百姓出海。在明朝统治者看来，这些海外流民为患于沿海，阻断贡道，骚扰贡使，有悖于明朝的朝贡体制。明成祖朱棣在登基后，对海外华侨采取了一些新的措施，有意识地利用华侨。他对南洋华侨进行了招谕。经过多年遣使海外进行招谕活动，海外流民"皆相率来归"，如陈祖义即时回国。在爪哇，华商首领梁道明也接受了招谕。永乐三年，"道明

---

① 《明神宗实录》卷438，万历三十五年九月己亥。
② 《明太宗实录》卷23，永乐元年九月己亥。

属其副施进卿代领其众，自随胜受偕郑伯可寄来朝贡方物。赐道明等龙衣并文绮，缯帛甚盛。"①

但仍有一部分华侨继续留居海外，有不少华侨利用朝贡与祖国保持着联系，有的海外华侨以外国使团成员身份前来朝贡，得到了明清王朝的默许，这在明清时期对外交往中是一个特殊的现象。清人赵翼在《廿二史劄记》中专门记载"海外诸番多内地人为通事"一条。海外华人以外国使团成员身份前来中国访问，除了通事，还有正使、副使等。

清朝末年，清政府为了发展经济，也为了消除革命影响，对海外华侨采取了一些措施，鼓励海外华侨捐款并赠以官职。出使英法等国的清朝大臣薛福成奏请"严议保护出洋华民良法"，指出这样做的效果是：

> 如是则不事纷更、不滋烦扰，可以收将涣之人心，可以振积玩之大局，可以融中外之畛域，可以通官民之隔阂。怀旧国者源源而至，细民无轻去其乡之心；适乐土者熙熙而来，朝廷获藏富于民之益。一旦有事，缓急足倚；枝荣本固，厥效匪浅。②

薛福成还提出要用武力保护外洋侨民，"禀请酌派军舰稍张声势"，他还列举了派军舰到外洋的种种好处："设令果有成效，则海军省养船之费而有历练之资，兵船无坐食之名而著保护之绩。商贾佣工捐费不多，颇沾利益。使臣、领事权力虽弱，亦倚声援，一举而数善备焉"。③

清代末年清政府在南洋等地设立领事馆，保护华侨，这不仅有利于南洋华侨的生活，也有助于华人通事的生存与发展。

（二）经济上

1. 东亚华人通事促进了中国和东亚各国的经济往来

由于华人通事的中介作用，中外互通有无，互利互惠。中国从东南亚国家获得香料，中国的一些物种也输入东北亚和东南亚，丰富了各国人民的生活。明朝参加国际贸易，最终有广州、泉州、宁波等7个城市成为国际贸易港口。

---

① 《殊域周咨录》卷8《爪哇》，第293页。

② 王彦威、王亮辑编：《清季外交史料》（4），李育民等点校整理，湖南师范大学出版社2015年版，第1488页。

③ 王彦威、王亮辑编：《清季外交史料》（4），李育民等点校整理，湖南师范大学出版社2015年版，第1488页。

此外，明清时期民间商人也从事海外贸易，东南沿海地区人民前往海外诸国进行贸易者甚众。在日本长崎的唐通事专门管理唐船事务。明朝官员谢肇淛《五杂俎》云："苏州、松江、绍兴、温州、福州、兴化、漳州诸地之民，不畏诸险而事海市，以求利。其以海为田，以倭国为邻。往来倭国交市，其间甚密"。

2. 明清时期东亚华人通事助推中国经济发展

在东亚地区，华商势力非常可观。在东南亚的暹罗、安南或东北亚的日本、朝鲜等地，都有一批腰缠万贯的华商富豪。在日本的华商利用"唐通事"这一职位的有利条件，而在暹罗的华商利用朝贡使团的使臣、通事职位，大力发展国际贸易，凸显了华商的巨大力量。从明代开始，政府开始有意识地利用海外华商的力量，这不仅是为了维护天朝的安全，而且是从经济大局出发。如明朝对施进卿的利用，封官加爵，旨在敦促他保持与中国的经济联系，就是一个很好的事例。明朝皇帝多次对违法犯罪的东亚华人使臣、通事网开一面，不追究他们的罪过，也是从大局出发，利用他们的力量来发展朝贡贸易。

朝贡贸易离不开华人通事的参与。东亚华人通事谙熟中外语言，传导语言，有助于使团进行朝贡贸易。在朝贡贸易中，明朝对东亚朝贡国家实行"厚往薄来"的政策，付出了沉重的代价。据统计，1403—1473年间，中国花费在往来朝贡的总成本超过2500万两白银，相当于7年的全国国民收入。[①] 到清代，清政府借鉴了明代的历史经验和教训，有意识地改变了"重政治"的倾向，注重经济上的利益。但总的来看，朝贡贸易对中国而言，是利大于弊，不仅保证了朝贡体系的稳定和发展、东亚国际局势的稳定、中国在东亚的中心地位，而且有利于中国的经济发展。

(三) 文化上

1. 东亚华人通事促进了中国和东亚各国的文化交流

在中外文化交流的历史长河中，明清时期东亚华人通事既传播了中国文化，也把外国文化引入中国，使得中国可以吸收借鉴东亚各国文化。这对中国文化的发展具有极大的历史意义。

明清时期中国与东亚各国的科技交流，促进了中国的科技发展。如琉球

---

① （美）康灿雄：《西方之前的东亚：朝贡贸易五百年》，陈昌煦译，社会科学文献出版社2016年版，第143页。

刀、倭刀的传入，占城稻、安南稻的传入，这些都有华人通事的功劳，这对中国的军工、农业科技的发展，都起了一定的作用。

明代"日本文化热"的兴起与倭寇有密切的关联。明代倭寇之患严重威胁到明朝的边疆安全和社会稳定。为了防御倭寇，需要了解日本的历史和现实，于是明代学者纷纷编撰有关日本方面的著作，掀起了研究日本的热潮。其中主要有嘉靖年间薛俊的《日本考略》和郑若曾的《日本图纂》《筹海图编》，万历年间的李言恭和郝杰的《日本考》、郑舜功的《日本一鉴》、侯继高的《日本风土记》、宋应昌的《经略复国要编》，天启年间茅元仪的《武备志》。至于存目的著作，还有刘黄裳的《东征杂记》、王士琦的《封贡纪略》、杨伯珂的《东征客问》、熊尚文的《倭功始末》和佚名的《东封始末》《东事记实》《关白据倭始末》等等。① 在这些著作中，就有一些文献资料来源于华人通事。

清代中国对日本文化的研究仍有极大的热情。在日本生活的唐通事引起了官员和学者的高度关注。长崎奉行依靠唐通事搜集情报，引起了清朝官员的警觉。雍正年间担任浙江总督的李卫，曾面讯从日本回国的医生周岐来，了解到长崎奉行依靠唐通事向"唐船"搜集中国方面情报，便向朝廷上奏章："据称夷人每事访求天朝故实新闻，诸样书籍无所不有"。② 福建人到日本经商被任命为通事，引起了学者的浓厚兴趣。关于唐通事的生活、语言等情况，乾隆、嘉庆、道光时人翁广平在他的著作《吾妻镜补》一书中云：

> 凡交易必有人传语，犹中国之主人，谓之通事。通事之家，常请中华人宴饮，间有几家用台椅座之类，颇精致古雅。盖日本国人，书画饮食，倭用倭几，无高桌者，因怪而问之，答曰：我上世中国人也。并出其祖先画像，视之，有元明人题咏。其所藏字画，亦自宋元人真迹。盖为通事须通华夷之语，既系中国人，自不忘土音，居之既久，则能习夷音也。……明时通商多闽人，到彼为通事，遂家焉，故至今有中华人也。③

2. 由于东亚华人通事的助力，海外华侨社会和华侨文化日渐受到国内人士重视

从郑和下西洋开始，马欢的《瀛涯胜览》、费信的《星槎胜览》、巩珍的

---

① ［明］李言恭、郝杰：《日本考》，汪向荣、严大中校注，中华书局2000年版，第16页。

② 《（雍正）朱批谕旨》，雍正六年十二月十一日李卫奏。

③ ［清］翁广平：《吾妻镜补》卷30《附庸国志》，日本宽永年间刻本。

《西洋番国志》等著作，均根据东南亚华人通事的介绍，描绘了海外华人状况。此后，中国国内越来越多的人士关注海外的华侨社会和华侨文化。其中，关于琉球的著作有明代陈侃和夏子阳等人的《使琉球录》、清代徐葆光的《中山传信录》等；关于日本的著作有薛俊的《日本考略》和郑若曾的《日本图纂》《筹海图编》、郑舜功的《日本一鉴》等；关于东南亚的著作有谢清高的《海录》等。

第二节　消极影响

如第三章所述，明清时期东亚华人通事在朝贡活动中发挥了较大作用，推动了中外关系的发展。但有一些东亚华人通事存在着通事素养（职业能力和道德品质等）方面的缺失，导致了一些外交事件的发生（如日本贡使宗设和后来的瑞佐、宋素卿互争真伪，导致凶杀、焚掠的事件；琉球华人通事蔡璋杀人抢劫事件），这些对中外关系都产生了较大的消极影响。

一、职业能力不足的影响

通事职业能力不足，即口译能力和相关知识的不足，会影响中外关系的发展。通事的职业能力对外交影响甚大。如越南（安南）华人通事范怀瑾因职业能力不足，不熟悉中国礼仪制度，曾经出现误译现象，导致安南使臣"乞改赐王爵常服"，引起明朝与安南的冲突（参见第三章第三节相关越南部分）。

二、道德品质低下的影响

通事的道德品质至关重要。如上所述，东亚华人通事高尚的品德赢得明清王朝的赞誉，促进了中外关系的发展。但是一些华人通事的倒行逆施，又损害了中外关系，阻碍了中外关系的发展。

（一）东亚华人通事道德品质低下的主要表现

1.一些通事公然违背有关禁令，进行违禁交易，唯利是图

明代诸国华人通事多利用职务之便，暗中从事非法贸易活动。《明史》亦

记载：福建汀州人谢文彬，以贩盐入海，漂流到暹罗后，"仕至坤岳"。后在成化年间充任暹罗贡使来华，"贸易禁物，事觉下吏"。① 明嘉靖九年（1530），给事中在给朝廷的奏章中说："暹罗、占城、琉球、爪哇、渤泥五国来贡，并道东莞。后因私携贾客，多绝其贡。"② 这说明海外诸国的使臣在朝贡时多参与私人贸易活动，一度十分猖獗，破坏了正常的朝贡秩序，因而遭到明朝政府的抵制。

2. 以"朝贡"为名，编造种种借口，欺骗明清王朝，牟取暴利

暹罗华人通事奈霭冒充使臣进贡。他以职务之便侵占国家财产，伙同爪哇使臣，到广东进行贸易。明正统十二年（1447）九月壬寅，明礼部向明英宗报告："暹罗国使臣坤普论直等告本国正统九年进贡通事奈霭负国王财本，不肯回国，将家属附爪哇国使臣马用良船逃去，今又跟随爪哇使来，在于广东。"明英宗"命广东三司拘马用良并奈霭审实，以奈霭付坤普论直领回"。③

奈霭为在暹罗生活多年的华侨，已经在暹罗成家立业，并获得了国王的充分信任。作为进贡通事，他没有尽力完成暹罗国王委托的使命，而是财迷心窍，借机侵占国家财产。为了在朝贡贸易中获得更多的利益，他勾结爪哇使臣马用良（当为华人），冒充进贡，来到广东进行贸易活动。

在清代的朝贡贸易中，发生了马光明假冒贡使身份的事件。华人通事陈朝盛助纣为虐。清乾隆五年（1740），苏禄苏丹遣使和华人伙长马灿、通事陈朝盛等一起将遭受海难的福建商船送回内地，并请求朝贡。得到许可后，清乾隆七年（1742），苏禄贡使勝独喊敏、甲必丹马光明等赍送本国方物附搭黄万金洋船进入厦门，后使团由福建督抚遴选专员伴送进京，受到乾隆皇帝的接见。后来清朝了解到马光明和陈朝盛都是华人。马光明就是马灿，通事陈朝盛原名陈荣，也是内地人。经厦门海防同知和福建同安知县的调查，马光明债台高筑，故多次行骗。"至吕宋之法，凡有逋欠番商之债，即著番目赔偿。黄占系吕宋甲必丹，马光明所逋曾累黄占代赔，迨至乾隆九年内苏禄贡船回国阻风湾泊吕宋所辖邦仔丝兰地方，马光明在船演唱番戏作乐，黄占闻知回明吕宋国

---

① 《明史》卷 324《外国列传五·暹罗》，第 8400 页。
② 《明史》卷 325《外国列传六·渤泥》，第 8415 页。
③ 《明英宗实录》卷 158，正统十二年九月壬寅。

王，将船押入大港扣留，货物抵还宿逋。此搬抢之事之原委"。① 福建按察使向福建巡抚陈大受报告："缘马光明系内地同安县人，自幼卖鱼为生，后充洋船水手，往来吕宋，倚恃外番名目赊取厦门行报李鼎丰、郑宁远、林琅观等货物银九百两，尽行侵吞，迨李鼎丰等控追，光明狡辩不偿，复往吕宋又骗用番商货本，于乾隆四年间逃往苏禄，营求国王之弟收为通事"。马光明借用"贡使"之名，招摇撞骗，滋扰内地，借王朝之权力满足其私欲，最终得到了应有的惩罚。

马光明案件后，清廷从中吸取了教训。后来苏禄使团进贡时，福建地方官府认真查验，在清乾隆十九年（1754），发现苏禄使团副使杨大成竟然是内地武举杨廷魁，于是将杨大成发配到黑龙江为苦力。清廷多次申明：此后凡是内地在海外贸易的华人，不能承担朝贡使团正副使。② 马光明案件后，华人基本上不再充任贡使。

3. 杀人放火，抢劫财物

在东亚各国朝贡使团来华活动期间，一些使行人员肆意践踏法律。明成化九年（1473），发生了琉球华人通事蔡璋等人杀死怀安县民陈二观夫妻事件，"焚其房屋，劫其财物"。③ 明正德三年（1508），满剌加华人通事亚刘与同事彭万春为了牟利，狼狈为奸，劫杀使臣端亚智，"尽取其财物"。后来亚刘等人罪行败露，被处死。

（二）东亚华人通事道德低下，阻碍中外关系的发展

以琉球国华人通事为例，可以很好地说明这个问题。明清时期中琉朝贡关系建立后，琉球在中国的大力支持下，社会经济得到了长足的发展，琉球国入贡并不定期，基本上是"一年一贡"，有时甚至是一岁再贡或三贡。中琉关系处于"蜜月期"。但是在后来的历史发展过程中，由于一些琉球华人通事的品

---

① 当时吕宋并无国王，这里指西班牙驻菲律宾总督。甲必丹制度早在19世纪初就已出现，西班牙殖民者统治菲律宾时期，在华人社区设立监督一职（Governor），即甲必丹，由华人担任，负责对华人家庭或生意的纠纷进行初审，之后上报西班牙长官。黄占作为甲必丹，对黄光明财物进行扣留也表明了甲必丹处理商业纠纷的职责。参见吕俊昌：《清代朝贡贸易中的贡使身份问题探析》，《中国海洋大学学报》2015年第6期。

② ［清］王之春：《清朝柔远记》，赵春晨点校，中华书局1989年版，第97页。

③ 《明宪宗实录》卷140，成化十一年四月戊子。

行恶劣，如蔡璋之杀人抢劫案、蔡廷美诈骗华商案、蔡廷会交接朝臣案等，都严重影响中琉关系的发展。

琉球华人通事往往为了私利，不惜违背中国法律，铤而走险。在正统至嘉靖这 130 多年间，琉球使行人员违反明代法律的事件时常出现，如有的华人通事敲诈勒索。明正统四年（1439）八月，琉球朝贡使团违反明朝法律，对沿途百姓，"故行刁蹬，勒折铜钱"，"稍或稽缓，辄肆詈殴"。而琉球华人通事林惠等"不能禁戢，坐视纷纭"。①

明朝正统年间发生了琉球国华人通事沈志良谎称进贡案。巡按福建监察御史郑颙等人据实上奏："琉球国通事沈志良、使者阿晋斯古驾船载瓷器等物往爪哇国买胡椒苏木等物，至东影山遭风桅折，进港修理，妄称进贡。"琉球通事招摇撞骗，以图其利。但明英宗对琉球使臣非常宽宥，体恤有加，特地下令："远人宜加抚绥，况遇险失所，尤可矜怜，其悉以原收器物给之。听自备物料收船，完日催促起程，回还本国。"②

琉球华人通事私通货贿。明成化年间，琉球通事违法犯罪者日渐增多。明成化六年（1470）二月辛未，琉球国派遣华人通事程鹏进贡方物，程鹏至福州与委官指挥刘玉私通货贿。明朝按照法律应当追究他们的责任，于是下诏逮捕刘玉并对其进行惩罚，但宽宥了琉球华人通事程鹏。③

冰冻三尺，非一日之寒。明朝对琉球长期的宽容导致琉球使行人员气焰嚣张，公然走上犯罪的道路。最终，琉球华人通事的恶行直接导致中琉关系的降温。明成化九年（1473），发生了琉球华人通事蔡璋等人杀人劫财事件，性质极其恶劣，对中琉关系产生了巨大的影响。

明朝因此采取了一些措施：（1）明朝皇帝训诫琉球国王，并借贡期与朝贡贸易的限制，惩治琉球贡使与琉球官员私通贿赂之风气。④（2）琉球华人通事蔡璋的违法行为直接导致了明朝政府对琉球朝贡政策的改变。案件发生后，明朝决定整顿琉球入贡问题，并打破《皇明祖训》的有关规定，限制琉球，"二年一贡"，每船只许 100 人，最多不得超过 150 人。规定："除国王正贡外，不

---

①　《明英宗实录》卷 58，正统四年八月庚寅。

②　《典故纪闻》卷 11，第 198 页。

③　《明宪宗实录》卷 76，成化六年二月辛未。

④　《明史》卷 323《外国列传四·琉球》，第 8365 页。

得私附货物，并途次骚扰。"①作为贡物大宗的琉球马，也因为明朝与蒙古通商而失去市场，而明朝要求琉球使团减少象牙、檀香、苏木、胡椒等奢侈品，使琉球只好用本国生产的土夏布、芭蕉布、红花和螺壳工艺品来代替这些由东南亚购得的奢侈品。②

蔡璋杀人案给中琉关系蒙上了一层阴影。琉球国为恢复不时入贡作出了许多努力。为了恢复"一年一贡"，成化十一年（1475），琉球国王尚圆派遣使臣程鹏来华，"乞如常例，岁一朝贡"，被明政府断然拒绝。理由是成化十年通事蔡璋等人，"杀人劫财，非法殊甚"。蔡璋至今逍遥法外，"访察不获"。明朝立皇太子，明成化十二年（1476）三月，琉球国使臣趁机请求如同朝鲜、安南国一样获得明朝立储诏书。"礼部以琉球与日本、占城皆海外国，例不颁诏，上是之"。③其实，当时明廷对成化九年琉球华人通事蔡璋杀人案的愤怒尚未消退，故拒绝其要求。此时琉球提出要求并非最佳时机。

据《明宪宗实录》记载，明成化十三年（1477），"琉球国王尚圆复请岁一遣使朝贡，不许"。④

明成化十四年（1478），琉球易主，新王尚真立，又遣使奏请明廷恢复"一年一贡"。礼部仍然坚持"二年一贡"的原则。礼部奏议：琉球国王多次请求恢复一年一贡，"辄引先朝之事，妄以控制诸夷为言。原其实情，不过欲图市易而已。况近年都御史奏，其使臣多系福建逋逃之徒，狡诈百端，杀人放火。亦欲贸中国之货，以专外夷之利，难从其请。命止依前敕，二年一贡"。⑤

明成化十六年（1480），琉球国王尚真上奏，"乞仍旧例"。明宪宗在赐给尚真的敕文中说："曩因尔国使臣入贡，往往假以馈送为名，污我中国臣工，其实以为己利。又不能箝束僚从，以致杀人纵火、强劫民财；又私造违禁衣服等物，俱有显迹。故定为二年一贡之例。朝廷富有万方，岂为尔一小国而裁省冗费哉？此例既定，难再纷更。特兹省谕，王其审之"。⑥明宪宗认为琉球使行人员存在贿赂、治安、违禁等问题，品德低下，与琉球国王的治理措施有密

① 《明宪宗实录》卷140，成化十一年四月戊子。
② 尤淑君：《明末清初琉球的朝贡贸易与其多重认同观的形成》，《世界历史》2015年第3期。
③ 《明宪宗实录》卷151，成化十二年三月己未。
④ 《明宪宗实录》卷151，成化十三年四月丙寅。
⑤ 《明宪宗实录》卷177，成化十四年四月己酉。
⑥ 《明宪宗实录》卷177，成化十六年四月辛酉。

切的关联。

明成化十八年（1482），琉球中山王尚真再次要求"不时进贡"，被明宪宗严词拒绝。此后 20 余年间，琉球国不再提改变贡期一事。

琉球力求取得与朝鲜、安南同等的待遇，由于通事蔡璋杀人事件的影响太大，给明朝官员留下了极其不好的印象，琉球方面虽然作出了很多努力，但是仍然未达目的。

弘治时期的对琉球政策相比成化时期的有所放宽。明孝宗对琉球来华使团人数的限制有所松动，在琉球朝贡贸易方面亦给予了一些便利。明弘治十四年（1501）七月甲戌，明朝重申琉球来华贸易规则："诏福建守臣，今后琉球国进贡方物，除胡椒、苏木每一百斤，准令加五十斤以备折耗，番锡不必加增外，其余附带物货召商变卖者，不许劝借客商银两，及夷商私出牙钱，其布政司等衙门市舶太监等官，俱不许巧取，以困夷人，违者罪之，著为令"。①

明武宗即位后，不理政事，大权操纵于太监刘瑾之手，琉球国王利用这一千载难逢之时机，再次提出要求。明正德二年（1507），琉球国中山王尚真要求一岁一贡，明武宗云："琉球外夷也，令如旧，岁一入贡"。② 琉球长期追求的目标终于实现。

但是好景不长，明世宗即位后，开始改变正德年间的对琉政策。明嘉靖元年（1522），敕琉球国王尚真，"遵先朝旧例，二年一次朝贡，每船不过一百五十人"。③"二年一贡"制度一直维持了 20 年之久。

明嘉靖二十一年（1542）五月庚子，发生了琉球华人通事与明朝下海私商的争斗案件。这就是有名的琉球华人通事蔡廷美案。

在明嘉靖二十一年（1542）五月，琉球国长史、通事蔡廷美将到琉球经商的福建漳州人陈贵等人安排在旧王城，"尽没其赀"。陈贵等人连夜逃跑，被琉球国看守者所捕获，多名华人被杀。琉球国王尚清听到此消息后，"下令国中乃止"。④ 琉球国将陈贵等 7 人套上枷锁，诬蔑陈贵为贼。

之后，琉球国王尚清派遣蔡廷美等赍表文至福建，意欲赴京陈奏。明朝巡按御史徐宗鲁会同三司官重加译审，列状以闻，留蔡廷美等待命。经过上下部

---

① 《明孝宗实录》卷 176，弘治十四年七月甲戌。

② 《明武宗实录》卷 24，正德二年三月丙辰。

③ 《明世宗实录》卷 14，嘉靖元年五月戊午。

④ 《明世宗实录》卷 261，嘉靖二十一年五月庚子。

议，部臣覆奏："贵等违法通番，自有律例。但琉球国王尚清纵容夷人屡次交易，又夺取货物，羁留人众，横肆屠戮，复诬以为贼，其欺谩恣肆，宜加切责。仍听本部移咨戒谕，不得轻与中国商民交通贸易"。明世宗下达谕旨：陈贵等人违法通番，要按照国典从重处治。琉球国多次与中国商民交通，现在又敢于攘夺货利，擅自拘杀我国商民，而且诱诬他们为贼，诡逆不恭，过于嚣张。本应拘留夷使蔡廷美从重处罚，考虑到琉球乃长期朝贡之国，姑从宽放回。如果以后琉球不肯悔改，"即绝其朝贡，令福建守臣备行彼国知之"。①

表面看来，这一案件的主谋是蔡廷美，但其实是琉球国王。琉球国王为了私利，竟然下令抢夺中国商民财产，拘杀商民，并污蔑商民为贼。明廷深知其事实真相，指责蔡廷美，却给予琉球王情面。这一事件加深了明廷对琉球的不良印象，使得琉球争取"一年一贡"的行动更加艰难。

明嘉靖二十六年（1547）发生了琉球华人通事蔡廷会交接朝臣黄宗概事件。该年十二月辛亥，琉球国使臣陈赋与通事蔡廷会来华朝贡。蔡廷会，先祖为闽人蔡璟，在永乐年间被明朝赐给琉球国充任稍水，田产户籍在闽，与给事中黄宗概有亲戚关系。此时，蔡廷会来闽，黄宗概与之交往，受贿。事情败露后，黄宗概被逮捕下狱。礼部奏请对陈赋等治罪，削除黄宗概赏赐品。明世宗说："陈赋无罪，给赏如例。蔡廷会交给朝臣，法当重治；念属贡使，姑革赏示罚"。②

明廷从中琉关系的大局出发，仍然没有重治蔡廷会，而只是"姑革赏示罚"。这一事件使得琉球"一年一贡"的目标迅速化为泡影。

明万历三十七年（1609），日本入侵琉球，逼迫琉球国王向日本进贡。从此，琉球国形成"两属"状态，后逐渐成为萨摩藩的附庸。明朝礼部因此对琉球作出"十年一贡"的规定。

清康熙二十八年（1689），琉球入贡人数增加至 200 人。清雍正九年（1731），清朝定琉球"二年一贡"。日本已经悄然窃取了琉球的对华贸易权。他们躲在琉球人身后以琉球国名义和中国人进行贸易，规定，如果一旦被清朝查出印有日本年号、日本人姓名的货物，宁可将货物扔进大海也不可露馅。③1872 年，日本政府削琉球国号，设立琉球藩。三年后，日本强令琉球国

① 《明世宗实录》卷 261，嘉靖二十一年五月庚子。
② 《明世宗实录》卷 331，嘉靖二十六年十二月辛亥。
③ 朱端强：《出使琉球——萧崇业》，云南人民出版社 2015 年版，第 120 页。

停止对清进贡，并改用日本年号。日本明治十二年（清光绪五年，1879 年），日本强行吞并琉球，设立冲绳县。自明至清，琉球恢复"一年一贡"的努力归于失败。

综上所述，明清时期东亚华人通事的活动，对东亚各国都产生了积极影响。就东亚而言，东亚华人通事有助于中国主导的朝贡体制顺利实施，并在东亚纳入世界经济体系的进程中发挥了作用，还有助于东亚文化圈的最终形成。就中国而言，东亚华人通事对中国政治、经济和文化都产生了较大的影响。

明清时期由于当时东亚各国的通事制度不健全，有些东亚华人通事素养较低，个人道德缺失，过分注重经济利益，在价值观取向方面出现偏差，做出种种不法之事，成为"害群之马"，对中外关系也产生了一些消极影响。琉球华人通事的不法行为导致中琉关系的倒退，是典型的案例。

明朝正统以后，海外华人的不法行为引起了人们的注意，人们开始对华人贡使和通事产生了不良印象。严从简《殊域周咨录》云："按四夷使臣多非本国之人，皆我华无耻之士，易名窜身，窃其禄位者。盖因去中国路远，无从稽考，朝廷又惮失远人之心，故凡贡使至必厚待其人，私贷来皆倍偿其价，不暇问真伪。射利奸氓，叛从外国益众，如日本之宋素卿，暹罗之谢文彬，佛郎机之火者亚三，凡此不知其几也。遂使窥视京师，不独经商细务，凡中国之盛衰，居民之丰歉，军储之虚实，与夫北虏之强弱，莫不周知以去。故诸蕃轻玩，稍有凭陵之意，皆此辈为之耳。为职方者，可不慎其讥察也哉！"①

这种对海外使臣的判断到后来被"推而广之"，使得明清时期的中国封建统治阶级对整个海外华人社会加深了误解和偏见，以致后来出台了一系列针对海外华人的法令。如马光明案发生后，清廷禁止海外华商担任朝贡使团使臣。②

纵观明清时期东亚华人通事在中外关系史上的作为，瑕不掩瑜，其功绩是主要的，他们为中外关系的发展作出了较大贡献，应当肯定。

---

① 《殊域周咨录》卷 8《暹罗》，第 281 页。
② ［清］王之春：《清朝柔远记》，赵春晨点校，中华书局 1989 年版，第 97 页。

结　语

本书对明清时期东亚华人通事的论述,在时间上是指自 1368 年明朝建立至 1840 年鸦片战争爆发前,在空间上则指广义的东亚地区,包括东南亚和东北亚,具体的国家则有朝鲜、琉球、日本、越南、占城、暹罗、满剌加等国。本书有时超出了这一时空的限制,其原因在于历史本身的复杂性和多样性。一是在时间上的突破。比如关于通事的始末问题,各国情况不同。日本唐通事的存在在时间上与明清时期大致相当。自 1604 年华人冯六被长崎奉行任命为唐通事起,到 1867 年唐通事制度被废除,共存在 263 年。而琉球华人通事的产生与明代时中琉关系的建立有密切的关系,它的终止与琉球的消亡有关。日本萨摩藩对琉球的入侵,加速了琉球的消亡。1879 年日本正式吞并琉球,琉球华人通事的历史才宣告结束。二是在空间上的突破。我们在论述明清时期东亚华人通事的过程中,主要探讨的是东亚国家,但必然要涉及西方殖民者在东亚建立的一些据点,如马六甲。一些华人被西方殖民者所利用,充当其使团的通事,例如葡萄牙占领马六甲以后派遣的使团通事就是华人火者亚三。

明清时期的东亚华人通事群体的形成,是时代的产物,有深刻的历史背景和社会原因。一是政治原因。通事群体的形成与明清时期的朝贡体制有密切的关系,明代东亚华人通事群体的形成原因主要是东亚国家对华朝贡活动的需要。东亚诸国为了适应对华朝贡的需要,建立了一套通事制度,重用华人通事,积极开展对华外交。二是经济原因。东亚各国纳入明朝主导的国际秩序后,纷纷遣使朝贡,积极进行朝贡贸易,获得了巨大的经济利益。三是文化原因。东亚各国仰慕中国先进的文化和制度,积极吸收中国的文化和制度。遣使朝贡是获取中国先进文化的一条有效途径。四是社会原因。明清时期大量的中国民众移居东亚各国,东亚华人社会得以形成。东亚各国对华人实行亲善政策,华人享有较高的社会地位,这些因素成为东亚华人通事形成的社会基础。

明清时期东亚华人通事的来源,主要有二:一是流寓当地者,其中可以分为海外贸易商人、漂流民、被贼掠者、亡命罪犯等情况；二是移民后裔。

由于各国情况不同，明清时期东亚华人通事分为不同的类别，担负不同的职能。他们在对外交往和经济往来、文化交流等方面发挥了较大的作用。

华人通事的培养受到各种条件的影响。由于东亚各国国情不同，受中国影响程度不同，与明清王朝关系亲疏程度有别，各国对朝贡制度的认识和实施情况有明显的差异。首先，琉球与中国关系密切，对朝贡十分重视，因此对华人通事的培养不遗余力，通事的待遇明显优于其他国家。其次，朝鲜王朝一直实行"事大以诚"的对华政策，重视朝贡活动，因此加强了对通事的培养，努力提高通事的社会地位。最后，日本在明代中期即开始与中国断绝了外交关系，但开放了长崎港，允许唐船前来贸易，保持了与中国的民间往来和贸易关系，因此加强对唐通事的培养，建立了完备的通事制度。而东南亚国家对通事的重视，以越南为最。越南长期受到中国封建王朝的影响，是中国的藩属国，因此与中国的联系比较密切，通事在其中发挥了重要的桥梁作用。暹罗、爪哇等国追求朝贡贸易中的巨大利益，大量使用华人作为朝贡使团的使臣和通事，但是忽视对通事的培养和管理。

明清时期东亚华人通事群体中涌现出一批杰出的人物，如多才多艺的日本唐通事林道荣、熟练运用官话与清朝官员展开外交的琉球大通事程顺则、充分利用与显仁妃的关系完成外交任务的朝鲜通事元闵生、精通葡萄牙语言并为中葡交往做"开路先锋"的华人通事火者亚三。这些人都为中外关系的发展作出了较大的贡献。

明清时期东亚华人通事作为一个群体，对东亚产生了深远的影响。东亚华人通事有助于中国主导的朝贡体制顺利实施；在东亚纳入世界经济体系的进程中，华人通事也功不可没；东亚华人通事对东亚汉文化圈的最终形成也起着不可忽视的作用。东亚华人通事对中国的影响，首先在于他们促进了中外政治上的交往，并最终促使明清政府出台一些有利于海外华人的政策；其次是他们促进了中外经济往来，助推了中国的社会经济发展；再最后他们促进了中外文化交流，这对中国文化发展具有较大的历史意义。当然，一些华人通事由于制度和自身素养的问题，也对中外关系产生负面影响。通事的职业能力不足影响中外关系的发展，通事的道德低下阻碍中外关系的发展。

明清时期东亚华人通事在当时的历史条件下为中外关系的发展作出了巨大的贡献，给我们留下了一些有益的启示：（1）在新的历史条件下我们要更加重视华侨华人的作用。近年来党中央提出"一带一路"倡议，高举和平发展的旗帜，主动发展与沿线国家的经济合作伙伴关系，共同打造政治互信、经济融合、文化包容的利益共同体、命运共同体和责任共同体。为此，无疑需要汇集沿线国家包括海外华侨华人在内的所有人的智慧，集思广益，共同推动沿线国家的社会经济发展。华侨华人虽然身居海外，但和祖国有着密切的联系，在历史和现实中，他们在中外交流方面一直发挥着桥梁作用。他们是中外往来的友好使者。(2) 要切实保护海外华侨华人的权益。在明清时期，海外华侨华人处境险恶，西方殖民者在印尼制造了"红溪惨案"等一系列血案，明清王朝不仅没有为海外华人申冤，而且一直把他们视为弃民，海外华人权益没有得到应有的保护。新中国成立后海外华侨华人开始扬眉吐气。在新的历史条件下，海外一些国家对华侨华人仍然实行种种歧视政策，制造排华事件，不断损害华侨华人权益，这就需要中国人民和政府对华侨华人给予更大的支持和鼓励，维护他们的合法权益。(3) 要制定更加有利于海外华侨华人的政策，采取更有力的措施，吸引他们回国创业。在明清时期，政府曾经有意识地重视海外华人通事的作用，也曾欢迎他们归国，为祖国效力。目前中国有 6000 多万海外华人，他们中的不少人有智力、有财力，亦有报效祖国的动力。为了吸引更多的海外华人回国创业，中国推出了华裔卡。针对原籍是中国的侨胞，在中国绿卡的基础上降低门槛，设置更加灵活务实的申请条件，以加大吸引海外人才的力度。希望今后多出台此类优惠政策，以吸引更多的华侨华人归国服务。

明清时期东亚华人通事大事年表^①

1368 年（洪武元年）

  朱元璋称帝，国号"大明"，都应天府。占城遣使贡象、虎于明。

1369 年（洪武二年）

  明使封阿答阿者为占城国王。安南国王陈日煃遣使来华朝贡。

1370 年（洪武三年）

  占城遣使朝贡。明使来安南、高丽、占城祭祀山川。

1371 年（洪武四年）

  安南、高丽、渤泥等国遣使进贡。日本遣使献方物。

1372 年（洪武五年）

  暹罗遣华人通事李清来华朝贡。

1375 年（洪武八年）

  日本遣使献马于明朝。

1378 年（洪武十一年）

  高丽遣使如明请封。

1379 年（洪武十二年）

  日本遣使臣刘宗秩，华人通事尤虔、俞丰等进贡。

1380 年（洪武十三年）

  占城攻安南，逼其京城，败还。占城入贡，明帝令其与安南讲和。

1382 年（洪武十五年）

  占城攻安南清化，安南黎季犛领兵拒之，大败占城军。

1384 年（洪武十七年）

  高丽遣使入贡，暹罗王子遣使入贡。

1385 年（洪武十八年）

  明太祖赐舟给琉球。暹罗王子入贡。

---

① 本表主要参考文献：《明实录》《清实录》《明史》《清史稿》《朝鲜王朝实录》《大越史纪全书》；
 翦伯赞主编：《中外历史年表》(校订本)，中华书局 2008 年版；(美) 詹姆斯·L.麦克莱恩：
 《日本史 (1600—2000)》，海南出版社 2014 年版。

1386 年（洪武十九年）

日本入贡，明朝却之。高丽遣使入贡，乞减岁贡，明允许其三年一贡。占城遣王子贡象。

1387 年（洪武二十年）

占城遣使贡象、犀角。

1388 年（洪武二十一年）

高丽李成桂发动政变，服明年号、衣冠。安南黎季犛杀废帝，立上皇少子，是为顺宗，改元光泰。

1389 年（洪武二十二年）

高丽遣大臣安宗源及华人通事郭海龙上表进贡。占城攻安南，逼其都城。第二年占城王战死。

1390 年（洪武二十三年）

琉球通事屋之结私携胡椒、乳香来华贸易。

1391 年（洪武二十四年）

高丽李成桂遣世子如明贺正旦。占城遣使入贡，被明拒绝。

1392 年（洪武二十五年）

李成桂遣使请封，改国号为"朝鲜"，使团中有华人通事郭海龙。琉球首次为华人通事程优、叶希尹二人"乞赐职加冠带"；琉球首次向中国派遣官生；明朝赐给琉球"闽人三十六姓"。

1393 年（洪武二十六年）

朝鲜设立司译院。

1394 年（洪武二十七年）

日本足利义满任太政大臣。朝鲜司译院提调偰长寿上书朝鲜太祖李成桂，建议学习中国语言文字，每三年举行一次考试。安南黎季犛遣使入贡，明却之。

1396 年（洪武二十九年）

朝鲜华人通事郭海隆管送撰文人金若恒赴京，"伏取圣裁"。

1397 年（洪武三十年）

朝鲜华人通事郭海隆管送写启本人礼曹典书曹庶赴京。日本遣使于明。占城遣使入贡。

1400 年（建文二年）

二月，安南黎季犛废陈少帝自立，国号"大虞"，十二月，黎季犛让位太子汉苍，自称太上皇。安南侵占城。

1401 年（建文三年）

朝鲜遣使如明，华人通事偰眉寿奉命担任翻译。朝鲜华人通事梅远渚"押先运马五百匹如辽东"；日本足利义满遣使通好于明。安南侵占城，以粮草不继而还。

1403 年（永乐元年）

朝鲜国王李芳远遣使入贡，请冕服、书籍。日本遣使访华，以华人徐本元为使团通事。

1404 年（永乐二年）

日本幕府遣僧使于明。是年，与明商定贸易人船之数。朝鲜华人通事张有信押送火者至京师。

1405 年（永乐三年）

明朝遣郑和下西洋，往谕西洋诸国。

1407 年（永乐五年）

明以安南地为交趾布政使司。占城趁安南有难，收复失地。郑和自西洋还国。朝鲜遣贺正使团赴华，使团中有华人通事郭海龙等人。

1408 年（永乐六年）

暹罗遣使入贡，并谢前夺明赐苏门答剌官诰罪。

1409 年（永乐七年）

琉球、占城、暹罗遣使来贡。

1410 年（永乐八年）

琉球遣使臣和华人通事林佑来贡。占城遣使入贡。朝鲜华人通事元闵生奉命使华。

1412 年（永乐十年）

占城遣使入贡，乞赐冠带。

1413 年（永乐十一年）

明军俘获安南重光帝。占城遣使入贡。朝鲜华人通事林密作为贺正使通事自京师回到朝鲜。朝鲜遣华人通事张有信赴华学习采银法。

1414 年（永乐十二年）

明遣太监到朝鲜求秀女。

1415 年（永乐十三年）

明以占城国王勾结安南陈继扩，遣使来责。占城因此遣使谢罪。自是占城以利与明市易，几乎年年入贡。朝鲜华人通事姜瘾卿在辽东搜集倭寇情报。

1416 年（永乐十四年）

明使赴暹罗，暹罗遣使如明谢恩。

1417 年（永乐十五年）

明遣太监至朝鲜求秀女。朝鲜华人通事傻耐赍咨文赴华。

1419 年（永乐十七年）

日本向明朝派遣勘合船。朝鲜遣谢恩使团赴华，其中有华人通事宣存义、闵光美、叶孔秦等人。朝鲜遣华人通事全义管押被倭寇掳掠逃回汉人贾三等男女6人到辽东；朝鲜遣华人通事权希福押解汉人宋舍佛到辽东；朝鲜遣华人通事史周卿押解汉人胡鉴清等 2 人到辽东。

1422 年（永乐二十年）

朝鲜王遣使献马万匹。朝鲜选倭学生徒充司译院译官。朝鲜华人通事元闵生奉命接待明使海寿。

1424 年（永乐二十二年）

明使赴朝鲜求秀女，朝鲜选 28 人送之。

1426 年（宣德元年）

明诏大赦交趾，禁苛扰百姓。苏门答剌遣华人通事冯哈撒来华朝贡。

1427 年（宣德二年）

明使赴朝鲜求秀女及马，朝鲜选马 50 匹及秀女 7 人与之。缅甸华人通事丘景来华朝贡。

1428 年（宣德三年）

黎利即位于东京，国号"大越"，建元"顺天"，是为黎太祖。黎利遣使如明，进代身金人。爪哇遣华人通事张显文等来华朝贡。朝鲜华人通事康智恂在辽东搜集情报。

1429 年（宣德四年）

安南黎利遣使如明求册封。朝鲜遣使如明，请免金银岁币，明允许以土产充贡。

1431 年（宣德六年）

安南黎利遣使如明求册封，明以黎利权署安南国事。黎利遣使如明，贡金五万两，乞依洪武年贡例。

1432 年（宣德七年）

朝鲜华人通事宋成立赍宣德皇帝敕谕回国。

1433 年（宣德八年）

日本遣使道渊、鞠祥来华朝贡。

1434 年（宣德九年）

朝鲜择通女真文字者为司译院训导。暹罗遣使臣及华人通事阮霭如明朝贡。

1435 年（宣德十年）

琉球遣长史及华人通事李敬赴华谢恩贡方物。日本遣使如明，以华人善德宝为通事。

1436 年（正统元年）

朝鲜遣使如明求书，明赐以《资治通鉴音注》。越南遣使如明求封，又遣使岁贡。爪哇遣使臣洪茂仔来贡。洪茂仔，福建龙溪人。

1437 年（正统二年）

琉球华人通事蔡璟作为进贡通事随长史梁求保赴闽。

1438 年（正统三年）

爪哇遣使臣马用良，华人通事良殷、南文旦来贡。安南遣使如明岁贡。

1439 年（正统四年）

琉球华人通事程鹏如明朝贡。琉球使团番梢人等勒索铜钱，华人通事林惠、郑长等"不能禁戢，坐视纷纭"。

1441 年（正统六年）

琉球漂风船到中国，华人通事沈志良等谎称进贡。琉球遣长史梁求保、华人通事梁祐等奉表入贡。安南遣使如明岁贡并求冠服。明麓川土司思任发起兵，明命出兵堵截。

1442 年（正统七年）

倭寇抢劫浙东。安南遣三使如明，谢赐冠服、告哀及求封。

1443 年（正统八年）

占城遣华人通事罗荣来华朝贡。安南遣二使如明谢祭及册封。占城侵安南化州。朝鲜闵光美等要求朝鲜王朝重用傻长寿之子。

1444 年（正统九年）

暹罗进贡使团通事奈霭"负国王财本，不肯回国"。

1446 年（正统十一年）

安南遣兵攻占城，俘占城国主，遣使如明告占城事。

1447 年（正统十二年）

安南遣二使如明岁贡及奏钦州、龙州事。爪哇遣华人通事李斌来华朝贡。明以那波罗王为缅甸宣慰使。

1449 年（正统十四年）

朝鲜遣使如明。朝鲜华人通事康文宝在辽东搜集情报。

1450 年（景泰元年）

安南遣使如明岁贡。琉球华人通事程鸿如明进贡，向明朝礼部要求修船。

1451 年（景泰二年）

日本遣僧使如明。

1452 年（景泰三年）

琉球遣华人通事蔡让等贡马及方物。

1453 年（景泰四年）

爪哇遣华人通事林旋来华朝贡。占城遣华人通事陈真来华朝贡。日本遣使臣及都总通事赵文端来华朝贡。

1455 年（景泰六年）

朝鲜世祖遣使如明，使团中有华人通事安至善。琉球遣华人通事马俊等来华朝贡。

1456 年（景泰七年）

安南遣使如明岁贡并谢赐冠冕。朝鲜华人通事张文管押被掳唐人赴辽东。

1457 年（景泰八年，天顺元年）

明使赴安南告英宗复辟，安南遣使往贺。占城遣使如明进贡。

1458 年（天顺二年）

占城遣使入贡。

1459 年（天顺三年）

明遣使朝鲜诘问授建州女真酋董山官诰事，朝鲜遣使如明辩之。安南遣使如明岁贡，又遣使求封。

1460 年（天顺四年）

日本遣僧使如明。安南遣使如明求封。占城遣使进贡，明封之为王。爪哇使团人员在安庆与入贡番僧斗殴。

1462 年（天顺六年）

安南遣使进贡，并求冠服。

1464 年（天顺八年）

朝鲜遣使如明，贺明宪宗即位。安南遣使如明进香并谢赐冠服。占城遣使如明。

1465 年（成化元年）

琉球遣使进贡，华人金锵作为通事到达福建学习天文历法。

1468 年（成化四年）

日本遣使臣及华人通事林从杰来贡。安南遣使如明岁贡。

1469 年（成化五年）

福州琉球馆成立；琉球遣长史蔡璟来贡。日本遣使臣及华人通事阎宗达来贡。占城遣华人通事周公保来贡，并遣兵侵犯安南。朝鲜成宗遣请承袭使赴华，使团中有华人通事张自孝、廉成源。

1470 年（成化六年）

琉球华人通事程鹏贿赂明委官指挥刘玉。

1471 年（成化七年）

安南兵攻占占城都城，俘占城国王。占城大将齐亚麻而庵据宾重龙为王，为越附庸。

1472 年（成化八年）

明遣使安南，令复占城国，安南不纳使者。琉球华人通事蔡齐作为谢恩都通事赴闽上京。

1473 年（成化九年）

琉球华人通事蔡璋在福州杀死陈二观夫妇。

1474 年（成化十年）

安南遣使如明岁贡并奏占城事。

1475 年（成化十一年）

日本足利义政求明之铜钱、勘合符及书物。琉球遣长史梁应及华人通事林茂等谢恩贡方物。

1476 年（成化十二年）

明遣使安南告立太子。安南遣使如明庆贺，并奏告占城事。琉球遣长史李荣和华人通事蔡璋奉表谢恩。

1477 年（成化十三年）

朝鲜华人通事芮亨昌在北京期间"违禁购买牛角"。暹罗派遣使臣谢文彬来贡。琉球遣长史梁应、华人通事梁德等赴华告讣及请袭封。安南遣使如明岁贡。

1480 年（成化十六年）

日本大内政弘遣船如明贸易。安南遣使如明岁贡并奏占城事。

1483 年（成化十九年）

日本足利义政求明之铜钱。

1484 年（成化二十年）

占城遣华人通事梅者亮来华朝贡。

1485 年（成化二十一年）

琉球华人通事蔡璇作为进贡存留在船通事随正议大夫程鹏赴闽。

1486 年（成化二十二年）

安南遣使如明岁贡。

1488 年（弘治元年）

占城遣华人通事梅晏化来华朝贡。明遣使安南告孝宗即位。安南遣使如明并奏占城事及进香。

1492 年（弘治五年）

哥伦布到达美洲。日本定遣赴明商船进物注文。安南遣使如明岁贡。

1493 年（弘治六年）

琉球华人通事蔡璇作为进贡庆贺存留在船都通事随正议大夫梁德赴闽上京。

1496 年（弘治九年）

日本遣使臣宋素卿来朝。

1497 年（弘治十年）

暹罗遣华人通事秦罗、万舸等来贡。安南使臣进贡，华人通事范怀瑾"妄奏"。

1498 年（弘治十一年）

葡萄牙人达·伽马开通印度航线。琉球国王命长史梁能、华人通事陈仪在圆觉寺山门外督造石栏及桥。

1499 年（弘治十二年）

明遣使安南祭祀并封宪宗为安南国王。

1501 年（弘治十四年）

安南使臣进贡。

1504 年（弘治十七年）

缅甸遣华人通事李瓒来华进贡。

1507 年（正德二年）

明使赴安南告武宗即位，并封威穆帝为安南国王。安南遣使如明，贺、谢、岁贡并进香。

1508 年（正德三年）

满剌加遣华人通事萧明举、彭万春来华朝贡。

1509 年（正德四年）

葡萄牙人攻占马六甲。

1510 年（正德五年）

满剌加使臣端亚智和华人通事萧明举来朝。二月安南遣使如明奏事并求封，遣使如明岁贡，使团中有华人通事阮锋、阮好。十二月安南遣使岁贡，使团有华人通事阮明。

1513 年（正德八年）

明使赴安南封襄翼帝为安南国王，并赐冠服。安南因此遣使如明谢恩。

1516 年（正德十一年）

琉球华人通事蔡进作为进贡谢恩通事赴闽。

1518 年（正德十三年）

朝鲜以《大明会典》记载高丽末年事多诬，遣使如明辩之。

1519 年（正德十四年）

葡萄牙遣华人通事火者亚三来朝，又于正德末年遣华人通事傅永纪来朝。

1522 年（嘉靖元年）

葡萄牙人麦哲伦首次完成环球航行。朝鲜通事金利锡购买禁书，明朝会同馆实行门禁。

1523 年（嘉靖二年）

日本"二道争贡"，宗设杀瑞佐，发生宋素卿焚掠事件；明朝关闭宁波的浙江市舶司。

1527 年（嘉靖六年）

安南莫登庸逼恭皇让位，改元"明德"，是为太祖。

1529 年（嘉靖八年）

安南莫登庸自称太上皇，让位与子莫登瀛。

1530 年（嘉靖九年）

朝鲜使臣如明多事贸易。

1531 年（嘉靖十年）

缅甸东牛莽瑞体为酋长。

1532 年（嘉靖十一年）

明使陈侃将出使琉球，琉球遣使和华人通事林盛来迎。

1538 年（嘉靖十七年）

安南莫登瀛遣使如明请降。

1539 年（嘉靖十八年）

朝鲜遣使如明辩《大明会典》所载宗系之诬。莽瑞体攻占白古，自称下缅王。

1542 年（嘉靖二十一年）

华商陈贵在琉球被监禁；琉球遣长史蔡廷美来华；蔡廷美被逮捕送回福州。安南莫福海遣使如明岁贡，明命其袭安南都统使。东牛莽瑞体破卑谬，入蒲甘，加称上缅之王。

1545 年（嘉靖二十四年）

朝鲜仁宗遣使如明，谢明使来吊祭中宗。

1547 年（嘉靖二十六年）

琉球遣长史蔡廷会来朝；蔡廷会交结朝臣黄宗概，被处罚。

1549 年（嘉靖二十八年）

日本遣僧周良入明。西班牙天主教教士始传教于日本九州。

1550 年（嘉靖二十九年）

东牛莽瑞体为部下所杀，境内乱。

1553 年（嘉靖三十二年）

暹罗遣使如明贡象及方物。

1557 年（嘉靖三十六年）

朝鲜遣使如明送回倭寇所掳之人，明朝赐以锦帛。

1563 年（嘉靖四十二年）

《大明会典》误录宗系，朝鲜数次遣使如明辩诬，至是明帝始命改正，以改本会典付朝鲜使臣携回。

1565 年（嘉靖四十四年）

琉球官生郑迥等 4 人到达中国。

1569 年（隆庆三年）

缅军攻破暹罗京城，于要地置缅官，行缅法，于是缅历亦代暹历。

1572 年（隆庆六年）

朝鲜遣朴淳如明吊穆宗之丧，朴淳与明争礼。朝鲜遣登极冬至使赴华，使团有华人通事梅世恭、赵颐寿等人。

1573 年（万历元年）

日本天正元年，日本室町幕府灭亡。

1574 年（万历二年）

朝鲜遣使如明质询典制。朝鲜华人通事洪纯彦在华辩诬。琉球遣使及华人通事郑禧等至闽探问正议大夫郑宪等未回之故。缅甸莽应龙自称"王中之王"。

1575 年（万历三年）

朝鲜遣使如明，请将"宗系辩诬"一事增入会典新书。

1577 年（万历五年）

暹罗遣华人通事握文源等 4 人由广东布政司护送来京。

1581 年（万历九年）

朝鲜以《大明会典》纂修将毕，遣官质正所载世系等事。

1584 年（万历十二年）

朝鲜赴明质正世系使者回，言《大明会典》成书，所请者均得改正。安南莫茂洽遣使如明岁贡。

1587 年（万历十五年）

朝鲜遣陈谢使赴明，使团中有华人通事郭之元。

1591 年（万历十九年）

闽人王立思、阮明入籍琉球久米村；琉球遣长史郑迥来朝。

1592 年（万历二十年）

日本文禄元年，丰臣秀吉远征朝鲜，史称"文禄之役"。明朝发兵援助朝鲜，以李如松为防海御倭总兵官。

日军倭营华人通事张大膳被明军扣留。

1593 年（万历二十一年）

暹罗遣使如明朝贡。

1597 年（万历二十五年）

日本庆长二年，丰臣秀吉再次远征朝鲜，史称"庆长之役"。明朝以杨镐经略朝鲜军务。

1598 年（万历二十六年）

八月，丰臣秀吉死，德川家康等遂召诸将自朝鲜还国。

1602 年（万历三十年）

日本遣使臣和华人通事王天佑来华朝贡，护送华人王寅兴等 87 人回国。

1604 年（万历三十二年）

日本置译官于长崎，唐人冯六被任命为唐通事。

1606 年（万历三十四年）

安南遣使如明谢恩并岁贡。

1607 年（万历三十五年）

阮、毛二姓入籍琉球久米村。

1609 年（万历三十七年）

日本岛津氏入侵琉球，尚宁王被俘。琉球遣华人都通事梁顺等人携勘合赴华报倭乱致缓贡期事。

1612 年（**万历四十年**）

日本毁京都天主教堂，严禁传教。

1613 年（**万历四十一年**）

朝鲜遣使如明，要求购买硝磺，得到明朝允许。安南遣使如明朝贡。

1616 年（**万历四十四年**）

建州女真首领努尔哈赤自称皇帝，国号为"金"。琉球遣华人通事蔡廛来华奏报倭寇欲夺鸡笼山。暹罗遣使朝贡，使团中有华人通事许胜。

1618 年（**万历四十六年**）

日本定平户及长崎贸易规程。安南遣使进贡，使团有华人通事阮曰仁、阮程。

1620 年（**万历四十八年**）

明朝以为朝鲜与后金通交，朝鲜遣使如明辩之。安南遣使如明岁贡。

1626 年（**天启六年**）

安南遣使如明岁贡。暹罗遣使进贡，使团中有华人通事曹汉。

1627 年（**天启七年**）

后金天聪元年，后金出兵朝鲜，朝鲜遣使约和。

1628 年（**崇祯元年**）

日本再次禁止天主教传播。

1629 年（**崇祯二年**）

琉球遣华人通事杨春枝到闽学习历法。

1631 年（**崇祯四年**）

缅甸入侵暹罗北境。

1634 年（**崇祯七年**）

琉球开始向日本派遣庆贺使（上江户）。日本于长崎榜禁天主教及奉使通书船以外之船只来往。朝鲜遣使至后金贺元旦贡方物，华人通事张梦泰随行。

1636 年（**崇祯九年**）

清崇德元年，清军出兵朝鲜，朝鲜被迫与之建立宗藩关系。

1637 年（**崇祯十年**）

安南遣使如明进贡。

1641 年（**崇祯十四年**）

清崇德六年，朝鲜遣圣节使兼冬至使至沈阳看望朝鲜世子，使团中有华人通事张礼忠、洪庆后。

1644 年（**崇祯十七年**）

三月十九日，明思宗自缢死。五月，明福王朱由崧在南京即帝位，改明年为弘光。

1645 年（**顺治二年**）

闰六月，黄道周、郑芝龙拥护唐王朱聿键在福州即帝位，建元隆武。琉球遣使臣和华人都通事阮士元等入贺。

1646 年（顺治三年）

安南遣使泛海往福建，求封于南明隆武帝。十一月，桂王朱由榔在肇庆称帝，是为永历帝。琉球馆华人通事谢必振在福州向清军归顺。朝鲜遣华人通事赵孝信向清朝户部汇报关于对朝鲜越境挖参者的处理事宜。

1648 年（顺治五年）

中国漂流民杨明州入籍琉球久米村。清颁时宪律，朝鲜遣人学其法。

1659 年（顺治十六年）

永历帝奔缅甸，缅甸置之者梗。

1661 年（顺治十八年）

清兵入缅，索明永历帝，执与之。

1662 年（康熙元年）

朝鲜遣谢恩使团来华，华人通事车铁甲随行。

1663 年（康熙二年）

安南玄宗遣使如清岁贡及告哀，神宗已于 1662 年去世。

1665 年（康熙四年）

暹罗遣使臣和华人大通事揭帝典等来华朝贡。

1667 年（康熙六年）

南明人林寅观等 95 人商贩日本，漂风至朝鲜，朝鲜遣使送到清国。清使封安南玄宗为国王，安南遣使如清岁贡并谢册封。琉球华人通事蔡彬随贡船来华执行接贡任务。琉球遣华人通事杨春枝、周国俊到福建学习历法和地理。

1669 年（康熙八年）

清使到安南，定安南"六年两贡"。

1672 年（康熙十一年）

日本形成了大通事 4 人、小通事 5 人的管理体制，即"译司九家"，这一定制一直维持到幕府末年。

1677 年（康熙十六年）

朝鲜遣冬至使赴华，使团首译为华人安日新。

1678 年（康熙十七年）

琉球遣华人通事蔡肇功至闽学习历法。

1689 年（康熙二十八年）

日本长崎设立"唐人屋敷"，以唐通事进行管理。

1690 年（康熙二十九年）

朝鲜华人通事慎以行等人编纂的《译语类解》刊行。

1691 年（康熙三十年）

朝鲜华人通事张嵘违禁私买《一统志》，发朝鲜边境充军。

1696 年（康熙三十五年）

安南禁边地人效清风俗语言。程顺则作为琉球进贡北京大通事赴北京。

1697 年（康熙三十六年）

琉球遣华人都通事魏士哲等接贡并送还朝鲜漂流人口。

1704 年（康熙四十三年）

三月，朝鲜设立大报坛，遥祭崇祯皇帝，欲立明神宗庙，惧为清人所知，乃罢。

1708 年（康熙四十七年）

朝鲜开始采用清之时宪历。

1713 年（康熙五十二年）

朝鲜遣使赴华，华人通事张远翼、刘再昌等人随行。琉球华人蔡温以存留通事身份至闽学习地理。

1714 年（康熙五十三年）

朝鲜编撰《通文馆志》。

1715 年（康熙五十四年）

日本定长崎贸易新例。琉球遣华人都通事郑士绚等接贡并送还朝鲜漂流人口。

1716 年（康熙五十五年）

日本唐通事在长崎唐寺内设立"唐韵勤学会"，教导华人子弟学习汉语。

1718 年（康熙五十七年）

安南遣使如清朝贡，并请封。定此后六年两贡。

1722 年（康熙六十一年）

暹罗遣使如清朝贡，通事昆威吉瓦扎为华人，原籍福建。

1723 年（雍正元年）

琉球官生郑秉德等 4 人来到中国。安南遣使如清朝贡。

1724 年（雍正二年）

蔡温改修《中山世谱》。

1725 年（雍正三年）

程顺则刊行《中山诗文集》。

1726 年（雍正四年）

苏禄遣贡使龚廷彩、华人通事杨佩宁等人来华朝贡。

1728 年（雍正六年）

蔡温任琉球三司官。

1729 年（雍正七年）

琉球久米村人口达到 2838 人。安南遣使如清朝贡，并谢还铜厂。

1732 年（雍正十年）

朝鲜遣使如清辩明人所记朝鲜事之误，清允许改正，并予稿本，因告祭宗庙。安南遣使如清求封。琉球遣华人都通事蔡塸等人如清送还雇募海船一只。

1734 年（雍正十二年）

朝鲜遣陪臣徐命均为陈奏使如清，流配罪人李枢以通事身份随同前往。琉球国遣华人都通事郑廷干等驾海舟至闽，送还朝鲜国难民。

1736 年（乾隆元年）

日本减中国贸易船数。

1739 年（乾隆四年）

朝鲜使臣自清携回印本《明史》全部，所载朝鲜与前获稿本无异，于是朝鲜告庙颁敕。琉球遣华人都通事郑秉哲等接贡并送还朝鲜国难民。

1740 年（乾隆五年）

苏禄苏丹遣使及华人伙长马灿等将遭受海难的福建商民送回内地，并奏请朝贡。

1742 年（乾隆七年）

苏禄苏丹遣贡使马兴明（马灿）来华朝贡。华人通事陈朝盛随行。

1745 年（乾隆十年）

郑秉德编辑《球阳》。

1746 年（乾隆十一年）

苏禄华人通事陈朝盛等卷入苏禄使臣马光明案。

1747 年（乾隆十二年）

暹罗遣使如清进贡，华人通事王国祯随行。

1749 年（乾隆十四年）

琉球遣都通事阮大鼎进贡并送回难民。

1752 年（乾隆十七年）

苏禄苏丹遣使来华朝贡，通事叶兴礼随行。

1755 年（乾隆二十年）

琉球派遣华人副通事红秉日入闽学习时宪书撰日新法。

1757 年（乾隆二十二年）

朝鲜英宗称赞清学金振夏、汉学边宪能解清汉语。边宪为华人后裔。

1759 年（乾隆二十四年）

清朝遣使德保、顾汝修往封黎维萱为安南国王。

1761 年（乾隆二十六年）

朝鲜华人通事边宪编撰的《老乞大新释》刊行。

1762 年（乾隆二十七年）

苏禄苏丹遣使来华朝贡，华人通事王天谨、许萌随行。

1764 年（乾隆二十九年）

朝鲜英宗召入兼汉学教授洪述海，洪述海对《老乞大》不能通解。唐船将《古今图书集成》运至日本长崎。

1765 年（乾隆三十年）

朝鲜英宗亲试汉学文臣于景贤堂。暹罗遣使如清朝贡。

1766 年（乾隆三十一年）

二月缅甸军队围困阿瑜陀耶，暹罗遣使如清朝贡，华人通事王国政随行。

1767 年（乾隆三十二年）

缅甸军队破阿瑜陀耶，郑昭起兵抗缅，自立为王。

1773 年（乾隆三十八年）

安南使臣和通事多次在江宁置买绸缎。

1775 年（乾隆四十年）

暹罗郑王遣使如清请购军火，以攻缅甸。

1780 年（乾隆四十五年）

安南阮福映称"大越国阮主"。

1782 年（乾隆四十七年）

日本设置"唐通事头取"，成为唐通事的最高职位，首任唐通事头取是华人林梅卿。暹罗大将却克里杀郑王自立，通称"拉玛一世"，中国史称之为郑华。

1784 年（乾隆四十九年）

暹罗遣使如清进贡，请封。

1787 年（乾隆五十二年）

朝鲜国王望拜大报坛，召见明朝人子孙。

1788 年（乾隆五十三年）

朝鲜国王召明朝人子孙，授职有差。清封阮维祁为安南国王。

1789 年（乾隆五十四年）

阮文惠改名光平，遣使如清，请封入贡。暹罗遣使如清，使团有华人通事谢上金。

1790 年（乾隆五十五年）

正月乾隆八十大寿，安南阮光平、暹罗郑华等遣使入贡祝寿。安南阮福映下令调查侨居之华人。缅甸遣使入贡，华人尹学才担任缅甸使团通事。

1793 年（乾隆五十八年）

琉球使团来华朝贡，华人通事郑文英因病去世。

1797 年（嘉庆二年）

蔡世昌任琉球国师。暹罗遣使如清朝贡。

1802 年（嘉庆七年）

十二月安南阮福映请封，请以"南越"二字赐封，被嘉庆所拒绝。

1803 年（嘉庆八年）

六月嘉庆帝改安南国为"越南"国。琉球使臣杨文风到萨摩，唐通事石冢崔高前来拜访，此后完成《琉馆笔谈》。

1804 年（嘉庆九年）

清使赴越南，册封阮福映为越南国王。越南遣使如清谢恩。

1805 年（嘉庆十年）

暹罗遣使如清朝贡。

1807 年（嘉庆十二年）

越南招募中国人为番语通译。

1808 年（嘉庆十三年）

朝鲜命赴清使臣只许采购经史及醇儒文集。越南定外国通商限制。

1809 年（嘉庆十四年）

越南遣使如清朝贡。越南定商船税额条例。

1810 年（嘉庆十五年）

越南赴清贡使携《大清历象考》还，越南国王命据以讨论历法。暹罗遣使如清朝贡，拉玛二世自称郑佛。

1815 年（嘉庆二十年）

琉球遣华人都通事郑克新等来福建，恭迎敕书，接使臣回国。

1817 年（嘉庆二十二年）

越南遣使如清朝贡。

1818 年（嘉庆二十三年）

英国伦敦传教士马礼逊和米怜在马六甲创建英华书院。

1821 年（道光元年）

越南遣使如清谢册封。十二月，朝鲜遣使如清，请更正《皇朝文献通考》所载朝鲜史事失实之处，得到清朝允许。

1823 年（道光三年）

暹罗遣贡使和华人通事林恒中、钟良新来华朝贡。琉球遣华人大通事王秉谦如清送还雇募船只。琉球华人在福州建立琉球会馆。暹罗国使臣私买中国内地女子。

1825 年（道光五年）

十一月，清封郑福为暹罗国王。

1826 年（道光六年）

越南遣使至广东、苏州、杭州采购。

1828 年（道光八年）

暹罗遣使如清朝贡，使团有华人通事钟良新、林恒中。

1829 年（道光九年）

五月，越南向清朝要求由海道贸易，清不许。

1830 年（道光十年）

越南遣使如清，命购书画。

1831 年（道光十一年）

琉球魏学源编辑《新集科律》。暹罗遣使赴清朝贡，中途遇风，不至而回。

1832 年（道光十二年）

越南赴清使者私运货物，事发，受到处罚。

1835 年（道光十五年）

越南选官民子弟习外国文。

1836 年（道光十六年）

越南定四译馆学习外国文课程，令平顺、宜光、河内子弟习占尼及中国语文。

1837 年（道光十七年）

琉球华人都通事魏学源撰写《福建进京水陆路程》。

1839 年（道光十九年）

清礼部咨改贡例，越南四年一贡。

1840 年（道光二十年）

中英鸦片战争爆发。琉球请仍二年一贡，并遣子弟 4 人入国子监，得到清朝允许。清商到日本长崎，告以英国入侵广东。两年后，中英《江宁条约》签订。

参考文献

一、图书文献

[明]《明实录》，江苏国学图书馆影印本 1940 年版。

[明]《明太祖实录》，台湾"中央研究院"历史语言研究所 1962 年版。

[明] 申时行等重修：《明会典》，万有书库本。

[明] 俞汝楫：《礼部志稿》，台湾商务印书馆 1984 年文渊阁影印本。

[明] 徐溥等撰，李东阳等重修：《大明会典》，正德六年司礼监刊本。

[明] 严从简：《殊域周咨录》，余思黎点校，中华书局 2000 年版。

[明] 余继登：《典故纪闻》，中华书局 2006 年版。

[明] 陈建：《皇明通纪》，钱茂伟点校，中华书局 2008 年版。

[明] 沈德符：《万历野获编》，中华书局 1959 年版。

[明] 叶盛：《水东日记》，魏中平校点，中华书局 1980 年版。

[明] 王世贞：《弇山堂别集》，魏连科点校，中华书局 2006 年版。

[明] 张燮：《东西洋考》，谢方点校，中华书局 1981 年版。

[明] 吕维祺辑，[清] 曹溶增、钱艇补：《四译馆增订馆则》，民国三十七年复印本。

[明] 马欢撰，冯承钧校注：《瀛涯胜览校注》，中华书局 1955 年版。

[明] 黄省曾：《西洋朝贡典录》，谢方校注，中华书局 1982 年版。

[明] 郭汝霖、李际春：《使琉球录》，明嘉靖年间刻本。

[明] 郑晓：《皇明四夷考》，商务印书馆 1933 年版。

[明] 茅瑞征：《皇明象胥录》，明崇祯刻本影印。

[明] 谈迁：《国榷》，张宗祥校，中华书局 1958 年版。

[明] 谈迁：《枣林杂俎》，罗仲辉、胡明校点校，中华书局 2006 年版。

[明] 谢肇淛：《五杂俎》，中华书局 1959 年版。

[明] 巩珍：《西洋番国志》，向达整理、校注，中华书局 1982 年版。

[明] 杨尔绳：《鸿胪寺志略》，中国国家图书馆藏明崇祯刻本。

[明] 李贤等：《明一统志》，（台北）商务印书馆 1983 年版。

[明] 夏子阳：《使琉球录》，台湾银行 1970 年版。

[明] 张学礼：《使琉球记》，台湾银行 1970 年版。

［明］萧崇业：《使琉球录》，台湾银行 1970 年版。

［明］陈侃：《使琉球录（译注本）》，袁家冬译注，中国文史出版社 2017 年版。

［明］王宗载：《四夷馆考》卷下《暹罗馆》，东方学会甲子（1924）夏六月印本。

［明］慎懋赏：《四夷广记》，载郑振铎：《玄览堂丛书续集》第 101 册，（南京）"中央"图书馆影印本 1947 年版。

［清］张廷玉等：《明史》，中华书局 1974 年版。

［清］《清实录》，中华书局 1986 年版。

［清］赵尔巽等：《清史稿》，中华书局 1976 年版。

［清］周煌：《琉球国志略》，台北京华书局 1968 年版。

［清］李鼎元：《使琉球记》，韦建培校点，陕西师范大学出版社 1992 年版。

［清］屈大均：《广东新语》下册，中华书局 1985 年版。

［清］黄本骥：《历代职官志》，上海古籍出版社 2005 年版。

［清］印光任、张汝霖：《澳门记略》，赵春晨点校，广东高等教育出版社 1988 年版。

［清］徐葆光：《中山传信录》，台湾银行经济室编印 1972 年版。

［清］龙文彬：《明会要》，中华书局 1956 年版。

［清］刘锦藻：《清朝续文献通考》，商务印书馆 1936 年版。

［清］崑冈等修：《大清会典事例》，清光绪二十五年石印本。

［清］谢清高口述，杨炳南笔录：《海录注》，冯承钧注释，中华书局 1955 年版。

［清］梁廷枏：《粤海关志》，袁钟仁点校，广东人民出版社 2014 年版。

［清］伊桑阿等：《大清会典》，台北台海出版社 1992 年版。

北京图书馆出版社影印室编：《历代边事资料辑刊》（全 5 册），北京图书馆出版社 2005 年版。

戴可来、杨保筠校注：《岭南摭怪等史料三种》，中州古籍出版社 1991 年版。

复旦大学文史研究院、越南汉喃研究院合编：《越南汉文燕行文献集成（越南所藏编）》第 4 册，复旦大学出版社 2010 年版。

方宝川、谢必震主编：《琉球文献史料汇编》，海洋出版社 2014 年版。

故宫博物院文献馆编：《史料旬刊》第 24 期，故宫博物院文献馆铅印本 1931 年版。

黄润华、薛英编：《国家图书馆藏琉球资料汇编》（上、下），北京图书出版社 2000 年版。

黄重言、余定邦编著：《中国古籍中有关泰国资料汇编》，北京大学出版社 2016 年版。

何新华编：《中文古籍中广东华侨史料汇编》，广东人民出版社 2016 年版。

李无未等：《日本汉语教科书汇刊（江户明治编）总目提要》，中华书局 2015 年版。

刘菁华等编：《明实录朝鲜资料辑录》，巴蜀书社 2005 年版。

罗晓红编:《日本长崎粤籍华侨史料选辑》,广东人民出版社2018年版。

上海书店出版社编:《清代档案史料选编》第4册,上海书店出版社2010年版。

沈云龙编:《明清史料汇编八集》,台湾文海出版社1973年版。

王其榘编:《清实录邻国朝鲜篇资料》,中国社会科学院中国边疆史地研究中心1987年版。

王菡选编:《国家图书馆藏琉球资料三编》(上、下),北京图书馆出版社2006年版。

王玉德等编:《明实录类纂(涉外史料卷)》,武汉出版社1991年版。

汪向荣、夏应元编:《中日关系史资料汇编》,中华书局1984年版。

吴晗辑:《朝鲜李朝实录中的中国史料》,中华书局1980年版。

许文堂、谢奇懿编:《大南实录清越关系史料汇编》,台湾"中央"研究院东南亚区域研究计划2000年版。

殷梦霞、贾贵荣主编:《国家图书馆藏琉球资料续编》(全2册),北京图书馆出版社2002年版。

余定邦、黄重言等编:《中国古籍中有关新加坡马来西亚资料汇编》,中华书局2002年版。

云南社会科学院历史研究所摘编:《清实录中朝关系史料摘编》,吉林文史出版社1991年版。

云南省历史研究所编:《〈清实录〉越南缅甸泰国老挝史料摘抄》,云南人民出版社1986年版。

中国第一历史档案馆编:《清代中国与东南亚各国关系档案室史料汇编(菲律宾卷)》第2册,国际文化出版公司2004年版。

中国第一历史档案馆编译:《康熙朝满文朱批奏折全译》,中国社会科学出版社1996年版。

中国第一历史档案馆编:《清代中琉关系档案选编》,中华书局1993年版。

中国第一历史档案馆编:《清代中琉关系档案续编》,中华书局1994年版。

陈东辉:《东亚文献与语言交流丛考》,浙江大学出版社2017年版。

陈尚胜等:《朝鲜王朝(1392—1910)对华观的演变:〈朝天录〉和〈燕行录〉初探》,山东大学出版社1999年版。

陈益源:《越南汉籍文献述论》,中华书局2011年版。

范宏伟:《缅甸华侨华人史》,中国华侨出版社2016年版。

方豪:《中西交通史》(上、下),上海人民出版社2008年版。

复旦大学韩国研究中心编:《韩国研究论丛》第2辑,社会科学文献出版社1996年版。

高伟浓:《清代华侨在东南亚》,暨南大学出版社2014年版。

葛剑雄：《统一与分裂：中国历史的启示》，商务印书馆 2013 年版。

葛兆光：《想象异域——读李朝朝鲜汉文燕行文献札记》，中华书局 2014 年版。

葛振家主编：《崔溥漂海录研究》，社会科学出版社 1995 年版。

韩荣奎、韩梅：《18—19 世纪朝鲜使臣与清朝文人的交流》，中国海洋大学出版社 2014 年版。

何芳川主编：《中外文化交流史》，国际文化出版公司 2008 年版。

黄滋生、何思兵：《菲律宾华侨史》，广东高等教育出版社 2009 年版。

季压西、陈伟民：《中国近代通事》，学苑出版社 2007 年版。

赖正维：《东海海域移民与汉文化的传播：以琉球闽人三十六姓为中心》，社会科学文献出版社 2016 年版。

黎难秋主编：《中国口译史》，青岛出版社 2002 年版。

李恩涵：《东南亚华人史》，东方出版社 2015 年版。

李庆新主编：《海洋史研究》第 7 辑，社会科学文献出版社 2015 年版。

李未醉：《中越文化交流论》，光明日报出版社 2007 年版。

李云泉：《万邦来朝：朝贡制度史论》，新华出版社 2014 年版。

李永勋编著：《朝鲜族姓氏漫谈》，辽宁民族出版社 1998 年版。

廉浩等编：《朝鲜姓氏族谱全书》，中国文联出版社 1999 年版。

梁志明主编：《殖民主义史（东南亚卷）》，北京大学出版社 1999 年版。

林延青、李梦芝等：《五千年中外文化交流史》第 2 卷，世界知识出版社 2002 年版。

龙惠珠：《中国古代的译语人》，（阿姆斯特丹）本杰明出版公司 2011 年版。

鲁宝元、吴丽君：《日本汉语教育史研究：江户时代唐话五种》，外语教学与研究出版社 2009 年版。

明清史国际学术讨论会论文集编辑组：《第二届明清史国际学术讨论会论文集》，天津人民出版社 1993 年版。

王晓秋：《东亚历史比较研究》，北京大学出版社 2012 年版。

温雄飞：《南洋华侨通史》，东方印书馆 1929 年版复印本。

谢必震：《中国与琉球》，厦门大学出版社 1996 年版。

谢国祯编著：《增订晚明史籍考》，中华书局 1981 年版。

修斌主编：《海大日本研究》第 4 辑，中国海洋大学出版社 2014 年版。

修斌主编：《海大日本研究》第 5 辑，中国海洋大学出版社 2016 年版。

严绍璗、刘渤：《中国与东北亚文化交流志》，北京大学出版社 2016 年版。

庄国土、陈华岳等：《菲律宾华人通史》，厦门大学出版社 2012 年版。

张伯伟编：《"燕行录"研究论集》，凤凰出版社 2016 年版。

张国刚主编：《中国社会史评论》第 4 辑，商务印书馆 2002 年版。

张海鹏、李细珠主编：《台湾历史研究》第 1 辑，社会科学文献出版社 2013 年版。

赵丽明：《汉字传播与中越文化交流》，国际文化出版公司 2004 年版。

郑毅主编：《东亚历史与文献研究》，世界知识出版社 2008 年版。

中日韩三国共同历史编辑委员会：《超越国境的东亚近现代史》，社会科学文献出版社 2013 年版。

中山大学东南亚历史研究所编：《泰国史》，广东人民出版社 1987 年版。

周一良主编：《中外文化交流史》，河南人民出版社 1987 年版。

朱杰勤：《东南亚华侨史》，高等教育出版社 1990 年版。

（朝）李正臣：《燕行录（栎翁遗稿）》，景仁出版社 1993 年版。

（朝）金指南、金庆门：《通文馆志》，汉城珍书刊行会 1898 年版。

朝鲜民主主义人民共和国科学院编：《高丽史》，朝鲜民主主义人民共和国科学院出版社 1957 年版。

（韩）《朝鲜王朝实录》。

（韩）崔官：《壬辰倭乱——四百年前的朝鲜战争》，金锦善、魏大海译，中国社会科学出版社 2013 年版。

（韩）崔韶子：《明清时代中韩关系史研究》，韩国梨花女子大学出版部 1993 年版。

（韩）黄普基：《明清时期辽宁、冀东地区历史地理研究——以〈燕行录〉资料为中心》，复旦大学出版社 2014 年版。

（韩）林基中：《燕行录全集》，首尔东国大学校出版部 2001 年版。

（韩）全宗海：《中韩关系史论集》，金姬善译，中国社会科学出版社 1997 年版。

（琉球）蔡铎、蔡温、郑秉哲：《中山世谱（校注本）》，袁家冬校注，中国文史出版社 2016 年版。

（美）费正清编：《中国的世界秩序：中国传统的对外关系》，哈佛大学出版社 1968 年版。

（美）亨特：《广州番鬼录：旧中国杂记》，冯树铁、沈正邦译，广东人民出版社 2009 年版。

（美）康灿雄：《西方之前的东亚：朝贡贸易五百年》，陈昌煦译，社会科学文献出版社 2016 年版。

（美）孔飞力：《他者中的华人》，李明欢译，江苏人民出版社 2016 年版。

（美）威廉·C. 亨特：《旧中国杂记》，沈正邦译，广东人民出版社 1992 年版。

（日）滨下武志：《近代中国的国际契机——朝贡贸易体系与近代亚洲经济圈》，朱荫贵、欧阳菲译，中国社会科学出版社 1999 年版。

（日）大庭脩：《江户时代の日中秘话》，日本东方书店 1980 年版。

（日）大庭脩：《长崎唐馆的建设和江户时代的日中关系》，关西大学出版社 2003 年版。

（日）渡边浩：《东亚的王权与思想》，区建英译，上海古籍出版社 2016 年版。

（日）李献璋：《长崎唐人研究》，富山房出版株式会社 1991 年版。

（日）李献璋：《妈祖信仰研究》，郑彭年译，澳门海事博物馆 1995 年版。

（日）赖山阳：《重订日本外史》，（日）久保天随订，北京大学出版社 2015 年版。

（日）林陆朗：《长崎唐通事》，吉川弘文馆 2000 年版。

（日）六角恒广：《日本中国语教育史研究》，王洪顺译，北京语言学院出版社 1992 年版。

（日）木宫泰彦：《日中文化交流史》，胡锡年译，商务印书馆 1980 年版。

（日）末松保和编：《李朝实录》，学习院东洋文化研究所 1952—1966 年影印本。

（日）内田直作：《日本华侨社会研究》，东京高文堂出版社 1949 年版。

（日）那霸市史编辑室编：《那霸市史·资料篇》，那霸市史编辑室 1977 年版。

（日）松浦章编著：《江户时代漂着唐船资料集》，关西大学东西学术研究所 2011 年版。

（日）松浦章著：《清代海外贸易史研究》，李小林译，天津人民出版社 2016 年版。

（日）松浦章：《明清时代东亚海域的文化交流》，郑洁西等译，江苏人民出版社 2009 年版。

（日）上田信：《海与帝国：明清时代》，高莹莹译，广西师范大学出版社 2014 年版。

（日）田中健夫：《倭寇——海上历史》，杨翰秋译，社会科学文献出版社 2015 年版。

（日）信夫清三郎主编：《日本外交史》，天津社会科学院日本历史研究所译，商务印书馆 1980 年版。

（日）原田正路、中西启：《世界史中的长崎》，高文堂出版社 1971 年版。

（日）中川忠英编著：《清俗纪闻》，方克、孙玄龄译，中华书局 2006 年版。

球阳研究会编：《球阳》，东京角川书店 1982 年版。

长崎县史编纂委员会编：《长崎县史（史料编）》第 1 册，吉川弘文馆 1965 年版。

冲绳县立图书馆史料编集室编：《历代宝案（校订本）》，冲绳县教育委员会编集室 1992 年版。

（英）马礼逊夫人编：《马礼逊回忆录》，顾长声译，广西师范大学出版社 2004 年版。

（越）潘叔直辑：《国史遗编》，香港中文大学新亚研究所 1965 年版。

（越）吴士连等：《大越史记全书》，陈荆和编校，东京大学东洋文化研究所昭和五十九年版。

（越）吴士连等：《大越史记全书（标点校勘本）》，孙晓主编，西南师范大学出版社、人民出版社 2015 年版。

（越）张登桂等编纂：《大南实录》，越南文化文艺出版社 2012 年版。

二、论文

陈波：《明福建遗民林上珍、何倩甫之海外播迁》，《海交史研究》2014 年第 1 期。

陈高华：《从〈老乞大〉〈朴通事〉看元与高丽的经济文化交流》，《历史研究》1995 年第 3 期。

陈志勇：《琉球演剧与明清中国戏曲之东渐》，《文艺研究》2014 年第 1 期。

陈龙、（韩）沈载权：《朝鲜与明清表笺外交问题研究》，《中国边疆史地研究》2010 年第 1 期。

董明：《明代朝鲜人的汉语学习》，《北京师范大学学报（社会科学版）》1999 年第 6 期。

方宝川：《明代闽人移居琉球史实考辩》，《福建师范大学学报（哲学社会科学版）》1988 年第 3 期。

桂栖鹏、尚衍斌：《谈明初中朝交往中的两位使者——偰长寿、偰斯》，《民族研究》1995 年第 5 期

胡铁球：《明清海外贸易中的"歇家牙行"与海禁政策的调整》，《浙江学刊》2013 年第 6 期。

胡家其、李玉昆：《偰玉立在泉州的史迹与偰氏家族在高丽、朝鲜》，《海交史研究》2007 年第 1 期。

华立：《"唐船风说书"与流传在日本的乾隆南巡史料》，《清史研究》1997 年第 3 期。

何芳川：《"华夷秩序"论》，《北京大学学报（哲学社会科学版）》1998 年第 6 期。

贺圣达：《元明清时期中缅关系与中国西南开放的历史经验与教训》，《云南师范大学学报（哲学社会科学版）》2016 年第 1 期。

韩结根：《从现存琉球王国汉文文献看中国文化的影响》，《复旦学报（社会科学版）》2013 年第 3 期。

金基石：《韩国李朝时期的汉语教育及其特点》，《汉语学习》2005 年第 5 期。

孔远志：《"满剌加国译语"——华人编纂的第一部马来语汉语词典》，《东南亚研究》1992 年第 1 期。

李云泉：《再论清代朝贡体制》，《山东师范大学学报（人文社会科学版）》2011 年第 5 期。

李金明：《明代海外朝贡贸易中的华籍使者》，《南洋问题研究》1986 年第 4 期。

李善洪：《清与朝鲜间"漂民"救助问题管窥——以〈同文汇考〉中"漂民"文书为中心》，《吉林大学社会科学学报》2015 年第 3 期。

李伯重：《多种类型，多重身份：15 至 17 世纪前半期东亚世界国际贸易中的商人》，《南京大学学报（哲学·人文科学·社会科学）》2016 年第 1 期。

廖大珂：《满剌加的陷落与中葡交涉》，《南洋问题研究》2003 年第 3 期。

刘新成：《全球史观与近代早期世界史编纂》，《世界历史》2016 年第 1 期。

刘玉才：《清初渡海遗民与中日文化认知——以〈张斐笔语〉〈霞池省庵手简〉为

中心》，《北京大学学报（哲学社会科学版）》2010 年第 4 期。

刘晶：《明代玉河馆门禁及相关问题考述》，《安徽史学》2012 年第 5 期。

刘冉冉：《明末赴朝山东移民郑先甲及其后裔研究》，《暨南学报（哲学社会科学版)》2010 年第 3 期。

连晨曦：《明清中琉宗藩关系对东亚国际秩序的影响》，《海交史研究》2016 年第 1 期。

赖正维：《清政府对中琉交往活动中违法事件的处置》，《福建师范大学学报（哲学社会科学版）》2002 年第 4 期。

钱江、亚平、路熙佳：《古代亚洲的海洋贸易与闽南商人》，《海交史研究》2011 年第 2 期。

钱江：《清代中国与苏禄的贸易》，《南洋问题研究》1988 年 3 月刊。

汤开建、田渝：《明清时期华人向暹罗的移民》，《世界民族》2006 年第 6 期。

童家洲：《明末清初日本长崎福建籍华侨述略》，《福建师范大学学报（哲学社会科学版)》1990 年第 4 期。

王勇、孙文：《〈华夷变态〉与清代史料》，《浙江大学学报（人文社会科学版）》2008 年第 1 期。

王振忠：《清代前期对江南海外贸易中海商水手的管理——以日本长崎唐通事相关文献为中心》，《海洋史研究》2013 年刊。

王来特：《德川幕府在信牌事件中的反应：正德新例再解读》，《历史研究》2013 年第 4 期。

万明：《乡国之间：明代海外政策与海外移民的类型》，《暨南学报（哲学社会科学版)》2016 年第 4 期。

吴伟明：《17 世纪的在日华人与南洋贸易》，《海交史研究》2004 年第 1 期。

谢必震：《明赐琉球闽人三十六姓考述》，《华侨华人历史研究》1991 年第 1 期。

徐文彬：《闽文化东传与近世日本文化形成》，《"丝路的延伸：亚洲海洋历史与文化"国际学术研讨会论文集》，2015 年 8 月。

肖彩雅：《元明时期的缅中关系与入缅中国人之研究》，《人海相依：中国人的海洋世界国际会议论文集》，2014 年 8 月。

杨玉良：《一部尚未刊行的翻译词典——清官方敕纂〈华夷译语〉》，《故宫博物院院刊》1985 年第 4 期。

尤淑君：《明末清初琉球的朝贡贸易与其多重认同观的形成》，《世界历史》2015 年第 3 期。

余定邦：《清代中国与苏禄的交往》，《东南亚纵横》1995 年第 3 期。

严绍璗：《明代俗语文学的东渐和日本江户时代小说的繁荣》，《北京大学学报（哲学社会科学版)》1985 年第 3 期。

庄景辉：《明初三十六姓迁居琉球中的蔡襄后裔》，《蔡襄及其家世——纪念蔡襄诞辰 975 周年学术讨论会论文集》1994 年 10 月。

庄国土：《东南亚各土著政权对华人的政策和态度》，《海交史研究》1998年第2期。

邹振环：《丝绸之路：文明之路上的〈华夷译语〉》，《丝绸之路与文明的对话学术讨论会论文集》2006年。

张文德：《从暹罗馆的设立看明朝后期与暹罗的文化交流》，《东南亚纵横》2009年第11期。

张先清、牟军：《16、17世纪的华南海商与天主教传播》，《学术月刊》2014年第11期。

张德昌：《清代鸦片战争前之中西沿海通商》，《清华大学学报（自然科学版)》1995年第1期。

郑炳山：《龚廷彩对促进我国与菲律宾友好往来的贡献》，《福建论坛》1983年第2期。

（日）川本皓嗣：《东亚文化交流——汉文与口语》，张晓希译，《天津师范大学学报（社会科学版)》2002年第1期。

（日）大庭脩：《日清贸易概观》，李秀石译，《社会科学辑刊》1980年第1期。

（日）濑户口、律子：《日本琉球的中国语课本〈广应官话〉》，《中国语文》1996年第4期。

（日）崎原丽霞：《从程顺则生平著作看儒学在琉球国的传播》，《日本问题研究》2010年第2期。

（日）松浦章：《关于明代海外诸国通事》，《明史研究》第9辑2005年刊。

（日）细井尚子：《关于琉球上演的中国戏剧》，张志凡译，《戏剧艺术》2009年第6期。

（日）伊藤漱平：《〈红楼梦〉在日本》，克成摘译，《辽宁大学学报（哲学社会科学版)》1988年第2期。

（泰）沙拉信·维拉福尔：《清初海禁期间的中暹朝贡贸易》，颜章炮译，《南洋资料译丛》1990年第4期。

（英）C.R.博克塞：《欧洲早期史料中有关明清海外华人的记载》，杨品泉译，《中国史研究动态》1983年第2期。

黄修志：《明清时期朝鲜的"书籍辩诬"与"书籍外交"》，复旦大学博士学位论文，2013年。

季南：《朝鲜王朝与明清书籍交流研究》，延边大学博士学位论文，2015年。

刘春丽：《明代朝鲜使臣与中国辽东》，吉林大学博士学位论文，2012年。

刘喜涛：《封贡关系视角下明代中朝使臣往来研究》，东北师范大学博士学位论文，2011年。

李龙：《论明清时期朝鲜李朝的汉语教学》，曲阜师范大学硕士学位论文，2013年。

李源：《康熙年间徐葆光使琉球及其著述考》，福建师范大学硕士学位论文，2006年。

李晓：《明琉封贡关系中违规行为研究》，中国海洋大学硕士学位论文，2015 年。

林少骏：《清代琉球来华留学生之研究》，福建师范大学硕士学位论文，2003 年。

林杏容：《明代通事研究》，暨南大学硕士学位论文，2006 年。

孟宪尧：《皇华集与明代中朝友好交流研究》，延边大学博士学位论文，2012 年。

朴京淑：《试论韩国朝鲜时代的汉语教学》，北京语言文化大学硕士学位论文，2000 年。

孙文：《华夷变态研究》，浙江大学博士学位论文，2009 年。

孙丽：《朝鲜使臣情报搜集研究——以对清地理情报搜集为中心》，中国社会科学院研究生院硕士学位论文，2014 年。

史蓬勃：《清代越南使臣在华交游述论》，山东大学硕士学位论文，2014 年。

田渝：《清代中国与暹罗的贸易》，暨南大学硕士学位论文，2004 年。

童欢：《朝鲜初期汉语教材训世评话研究》，上海师范大学硕士学位论文，2010 年。

王燕杰：《清朝前期与朝鲜边务交涉与合作研究》，山东大学博士学位论文，2012 年。

王宝明：《乾嘉时期朝鲜文人使华汉诗本事系年》，南开大学博士学位论文，2014 年。

吴伊琼：《明朝与朝鲜王朝诗文酬唱外交活动考论——以〈朝鲜王朝实录〉为中心》，复旦大学博士学位论文，2013 年。

谢必震：《明清时期中国与琉球贸易之研究》，厦门大学博士学位论文，1998 年。

邢万里：《日本近世长崎唐通事浅析》，东北师范大学硕士学位论文，2015 年。

徐晶：《古代日本的中国语教育史研究》，华东师范大学硕士学位论文，2009 年。

易红：《明琉关系研究》，东北师范大学博士学位论文，2014 年。

杨邦勇：《亚洲视域下的琉球兴亡史研究》，福建师范大学博士学位论文，2012 年。

杨雨蕾：《十六至十九世纪初中韩文化交流研究》，复旦大学博士学位论文，2005 年。

岳辉：《朝鲜时代汉语官话教科书研究》，吉林大学博士学位论文，2008 年。

殷雪征：《明朝与朝鲜的礼仪之争——以明朝文官使节出使朝鲜为中心》，山东大学博士学位论文，2015 年。

尹俊：《清乾隆年间琉球船漂浙之研究》，浙江工商大学硕士学位论文，2015 年。

（泰）黄汉坤：《中国古代小说在泰国的传播与影响》，浙江大学博士学位论文，2007 年。